国家出版基金项目
NATIONAL PUBLICATION FOUNDATION

"十三五"國家重點出版物出版規劃項目

馬藏

馬藏

第二部 | 第五卷

北京大學《馬藏》編纂與研究中心 編纂

科学出版社
北京

圖書在版編目（CIP）數據

馬藏·第二部·第五卷 / 北京大學《馬藏》編纂與研究中心編纂. --北京：科學出版社，2025. 7. --ISBN 978-7-03-079996-8

Ⅰ. A81-53

中國國家版本館 CIP 數據核字第 2024P2S487 號

責任編輯：劉英紅　夏水雲 / 責任校對：賈娜娜

責任印製：師艷茹 / 封面設計：潤一文化

科學出版社出版

北京東黄城根北街 16 號

郵政編碼：100717

http://www.sciencep.com

北京中科印刷有限公司印刷

科學出版社發行　各地新華書店經銷

*

2025 年 7 月第　一　版　開本：787×1092　1/16

2025 年 7 月第一次印刷　印張：29 3/4

字數：510 000

定價：580.00 元

（如有印裝質量問題，我社負責調换）

《馬藏》第二部第五卷

顧　　問　郝　平　龔旗煌

主　　編　顧海良

副 主 編　仰海峰　孫來斌　孫代堯　孫熙國　孫蚌珠
　　　　　劉　軍

本卷主編　王保賢　黄偉力

本卷編纂人員（以姓氏筆畫爲序）

王垠丹　王保賢　孔令珂　仰海峰　李思齊
汪　越　周玉順　馬　楠　郭　源　桑英軒
孫代堯　孫來斌　孫虹玉　孫蚌珠　孫熙國
黄偉力　曹得寶　張春鵬　萬仕國　單嗣平
鞏　梅　劉　軍　顧海良

北京大學馬克思主義學院組織編纂

總　序

《馬藏》是對馬克思主義形成和發展過程中相關文獻進行的彙集與編纂，旨在通過對文獻的系統整理及文本的再呈現，把與馬克思主義在中國和世界傳播與發展的相關文獻集大成地編纂薈萃爲一體。作爲馬克思主義理論研究的重大基礎性學術文化工程，《馬藏》分爲中國編與國際編，中國編是對馬克思主義中國化歷史進程中相關文獻和研究成果的彙纂；國際編是對馬克思主義在世界其他國家傳播和發展過程中産生的歷史文獻和研究著述的彙纂。

在十九世紀後期西學東漸的過程中，中國知識界開始譯介各種有關社會主義思想的著作，中國人開始瞭解和認識馬克思及其社會主義學説，這是馬克思主義在中國傳播的開端。十月革命給中國送來了馬克思列寧主義，中國先進知識分子顯著地增强了對馬克思主義和社會主義文獻的移譯和理論闡釋。中國共産黨成立後，馬克思主義開始在中國得到更爲廣泛的傳播。在中國革命、建設和改革過程中，馬克思主義經典著作的編輯和研究，成爲中國共産黨思想理論建設的重要組成部分。

馬克思主義在中國的傳播和發展已經有一百多年的歷史，但學界至今仍然缺乏將這一歷史過程中産生的相關文獻彙集和編纂爲一體的權威典籍，尤其缺乏對早期文獻和相關資料的系統整理與彙纂，以致在中國馬克思主義傳播史和中國近現代思想文化史中大量的有價值的文本幾被堙没；已經發掘出來的一些原始文本，也由於種種原因，在轉引轉述中，多有訛奪、失真，造成有關理論研究的結論有失準確，缺乏説服力。編纂《馬藏》，無論是對中國馬克思主義發展史研究，還是對中國近現代思想文化史研究，都十分必要且刻不容緩。

北京大學是中國最早傳播馬克思主義的基地和中國共産黨的理論發源地，有着深厚的馬克思主義研究和傳播的歷史積澱和文化傳統。編纂一套系統呈現馬克思主義在中國傳播、接受和發展的歷史文獻典籍，推動新時代馬克思主義理論研究和哲學社會科學發展，是北京大學應當肩負的使命和學術擔當。基於此，北京大學啓動了《馬藏》編纂與研究工程，成立了《馬藏》編纂與研究中心，由北京大學馬克思主義學院負責編纂工作的具體實施。

《馬藏》中國編的編纂原則如下：一是突出思想性。按照毛澤東所揭示的馬克思主義中國化歷史過程的“使馬克思主義在中國具體化”和“使中國革命豐富的實際馬克思主義化”的基本特點，編纂堅持尊重歷史、求真拓新，系統編排、科學詮釋。二是體現全面性。《馬藏》力求全面搜集文獻，這些文獻主要包括馬克思主義經典作家著作的中文譯本、國外學者有關馬克思主義和社會主義問題相關著述的中文譯本、中國共產黨領導人和重要理論家的著述、中國學者有關馬克思主義和社會主義問題的研究著述、報紙雜誌等媒體的通訊報道等、中國共產黨成立以後有關馬克思主義中國化的文獻資料，以及其他相關的各種文本，如檔案、日記、書信等。三是彰顯學術性。編纂與研究過程，力求忠實於原始文本，完整呈現文獻内容。對原始文本作學術考證和研究，注重對各種文本及其内容、作者、版本、出版者、流傳和影響等作出基本的、必要的學術考證和研究，同時還對文本中的重要詞彙、用語和關鍵詞的内涵及其演化、流變等作基本的、必要的學術考證和説明。四是力求權威性。對相關文本作出準確説明，注意整理國内已有的研究成果，甄别有争議的問題，并且提供有助於問題解决的相關文本資料。通過文本再呈現，爲進一步研究提供學術資源和理論依據。對一些有争議的問題，重於文本引導、考據説明，避免作簡單的判斷。

根據上述原則，《馬藏》中國編分作四部：第一部爲著作（包括譯著）類文本；第二部爲文章類文本；第三部爲各類通訊報道，各種檔案、筆記、書信等文本；第四部爲中國共產黨有關文件類文本。各部之下，按照歷史發展過程分别設卷。

《馬藏》對各文本的編纂，主要分爲三大板塊，即文本呈現、文本校注和文本述評。一是文本呈現，堅持原始文獻以原貌呈現。爲有利於學術研究，凡與馬克思主義在中國傳播和發展相關的有思想價值、學術價值或文本價值的文獻，在内容上依照原貌呈現。對於同一文獻有不同版本的，如有思想價值、學術價值或文本價值，則逐一收録；對於不同時間出版的同一文獻和資料，在内容上没有變化或變動較少的，只收録最初的版本。二是文本校注，以頁下注釋的方式，對原書中的誤譯、誤寫或誤排之處，予以更正；對文本中出現的人名、地名、著述、歷史事件、組織機構和報刊等名詞給予準確而簡要的説明。三是文本述評，以"編者説明"的方式附於相應文本之後，呈現編校者對該文本的述評。"編者説明"對文本形成和流傳情况作出描述，如介紹文本原貌及來源、作者、譯者、歷史背景、出版情况、不同譯本和版本演變情况、文中涉及的重要概念和史實、文本傳播狀况、文本的思想傾向等。"編者説明"也對文本研究狀况作出述評，注重對與該文本及其主要内容相關的國内外學術界研究現狀、主要觀點和各種評價作出述評；力求對已有的研究成果作出思想性和學術性的總體述評。

《馬藏》不是簡單的資料彙編或者是對原有文本的複製，而是强調對所收文本進行必要的研究、考證、注釋和説明，以凸顯《馬藏》彙集與編纂爲一體的學術特色。需要説明的是，由於收集、整理和研究的是繁蕪叢雜的歷史文獻，不可避免地會出現一些缺憾：一是文獻收集過程中，雖然編纂人員盡力收集已見的和可能發掘的所有文獻資料，但因文獻數量龐大，原始文本散落，著録信息不完整等原因，難免會有部分重要文獻遺漏；二是編纂過程中，編纂者雖盡力對文獻的版本、作者、譯者、出版者、翻譯狀况，以及文獻中的人名、地名、事件等作出有根有據的考證、注釋與説明，但因文獻情况複雜，在一些文本中仍有少許問題没能解决，注釋與“編者説明”中也可能存在偏差。

《馬藏》編纂意義重大，可謂功在當代，利在千秋。《馬藏》對於促進馬克思主義學術研究和理論發展，增强馬克思主義理論自信和文化自信，提升中國化馬克思主義的影響力，推進中國哲學社會科學的繁榮發展有着重大而深遠的意義；《馬藏》對中國近現代思想文化史資料的收集與整理，對於促進中國近現代思想文化史、中外文化交流史的研究，對於展現真實而客觀的中國近現代史具有重大意義；《馬藏》翔實的文獻將向人們展示近代以來中國人民是如何歷史地選擇馬克思主義和社會主義，是如何執着地傳播馬克思主義和推進馬克思主義中國化時代化大衆化的，具有以史爲鏡、資政育人的重要意義。

本卷文獻及編纂説明

本卷收録文獻凡十一篇。

這十一篇文獻，於 1905 年 4 月至 1907 年 10 月，發表在《之罘報》《國粹學報》《民報》《商務官報》《新民叢報》《北洋法政學報》等報刊上。

這十一篇文獻，由王保賢、周玉順、孔令珂、曹得寶、王垠丹、李思齊、單嗣平、郭源、桑英軒、張春鵬、汪越、孫虹玉、馬楠編校。

萬仕國、鞏梅參與本卷編校初稿及統修稿的審讀。

王保賢和黄偉力共同負責本卷的編纂工作，對本卷編校稿做了審讀、統修。

鞏梅負責本卷文獻資料總彙。

顧海良主持本卷編纂、審讀和定稿。

本卷凡例

一、本卷所收文獻最初發表於各報刊時，大多數爲竪排版、繁體字。今均改爲横排版，行文中“如左”“如右”等表述，保持原貌，不作改動；底本中的繁體字一仍其舊，舊字形今均改爲新字形。

二、底本中的異體字原則上不作改動，但過去使用而現在不再使用的異體字，以相應的繁體字替代；“編者説明”中引用的原文，其中的異體字亦如是處理。

三、底本中以“。”“、”表示的句讀，均保持原貌。

四、底本中文字旁表示强調的“●”“○”“◎”“、”等符號，今以字下着重號“.”表示；底本標示强調符號時，首字不標句讀的，今在該字前補斷句號“。”。

五、底本中的竪排引號『』和「」，今均改爲横排引號。

六、底本中錯、漏、衍、倒字之處，今保持原貌，另在頁下注中予以補正；底本正文中個别文字漫漶不清，今以“口”替代；底本中“己”“已”“巳”及“戊”“戌”“戍”混用的，今根據文意徑改，不出校記。

七、底本中所涉及的國名、地名、人名、報刊名和機構名等，與現在通行譯名不一致的，均出頁下注説明。

八、底本中的“支那”“夷”“蠻”“回回”“滿清”，以及“日清戰争”等歷史詞語，均保持原貌。

九、每篇文章後均附“編者説明”，説明其刊載情況、主要内容、進步意義、研究綜述等，“編者説明”標題不在目録中出現。文章的作者、譯者以及所發表的報刊，均在第一次出現時，在相關文章的“編者説明”中予以介紹；以後再出現時，在相關文章的“編者説明中”，注明參見本卷某篇文章“編者説明”中的相關項目。

目録

插圖目録

俄國工人暴動之原因

近月以來。有關于俄都①。及各地工人。擾動②之原因者。歐洲新聞。紀其事情。頗詳密。揭之於左。

俄都聖彼得堡各地方。驟起工人之暴舉。不問其爲何業務。概組織一大勞働社會③。故其數甚夥。彼等所要求者。總欲脱工人之範圍。又標榜政治的主義。此暴舉不獨震愕俄政府而已。且使世界各國。聳動耳目。今已漸次傳播各地。猶未知其結局。若論其起事之原因。其端緒甚繁。今第就其原因之一般。有關於俄工人問題者。研究之。

俄國現在施行於工人之法律。乃一千八百八十六年所頒定④。非不完備也。然政府屢起物議。謂不適於今日之形態。該法律。計雇主之利益。多取于工人。然唯主督工事宜。更無擔保工人之條目。而至今未改良者。多基於該行政官衙之管轄。而起争端也。

茲概紀其實况。從前該法律。設製造所監督官⑤。奬勵製造業。且監視

---

① “俄都”，指俄國當時的首都聖彼得堡。

② “擾動”，指 1905 年 1 月從聖彼得堡開始的全俄工人罷工運動。

③ “一大勞働社會”，指聖彼得堡俄羅斯工廠工人大會，亦稱俄國工廠工人協會，是神父加邦根據沙皇保安機關的授意，在聖彼得堡建立的合法工人組織。到 1904 年底，在聖彼得堡發展了 11 個分會，共約 1 萬名會員，在很多大企業有自己的基層組織。加邦允許其會員在個别企業内參加罷工。“流血星期日”事件後該工人大會被解散。

④ “俄國現在施行於工人之法律。乃一千八百八十六年所頒定”，1886 年 6 月 15 日（俄曆 3 日），沙皇政府頒布了《關於對工廠工業企業的監督和廠主與工人的相互關係》的法令，該法令通常被稱爲“罰款法”。詳見本篇“編者説明”。

⑤ “製造所監督官”，即政府在工廠中設立的監察員。

雇主與工人之關係。有聽斷二者訴訟之權。使之駐各都府。而監督官屬大藏省[①]直轄之下。各都府製造所監督。與地方行政官。屢起衝突。行政上大受其阻礙。政府乃置大藏内務兩省。商辦工人事宜。即令兩省主務官。監察工人。但兩省之意見各異[②]。一則欲傾行政警察上之目的。一則欲達民間經濟之目的。兩省乃互相牴牾。内務省欲自統其管轄權。大藏省則强分其權。因此軋轢數年未解。至輓近世。布軋步愛[③]。與維茲銕[④]。復高其衝突。起工人之第二問題。因而俄國工産業。不能發達。漸歸消歇。工人依然愛[⑤]雇主之虐待。酷使如奴隸。不得少伸其志意。達其希望。故工人屢起暴動。發其平素之鬱憤。而爲亂暴破壞之舉。雇主恐社會受其害。求政府以壓力制之。監督官又爲雇主擔保其利益。工人遂重失敗。不能伸其志。因之怨望政府。一八九七年八月。内務省因工人之同盟罷工。作爲國事犯。施以

① “大藏省”，日本稱財政部爲大藏省。該文材料當轉譯自日文，此處指俄國的財政部。1861 年農奴制改革後，俄國工業有了較爲迅速的發展。當時，涉及工業發展的問題主要由財政部負責處理。

② “兩省之意見各異”，史學界一般認爲，當時由謝爾蓋・尤利耶維奇・維特主持的負責工業生産的財政部并非不關心工人的生活問題，甚至在 1903 年還提出了罷工合法化的方案（參見：波克羅夫斯基. 俄國歷史概要：下册[M]. 貝璋衡，等譯. 北京：生活・讀書・新知三聯書店，1978：471.），但財政部更强調把工業化任務放在首位，使企業家獲益；而由維亞切斯拉夫・康斯坦丁諾維奇・普列韋主持的内務部，則更關心通過各種辦法穩定工人的情緒，以維持社會秩序。這兩個部門及其主要負責人爲此經常發生矛盾。

③ “布軋步愛”，即維亞切斯拉夫・康斯坦丁諾維奇・普列韋（Вячеслав Константинович Плеве，1846—1904），俄國國務活動家。1881 年起先後任警察司司長、副内務大臣等職，1902 年 4 月起任内務大臣兼憲兵團名譽團長。殘酷鎮壓多地的農民運動，破壞地方自治；鼓動在俄國邊疆地區推行反動的俄羅斯化政策；策劃多起蹂躪猶太人的暴行；曾鼓勵實行祖巴托夫政策；屬日俄戰争中的主戰派。1904 年 7 月被社會革命黨人刺死。

④ “維茲銕”，即謝爾蓋・尤利耶維奇・維特（Сергей Юльевич Витте，1849—1915）。1892 年任交通大臣，1892—1903 年任財政大臣，1903 年 8 月任大臣委員會主席，1905 年 10 月—1906 年 4 月任大臣會議主席。1905—1907 年革命期間，派軍隊鎮壓了莫斯科等地的人民武裝起義。

⑤ “愛”，有誤，應爲“受”。

之罘報目錄　乙巳第四號

《之罘報》第4期目録頁

譯林

俄國工人暴動之原因

近月以來。有關于俄都。及各地工人擾動之原因者。歐洲新聞紀其事情。頗詳密。揭之於左。

俄都聖彼得堡。各地方驟起工人之暴舉。不問其爲何業務。概組織一大勞働社會。故其數甚夥。彼等所要求者。總欲脫工人之範圍。又標榜政治的主義。此暴舉不獨震慴俄政府而已。且使世界各國。聳動耳目。今已漸次傳播各地。猶未知其結局。若論其起事之原因。其端緒甚繁。今第就其原因之一般有關於俄工人問題者。研究之。

俄國現在施行於工人之法律。乃一千八百八十六年所頒定。非不完備也。然政府屢起物議。謂不適於今日之形態。該法律計雇主之利益。多取于工人。然法律之處分①。但此法未經大藏省之協賛。工人之舉動。凡所爲干涉於政府者。各講求其自衛之計。至時勢不得已。乃起而反抗政府。又政府非不用力於管理工人。保護工業。然迄無改良狀態。據所聞政府之當路者。其注意於工人之利益問題者。維大藏大臣維兹錛而已。然當時内務大臣布軋步愛。因忌製造所監督官之屬員。與維兹錛不相容。布軋步愛曰。于地方官管轄區城②内。置所屬他省之官吏。行政上亦非不便也。使無數工人之動静。統歸於地方官之監視。行政上之難於整頓者。則隸屬於大藏省。布軋步愛向高等官衙。斡旋其事。政府參酌其間。於一九零三年五月。頒勅命③。該監督之屬於大藏省者。歸地方官管理。其黜陟賞罰權。亦地方官操之矣。維兹錛辭職④後。於監督職務上。復起影響。一九零四年春。内務省與大藏省協議。乃决定各監督官。全屬内務省之議。布軋步愛逝後。烏維亞托薄路哥米魯司氣⑤就任。協議復舊。至今監督官。猶屬於大藏省。此外兩省衝突。其關係於工人者。不遑枚舉。要之輓近歷史。只行政上官衙軋礫。必要之政正⑥法律。然政府仍蔑視工人。未聞加以保護。即如内務省。常挾兵力與警察權。制禦

① “一八九七年八月。内務省因工人之同盟罷工。作爲國事犯。施以法律之處分”，1895—1896 年，在工人階級解放鬥争協會的領導下，聖彼得堡發生群衆性工人罷工。罷工平息後，1897 年 6 月和 10 月，沙皇政府先後頒布了《關於工廠工業企業中工作時間的長短及其分配》的法令和該法令的實施條例，規定了工業企業和鐵路工廠的工人每天的工作時間爲 11.5 小時（夜班爲 10 小時）。

② “區城”，有誤，應爲“區域”。

③ “於一九零三年五月。頒勅命”，在財政部的提議下，經國務會議討論，1903 年 6 月 10 日（俄曆 5 月 28 日），沙皇政府頒布了《關於允許工人在一定條件下享有選派代表同企業主進行交涉的權利》的法令。法令中的“代表”，亦稱“全廠工長”。

④ “維兹錛辭職”，指 1903 年 8 月維特被免去財政大臣職務一事。

⑤ “烏維亞托薄路哥米魯司氣”，即彼得·丹尼洛維奇·斯維亞托波爾克-米爾斯基（Пётр Данилович Святополк-Мирский，1857—1914）。1895—1904 年先後在奔薩、葉卡捷琳諾斯拉夫、維爾納等省擔任省長和總督。普列韋被刺後，於 1904 年 8 月被任命爲内務大臣。爲緩和國内日益增長的革命危機，任内放寬了書報檢查，實行部分特赦，允許召開地方自治人士代表大會等。這些政策未能制止 1905—1907 年革命的爆發，1905 年 1 月被迫辭職（一説被革職），後爲十月黨人。

⑥ “政正”，當爲“改正”。

工人。爲不難事。一九零三年五月。中央議院[①]議。宜保護工人。選立組長[②]。而布軋步愛謂曰。現在工人社會之動摇。非政治上之杞憂也。中央議院之議。遂廢棄而不行云。

如以上所論。政府於工人。視若秦越[③]。無透察工人之困情。亦不講改良之策。雇主借政府之勢力。慣營私利。放棄工人之權利。故工人之鬱悶。依舊不能發達。其受苛酷之情形。日日增進。以反抗雇主者。即以反抗政府。因怨雇主而怨政府之念益堅。此工人之暴動。所爲擾及於政府也。

其誘致工人之暴動者。乃索希爾莫可辣托黨[④]。及革命黨[⑤]之所爲。皆與政府作反動者。如大學生之暴動。工人實助其氣焰。盖有反抗政府之舉動。彼等不招而自至。客歲十二月間。聖彼得堡。及莫斯科。學生之暴動[⑥]。其旗幟標獨裁政府排斥[⑦]自由萬歲。戰争停止等文字。横行市中。羣集者皆工人也。即此可以見矣。

---

① “中央議院”，指1810年根據斯佩蘭斯基的改革方案設置的俄羅斯帝國國務會議，國務會議名義上是國家最高機構之一，但實質上只是一個咨議性機關，不能形成任何有效决議。1906年5月國家杜馬成立以後獲得了除改變國家根本法以外的立法提案權。1917年二月革命後被廢除。

② “選立組長”，即選派工人代表（亦稱“全廠工長”）。

③ “秦越”，典出唐代韓愈的《昌黎集·争臣論》：“今陽子在位不爲不久矣……而未嘗一言及於政，視政之得失，若越人視秦人之肥瘠，忽焉不加喜戚於其心。”春秋時，秦、越二國，一在西北，一在東南，相去極遠，故言疏遠無關者常以秦越作喻。

④ “索希爾莫可辣托黨”，即俄國社會革命黨。1902年由南方社會革命黨、社會革命黨人聯合會、老民意黨人小組、社會主義土地同盟等民粹派團體聯合而成，是當時俄國最大的小資産階級政黨。1905—1907年革命中，該黨曾在農村開展焚燒地主莊園、奪取地主財産的所謂“土地恐怖”運動，并同其他政黨一起參加武裝起義和游擊戰，也曾同資産階級的解放社簽訂協議。1922年徹底瓦解。

⑤ “革命黨”，即俄國社會民主工黨。1898年在明斯克成立，1903年分裂爲布爾什維克和孟什維克兩個派别。1912年，布爾什維克在布拉格召開會議，建立獨立的中央委員會，在組織上與孟什維克决裂。

⑥ “客歲十二月間。聖彼得堡。及莫斯科。學生之暴動”，1904年初日俄戰争爆發後，沙皇軍隊在戰争中節節敗退；年底，旅順口陷落。俄國各地群衆反對專制制度的民主運動此起彼伏。在這次運動中，聖彼得堡和莫斯科等地大學生的表現尤爲突出。

⑦ “獨裁政府排斥”，當爲“排斥獨裁政府”。

即此次聖彼得堡暴動之原因。起於布氣魯夫製銕工場[①]。其指導之者。爲聖彼得堡工人協會[②]。該協會。一九零四年中。僧侶喀蓬[③]所創設。其定欵曾經政府之許可。喀蓬精通工人之情形。憂慮其困難。乃不顧其身。救濟工人。其補助非淺。特任彼堡軋隨路耶監獄[④]署附僧侶。往來於布氣羅夫[⑤]之製造場間。與工人説經談語。感化者多。大博德望。時布氣羅夫工人。與社長[⑥]起紛議。該協會率工人。要求條議。自當裁判之任。所有交涉。社長盡被拒絶之[⑦]。乃停止協會要求之議。而決起自衛之舉動。

布氣羅夫罷工之影響。傳播於各處製造所。不出數月[⑧]。一律罷工。凡爲工者。不論何職業。皆結成一團體。勢力極其膨脹。各工人。各業務。其

① “布氣魯夫製銕工場”，即普梯洛夫工廠，後改名爲基洛夫工廠。1801 年由沙皇政府建立。1905 年 1 月 16 日（俄曆 3 日），因反對廠方無故開除 4 名工人，該廠 1.2 萬名工人罷工。幾天内，聖彼得堡其他工廠的罷工人數達到 15 萬。“銕”，同“鐵”。

② “聖彼得堡工人協會”，即聖彼得堡俄羅斯工廠工人大會。

③ “喀蓬”，即格奥爾吉・阿波洛諾維奇・加邦（Георгий Аполлонович Гапон，1870—1906），神父，沙皇保安機關的奸細。1905 年 1 月 22 日（俄曆 9 日）挑動聖彼得堡工人列隊前往冬宫，向沙皇請願，致使工人慘遭屠殺。事件發生後逃往國外，同年秋回國，接受保安處任務，企圖潛入社會革命黨的戰鬥組織。陰謀敗露後被工人戰鬥隊員絞死。

④ “彼堡軋隨路耶監獄”，“彼堡”，即聖彼得堡；“軋隨路耶監獄”，指聖彼得堡的一個臨時監獄。根據有關資料，“1903 年的聖誕節假期，大主教安東尼贈送給加邦 100 盧布。當他親自去感謝大主教時，主教又幫助加邦找了一份工作：擔任臨時監獄的神父。這是一份報酬頗豐的差事，每年可以挣到 2000 盧布。因此，加邦不僅解决了個人失業問題，而且可以利用自己的收入來資助工人大會”。（楊軍偉. 加邦與俄國 1905 年革命[D]. 蘇州：蘇州科技大學，2019：35.）

⑤ “布氣羅夫”，即“普梯洛夫”，指普梯洛夫工廠。

⑥ “社長”，指普梯洛夫工廠的工頭捷里亞弗金。1904 年 12 月底，普梯洛夫工廠 4 名參加加邦組織的聖彼得堡俄羅斯工廠工人大會的工人被捷里亞弗金開除。工廠工人大會召開秘密會議，推舉 3 名代表分别向廠長、工廠監察員和市長申訴，要求讓被開除的 4 名工人回廠工作，并解雇捷里亞弗金，結果均遭拒絶。1905 年 1 月 15 日，工廠工人大會决定舉行罷工。1 月 16 日傍晚，普梯洛夫工廠開始罷工。1 月 18 日，布爾什維克聖彼得堡委員會號召工人起來支援普梯洛夫工廠的罷工。罷工很快遍及聖彼得堡各工廠，全市工業生産停頓。

⑦ “社長盡被拒絶之”，當爲“盡被社長拒絶之”。

⑧ “不出數月”，當爲“不出數日”。

要求條件。念形複雜。工人問題。忽變爲政治運動。喀蓬作歎願書[①]。其大旨一則訴工人之苦情。一則願政治組織革命。此槁[②]雖成於喀蓬。然非必出其一人之意見。其所叙述者。何非指導者之希望乎。又其書之意趣。與决議于地方團體之總集會[③]。十一條立憲政體之請願書同。該指導者。勃興民間之自由潮流。輿論譁然。直内迫俄帝[④]。故此次之暴動。無慮十數萬之工人。羣集於冬宫殿前。政府不知所爲。俄帝恐。避難離宫[⑤]。委任托烏拉氣米爾親王[⑥]。率軍隊。防遏暴徒。發砲轟擊。而徒手之工人。演出滿都市街。流血淋漓之慘狀。又設總督府[⑦]。布戒嚴令。舉文武之權。一委之總督。餉以威力。壓服暴動之舉。此蓋援一八七九年。歷山二世帝、置總督府于俄

① “喀蓬作歎願書”，加邦倡議的請願書，主題是呼籲召開立憲會議。布爾什維克當時提醒工人，以爲用和平請願的方式就可以唤起沙皇實行民主改革，是天真的。後來工人們前往冬宫準備向沙皇呈遞的請願書中，也反映了俄國社會民主工黨最低綱領中的一些基本要求，如請願書陳述了人民的經濟、政治要求，包括實行八小時工作制、將土地轉交人民、實行大赦和各種政治自由，以及召開根據普遍的、平等的、秘密投票選舉産生的立憲會議。

② “此槁”，有誤，應爲“此稿”。

③ “地方團體之總集會”，“地方團體”，即地方自治局，是沙皇政府爲使專制制度適應資本主義發展的需要，於1864年頒布條例，在各地逐步設立的地方自治機關，1917年二月革命前只有省縣（市）兩級。“地方團體之總集會”，指1904年11月19—22日（俄曆6—9日）舉行的地方自治局主席和其他地方自治人士代表大會，大會提出了若干關於召開立憲會議的政治主張。内務大臣米爾斯基公爵贊成在聖彼得堡召開這次大會，甚至設法取得了沙皇的許可。但在大會召開前，沙皇政府突然“建議”推遲一年召開。米爾斯基示意，如果地方自治人士“在私人住宅裏舉行茶話會”，他將命令警察局“睜一只眼閉一只眼”。因此，這次代表大會是在非正式的允許下召開的，列寧譏刺其爲“‘秘密的’地方自治人士代表大會”，將代表大會通過的决定稱作“新的‘請求書’”。（列寧. 列寧全集：第9卷[M]. 北京：人民出版社，2017：113，376.）

④ “俄帝”，指尼古拉二世（Николай Ⅱ，1868—1918，1894—1917年在位）。

⑤ “離宫”，指皇村，意謂“沙皇的村落”。位於聖彼得堡之南約25千米處，建於18世紀40年代，十月革命前是皇家行宫。

⑥ “烏拉氣米爾親王”，即弗拉基米爾・亞歷山德羅維奇・羅曼諾夫（Владимир Александрович Романов，1847—1909），尼古拉二世的叔父，大公。1884—1905年任近衛軍總司令和聖彼得堡軍區總司令，是1905年1月9日槍殺聖彼得堡請願工人的總指揮。

⑦ “總督府”，指沙皇政府爲鎮壓請願示威工人而設立的作戰司令部。在聖彼得堡工人前往冬宫向沙皇請願的一開始，弗拉基米爾大公即“任命公爵瓦西里契柯夫將軍爲作戰軍隊司令。整個首都被劃分成若干個區，各派軍官駐守。沙皇嚴陣以待，如臨武裝的大敵。作戰的時候，司令部設在瓦西里耶夫島的打牌桌旁，每隔半小時聽取一次每個區的長官的報告”。（列寧. 列寧全集：第9卷[M]. 北京：人民出版社，2017：196.）

都[①]之例也。其設總督。僅一年之久。雖出於一時機宜之計。然過激手叚[②]。固可以掃洗工人對政府之怨怒哉。此固無待疑也。今日之處置。適以增工人之憤激。惹起後難之端緒。既而工人騷動。傳播各地。莫斯哥哇[③]、瓦爾沙哇[④]、魯氣維那可烏[⑤]、利瓦[⑥]、其外各市府。亦續陸[⑦]工人爆發。就中瓦爾沙哇。其勢極猖獗[⑧]。夫政府之用兵力。以對徒手工人之暴動。冀巨夕[⑨]可以撲滅之。雖若易易。然欲借此手段。以撲滅工人之怨望。則不可得也。政府有鑒於此。乃施懷柔之策。慰撫民心。出勅諭以勸戒彼等[⑩]。然此不足以滿工人之欲望也。必聽工人之要求。與以實際之利益。而後能痛其宿疴焉。然政府欲得工人之滿足。必割雇主之利益。以與彼等。然亦雇主之所不滿也。故政府欲調停於雇主與工人之間。尤非易事。今又未知其如何結果也。

---

① "一八七九年。歷山二世帝、置總督府于俄都","歷山二世帝",即亞歷山大二世(Александр Ⅱ,1818—1881,1855—1881年在位)。爲了防止和鎮壓各地的民主運動,1879年4月,沙皇政府將俄國的歐洲部分分爲聖彼得堡、莫斯科、哈爾科夫、基輔、敖德薩、華沙六大總督區,各總督區的最高行政長官均由將軍擔任,所有政治犯均由軍事法庭審判。管理六大總督區的總部,設在聖彼得堡。

② "手叚",有誤,應爲"手段"。

③ "莫斯哥哇",即莫斯科。

④ "瓦爾沙哇",即華沙。

⑤ "魯氣維那可烏",不詳。

⑥ "利瓦",即雷瓦爾(Ревель),亦譯作"烈韋里",塔林(Tallinn)的舊稱。

⑦ "續陸",當爲"陸續"。

⑧ "瓦爾沙哇。其勢極猖獗",由於階級矛盾和民族矛盾特别尖鋭,"流血星期日"事件在波羅的海沿岸、波蘭和烏克蘭等地引起的反響更爲强烈,當時華沙等地不時發生工人和警察之間的流血衝突。

⑨ "巨夕",當爲"旦夕"。

⑩ "出勅諭以勸戒彼等","流血星期日"事件後,沙皇尼古拉二世於1905年1月24日(俄曆11日)在皇村接見由警察當局挑選出來的34名所謂"工廠代表"時表示,"相信我的勞動人民和他們對我的不可動摇的忠誠","我原諒他們"。2月11日(俄曆1月29日),尼古拉二世又詔令成立一個特别委員會,任務是針對"流血星期日"以後發生的罷工運動,迅即查清聖彼得堡市及其郊區工人不滿的原因并提出杜絶此種情況的措施。根據該詔令成立的特别委員會的主席,是大地主、參議員兼國務會議成員尼·弗·施德洛夫斯基(1843—1907)。參加委員會的除政府官員和官辦工廠廠長外,還應有通過二級選舉産生的工人代表。但是當第一級選舉産生的復選人向政府提出關於言論、出版、集會自由等要求時,施德洛夫斯基表示不能滿足這些要求。於是,多數復選人拒絶參加選舉代表的二級選舉,并號召聖彼得堡的工人進行罷工。3月5日(俄曆2月20日),委員會還没有開始工作就被沙皇政府解散了。

《俄國工人暴動之原因》編者説明

《俄國工人暴動之原因》一文，原載光緒三十一年三月十九日（1905 年 4 月 23 日）出版的《之罘報》第 4 期“譯林”欄，無作者署名，目録中標題作“俄工人暴動之原因”。

1.《之罘報》

之罘，又作芝罘，是烟臺的古稱，因之罘半島環抱其西北而得名。山東的近代工業首先發端於烟臺。第二次鴉片戰争後，根據清政府被迫和帝國主義者簽訂的《天津條約》和《北京條約》等不平等條約，烟臺於 1862 年被闢爲商埠，列强在烟臺獲得了關税特權和領事裁判權。隨着外商的大量湧入，烟臺的工商業迅速發展，涉外活動也不斷增加。但除了 1894 年由外商創辦的英文報紙《之罘快報》（*Cheefoo Express*，最初名爲《之罘快郵》），烟臺在很長時間裏，幾乎再無其他報刊出版。20 世紀初，我國不少省份的留日學生在横濱、東京等地先後創辦了《開智録》《游學譯編》《湖北學生界》《浙江潮》《江蘇》等進步報刊。山東籍留日學生徐鏡心（1874—1914）、蔣衍升（1881—1915）、于鴻儀（生卒年不詳）等人出於烟臺“北達津、旅，南走滬、港，東通朝、日”，但“開埠幾五十年，報紙從未出現”，更遑論“監察政府”“引導國民”的考慮，决定先在烟臺創辦報刊。光緒三十一年二月二十六日（1905 年 3 月 31 日），《之罘報》創刊。

《之罘報》爲周刊，每期約 50 頁，每頁約 400 字，傳統綫裝書式裝訂。主要欄目有“上諭”“論説”“政界”“學界”“商界”“財政”“交涉彙志”“日俄戰紀”“各國新聞”“譯林”“譚叢”“文苑”等。這些欄目中，除“論説”欄常有作者署名外，其他欄目多屬轉載和編譯性質，很少有著譯者署名。該報所刊載的文章題材廣泛、内容豐富，諸如倡導改良教育、介紹政治常識、普及自然科學、宣講世界潮流、鼓吹啓蒙思想、呼籲救亡圖存；在力陳革命要義、主張建立民主共和國的問題上，特别强調山東責任等。該報撰稿人，除主要創辦人外，另有王延熙（生卒年不詳）、歐陽述（1869—1910）等人，還有署名爲“箸夫”“嗜奇子”“潞生”等人。

《之罘報》的主要創辦人徐鏡心，字子鑒，山東黄縣（今龍口市）人。青少年時就讀於烟臺毓材學堂和濟南山東高等學堂。1903 年東渡日本，入早稻田大學研修法律。1905 年 7 月參加孫中山籌備同盟會的活動，同年 8 月中國同盟會正式成立後，被孫中山委任爲中國同盟會北部支部支部長兼山東分會主盟人。中國同盟會北部支部下轄蒙古、直隸、東北、山東、山西、陝西等省區，支部的辦事機構即設於烟臺。在辛亥革命史上，徐鏡心是中國北方，尤其是山東和東北地區革命的主要領導人。中華民國建立後，徐鏡心受命組建國民黨山東支部，任理事長。1913 年當選中華民國參議院議員、憲法起草委員會委員。他堅決反對袁世凱的獨裁專制，在報刊上多次撰文揭露袁世凱的稱帝野心。1914 年春，袁世凱解散國會，徐鏡心密約東北革命黨人舉事反袁。事敗後，於同年 4 月 13 日被殺害。

徐鏡心在《之罘報》上發表的署名文章不下 10 篇。中國同盟會成立前後，徐鏡心的工作千頭萬緒，既要發展革命組織，運動新軍，準備武裝舉事，還要主編《盛京時報》，《之罘報》隨之停刊。目前所見《之罘報》共 13 期，最後一期出版於光緒三十一年五月二十三日（1905 年 6 月 25 日）。《之罘報》的發行範圍較廣，創刊號至第 3 期上所標代派處有北京啓蒙通報館、天津大公報館、青島同益報館、濟南府化劫堂、濰縣實雅堂、上海中西書室、福州閩報館等；從第 4 期開始，發行範圍擴展到太原、開封、漢口、武昌、長沙、杭州、南昌、福州、成都、廣州等地，幾乎覆蓋了華東沿海、華北和華中腹地。

《之罘報》被認爲是 1905 年 8 月中國同盟會成立以前，以徐鏡心爲首的山東籍留日學生開啓民智、普及近代先進知識、進行革命啓蒙的重要陣地。①

2. 内容簡介

該文介紹和分析了 1905 年俄國革命初期工人運動的一些情況和問題。1905 年俄國革命爆發的導火綫，是“流血星期日”事件，沙皇政府派軍隊和警察鎮壓了前往冬宫請願的工人群衆。文章重點分析 了 1905 年春聖彼得堡等地工人進行罷工運動的原因。根據一開始的交代，該文中使用的資料來自當時的歐洲報刊；但從文中所用的某些術語來看，這些資料很有可能是從日文報刊上轉譯過來的。

文章認爲，當時俄國各地的工人之所以紛紛行動起來舉行罷工，主要原因有以下幾個方面。

首先，罷工主要是由神父加邦組建的聖彼得堡俄羅斯工廠工人大會（文中稱爲“一大勞働社會”）組織和發動的。文章認爲，加邦“精通工人之情

① 本篇“編者説明”中對《之罘報》的介紹，主要參考了李日、郭春香的《徐鏡心與〈之罘報〉述論》（參見：李日，徐學航. 革命巨子徐鏡心[M]. 濟南：山東大學出版社，2011：39-54.）和劉建昆的《徐鏡心：辛亥革命巨子》（參見：李世惠. 星漢燦爛：之罘歷史文化叢書·人物卷[M]. 濟南：齊魯書社，2016：113-122.）。

形，憂慮其困難，乃不顧其身，救濟工人，其補助非淺”，“與工人説經談語，感化者多，大博德望”；聖彼得堡俄羅斯工廠工人大會的主張，并不只是要解决工人的生活問題，還有政治方面的要求（文中所謂“工人之第二問題”）。關於聖彼得堡工人1月22日（俄曆9日）前往冬宫請願時所持的請願書，文章認爲，“雖成於喀蓬，然非必出其一人之意見”。

其次，19世紀末20世紀初，俄國工人與資本家之間的矛盾日益加劇，工人“受雇主之虐待，酷使如奴隸，不得少伸其志意，達其希望”；沙皇政府試圖緩和勞資雙方的矛盾，但其内部，財政部和内務部的意見和主張不同，特别是“内務省欲自統其管轄權，大藏省（即財政部——編者注）則强分其權”，兩部門經常發生衝突；而且整個説來，“政府於工人，視若秦越”，是偏袒資本家一方的。在此種情况下，資本家更是“借政府之勢力，慣營私利，放棄工人之權利。故工人之鬱悶，依舊不能發達。其受苛酷之情形，日日增進”。既然政府“無透察工人之困情，亦不講改良之策”，那麽工人們“以反抗雇主者，即以反抗政府，因怨雇主而怨政府之念益堅”，“屢起暴動，發其平素之鬱憤，而爲亂暴破壞之舉”。

最後，罷工得到了社會革命黨和社會民主工黨的支持。“其誘致工人之暴動者，乃索希爾莫可辣托黨及革命黨之所爲，皆與政府作反動者。如大學生之暴動，工人實助其氣焰。蓋有反抗政府之舉動，彼等不招而自至。”

總的來看，以上分析基本符合歷史事實；某些判斷，也是較爲準確的。比如，關於加邦與工人的請願書的關係，文章認爲“雖成於喀蓬，然非必出其一人之意見”。事實上，早在“流血星期日”事件發生的前一天，列寧就通過外電獲悉，“當地的社會民主黨人已經參加這個運動（雖然聲勢似乎還不大）。在一些數千人的盛大的工人集會上，開始討論政治要求并投票通過有利於政治自由的决議”，“工人們起草的請願書共分三個部分。第一部分是敘述人民的權利要求。第二部分是消除人民貧困狀態的措施。第三部分是消除資本對勞動的壓迫的措施”。列寧認爲，“如果這個報道屬實，那麽它表明社會民主黨人的綱領在群衆或他們的覺悟不高的領袖人物的腦海裏的反映是非常值得注意的”。[①]這也就是説，工人們在“流血星期日”當天前往冬宫準備向沙皇呈遞請願書一事，雖然最初是由加邦提議的，但經過社會民主工黨聖彼得堡有關組織的工作，最後形成的請願書的内容，還是反映了俄國社會民主工黨最低綱領中的一些基本要求。

需要説明的是，蘇聯時期的歷史著作通常都認爲加邦是沙皇保安機關的奸細。但該文發表於俄國1905年革命爆發之際，對於加邦的認識和評價，還不可能受上述判斷的影響。20世紀80年代，孫成木指出，“在其他國家的歷史著作中，有的認爲加邦是奸細，有的認爲他不是奸細。可見，對加邦其人尚須進一步研究”[②]。楊軍偉在2019年的碩士學位論文中説：“加邦與祖巴托夫曾在聖彼得堡有過合作；但由於意見分歧，兩人最終分道揚鑣。加邦在繼承祖巴托夫組織的基礎上，於1903年創建‘俄羅斯聖彼得堡工廠工人大會’，旨在給工人争取合法權益。正當工人大會發展壯大時，席卷首都的大罷工將加邦推向風口浪尖。加邦於1905年1月9日（俄曆）領導罷工工人向沙皇遞交請願書，導致‘流血星期日’發生。‘流血星期日’之後，他逃往國外。流亡期間，他曾組織革命政黨會議、策劃聖彼得堡武裝暴動。十月詔書頒布後重返俄國，企圖繼續領導工人大會，并與維特有過短暫合作。維特失勢後，他繼續與警方合作。1906年3月，加邦遭到社會革命黨人暗殺。”該論文認爲，“勞工問題引發了俄國1905年革命”，加邦在革命前期扮演了重要角色，“作爲工人活動家和政治家，他并不是警察的密探。而

① 列寧. 列寧全集：第9卷[M]. 北京：人民出版社，2017：159-160.

② 孫成木. 1905—1907年俄國革命[M]//張宏儒，于沛. 外國歷史大事集：近代部分第四分册. 重慶：重慶出版社，1986：308.

由他領導的工人大會和策劃組織的請願運動對‘流血星期日’發生具有推波助瀾的作用，以此拉開了 1905 年革命序幕。流血事件後儘管他曾一度投向革命者懷抱，但他不是一位徹底的革命者。而‘流血星期日’前後矛盾的政治態度最終决定了他悲劇的命運”。①

從文章中還可以看出，作者在一定程度上認識到了沙皇政府的狡詐性和虛僞性。1905 年 2 月 11 日（俄曆 1 月 29 日），也就是“流血星期日”事件發生整整 20 天後，尼古拉二世詔令成立一個特别委員會，任務是針對事件後發生的罷工運動，“迅即查清聖彼得堡市及其郊區工人不滿的原因并提出杜絶此種情况的措施”②。作者認爲，沙皇政府這是欲“施懷柔之策，慰撫民心”，但此時這種伎倆已“不足以滿工人之欲望也”。

作者對俄國工人的悲慘處境是同情的，但他顯然看不到工人階級的革命性，更提不出無産階級只有通過革命運動才能獲得民主權利和階級解放這一科學結論。因此，他更爲關注的，也就只能是沙皇政府在兩難局面前的無可奈何了：“政府欲得工人之滿足，必割雇主之利益，以與彼等；然亦雇主之所不滿也。故政府欲調停於雇主與工人之間，尤非易事。”

3. 關於該文提到的沙皇政府制定的三部有關俄國勞資關係的法律文件

該文在分析 1905 年春聖彼得堡等地工人罷工運動的原因時，提出的一個主要觀點是，當時沙皇政府對工人問題還是比較重視的，曾經制定過若干部并“非不完備”的法律，但由於政府内部，主要是財政部和内務部的意見分歧，衝突不斷，才致使法律難以實施，最終釀成了“流血星期日”事件。

① 楊軍偉. 加邦與俄國 1905 年革命[D]. 蘇州：蘇州科技大學，2019.

② 列寧. 列寧全集：第 9 卷[M]. 北京：人民出版社，2017：444.

這一觀點顯然是錯誤的。

該文提到沙皇政府制定的有關俄國勞資關係的法律文件共有三部：一部是 1886 年 6 月 15 日（俄曆 3 日）頒布的《關於對工廠工業企業的監督和廠主與工人的相互關係》；一部是 1897 年 6 月 14 日（俄曆 2 日）頒布的《關於工廠工業企業中工作時間的長短及其分配》；還有一部是 1903 年 6 月 10 日（俄曆 5 月 28 日）頒布的《關於允許工人在一定條件下享有選派代表同企業主進行交涉的權利》。在此有必要看看，列寧是怎樣介紹和批判這三部法律文件的。

1861 年農奴制改革後，俄國的資本主義工業有了較快發展，無産階級隊伍逐漸壯大，工人運動不斷展開。19 世紀 80 年代上半期，莫斯科、聖彼得堡、弗拉基米爾、雅羅斯拉夫爾等地相繼爆發了規模巨大的罷工運動。如 1884 年 12 月莫斯科省季米特羅夫縣沃兹涅先斯克工廠的工人爲反對廠主罰款和降低計件工資而舉行的罷工，莫斯科省長親自到工廠協調，也無法平息，最後只得調動哥薩克部隊，用武力逮捕了 100 名工人。弗拉基米爾省奥列霍沃-祖耶沃城的莫羅佐夫紡織廠是一個擁有 1.2 萬多人的大工廠，以剥削殘酷、濫施罰款聞名。工人每掙 1 盧布，會被扣除 30—50 戈比。1863 年後，該廠曾發生數十次罷工和騷動。1885 年 1 月該廠再次爆發罷工，規模比以往更大，“罷工期間，一群工人還向工廠視察員提出了一些工人自己擬訂的條件。這些條件中提到工人要求减少罰款”①。在平息了各地的罷工運動後，1886 年 6 月 15 日（俄曆 3 日），沙皇政府頒布了《關於對工廠工業企業的監督和廠主與工人的相互關係》的法令。該法令主要是對廠主隨意對工人進行罰款作出某些限制，通常被稱爲“罰款法”。

列寧在 1895 年秋所寫《對工廠工人罰款法的解釋》的小册子中指出，

① 列寧. 列寧全集：第 2 卷[M]. 北京：人民出版社，2013：339.

在俄國，“1886 年以前，根本没有罰款法，廠主想罰就罰，想罰多少就罰多少。那時廠主勒取的罰款高得驚人，靠罰款獲得了大量收入。規定罰款有時全憑‘廠主定奪’，無須説明罰款的原因。罰款有時高達工資的一半，工人要從掙得的每一盧布中交給廠主 50 戈比作爲罰款”①。“罰款法”頒布後，有些工人感覺“皇恩浩蕩”，對統治階級産生了某些幻想。列寧一針見血地指出，“對於減輕罰款的事情，工人應該感謝的不是當局，而是自己的同伴，因爲是他們盡力争取而且争取到了取消那些非人的虐待的”②。列寧還揭露道：“政府是很緩慢地放弃舊的工廠制度的”，“罰款法”頒布後，“從 1886 年 10 月 1 日起只是在彼得堡、莫斯科、弗拉基米爾 3 省實行。5 年後，罰款法推行於華沙省和彼得庫夫省（1891 年 6 月 11 日）。又過了 3 年，根據 1894 年 3 月 14 日的法律，罰款法又推行於 13 個省份”，“1892 年罰款條例推行於私人的礦廠和礦場”。而且，“罰款法也像所有工廠監督條例一樣，不推行於官辦企業和政府機關企業”，因爲“在官辦工廠中有‘關懷’工人的廠長，法律不願意用罰款條例來麻煩他們”。③總之，在列寧看來，“罰款是資本主義的産物，也就是這樣一種社會制度的産物，這裏人分成了兩個階級，即土地、機器、工廠、原料、物資的所有者，和没有任何私有財産因而只得把自己出賣給資本家并且替資本家做工的人”④，“只要工人對資本家的依賴關係還存在，法律就根本不會改善工人的處境，因爲法律總是偏袒廠主資本家的，因爲廠主總是會想出一些詭計來規避法律的”⑤。

19 世紀 90 年代，俄國工人運動進一步高漲。1895—1896 年，在聖彼得

① 列寧. 列寧全集：第 2 卷[M]. 北京：人民出版社，2013：29.
② 列寧. 列寧全集：第 2 卷[M]. 北京：人民出版社，2013：33.
③ 列寧. 列寧全集：第 2 卷[M]. 北京：人民出版社，2013：59-60.
④ 列寧. 列寧全集：第 2 卷[M]. 北京：人民出版社，2013：61-62.
⑤ 列寧. 列寧全集：第 2 卷[M]. 北京：人民出版社，2013：64.

堡工人階級解放鬥争協會的領導下，聖彼得堡發生了群衆性工人罷工。罷工平息後，1897 年 6 月 14 日（俄曆 2 日），沙皇政府頒布了《關於工廠工業企業中工作時間的長短及其分配》的法令。這是俄國歷史上第一次通過立法限制産業工人的工作時間。同年 10 月初，沙皇政府頒布了這個法令的實施條例，規定了工業企業和鐵路工廠中的日工作時間爲 11.5 小時（夜班爲 10 小時），而在此之前，工作時間是没有限制的，爲 14—15 小時，甚至更長。

1897 年夏，列寧在西伯利亞流放地寫成《新工廠法》一文。文章首先分析了這一法律出臺的背景："彼得堡的工人對這一法律已經盼望多時了，被 1896 年春季工人大罷工嚇壞了的政府早在 1896 年就答應要頒布這樣一個法律。緊接着那次棉紡織廠的工人大罷工，又爆發了許多次罷工，各地工人都紛紛要求縮短工作日。政府用野蠻的迫害手段對付罷工，逮捕大批工人，并且不經審訊就流放他們；政府被嚇壞了，想用蠢得有趣的話來感化工人，説什麼工廠主對工人懷有基督的博愛。但是工人對這些蠢話只是置之一笑，而且無論什麼樣的迫害都不能阻止這種已經把幾萬和幾十萬工人捲進去的罷工運動。政府這才明白，必須讓步，至少也要答應工人的部分要求。"① 因此，"和 11 年前即 1886 年 6 月 3 日頒布的關於廠規、罰款、工資標準等等的法令完全一樣，新工廠法是工人迫使政府頒布的，是工人從他們最凶惡的敵人那裏奪取來的"②。"過去，在 1886 年，政府在工潮的壓力下向工人作了讓步，但是竭力把讓步縮小到最低限度，竭力給廠主留下後路，拖延新條例的執行，一有機會就賴掉工人的某些要求。現在，在 1897 年，政府也同樣只是向工潮的壓力讓步，同樣千方百計地減少對工人的讓步，拼命壓低價錢，多騙取工人一兩個鐘頭，甚至延長廠主提出的工作日，拼命替廠主多

① 列寧. 列寧全集：第 2 卷[M]. 北京：人民出版社，2013：335.
② 列寧. 列寧全集：第 2 卷[M]. 北京：人民出版社，2013：339.

取消幾個節日，不把它們列入必須休息的假日之内，拼命拖延新制度的實行，把主要的條例留待日後由大臣處理。可見，1886 年 6 月 3 日的法令和 1897 年 6 月 2 日的法令，俄國的這兩個主要工廠法，都是俄國工人從警察政府那裏奪得的被迫的讓步。”[①]列寧還指出：“如果政府不出面干預，彼得堡的工人本來可以替自己和全體俄國工人争取到更短的工作日。聯合起來的工人曾迫使廠主讓步；彼得堡的廠主已經準備滿足工人的要求；但是政府不准廠主讓步，不給工人開這樣一個先例。後來彼得堡的大多數廠主都深信必須向工人讓步，請求政府把工作日縮短到 11 小時。然而政府不僅要保護彼得堡廠主的利益，而且還要保護全俄國廠主的利益；因爲在神聖的俄羅斯有不少廠主比彼得堡的廠主吝嗇得多，所以政府爲了表示‘公正’，就不能允許彼得堡的廠主對自己的工人掠奪得太少：彼得堡的廠主不應該比俄國其他廠主跑得太遠；於是，政府把資本家請求的那個工作日延長了半小時。”[②]關於這部法律的意義，列寧深刻指出，“一方面，它是政府迫不得已的讓步，它是聯合起來的覺悟工人從警察政府那裏奪取來的。這一法令的頒布表明了俄國工人運動的成就，表明了工人群衆的自覺的和强硬的要求具有多麼巨大的力量。任何迫害，不論是大批地逮捕和流放，不論是大規模的政治審判，不論是對工人的陷害，都無濟於事”；“另一方面，新法令的意義在於：它必不可免地要進一步推動俄國的工人運動”。列寧堅信，工人運動“將席捲廣大得多的地區，因爲法令將推行於全俄國。工人一定能够自覺地、堅定地進行這一鬥争，一定能够堅持自己的要求，一定能够避開我們那些警察式的反對罷工的法令給工人布下的陷阱”[③]。

20 世紀初，俄國工人階級的階級覺悟和組織性進一步加强，同專制制

① 列寧. 列寧全集：第 2 卷[M]. 北京：人民出版社，2013：339-340.
② 列寧. 列寧全集：第 2 卷[M]. 北京：人民出版社，2013：343.
③ 列寧. 列寧全集：第 2 卷[M]. 北京：人民出版社，2013：366-367.

度和資産階級鬥争的水平進一步提高。爲了緩和階級矛盾，在財政部的提議下，經國務會議討論，1903 年 6 月 10 日（俄曆 5 月 28 日），沙皇政府頒布了《關於允許工人在一定條件下享有選派代表同企業主進行交涉的權利》。

1903 年 8 月 28 日（俄曆 15 日），列寧在《改革的時代》一文中指出："日益覺醒地奔向自覺的階級生活的無産階級，早就成了我國警察專制制度真正的、主要的、唯一毫不妥協的敵人。而同先進的社會階級這樣一個敵人作鬥争，不能僅僅使用暴力，哪怕是最殘酷、最有組織和最全面的暴力。"① 沙皇政府"對這樣的敵人不容輕視并不得不作出讓步"，但是，"這種讓步從來是不真誠的，從來是不徹底的，往往完全是虛僞的、似是而非的，通常總在旁邊設下掩蓋得相當巧妙的陷阱"，它允許工人在一定條件下享有選派代表同企業主進行交涉的權利，但"實現這種權利，要經過警察方面無數次的批准，要受到他們難以置信的限制和約束"。"按照新法令的規定，實現工人代表權必須征得工廠管理處同意并由它們提出申請，還須經過廠礦事務會議的批准。廠主可以給工人代表權，但是法令却絲毫没有規定他們承擔這樣的義務，而且廠礦事務會議甚至在廠主提出申請時，隨便根據什麼理由，即使毫無理由也可以不批准代表權的實現。因此，工人代表權能否實現，從一開始就完全地、無條件地、絶對地要由廠主和警察局决定。" 而且，"對於國營工廠中的代表機構問題，法令中隻字未提"。②列寧在揭露了沙皇政府的虛僞性後指出，"既然這種可憐的改革使工人代表機構的萌芽帶有這樣强烈的警察特務氣息，那麼覺悟工人是不是應該完全拒絶參加選舉工長或者'等級'工人大會呢？我們認爲不應該這樣。拒絶積極參加當前的政治生活——無論它有多麼醜惡——這是無政府主義者的策略，而不是社會民主黨人的策略。我們能够，并且一定能够開展廣泛的工人鬥争，來反對新法令的每個

① 列寧. 列寧全集：第 7 卷[M]. 北京：人民出版社，2013：296.
② 列寧. 列寧全集：第 7 卷[M]. 北京：人民出版社，2013：296-297.

惡毒的誹謗，來反對利用新法令進行的每種特務勾當；這種鬥爭將喚醒最落後的工人，將提高所有參加俄國警憲特式的工人‘代表機構’的人的政治意識”，“專制制度談論工人代表機構了。我們就利用這個機會傳播關於真正代表機構的正確思想”，“沒有政治自由，任何形式的工人代表機構都只能是可憐的騙局，無産階級照舊還會待在監獄裏，得不到爲争取自己徹底解放而鬥争所必需的陽光、空氣和活動餘地。現在，政府在這個監獄裏開了一個小小的窟窿眼權充窗户”，“俄國工人階級一定會利用這個小窟窿眼吸取新的鬥争力量，它一定會把這個萬惡的全俄監獄的牢牆夷爲平地，一定會争得資産階級民主國家中的自由的階級的代表機構”①。

將該文作者對沙皇政府制定的三部有關俄國勞資關係的法律文件的看法，同列寧的分析和批判作一比較，即可發現，作者雖然同情俄國工人的處境，也在一定程度上認識到了沙皇政府的狡詐和虚僞，但他顯然沒有認識到沙皇政府的階級本質，看不到在殘酷剥削工人階級和廣大勞動人民的問題上，沙皇政府與俄國資産階級的利益在根本上是一致的。

4. 研究綜述

目前尚未發現學界有對該文的專門研究。在近年山東學者介紹《之罘報》及其主要創辦人徐鏡心的有關論著中，也未見提到該報介紹和分析俄國1905年工人運動的文字。②

（編校者：王保賢、周玉順）

① 列寧. 列寧全集：第7卷[M]. 北京：人民出版社，2013：301-302.

② 李日，徐學航. 革命巨子徐鏡心[M]. 濟南：山東大學出版社，2011：39-54；李世惠. 星漢燦爛：之罘歷史文化叢書・人物卷[M]. 濟南：齊魯書社，2016：113-122.

論國粹無阻於歐化

許守微[①]

或曰。今之見曉識時之士。謀所以救中夏之道。莫不同聲而出于一途曰。歐化也。歐化也。荔而倡國粹。毋乃與天擇之理[②]相違。而陷於不適之境乎。毋乃襲崇古抑今之故習。阻國民之進步乎。應之曰。否否。不然。夫歐化者。固吾人所禱祠以求者也。然返觀吾國。則西法之入中國。將三十年。而卒莫收其效。且更敝焉。毋亦其層累曲折之故。有所未瑩者乎。語有之。橘踰淮則爲枳[③]。今日之歐化。枳之類也。彼之良法善制。一施諸我國而弊愈滋。無他。雖有嘉種。田野弗治弗長也。雖有佳實。塲圃弗修弗植也。雖有良法。民德弗進弗行也。夫羣學[④]公例。文明之法制。恒視一羣進化之度以爲差。（斯賓塞[⑤]羣學肄言[⑥]憲生篇曰羣制之於民品有交相進之功羣制待民品之美而後隆民品亦

① “許守微”，即許之衡（1877—1935），詳見本篇“編者説明”。

② “天擇之理”，即所謂“物競天擇”。嚴復在向國人介紹達爾文的《物種起源》時，概括其意爲物競、天擇，認爲“物競者，物争自存也；天擇者，存其宜種也”（《原强》，已收入科學出版社 2021 年 12 月出版的《馬藏》第二部第一卷），用於表達生物進化的基本規律，但同時又把這一規律引入社會領域，强調救亡圖存，要“自强保種”，爲維新變法尋找理論根據。此説宣傳了斯賓塞的社會達爾文主義，但在當時中國的歷史條件下又起了相當大的進步作用。

③ “橘踰淮則爲枳”，典出《周禮·考工記》：“橘踰淮而北爲枳……此地氣然也。”後用以比喻因環境不同而引起的變化。

④ “羣學”，指當時剛剛譯介到國内的西方社會學理論，參見下文對“斯賓塞”和“羣學肄言”的注釋。

⑤ “斯賓塞”，即赫伯特·斯賓塞（Herbert Spencer，1820—1903），英國哲學家、社會學家、教育家。著有《綜合哲學》《社會静態學》《社會學研究》等。

⑥ “羣學肄言”，嚴復對斯賓塞所著的《社會學研究》（*The Study of Sociology*）的譯名。嚴復所譯《群學肄言》全書共十六章：砭愚、倡學、喻術、知難、物蔽、智絯、情瞀、學詖、國拘、流梏、政惑、教辟、繕性、憲生、述神、成章。

待羣制之隆而後美成章篇曰故無論其羣之民品爲何如其中制度必其所利亦無論其羣之刑政爲何等其民之情性智識必與相需夫而後力平而勢静也餘多暢發此旨）我不進吾民德。修吾民習。而兢兢於則效。是猶蒙馬之技[①]。而畫虎之譏[②]也。所以進吾民德修吾民習者。其爲術不一途。而總不離乎愛國心者近是。此國粹之所以爲尚也。

國粹者。一國精神之所寄也。其爲學本之歷史。因乎政俗。齊乎人心之所同。而實爲立國之根本源泉也。是故國粹存則其國存。國粹亡則其國亡。此非余一人之私言也。昔辛有見披髮於伊川。而知其不百年爲戎[③]。原伯魯之不悦學。而仲尼斷其亡國[④]。（並見左傳[⑤]）顔之推謂晉代兒郎。幼效胡語。學爲奴隸。而中原淪亡。（見顔氏家訓[⑥]）此皆覘之前史而信者也。試覘之外史。意大利之建國也。古羅馬之莊嚴偉烈。日印於國民心腦中。是以一舉而大業成。日本之初。倡尊王攘夷。取大和魂之武風。聚國人而申警之。而今日遂

① “蒙馬之技”，典出《左傳·僖公二十八年》：“胥臣蒙馬以虎皮。”胥臣，晉國軍佐，城濮之戰中以虎皮蒙馬之計大敗陳、蔡兩軍。後以“蒙馬之技”喻虚張聲勢。

② “畫虎之譏”，即“畫虎類狗”，用以譏諷模仿不到家反而不倫不類的現象。典出《後漢書·馬援傳·誡兄子嚴敦書》：“效季良不得，陷爲天下輕薄子，所謂畫虎不成反類狗者也。”季良，即杜季良，生卒年不詳，在當時以豪俠好義著稱。

③ “辛有見披髮於伊川。而知其不百年爲戎”，典出《左傳·僖公二十二年》：“初，平王之東遷也，辛有適伊川，見披髮而祭於野者，曰：‘不及百年，此其戎乎？其禮先亡矣！’秋，秦、晉遷陸渾之戎於伊川。”“辛有”，周平王的大臣；“伊川”，周朝地名，今屬河南洛陽。後常用“伊川歎”或“伊川議”代指國家或王室衰微的迹象。

④ “原伯魯之不悦學。而仲尼斷其亡國”，典出《左傳·昭公十八年》：“往者見周原伯魯焉，與之語，不説學。歸以語閔子馬。閔子馬曰：‘周其亂乎？夫必多有是説，而後及其大人。大人患失而惑。’又曰：‘可以無學，無學不害。不害而不學，則苟而可。於是乎下陵上替，能無亂乎？’夫學，殖也，不學將落，原氏其亡乎？”“原伯魯”，周景王的大臣。

⑤ “左傳”，亦稱《春秋左氏傳》或《左氏春秋》，記自魯隱公元年（前 722）至魯悼公四年（前 464）間史事，亦保存了一些古代傳説。相傳爲春秋時魯國人左丘明所撰，清代今文經學家認爲係漢代劉歆改編，近人認爲是戰國初年人據各國史料編成。多用事實解釋《春秋》，同《公羊傳》《穀梁傳》用義理解釋有異。漢初研究《春秋》的只有公羊、穀梁二家，立於學官，東漢時逐漸通行《左傳》。

⑥ “顔氏家訓”，南北朝時期北齊文學家、訓詁學家顔之推（531—約 590 以後）所作家訓。始作於北齊，成書於隋。共 20 篇，述立身治家之法，辨正時俗之謬，以訓子孫；兼論字畫音訓，考正典故，品第文藝。

國粹學報

第一年乙巳第七號

光緒三十一年七月二十日

大清郵政局特准掛號認爲新聞紙類

本號目錄

本館在上海四馬路老巡捕房東首惠福里底
每月一回二十日發行

《國粹學報》第一年（卷）第7號封面

社說

○○論國粹無阻於歐化

許守微

或曰。今之見曉識時之士。謀所以救中夏之道。莫不同聲而出于一途。曰歐化也。歐化也。茲而倡國粹。毋乃與天擇之理相違。而陷於不適之境乎。毋乃襲崇古抑今之故習。阻國民之進步乎。應之曰。否否。不然。夫歐化者。固吾人所禱祠以求者也。然返觀吾國。則西法之入中國。將三十年。而卒莫收其效。且更敝焉。毋亦其層累曲折之故。有所未瑩者乎。語有之。橘踰淮則為枳。今日之歐化。枳之類也。彼之良法善制。一施諸我國。而弊愈滋。無他。雖有嘉種。田野弗治。弗長也。雖有佳實。場圃弗修。弗植也。雖有良法。民德弗進。弗行也。夫羣學公例。文明之法制。恒視一羣進化之度。以為差。（斯賓塞羣學肄言憲生篇曰。羣制之於民品。有交相進之功。羣制待民品之美而後隆。民品亦待羣制之隆而後美。成章篇曰。故無論其羣之民品為何如。其中制度必其所利。亦無論其刑政為何等。其民之情性智識。必與相需。夫而後力平而勢靜也。餘多暢發此旨）我不進吾民德。修吾民習。而兢兢於則效。是猶蒙馬之技而畫。

卒食其報。此又言歐化之士所樂道也。若夫崇古抑今之見。昔之交化[①]未通。隔於時勢。故生謬誤。若今則車軸大同。地絶天通。波譎雲詭。咸馳域内。方如丸之走阪[②]。水之就下。而奚患乎其自封也。

憪夫哉。宇内古國之文明。其存於今者不一二覯也。試徵之埃及。埃及爲文明之初祖。天文建築美術。照爍寰宇。而爲問今日。有復見瑣羅門[③]美内士[④]之遺烈者乎。故國粹隳而埃及微矣。徵之希臘。希臘諸賢。學派朋興。沿流溯始。灌溉全歐。而爲問今日。猶有梭格拉底[⑤]柏拉圖[⑥]亞里士多德[⑦]之流風乎。是國粹絶而希臘衰矣。又徵之印度。印度以佛爲國粹者也。自佛教歧出。蒙古一再侵入。天方之教[⑧]踵興。而印度遂爲英藩矣。由是觀之。四千餘年之古國。以聲明文物著者。若埃及。若希臘。若印度。皆以失其國粹。或亡或滅。或弱或微。而我中國猶巋然獨著於天下。不可謂非天擇之獨厚也。毋亦我古先哲賢。抱守維持。而得繫千鈞一髮以至於斯乎。以羣古國之文明。而獨競勝於我國。其必適於天演之例可知也。其優勝適存如是。其光明俊偉如是。此正愛國保羣之士。所宜自雄而壯往者也。

---

① “交化”，當爲“文化”。

② “丸之走阪”，語本《漢書·蒯通傳》：“爲君計者，莫若以黄屋朱輪迎范陽令，使馳騖於燕、趙之郊，則邊城皆將相告曰‘范陽令先下而身富貴’，必相率而降，猶如阪上走丸也。”後以“阪上走丸”言乘勢便易。

③ “瑣羅門”，即所羅門（Solomon，公元前 1010—前 930，約公元前 960—約前 930 年在位），古代以色列-猶太王國國王。爲加强自身地位，與周邊多國國王的女兒或姐妹成親，其中之一是埃及法老的女兒。

④ “美内士”，即美尼斯（Menes），古埃及語作“Mena”，通譯作“米恩”或“米那”。傳説原爲上埃及統治者，約公元前 3200 年征服下埃及，開創埃及第一王朝，在尼羅河三角洲南端（今開羅附近）建立白城（後稱孟斐斯），是古埃及統一國家的第一個法老。

⑤ “梭格拉底”，即蘇格拉底（Socrates，公元前 469—前 399），古希臘哲學家。

⑥ “柏拉圖”，柏拉圖（Plato，公元前 427—前 347），古希臘哲學家。

⑦ “亞里士多德”，亞里士多德（Aristotle，公元前 384—前 322），古希臘哲學家。

⑧ “天方之教”，伊斯蘭教在中國的舊稱。

西哲之言曰。今日歐洲文明。由中世紀倡古學之復興。亞別拉脱洛查[①]諸子之力居多焉。諒哉言乎。夫彼之尊崇古學。固汲汲矣。博士必習臘丁文字而後進。通邑大都設藏書樓。聚古籍恒數十萬册。治地文[②]學者。必孜上古地層之土石。治史學者。必崇海洛特司[③]之記載。治哲學者。必讀德黎七賢[④]之學説。治政治學者。必溯多頭寡人之政體。治人種學者。必研挪亞[⑤]亞當[⑥]之遺迹。治法律學者。必講梭倫[⑦]來格[⑧]之型典。治兵學者。必讀尼巴[⑨]愷撤[⑩]之戰史。凡是之倫。更僕難數。（斯賓塞羣學肄言砭愚篇云雖文章若狹斯比亞[⑪]使無數千年聞見之積累以富其思又無數百世修明之文辭以達其意吾不知其所爲詞曲烏從來也雖有刱[⑫]物之智如瓦德[⑬]使生於不知用鐵之世抑冶鍊之事至微淺而不足道力學之不講旋床之未興吾不

① “亞别拉脱洛查”，疑爲弗朗切斯科·彼特拉克（Francesco Petrarca，1304—1374），意大利學者、詩人，文藝復興運動的主要發起者，被稱爲“文藝復興之父”“人文主義之父”，主張通過復興希臘、羅馬古典文化來反對中世紀封建神學思想，著有《歌集》《論自己和大衆的無知》等。

② “地文”，地面山岳、河海、丘陵、平原的形狀。

③ “海洛特司”，即希羅多德（Herodotos，約公元前 480—前 425），古希臘歷史學家，著有《歷史》一書，被西方譽爲“歷史之父”。

④ “德黎七賢”，“德黎”，即“泰勒斯”（Thalēs，約公元前 624—約前 547），傳説爲古希臘第一位哲學家，米利都學派的創始人。“德黎七賢”，即以泰勒斯爲代表的古希臘“七賢”。“七賢”大約生活在公元前 7 世紀末至前 6 世紀初，大都是政治活動家和哲人。歷史上關於“七賢”的具體人物説法不一，今所知最早記載出自柏拉圖的《普羅泰戈拉篇》，他們是：米利都的泰勒斯、米提利尼的庇塔庫斯（Pittacus）、普里耶涅的彼亞斯（Bias）、雅典的梭倫（Solon）、林杜斯的克莱俄布盧斯（Cleobulus）、澤恩的密松（Myson）、斯巴達的喀隆（Chilon）。在更多著述中，只有四個人被一致提及，即泰勒斯、庇塔庫斯、彼亞斯和梭倫。

⑤ “挪亞”，亦譯作“諾亞”或“諾厄”（Nōaḥ）。

⑥ “亞當”，亞當（Adam），《聖經》中的人類始祖。

⑦ “梭倫”，梭倫（Solon，約公元前 638—約前 559），古希臘雅典政治家，詩人。

⑧ “來格”，即來庫古（Lycurgus，約公元前 9 世紀或前 8 世紀），古希臘斯巴達傳説中的立法者。

⑨ “尼巴”，即漢尼拔（Hannibal，公元前 247—前 182），迦太基政治家、軍事家，統帥。

⑩ “愷撤”，有誤，應爲“愷撒”，即蓋尤斯·尤利烏斯·愷撒（Gaius Julius Caesar，公元前 102 / 前 100—前 44），古羅馬統帥，政治家，作家。著有《高盧戰記》《内戰記》等。

⑪ “狹斯比亞”，即威廉·莎士比亞（William Shakespeare，1564—1616），英國文藝復興時期劇作家、詩人，著有《羅密歐與朱麗葉》《哈姆雷特》《威尼斯商人》等。

⑫ “刱”，同“創”。

⑬ “瓦德”，即詹姆斯·瓦特（James Watt，1736—1819），英國商人和發明家，英國皇家學會會員。對當時已出現的原始蒸汽機作了一系列重大改進和發明，使蒸汽機成爲工業上可用的發動機。

知所謂汽機者何從製也雖有外籒[①]之精如賴不拉斯[②]使未有埃及大食[③]以來所積進之算術則其力理天學之作果遂成乎可與此參看）彼族强盛。實循斯軌。此尤其大彰明著者也。視我神州。則蒙昧久矣。昏瞀久矣。横序之子。不知四禮。衿纓之士。不讀羣經。蓋括帖[④]之學。毒我神州者六百有餘年。而今乃一旦廓清。復見天日。古學復興。此其時矣。此其時矣。歐洲以復古學而科學遂興。吾國至斯。言復古已晚。而猶不急起直追。力自振拔。將任其淪墳典[⑤]於草莽。坐冠帶於塗炭。儕於巫來由[⑥]紅椶夷[⑦]之列而後快乎。必不然矣。

且吾國之先哲。固恒好翕受外學者也。孔子作春秋[⑧]。集百十二國之寶書。問禮老聃[⑨]。問官郯子[⑩]。是固然矣。佛學之來也。宋儒得之。得其意而

---

① "外籒"，同"外籀"（"籒"爲"籀"的訛字），"演繹推理"的舊譯。嚴復在其所譯《穆勒名學》中將"即其常然而證其偶然者"的演繹譯作"外籀"。

② "賴不拉斯"，即皮埃爾-西蒙·拉普拉斯（Pierre-Simon Laplace，1749—1827），法國數學家、天文學家和物理學家。在概率論、毛細現象理論、天體力學和勢函數理論方面均有重要貢獻。1796年獨立於康德提出太陽系起源的星雲假説，并從數學上作了論證。著有《概率論的解析理論》《天體力學》等。

③ "大食"，大食（Tazi/Taziks），亦譯作"大石""大寔"。本爲阿拉伯一部族名，波斯人用以泛稱阿拉伯人。自唐代起，中國史籍常以此稱阿拉伯帝國。

④ "括帖"，亦作"帖括"。唐代考試制度中，明經科以"帖經"試士。後因考生衆多，考官常選偏僻的章句爲題，考生亦取偏僻隱幽的經文編爲歌訣，熟讀記憶，以應付考試，稱"帖括"，意謂總括"帖經"的考試範圍。後因稱科舉應試的文章爲"帖括"。

⑤ "墳典"，"三墳五典"的簡稱，後轉爲古書的通稱。"三墳五典"，相傳爲古書名。後人附會稱"三墳"爲伏羲、神農、黄帝之書，"五典"爲少昊、顓頊、高辛、唐（堯）、虞（舜）之書。見舊題孔安國的《尚書·序》。

⑥ "巫來由"，馬來人（Melayu）的舊稱。馬來人分布於馬來西亞、印度尼西亞、泰國、新加坡、文萊等東南亞國家。康有爲曾有《巫來由記》專文論述。

⑦ "紅椶夷"，即"紅毛夷"，原爲明朝時國人對荷蘭人的稱呼，後泛指外族人。"椶"，同"棕"。

⑧ "春秋"，編年體史書，相傳爲孔子據魯史修訂而成。記事起自魯隱公元年（前722），止於魯哀公十四年（前481）。

⑨ "老聃"，即老子，姓李，名耳，字伯陽。春秋戰國時楚國苦縣（今河南鹿邑縣東）人。

⑩ "郯子"，春秋時郯國（今位於山東郯城附近）國君。魯昭公十七年（525）訪魯，詳論官制。孔子曾向其問學。今山東曲阜孔廟内《聖述圖》有一幅《學於郯子》的插圖。

闢其辭者爲程朱[①]。（程子之論性朱子之論理皆參入佛氏説〇語録體亦是佛氏文字）用其意而閒涉其辭者爲陸王[②]。（陸子静之良知王陽明之心學皆有得於佛學詳見宋明儒學案[③]中）是佛學入中國。翕受之而成一精妙之哲學也。算學之來也。清儒得之。於前有梅（文鼎）[④]戴（震）[⑤]於後有李（善蘭）[⑥]華（蘅芳）[⑦]。西人謂幾何原本[⑧]。獨傳精蘊。駕乎西本之上。是算學入中國。翕受之而成一精妙之科學也。今譯學又然矣。其國學無本。滿紙新名者。曾不值通人之一盼。而能治國學者。新譯脱稿。争走傳誦。奉爲瓌寶[⑨]。若是者。以國學翕受外學之效。其萌芽乎。其萌芽乎。揆之於古既如此。衡之於今又如彼。如是猶謂國粹之説。有阻進化者。不亦卑當世之倫。而羞神州之士也耶。（間有鄉曲之士姝姝於守故而拒外自大者不一二年將風靡雲從矣不足以爲難也）

---

① “程朱”，指宋代的“二程”（程顥、程頤）和朱熹。程顥（1032—1085）、程頤（1033—1107）和朱熹（1130—1200）提倡性理之學，成一學派，世稱“程朱之學”。

② “陸王”，指宋代的陸九淵（1139—1193）和明代的王守仁（1472—1529）。陸九淵曾與朱熹會講鵝湖，論多不合。朱熹主“理在氣先”的“理本論”，陸九淵主“心即是理”的“心本論”，理學由此分朱、陸二家。王守仁亦主張以心爲本體，提倡“良知良能”，“格物致知，自求於心”。陸九淵的“心本論”被王守仁發揚光大，由此形成“陸王心學”。

③ “宋明儒學案”，即《宋元學案》和《明儒學案》。《宋元學案》，清代黄宗羲（1610—1695）原本，黄百家纂輯，全祖望（1705—1755）續修，凡 100 卷。記宋、元兩代自胡瑗（993—1059）以下 87 人的學術思想，每一學案先列舉師友弟子，以明師承源流；次叙生平、著作和思想，末附逸事及後人評論。《明儒學案》，黄宗羲撰，凡 62 卷。據明代講學諸家文集語録，摘其要點，辨别宗派，各立學案，所録共 200 餘人。

④ “梅（文鼎）”，梅文鼎（1633—1721），字定九，號勿庵，安徽宣城人，清初數學家、天文學家。畢生從事曆算研究，以布衣終身。著書 80 餘種，收入其孫梅瑴成編定的《梅氏叢書輯要》。

⑤ “戴（震）”，戴震（1724—1777），字東原、慎修，安徽休寧人，清代哲學家、數學家，著有《毛鄭詩考正》《孟子字義疏證》《勾股割圜記》等。

⑥ “李（善蘭）”，李善蘭（1811—1882），原名李心蘭，字竟芳，號秋紉、壬叔，浙江海寧人，清代數學家、天文學家，創二次平方根的冪級數展開式，著有《則古昔齋算學》（共 13 種 24 卷），譯有《幾何原本》《數理格致》等。

⑦ “華（蘅芳）”，華蘅芳（1833—1902），字若汀，江蘇金匱（今無錫）人，清末數學家，著有《行素軒算稿》。

⑧ “幾何原本”，大約成書於公元前 300 年，是古希臘數學家歐幾里得（約公元前 330—前 275）用公理化方法對古希臘數學知識所作的系統化、理論化的總結。全書共 13 卷，開頭是 5 條公理和 5 條公設，然後給出 119 個定義和 465 個命題及其證明。徐光啓（1562—1633）和利瑪竇（1552—1610）於 1607 年譯出前 6 卷，李善蘭和偉烈亞力（1815—1887）譯出另外版本的 9 卷。

⑨ “瓌寶”，同“瑰寶”。

或者又曰。子言國學。則漢宋其一矣。然漢有許鄭賈服[①]。而莫捄[②]黄巾之厄[③]。宋有周程朱張[④]。而莫紓南渡之禍[⑤]。國學之無益於中國。誠非讆言矣。而子顧倡之乎。應之曰。此所謂知其一而不知其二者也。漢儒雖不能捄黄巾。然其學彌漫宇内。至于五胡之亂[⑥]。文獻淪亡。衣冠塗炭。而南北諸儒徐遵明[⑦]崔靈恩[⑧]輩。猶守其學而不爲羶風貉俗所易。則漢儒之澤遠也。宋儒雖不能捄南渡。然其學風靡一世。於夷夏之界。辨之甚嚴。元竊祚未幾。即復反正。而宋濂[⑨]薛瑄[⑩]輩。復昌其説。人咸知倫紀彝叙。而不至終淪左

① “許鄭賈服”，指漢代經學四大家許慎（約 58—約 147）、鄭玄（127—200）、賈逵（30—101）、服虔（漢末，生卒年不詳）。

② “捄”，同“救”。

③ “黄巾之厄”，指東漢末年由太平道首領張角（？—184）於中平元年（184）發動的黄巾起義。

④ “周程朱張”，指宋代的周敦頤、程顥、程頤、朱熹、張載。周敦頤（1017—1073），字茂叔，號濂溪，道州營道（今湖南道縣）人。采用道家學説，以太極爲理，陰陽五行爲氣，被公認爲宋儒理學創始人。“二程”之師。張載（1020—1077），字子厚，鳳翔府郿縣橫渠鎮（今陝西眉縣橫渠鎮）人，世稱橫渠先生。因是關中人，故其學派稱爲“關學”。過去雖有“周程朱張”的并稱，但張載反對以“理”爲萬物的本源，提出虚空即氣，主張氣爲充塞宇宙的實體；張載承認物質先於精神而存在，具有樸素的唯物主義因素。

⑤ “南渡之禍”，指北宋的覆滅。宋靖康元年閏十一月二十五日（1127 年 1 月 9 日），金兵攻入開封，北宋滅。翌年，趙構渡江，在南京（今河南商丘市南）稱帝（即宋高宗），後建都臨安（今浙江杭州），南宋由此建立。

⑥ “五胡之亂”，晋武帝司馬炎（236—290，266—290 年在位）死後，各族人民紛紛起義，北方少數民族匈奴族的劉淵及沮渠氏、赫連氏，羯族的石氏，鮮卑族的慕容氏及禿髮氏、乞伏氏，氐族的苻氏、吕氏，羌族的姚氏，相繼建立王朝，凡十六國政權。舊史稱爲“五胡之亂”或“五胡十六國之亂”。

⑦ “徐遵明”，徐遵明（475—529），字子判，弘農華陰（今陝西渭南）人，北魏經學家，“北學”代表人物之一。著有《春秋義章》等。

⑧ “崔靈恩”，崔靈恩（生卒年不詳），清河東武城（今山東武城）人，南朝經學家，著有《三禮義宗》等。

⑨ “宋濂”，宋濂（1310—1381），字景濂，號潛溪，金華潛溪（今浙江義烏）人，後遷浦江（今浙江浦江）。元末明初政治家、思想家。著有《宋學士文集》等。

⑩ “薛瑄”，薛瑄（1389/1392—1464），字德温，號敬軒，河東河津（今山西運城）人，明代思想家、文學家，河東學派創始人。著有《讀書録》《薛文清集》等。

衽[1]。則宋儒之澤遠也。是故國有學則雖亡而復興。國無學則一亡而永亡。何者。蓋國有學則國亡而學不亡。學不亡則國猶可再造。國無學則國亡而學亡。學亡而國之亡遂終古矣。此吾國所以屢亡於外族。而數次光復。印度埃及一亡於英。而永以不振者。一則僅亡其國。一則并其學而亡之也。嗚呼。正學之儒。以學救國救天下。名豈必在一時。功豈必在一世哉。且彼漢宋儒者。亦非孔學之至。尤非吾國學之純然至粹者也。漢儒之學。傳於子夏[2]。(子夏徧授六經[3]傳六經於荀卿[4]荀卿數傳而至孔安國[5]爲古文家之源流又傳春秋於公羊高[6]公羊高再傳而至胡母生[7]爲今文家之源流是今古文兩漢之學皆傳於子夏也詳見史記前後漢書儒林傳)宋儒之學。私淑曾子[8]。(宋儒得力全在大學中庸二書子思[9]亦曾子門人故可以曾子括之曾子所謂日三

① “左衽”，同“左衽”，典出《尚書·畢命》：“四夷左衽，罔不咸賴。”我國古代少數民族的服裝，前襟向左，不同於中原一帶人的右衽。因此，後以“左衽”指受外族的統治。

② “子夏”，即卜商（公元前507—？），字子夏，春秋時期衛國人。孔子弟子。長於文學，序《詩》傳《易》。魏國創立者魏文侯尊其爲師。

③ “六經”，指《詩經》《尚書》《禮記》《樂經》《易經》《春秋》六部儒家經典。今文家説《樂》本無經，附於《詩經》中，古文家説有《樂經》，秦焚書後亡。

④ “荀卿”，即荀子（約公元前313—前238），名況，字卿，戰國晚期思想家。其學以孔子爲宗，又廣采各家精華。强調“制天命而用之”；主張“法後王”；與孟子性善説相對，認爲人性皆惡，須以禮義矯正。曾任稷下學宫祭酒。

⑤ “孔安國”，孔安國（公元前156—前74），字子國，孔子後裔，西漢經學家。以治《尚書》爲武帝博士，官至諫大夫、臨淮太守。

⑥ “公羊高”，戰國時期齊國人，舊題《春秋公羊傳》作者。據傳爲子夏弟子，治《春秋》，再傳於玄孫公羊壽。

⑦ “胡母生”，一作胡毋生，字子都，齊（郡治在今山東淄博市臨淄區）人。西漢經學家，景帝時立爲博士。《春秋公羊傳》傳至公羊壽時，公羊壽始與胡母生將它“著於竹帛”。

⑧ “曾子”，曾子（公元前505—前434），名參，字子輿，春秋時魯國南武城（一説爲今山東嘉祥南，一説爲今山東平邑南）人，孔子弟子。其事迹散見《論語》各篇及《史記·仲尼弟子傳》。相傳《大學》爲其所著。

⑨ “子思”，子思（約公元前483—前402），孔子嫡孫，孔鯉之子，名伋。相傳曾受業於曾子，曾爲魯穆公師。孟子曾受業於其門人，將其學説加以發揮，形成“思孟學派”。

省[①]所謂慎獨[②]及大戴記[③]曾子勸學諸篇[④]皆宋儒學問所從出也若孔孟二子宋儒非真能體察者）是孔學之支流餘裔而已。猶未至於孔學。猶未至於孔學之至粹。（韓非子[⑤]謂孔門之後儒分爲八[⑥]若漢宋儒者其殆各得其一者歟）而其效已若是。况彼附於二派者。其後皆破粹支離。門户水火。或以學市而干利禄之途。或以學隱而避文字之禍。非果有悲天憫人救世易俗之宏願。而僅緣飾文字。以爲名高。其去先哲守道衞學之意。固已遠乎。夫今日之言國粹。非謂姝姝守一漢宋之家法以自小也。固將集各學之大成。補儒術之偏蔽。蔚然成一完粹之國學。而與向之呫嗶其言。咿唔其藝者。固大異其趣。而謂可盡廢乎。

要而言之。國粹者。精神之學也。歐化者。形質之學也。（歐化亦有精神之學此就其大端言耳）無形質則精神何以存。無精神則形質何以立。世有被絺繡[⑦]於芻靈[⑧]者。似人而不得謂之人也。無精神故也。棄國粹而用歐化者。奚以異是。莊子[⑨]曰。古之人。外化而内不化。今之人。内化而外不化。（知北遊

① “日三省”，語出《論語·學而》：“曾子曰：‘吾日三省吾身：爲人謀而不忠乎？與朋友交而不信乎？傳不習乎？’”後泛指回顧過去的言行，看是否有過錯的修養方法。

② “慎獨”，在獨處時也能謹慎不苟。語出《禮記·中庸》：“莫見乎隱，莫顯乎微，故君子慎其獨也。”

③ “大戴記”，亦稱《大戴禮》或《大戴禮記》。是秦漢以前各種禮儀論著的選集。漢初以來，諸家所記各種禮儀論著有200餘篇，西漢信都王太傅戴德删其繁重爲85篇，稱《大戴禮》；九江太守、戴德之侄戴聖又删定爲49篇，稱《小戴禮》（即立於學官之《禮記》）。《大戴禮》今存39篇。

④ “曾子勸學諸篇”，指《大戴禮記》中的《曾子》（10篇）和《勸學》（1篇）。

⑤ “韓非子”，即韓非（約公元前280—前233），戰國時新鄭（今河南鄭州）人，思想家，法家思想主要代表人物和集大成者。與李斯同爲荀子的弟子。曾建議韓王變法圖强，不見用。著《孤憤》《五蠹》《説難》等，得秦王政重視，受邀出使秦國。不久因李斯、姚賈讒害，自殺於獄中。《史記》有傳，今傳《韓非子》20篇。

⑥ “孔門之後儒分爲八”，語出《韓非子·顯學》：“世之顯學，儒、墨也。儒之所至，孔丘也。墨之所至，墨翟也。自孔子之死也，有子張之儒，有子思之儒，有顔氏之儒，有孟氏之儒，有漆雕氏之儒，有仲良氏之儒，有孫氏之儒，有樂正氏之儒。”

⑦ “絺繡”，即刺繡。

⑧ “芻靈”，茅草扎成的人、馬，爲古代殉葬用品。

⑨ “莊子”，即《莊子》，戰國時哲學家、文學家莊周（約公元前369—前286）所著。

篇[①]）今之所謂歐化者。毋亦類於莊子所譏者乎。如其言化也。曷以數十年以來。無一剏獲之器。無一獨造之能。奈端[②]倍根[③]何不誕中土也。觀於市而工之繩墨如故。觀於郊而農之耒耜如故。觀於庠序。而士夫之學問如故。觀于朝廷。而政府之政策如故。及一衡夫社會之情狀。則自達爾文[④]著出。而競争之説。不以對外而以對内矣。伊耶陵[⑤]著出。而權利之説。不以爲公而以爲私矣。彌勒[⑥]之著出。而自繇之説。不以律人而以律己矣。行歐化之道而乃若是。此正所謂内化而外不化者也。嗚呼。糟粕六經。芻狗羣籍。放棄道德。掊擊仁義。其始不過見快一時。謂功業什伯[⑦]於言行。不必鰓鰓過計。而其極遂終爲天下裂而不可捄。此策時之君子。所宜三致意者也。劑其所毗。仍在國粹而已。國粹者。道德之源泉。功業之歸墟。文章之靈奥也。一言以蔽之。國粹也者。助歐化而愈彰。非敵歐化以自防。實爲愛國者須臾不可離也云爾。

是故國粹以精神而存。服左袵之服。無害其國粹也。歐化以物質而昌。行曾史之行[⑧]。無害其歐化也。如理弓然。弛而不張則蹶。張而不弛則折。

---

① "知北遊篇"，爲《莊子》外篇之一，主要探討了"道"與"物"、"道"與"言"的關係。其中的"古之人。外化而内不化。今之人。内化而外不化"一説，是轉述孔子的觀點。

② "奈端"，即伊薩克·牛頓（Isaac Newton，1643—1727），英國數學家、物理學家、天文學家，經典力學的創始人。著有《自然哲學的數學原理》《光學》等。

③ "倍根"，即弗蘭西斯·培根（Francis Bacon，1561—1626），英國唯物主義哲學家、法學家、歷史學家和自然科學家，政治活動家，英國啓蒙運動的倡導者。著有《新工具》等。

④ "達爾文"，即查爾斯·羅伯特·達爾文（Charles Robert Darwin，1809—1882），英國自然科學家，科學的生物進化論的奠基人。1859年出版《通過自然選擇的物種起源》（簡稱"《物種起源》"）。

⑤ "伊耶陵"，即魯道夫·馮·耶林（Rudolf von Jhering，1818—1892），德國法學家，新功利主義法學創始人，自由法學派的主要代表之一。宣稱法律的三大支柱是"我爲我自己而存在"、"世界爲我而存在"以及"我爲世界而存在"。著有《爲權利而鬥争》等。

⑥ "彌勒"，即約翰·斯圖亞特·穆勒（John Stuart Mill，1806—1873），亦譯爲約翰·斯圖亞特·密爾，英國經濟學家、實證論哲學家。著有《功利主義》《論自由》等。

⑦ "什伯"，古代軍隊的編制，十人爲什，百人爲伯。後用來泛指隊伍。

⑧ "曾史之行"，"曾史"，即曾參（曾子）和史鰌。史鰌，亦作"史魚"，字子魚，春秋時期衛國的史官，以正直敢諫著名。後世多以"曾史之行"喻仁義之行。

如鼓琴然。獨絃不能操縵。一音不能合樂。王仲任[①]曰。知今而不知古。謂之盲瞽。知古而不知今。謂之陸沈。（見論衡[②]）其今曰學者之銘箴乎。語曰。温故而知新[③]。易曰。君子多識前言往行以畜其德[④]。誠愛之也。誠重之也。昔鍾儀居楚。猶歌南音[⑤]。士會在秦。不忘故國[⑥]。彼非儒者。而猶若是。而况沐黄帝堯舜禹湯[⑦]文武[⑧]周公[⑨]孔子之遺澤以至於今者乎。顧瞻祖國。可以興矣。

---

① “王仲任”，即王充（27—約97），字仲任，會稽上虞（今浙江紹興市上虞區）人。東漢思想家。師事班彪，博覽群書，通百家學説。歷任郡功曹、治中等官，後罷職從事著述。著有《論衡》《養性書》等。

② “論衡”，王充歷30餘年所撰，凡30卷85篇（今本缺“招致”篇）。抨擊當時迷信思想，主張今優於古，被封建統治者斥爲“非聖滅道”。

③ “温故而知新”，語出《論語·爲政》。

④ “君子多識前言往行以畜其德”，語出《易經·大畜》：“君子以多識前言往行，以畜其德。”

⑤ “鍾儀居楚。猶歌南音”，“鍾儀”，亦稱“鄖公鍾儀”，春秋時楚國的琴師。楚共王七年（前584），隨子重伐鄭被俘，被鄭獻於晋。晋景公問其世官，答先人爲楚之伶人；命其奏琴，操南音；問及楚君臣，恭敬以對。晋范文子以其尊君忠敏，不背本忘舊，建議釋放，以促成晋、楚和好。景公允之。事見《左傳·成公九年》。“居楚”，當爲“居晋”。

⑥ “士會在秦。不忘故國”，士會（約公元前660—前583），春秋時晋國正卿。食邑於隨（今山西介休東南），後又受封范邑（今山西長治市屯留區一帶），亦稱“隨會”“范會”“士季”“隨季”“范季”。晋襄公死，與先蔑使秦，迎立公子雍，爲趙盾所拒。後被迫奔秦，但“在秦三年，不見士伯（先蔑）”。（事見《左傳·文公七年》）晋靈公七年（前614）歸晋後，輔佐晋文公、襄公、成公、景公。景公七年（前593），率師滅赤翟的甲氏、留吁、鐸辰，升任爲中軍元帥，執掌國政，修訂法制。死後稱“范武子”“隨武子”。

⑦ “禹湯”，指夏禹（亦稱“大禹”“戎禹”）和商湯（亦稱“成湯”“武湯”）。

⑧ “文武”，指周文王（姬昌）和周武王（姬發）父子。

⑨ “周公”，即姬旦（亦稱“叔旦”），周文王之子，周武王之弟。因采邑在周（今陝西岐山北），故稱“周公”。輔助武王滅紂，建周王朝，封於魯。武王死，成王年幼，周公攝政。出師東征，平定管叔、蔡叔、霍叔聯合商紂王之子武庚和東方夷族發動的叛亂。周代的禮樂制度相傳由周公制定。

《論國粹無阻於歐化》編者說明

《論國粹無阻於歐化》一文，載光緒三十一年七月二十日（1905年8月20日）出版的《國粹學報》第一年（卷）第7號。作者署名“許守微”，即許之衡。

1. 許之衡

“許守微”係許之衡的筆名。《國粹學報》在發表該文的前一號，即1905年第6號上，刊有署名許之衡的《讀〈國粹學報〉感言》一文。文末的《本社附識》曰：“許君守微久以文學雄視海内，所提議於本報之二事[①]，陳義確當，同人無任佩服，他山之石可以攻錯矣！本社原不存門户黨派之見，謹將來稿登之報首，以代社說，庶以見學術之大公。玆許君更惠然來滬，爲本社贊助其撰述，于國學必多所發明，當與海内學人共歡迎之。”[②]

許之衡（1877—1935），字守白，又字受白，號飲流、曲隱、曲隱道人，室名“飲流齋”，自號“飲流齋主人”，藏書處名“環翠樓”。廣東番禺人，

① 許之衡在《讀〈國粹學報〉感言》一文中指出，他“欲提議於倡國粹者有兩事”，一是“孔子與宗教”的問題，認爲“孔子之爲中國教，幾于亘二千年，支配四百兆之人心久矣。……吾國不言信教則已，苟言信教，則莫如信孔教”。二是“國魂與國學”的問題，認爲“國魂者，立國之本也……各國自有其國魂，吾國之國魂，必不能與人苟同，亦必不能外吾國歷史……黄帝而外，宜并揭孔子，而國魂始全。蓋黄帝爲政治之紀元，孔子則爲宗教之紀元。種族不始於黄帝，而黄帝實可爲種族代表；宗教不始于孔子，而孔子實可爲宗教之代表。彼二聖者皆處吾國自古迄今至尊無上之位，爲吾全歷史之關鍵，又人人心中所同有者。……國學即國魂所存，保全國學，誠爲最重之事矣。”

② 許之衡. 讀《國粹學報》感言[J]. 國粹學報，1905（6）.

祖籍浙江仁和（今屬浙江省杭州市）。祖父許其光（1826—？），道光三十年（1850）庚戌科陸增祥榜進士第二人，官至御史。許之衡早年就讀於張之洞創立的廣雅書院，後轉投萬木草堂，成爲康有爲的受業弟子①。1903年參加廣東鄉試，中副榜貢生②，後短暫任職《時敏報》編輯。1905年前後游學日本，畢業於明治大學。1909年前後回國，任教於廣州西區模範高小。約1912年進京，短暫任職於農商部③。經吴梅舉薦，1922年前後在北京大學國文系任教，主講“戲曲”“戲曲史”“聲律學”三門課程，1934年离職④，其間疑短暫任教於北平師範大學、北平女子文理學院。

1935年初，許之衡因心臟病在北平去世⑤。同年3月31日的《京報圖畫周刊》頭版刊有署名“閣”的悼文——《許守白》，其中寫道：“黄節是《國粹學報》的臺柱（《國粹學報》主筆之一黄節亦在1935年初去世——編者注），守白亦是《國粹學報》的名角……民國初年，吾與守白同應謝孟博先生之約，任編譯之事於農商部，共事經年，覺其人醇厚安詳，雅有學者風度。”⑥許之衡廣泛涉獵民族傳統文化，主治曲學理論，是近現代著名的曲學專家、音律學家和戲曲作家，還是古陶瓷研究專家。主要著作有《守白詞》《曲律易知》《戲曲源流》《中國音樂小史》《飲流齋説瓷》等。政論文除《讀〈國粹學報〉感言》《論國粹無阻於歐化》外，另有《古政今義徵文》《地方

① 陳漢才．康門弟子述略[M]．廣州：廣東高等教育出版社，1991：4，158；張啓禎，周小輝．萬木草堂集[M]．青島：青島出版社，2017：536.

② 佚名．宫門抄[J]．北洋官報，1903（158）.

③ 中國科學院上海經濟研究所，上海社會科學院經濟研究所．南洋兄弟烟草公司史料[M]．上海：上海人民出版社，1958：8.

④ 桑兵．學術江湖：晚清民國的學人與學風[M]．桂林：廣西師範大學出版社，2017：118-163；賈鴻昇.追憶蔡元培[M]．濟南：泰山出版社，2021：107；唐小兵．與民國相遇[M]．北京：生活•讀書•新知三聯書店，2017：113-116；梅冷生．梅冷生集[M]．上海：上海社會科學院出版社，2006：275；丁士軒．大師巨匠：西南聯大1937—1946[M]．北京：北京聯合出版有限責任公司，2002：15.

⑤ 朱洪．劉半農傳[M]．北京：東方出版社，2007：252.

⑥ 閣．許守白[N]．京報圖畫周刊，1935-03-31.

自治私議》及《許守微之尊孔説》（爲《讀〈國粹學報〉感言》節録）等數篇，散見於《文史雜誌》《政藝通報》《宗聖匯志》等報刊中。

2.《國粹學報》

《國粹學報》是清末“國粹派”國學保存會的機關刊物。1905 年 1 月，以“研究國學，保存國粹”爲宗旨的革命學術團體國學保存會在上海成立，主要發起人有鄧實、黄節、劉師培、陳去病、陸紹明、潘博、諸宗元、田北湖、羅振玉、孫詒讓、王國維等（章太炎雖未加入該會，但被公認爲其精神領袖）。次月，《國粹學報》創刊，欲“鈎元提要，括垢磨光，以求學術會通之旨，使東土光明，廣照大千，神州舊學，不遠而復”，以助其“保種、愛國、存學之志”①。

《國粹學報》爲月刊，在創刊後的兩年中，設有“社説”“政篇”“史篇”“學篇”“文篇”“叢談”“撰録”七個欄目。前四個欄目主要發表政論和學術文章，其中“社説”欄相當於後來報刊上的社論，主要發表該刊對重要的學術與社會問題的見解，重在“批條索貫，推見至隱，彌綸群言，權衡萬事，振聵發矇”；“政篇”欄重在“仕學互訓，因時制宜”；“史篇”欄强調“志古匡今，俾作箴貶”；“學篇”欄强調“循序致精，大道非歧”②，均有以“國學”寓時政之義。後三個欄目則發表詩文作品、筆記雜説及重要文獻的輯録。此後加大了學術研究的分量，1907 年開始增設“博物篇”“美術篇”及“報告”（國學保存會報告）欄目，1908 年續增“地理篇”“藏書志”“紹介遺書”等欄目，1910 年第 1 號則宣布“更定例目”，對欄目作出較大調整，如“社説”改爲“通論”，另設“經篇”等。

---

① 佚名. 發刊辭[J]. 國粹學報，1905（1）.

② 佚名. 發刊辭[J]. 國粹學報，1905（1）.

《國粹學報》於1911年武昌起義後停刊，共出82號（期）。除主編鄧實外，在刊行的7年間，先後爲其撰稿的有黄節、章太炎、劉師培、陳去病、陸紹明、田北湖、羅振玉、孫詒讓、王國維、馬叙倫、王闓運、廖平、李詳、況周頤、許之衡、鄭文焯、胡蘊玉、黄侃、陳鋭、張采田、馬其昶、鄭孝胥等百餘人，其中既有資産階級革命派人士，也有立憲派、保皇派人士，有的撰稿人則屬於封建守舊文人。由此可以看出，《國粹學報》在學術研究方面具有廣泛性，但其思想傾向則是比較複雜的。一般説來，在前期即創刊後的前兩三年中，其革命性較强，之後政治色彩逐漸淡化，學術色彩日益濃厚。前期的革命性主要表現在，堅持以“國學”研究爲主，大力宣傳愛國、保種、存學等精神，從資産階級革命立場出發，反對清王朝的專制統治；通過爲漢代古文經學辨誣，批駁孔子改制説等，以反對資産階級保皇派的立憲主張；通過申明《春秋》“夷夏之防”的微言大義，表彰宋明志士不事“異族”統治的民族氣節，反對帝國主義的侵略。正是從這一方面，魯迅曾稱其“多含革命的精神”，“談學術而兼涉革命”①。

《國粹學報》鉛印、竪排、綫裝。創刊伊始，即在每期封面和正文之間，刊登中國古代聖賢、學者的圖像，并附贊語或遺墨手迹，如創刊號上即是孔子和老子的畫像，此後則陸續刊登了孟子、墨子、神農、黄帝、堯、舜、倉頡、大禹、商湯、周文王、周公、周武王、伏生、董仲舒、許慎、鄭玄、范仲淹、王安石、周敦頤、張載、陸游、陸九淵、朱熹、鄭思肖、陳白沙、王陽明、王夫之、黄宗羲、顧炎武、傅山、陳子龍、黄道周、劉宗周、朱彝尊、顔元等人的圖像，以凸顯“中華國魂”，體現《國粹學報》“發明國學、保存國粹”的旨趣。

《國粹學報》由上海國粹學報館印行。館址先在愛而近路（今安慶路），

① 風聲. 一是之學説[N]. 晨報副刊，1922-11-03. 風聲爲魯迅的筆名。

後遷福州路惠福里。現有兩種版本行世，一爲分期原刊本，一爲按年分類彙編本。《國粹學報》停刊後，在 1912 年 6 月改爲雙月刊的《古學彙刊》，繆荃孫任總纂，鄧實任經理。《古學彙刊》專門輯印國學論著，每期稱爲“編”，每編分上、下兩篇（册），上篇刊前人遺著，下篇刊近人新著。從 1912 年 6 月至 1914 年 8 月，共出 12 編 24 篇（册）。

3. 内容簡介

許之衡不是國學保存會的會員。1905 年，他在閱讀數期《國粹學報》後發現，雖然當時朝野紛紛高談“國粹”，但“在上而言國粹，則挾其左右學界之力，欲阻吾民圖新之先機，以是爲束縛豪傑之具，辭而闢之可也。若在野而倡國粹，則一二抱殘守缺之士，爲雞鳴風雨之思，其志哀，其旨絜，是猶仁者見仁，智者見智，歐化者自歐化，國粹者自國粹而已。與執政之主持，殆不可同日而語”[①]。這一説法，對於國學保存會和《國粹學報》來説，多少帶有一點批評的意味，但却很快得到《國粹學報》主辦人的認可。《論國粹無阻於歐化》一文可以説是對這一觀點的進一步論述。該文論述了“國粹”與“歐化”的關係，明確指出“國粹無阻於歐化”。

文章共八個自然段。

第一段開宗明義，批駁了當時社會上有人認爲提倡“國粹”有礙於“歐化”，是“阻國民之進步”的論調。作者首先肯定，“歐化者，固吾人所禱祠以求者”，但旋即筆鋒一轉，提出了“西法之入中國，將三十年，而卒莫收其效，且更敝焉”的問題，并給予回答：“橘踰淮則爲枳。今日之歐化，枳之類也”；“彼之良法善制，一施諸我國而弊愈滋。無他，雖有嘉種，田野弗治弗長也；雖有佳實，塲圃弗修弗植也；雖有良法，民德弗進弗行也”。因

① 許之衡. 讀《國粹學報》感言[J]. 國粹學報，1905（6）.

此，離開了“進吾民德，修吾民習”的“歐化”，只能成爲“蒙馬之技”“畫虎之譏”。文章指出，“進吾民德，修吾民習”的途徑很多，但“總不離乎愛國心”，而“愛國心”，正是“國粹之所以爲尚也”。

第二、三兩段，以國内外歷史爲例，論證了“國粹者，一國精神之所寄”，“實爲立國之根本源泉”，“國粹存則其國存，國粹亡則其國亡”的觀點：“四千餘年之古國，以聲明文物著者，若埃及，若希臘，若印度，皆以失其國粹，或亡或滅，或弱或微。而我中國猶巋然獨著於天下，不可謂非天擇之獨厚也。毋亦我古先哲賢，抱守維持，而得繫千鈞一髮以至於斯乎？以羣古國之文明，而獨競勝於我國，其必適於天演之例可知也。其優勝適存如是，其光明俊偉如是，此正愛國保羣之士，所宜自雄而壯往者也。”這顯然是在用作者所理解和希望提倡的“國粹”來激勵國人的民族自豪感，特别是文化自信心。

第四、五兩段，以“今日歐洲文明，由中世紀倡古學之復興”爲依據，痛斥“括帖之學，毒我神州者六百有餘年”，呼籲國人藉廢除科舉這一有利時機，弘揚國粹，復興古學：“歐洲以復古學而科學遂興，吾國至斯，言復古已晚，而猶不急起直追，力自振拔，將任其淪墳典於草莽，坐冠帶於塗炭，儕於巫來由紅椶夷之列而後快乎？”并指出，從古至今，歷代先哲都是積極學習并吸收外來文化的，進一步駁斥了“國粹”有礙於“歐化”，是“阻國民之進步”的論調：“揆之於古既如此，衡之於今又如彼，如是猶謂國粹之説，有阻進化者，不亦卑當世之倫，而羞神州之士也耶？”

第六段，批評以國學在漢代“莫捄黄巾之厄”、在宋代“莫紓南渡之禍”爲據而鼓吹國學“無益於中國”的那些人，是“知其一而不知其二”，明確肯定漢儒、宋儒“之澤遠”，認爲中華文明之所以綿延不絶，全在於先哲保存國粹，表彰他們名在當時，功在千秋：“國有學則國亡而學不亡，學不亡則國猶可再造；國無學則國亡而學亡，學亡而國之亡遂終古”，因此，“國有學則雖亡而復興，國無學則一亡而永亡”。文章還進一步提醒讀者，其實“彼漢宋儒者，亦非孔學之至，尤非吾國學之純然至粹者”，但“其效已若是”，那麼，“今日之言國粹”者，“將集各學之大成，補儒術之偏蔽”，勢必會“蔚然成一完粹之國學”。

第七、八兩段，申明了作者所理解的“國粹”和“歐化”各自的性質和內涵，論述了兩者的關係：“國粹者，精神之學也；歐化者，形質之學也”；“無形質則精神何以存，無精神則形質何以立”，即是説，在中華民族的復興之路上，“國粹”和“歐化”、“精神”和“形質”兩方面，是缺一不可的，既要弘揚祖國傳統文化，又要學習西方文明。當然，文章特别强調保存和弘揚“國粹”的指向也是顯而易見的：“國粹者，道德之源泉，功業之歸墟，文章之靈奥”，“國粹也者，助歐化而愈彰，非敵歐化以自防”，即是説，“國粹”不僅無阻於“歐化”，而且“歐化”是必須立足“國粹”的。文章爲此還尖鋭批評了當時某些學人特别是那些“策時之君子”的弊病，是“内化而外不化”，在精神層面“糟粕六經、芻狗羣籍、放棄道德、掊擊仁義”，而在物質生産層面却“無一欶獲之器，無一獨造之能”，最終導致“天下裂而不可捄”的惡果。

文章對國學、國粹在未來的弘揚和傳承充滿信心：“沐黄帝堯舜禹湯文武周公孔子之遺澤”，“顧瞻祖國，可以興矣！”

4. 該文思想評析

“國粹”一詞，原爲 19 世紀中後期日本“國粹保存派”學者對西文“nationality”（本意是“民族”“民族性”“民族主義”等）的日文翻譯，是其復興國粹以抵制過分歐化的國粹保存思潮的核心理念①。“國粹”一詞及其相關理念於19世紀末20世紀初由留日的梁啓超、黄節等人引介到國内，促進了國粹派的出現和國學保存會的建立。總的來説，國學保存會及其《國粹學報》在辛亥革命前發揮過革命宣傳作用，“對批判資産階級改良派，反對清朝的封建專制統治，作出了一份有益的貢獻”，但同時也“存在着一定的封建性和復古傾向”②。

《論國粹無阻於歐化》一文批評了當時社會上包括資産階級革命派中某些人只注重物質發展而忽視道德思想進步的片面取向，譏刺其在“歐化”問題上的弊病是“内化而外不化”，不僅在物質生産層面無所創獲，而且在精神文化層面失去了自主權；還批評近代學者偏於漢宋儒學的細枝末流，從而淪爲清朝封建統治者的附庸，提出了恢復“國學之純然至粹者”的古學復興任務；文章對中國傳統文化充滿自信，并在充分挖掘民族傳統文化包容性的基礎上，提出了以國粹爲體、歐化爲用的發展道路，充分體現了中國近代進步知識分子希望以改造傳統文化和傳統道德而達到“經世致用”的自覺努力。

該文中的所謂“國粹”，主要指以國魂和國學爲核心的中國傳統文化，并把“國粹”當作“精神之學”；而“歐化”則主要指對西方科學技術和典章制度的學習，認爲是“形質之學”。這一認識，與鴉片戰争後在一些進步知識分子和官僚階層中逐漸形成的“中體西用”的二分法并無根本區别；文末所説的“國粹以精神而存，服左衽之服，無害其國粹也；歐化以物質而昌，行曾史之行，無害其歐化也”，與1898年張之洞在《勸學篇》中提出的“中學治身心，西學應世事”，幾乎如出一轍。20世紀初年，清政府實際上也是

① 鄭師渠. 晚清國粹派——文化思想研究[M]. 北京：北京師範大學出版社，1993：1-2.
② 丁守和. 辛亥革命時期期刊介紹：第2集[M]. 北京：人民出版社，1982：314.

以“中體西用”作爲治國方針，實行所謂“新政”的。從“國學保存會”成立及《國粹學報》創刊的1905年至今，一百多年過去了，歷史證明，一方面，“國學”和“國粹”確實“無阻於歐化”，或者進一步説，也“無阻於”近代化、現代化；另一方面，在“中體西用”思想指導下的中國近代化和現代化，只能是以封建主義文化爲主體、結合西方的資産階級文化，對中國近代經濟、政治、社會所進行的微小改良，不能從根本上解决中國社會發展的問題，無助於實現中華民族的偉大復興。

中國早期馬克思主義者敏鋭地看到了國粹派觀點的局限性。李大釗認爲：“日本人誇爲‘國粹’之萬世一系的皇統”，在西方文明的總體衝擊下已“有動摇的勢子”①。他從馬克思主義基本原理出發分析該問題，指出“孔子的學説所以能支配中國人心有兩千餘年的原故……因他是適應中國二千餘年來未曾變動的農業經濟組織反映出來的産物，因他是中國大家族制度上的表層構造，因爲經濟上有他的基礎”②。陳獨秀認爲，徹底解决中國政治問題需要深入批判道德政治傳統，只有“倫理的覺悟”才是“吾人最後覺悟之最後覺悟”③，在傳統道德政治原則上嫁接西方科學技術和政治制度的道路是行不通的。

歷史發展到今天，中國共産黨人深刻地認識到，一方面，只有馬克思主義、社會主義才能救中國，發展中國；另一方面，必須把馬克思主義的基本原理同中國具體實際相結合、同中國優秀傳統文化相結合，這才是“人間正道”。

① 李大釗. 李大釗全集：第3卷[M]. 北京：人民出版社，2013：188.
② 李大釗. 李大釗全集：第3卷[M]. 北京：人民出版社，2013：187.
③ 陳獨秀. 陳獨秀文集：第1卷[M]. 北京：人民出版社，2013：140.

5. 研究綜述

《論國粹無阻於歐化》一文發表後，即受到學界乃至整個社會較爲廣泛的關注，如《東方雜誌》在其第三年（1906 年）第 1 號上就很快予以轉載。1949 年後，該文又被收入《辛亥革命前十年間時論選集》①、《20 世紀中國經世文編》②等中國近現代重要文獻彙編中。《辛亥革命時期期刊介紹》的編者認爲，該文是《國粹學報》中“比較有思想性的社説”③，集中體現了作者許之衡的國學觀，“表現了他的民族自尊心和民族主義思想，是一種愛國主義的具體表示”④。總的來看，學界對《論國粹無阻於歐化》的研究主要集中在近代政治思想史和許之衡的生平思想兩個方面。

鄭師渠較早對晚清時期的“國粹派”及其文化思想進行了較爲全面和系統的研究。他認爲，“儘管晚清‘國粹’説盛行一時，主張保存國粹者比比皆是，但却非持是論者皆得冠之爲‘國粹派’。國粹派是有自己明確的内涵與外延的概念”；“以張之洞爲首的清朝大吏雖然侈談保存國粹，却不足稱國粹派”；“梁啓超爲首的一些立憲黨人肯定國粹説，與張之洞之流自然不可同日而語，像梁本人且著有《論中國學術思想變遷之大勢》等多種有影響的國學研究著作；但他們的團體與刊物，畢竟并不以保存國粹爲宗旨，尤其他們不贊成藉國粹宣傳排滿革命。所以，梁啓超諸人對國粹理論也少所發明，同樣不能目之爲國粹派”；“這樣，在革命派隊伍内部，以保存國粹爲標幟，成立了專門的團體與刊物以推進國粹思潮和傳統學術近代化的章太炎、劉師培、鄧實一派人物，應當視作晚清真正的國粹派”。鄭師渠認爲，“可以對晚

① 張枬，王忍之. 辛亥革命前十年間時論選集：第 2 卷：上册[M]. 北京：生活 • 讀書 • 新知三聯書店，1963：52-56.

② 苑書義. 20 世紀中國經世文編：第 1 册 清末卷[M]. 北京：中國和平出版社，1998：437-443.

③ 丁守和. 辛亥革命時期期刊介紹：第 2 集[M]. 北京：人民出版社，1982：337.

④ 丁守和. 辛亥革命時期期刊介紹：第 2 集[M]. 北京：人民出版社，1982：341.

清國粹派作如下界定：國粹派是革命派隊伍中的一個派別。他們多是一些具有傳統學術根柢的資産階級小資産階級知識分子，不僅主張從中國的歷史與文化中汲取精靈，以增强排滿革命宣傳的魅力；而且强調在效法西方改革中國政治的同時，必須立足於復興中國固有文化。所以，他們一身二任：既是激烈的排滿革命派，又是熱衷於重新整理和研究傳統學術、推動其近代化著名的國學大家。他們追求中國社會的民主化，但更關切傳統文化的命運，孜孜以復興中國文化自任。也惟其如此，他們倡言的國粹思潮不是獨立的思潮，而是民主革命思潮的一部分；只是因經受中國歷史文化更多的折光，而呈現出古色古香獨異的色彩罷了”。①

鄭師渠還指出，“如果説，在 20 世紀初年的社會文化思潮中，國粹派是獨樹一幟”，“那末，其大書在旗幟上以彰顯自己的理想與主張的口號便是：‘古學復興’”；“‘古學復興’原是歐洲文藝復興的一種别稱。1879 年出版的沈毅和的《西史匯函續編·歐洲史略》，是中國人最早介紹歐洲文藝復興的著作，正是冠之以‘古學復興’的標題。在其後很長的一段時間裏，國人沿用了此種譯法。在國粹派的文論中，涉及歐洲‘古學復興’雖然甚早，但明確提到中國也當有自己的‘古學復興’，却是肇端於許守微。1905 年 8 月，他在《國粹學報》第 7 期上發表《論國粹無阻於歐化》一文，其中説：‘……視我神州，則蒙昧久矣，昏瞀久矣，横序之子，不知四禮；衿纓之士，不讀群經。蓋括帖之學，毒我神州者六百有餘年，而今乃一旦廓清，復見天日，古學復興，此其時矣，此其時矣。’不過，這僅爲聯想，尚非專論。同年 10 月，鄧實在同刊第 9 期上發表《古學復興論》，不僅論述了歐洲‘古學復興’的歷史，而且對中國‘古學復興’的必然性、意義與途徑，也作了相當具體的闡發。……鄧文是國粹派論述‘古學復興’最有代表性的著述。”“國粹派

① 鄭師渠. 晚清國粹派——文化思想研究[M]. 北京：北京師範大學出版社，1993：6-8.

所要復興的‘古學’，是指他們所謂的先秦未受‘異學’、‘君學’浸染前純正而健全的中國文化，即‘國學’。具體説，是指包括儒學在内的先秦諸子學。……歐洲藉復興古希臘文化，而開近代文明的先河；國粹派也希望通過復興先秦諸子學，而重新振興中國文化。”鄭師渠認爲，一方面，“國粹派倡‘古學復興’，無論其命意是要追循歐洲資産階級先哲的故轍，謀中國文化的復興，還是其提出的具體途徑强調中西融合，和在實踐上表現爲推進傳統學術近代化的努力，都説明其本質是創新，而非復古”，另一方面，“國粹派關於‘國學’、‘國粹’、‘國魂’原先不乏廣闊思維空間的文化運思，由於導入‘古學復興’的模式，最終不能不陷入僅僅滿足於‘研求古學，刷垢磨光，鈎玄提要’狹小的圈内，而作繭自縛和歸於平庸”；“國粹派崇古、戀舊的消極傾向是無可否認的；但將之誇大爲反動、復古，却不恰當。這不僅是因爲其‘古學復興’的命意本在於創新，而非復古；而且還在於，國粹派執著‘古學復興’的實踐，事實上也結出了諸如章太炎《諸子學略説》、《齊物論釋》；劉師培《周末學術史序》等一系列諸子學研究的豐碩果實，有力地推進了中國傳統學術的近代化”。①

關於《論國粹無阻於歐化》與“古學復興”之間的關係，劉墨亦持同樣的看法：“許守微在《論國粹無阻於歐化》一文中力陳‘歐化’的必要性，爲此，他舉意大利的文藝復興爲例……也許這應該看作是國粹派將注意力集中到‘古學復興’即文藝復興的一個起點……就在許守微發表文章的同年10月，鄧實在《國粹學報》發表《古學復興論》一篇，叙述更爲系統”，“鄧實樂觀地認爲：‘西學入華，宿儒瞠目，而考其實際，多與諸子相符。於是周秦學派遂興，吹秦灰之已死，揚祖國之耿光’，就像歐洲‘古學復興’於15 世紀一樣，亞洲的古學也一定會在 20 世紀復興。所以國粹主義儘管以

① 鄭師渠. 晚清國粹派——文化思想研究[M]. 北京：北京師範大學出版社，1993：130-137.

‘存古’爲號召，或對‘復古’這一形式情有獨鐘，但其實質仍在於朝廷一種類似於意大利文藝復興式的文化‘更新’。”①

蘇雙碧曾以許之衡等人在《國粹學報》上發表的有關文章爲例指出，20世紀初國粹派提倡國學，宣傳國粹的“目的在於證明中國的古學是‘粹’，是最完美之學。國粹派把國學或國粹的歷史作用無限拔高”，“把歷代儒者之學看成中華民族生存所係，完全撇開生産力這一社會歷史發展的杠杆。從這種片面的歷史觀出發，他們在《國粹學報》等刊物上多方論證他們的‘古學復興’運動，就是中國的文藝復興”。但其實，當時的“國粹主義思潮和15世紀歐洲文藝復興根本不是一回事。文藝復興是在弘揚古代民主思想的基礎上，創作大量哲學、歷史和文藝等作品，湧現了一大批人文主義的思想家、文藝家，如塞萬提斯、伊拉斯莫、莎士比亞等等，特别是出現了一大批科學家如哥白尼、伽里略等。他們宣傳人文主義思想，衝破了中世紀的封建網羅，并不是簡單地照搬照抄古代的東西。而國粹派則認爲：‘吾人今日對於祖國之責任，惟當研究古學，刷垢磨光，鈎玄提要，以發見種義之新事理，而大增吾神州古代文明之聲價。’以達到‘保我祖宗舊有之聲明文物’。力圖證明古學是‘粹’，什麽都好。在整個國粹主義的思潮中，都没有跳出‘古學’的範圍，當然也不可能産生如同文藝復興時期可以震蕩心靈，更談不上震蕩世界的積極成果”。②

張汝倫認爲，“國粹派講國學和古學，爲的是立國。他們認爲，國無學則國亡。既然現代歐洲由文藝復興而崛起，那麽現代中國當然也可以通過復興古學而興。雖然國粹派大都是學者，但他們學術活動却有强烈的實用主義色彩。實際上，他們研究國粹只是手段，目的是爲了反清排滿，在中國建立

① 劉墨. 獨爲神州惜大儒：現代國學思潮與人物[M]. 北京：團結出版社，2009：36-38.
② 蘇雙碧. 略論20世紀初年的國粹思潮[J]. 東南學術，2001（3）.

一個現代民族國家。這一點在許守微寫的‘論國粹無阻於歐化’中表達得最清楚。……所以他得出結論説：‘國粹也者，助歐化而愈彰，非敵歐化以自防。’這就是説，國粹不僅不是西方文化的對立者，反而是其促進者。這個詭論式的結論，深刻地揭示了文化民族主義的現代取向。”①

陳平原指出，晚清時期“主張‘西學東漸’的，與提倡‘舊學新知’的，很可能勢同水火；可對於理解歷史進程來説，二者缺一不可”；“相對來説，‘西學東漸’來頭更大，也更引人注目，即便心有疑慮者，也不便公開反對。尤其是從甲午慘敗的反省，到五四運動的崛起，中國西化步伐之疾速，實在令人歎爲觀止。在時賢眼中，‘西學’就是‘新知’，中國變革的動力及希望，即在於傳播并借鑒‘西學’”，而“起而抵禦西化狂潮的，有極端保守派，但也有自認深知西學利弊，且對中國文化持有信心的，比如《國粹學報》諸君”。陳平原認爲，《國粹學報》上發表的“宏文”——《論國粹無阻於歐化》，“再三論證‘國粹也者，助歐化而愈彰，非敵歐化以自防，實爲愛國者須臾不可離也云爾’。如此曲爲辯解，就因爲其時的新學之士，已將‘歐化’等同於‘新知’。但實際上，《國粹學報》‘痛吾國之不國，痛吾學之不學’的創刊宗旨，直接針對的，正是此‘醉心歐化’的狂潮”。陳平原還以黄節、鄧實的兩篇文章爲例，説明《國粹學報》“主辦人”的“思路”是，“比起推動‘西潮’來，復興‘古學’更能獲得‘新知’”，“這自然只是一家之言，可聚集在其旗幟下的，除了鄧、黄，還有章太炎、劉師培等一大批重要學者，實在不可等閑視之”。總之，“甲午戰敗後，時人普遍‘觀歐風而心醉，以儒冠爲可溺’，提倡西學者理直氣壯，反而是鄧實等人的‘攄懷舊之蓄念，發潛德之幽光’，顯得有點不合時宜。可是，從晚清的《國粹學報》，到二三十年代的《學衡》、《制言》，再到 90 年代悄然升温的‘國學熱’，20 世紀的中

① 張汝倫. 政治世界的思想者[M]. 上海：復旦大學出版社，2009：51-52.

國，并非‘西學東漸’一枝獨秀”。[①]

鄭師渠後來還進一步研究了學衡派與國粹派之間的關係。他認爲，二者之間的關係“不僅表現爲前者的主要代表人物劉伯明和吴宓曾分別師從章太炎與黄節，胡先驌且列名與晚清國粹派一體的著名的南社；更主要還在於，二者都以宏揚中國文化自任，在根本的文化主張上一脉相承”[②]。

蘇中立認爲，“辛亥革命時期傳播的社會達爾文主義思想，其目的是爲了保種救國；其内容有接受，有改造，也有抵制；其作用基本上是積極的，消極作用居於次要地位，但這種積極作用是短暫的，而消極作用則是長久的”；認爲“愛國志士們雖然看到了當時的嚴峻形勢，但他們對於國家和民族的前途却始終充滿信心”，如“許守微從中國在‘群古國之文明’中‘獨競勝’的角度，説明我中國‘優勝適存’、‘光明俊偉’之前途，‘此正愛國保群之士，所宜自雄而壯往者也’”，其目的就在於“鼓勵人們争取國家民族的光明前途”[③]。

李敏認爲，“許之衡對《國粹學報》的國粹保存論頗感認同，但不滿於僅從政治上提倡民族主義，建議樹立孔子在宗教上的地位、保全國學以存國魂。在保存國學方面，對經、史、文學提出具體意見。‘若文學一途’，‘宜適晚近，不宜返之皇古’，爲智識普及起見，寧失之平易，不可失之艱深。許之衡的國學取向兼融中西，在‘釋詞之學’上，認爲用王引之不如用馬建忠，‘馬氏兼通中西，王氏則但通古訓’”[④]。

關於許之衡生平思想研究方面，陳漢才在《康門弟子述略》一書中將許

---

① 陳平原. 西潮東漸與舊學新知——中國現代學術之建立[J]. 北京大學學報（哲學社會科學版），1998（1）.

② 鄭師渠. 在歐化與國粹之間：學衡派文化思想研究[M]. 北京：北京師範大學出版社，2001：前言 4.

③ 蘇中立. 辛亥革命時期社會達爾文主義的傳播[J]. 廣東社會科學，2012（5）.

④ 李敏. 清末國粹思潮與“文學”的流播[J]. 學術研究，2022（5）：133-134.

之衡列爲康有爲受業弟子的第 86 位（張啓禎和周小輝後來引用時，將其列爲第 85 位），并列舉了許之衡的若干著作[①]。李岩較爲全面地考證了許之衡的生平和著作（主要是音樂戲曲方面的著述），雖論及《讀〈國粹學報〉感言》，但未提及《論國粹無阻於歐化》[②]。史貝貝通過《讀〈國粹學報〉感言》《論國粹無阻於歐化》兩文，分析了許之衡“復古而不泥古”的政治觀[③]。汪偉較爲全面地梳理了許之衡的社會活動關係，羅列了其著作的目録版本，并强調《論國粹無阻於歐化》等文是瞭解其政治文化思想的重要文獻[④]。肖伊緋認爲，《讀〈國粹學報〉感言》“這篇文稿的題目十分普通，甚至可以説平淡無奇，并没有高舉什麼主義、民族之類的鮮明旗幟”，文章“用詞平易，表達清楚，毫無國粹圈子中人習用古語，慣於古典的晦澀文風”，“明確提出了對中國文學乃至文化發展方向的總體希望”，“無論是國粹派還是維新派學者及其陣營，讀到這篇文章，恐怕都不甚歡愉，頗不以爲然。因爲文章中所表露出來的中間立場，明顯是不偏袒於任何一方的；簡言之，既不必爲尊民族而倡復古之國粹，亦不必爲求維新而效東瀛之變法。這樣的觀點，自然是兩頭不討好，大有左右不逢源，我且中道行的獨立品格了”[⑤]。

（編校者：孔令珂）

① 陳漢才. 康門弟子述略[M].廣州：廣東高等教育出版社，1991：4，158-159；張啓禎，周小輝. 萬木草堂集[M]. 青島：青島出版社，2017：536；王明德. 草堂萬木森 變法維新政：康有爲和他的弟子[M]. 廣州：廣東教育出版社，2011：191.

② 李岩. 朔風起時弄樂潮：李岩音樂學術論文集[M]. 上海：上海音樂學院出版社，2004：89-115；王軍. 布道者 • 大德高僧 • 馬拉松信使：慶賀馮文慈 80 華誕學術文集[M]. 北京：中央音樂學院出版社，2009：36-40.

③ 史貝貝. 清末民初戲曲家許之衡研究[D]. 臨汾：山西師範大學，2018：15.

④ 汪偉. 許之衡曲學理論研究[D]. 揚州：揚州大學，2022：19.

⑤ 肖伊緋. 民國隱士探微[M]. 北京：團結出版社，2023：193-194.

土地復權同志會主意書

日本土地復權同志會來稿

夫土地者。乃人類居住之根源。生産之基資。造化所惠賜。爲吾人所最需要者也。無論有如何之武力。有如何之藝能。終不得離土地以生存。

此土地既爲吾人之需要。吾人對此。可主張平等享有權。何則。土地者。非人力之所造。乃依天然力而成者。無論誰氏。對于非己力所成之天然物。絶不得排除他人之共同享有權。且無排除之權能及理由。故曰土地之利用。爲人類所當平等享受者。乃天賦之權利。萬世不易之正道也。

現行之土地所有制度。背此平等享受之法則。許人以土地永久之擅有權。放任其無限兼并。天造之土地。竟被少數富豪所專占。多數之人。僅得托足他人土地之上。保其殘喘。其境涯亦大可哀矣。陷于此境涯。乃服從地主之權力。負擔苛重之地代①。甚乃蝟集②于都市資本家之門。競争賃金之低減。更甚則家族離散。奔流于他鄉。此等人民。雖有憲法之保獲。亦不得安全其權利。絞血汗以勤勞。亦無轉變否運之望。學校並立。何益于我家子女。良醫施術。而疾病者不受其惠也。故曰政治法律之條文。盡美盡善。利用厚生之機關。極臻發達。而土地擅有制度。如存舊慣而不革。則人類各個獨立自營之基礎。永無確立於此地上之日。年年代代。生存于奴隸的境涯而已。

---

① "地代"，日語詞，地租。
② "蝟集"，同"彙集"。

本會同志者于此有感。乃鑑人權之大義。遵人道之正路。對于土地。主張回復人類正當之權利。以全各個人獨立自營之良性。上天示旨。古賢垂跡。吾人豈好奇耶。情不得已而出此。江湖同感之士。其幸諒之。

目的

本會以回復人類之土地平等享有權確實各個人獨立之基礎爲目的

原則

本會以人工造成者歸勞力者享有天然力生成者歸人類平等均有爲原則且期于實行

綱領

一　各個人之土地享有額以人口與面積較計均分定之

一　各個人之土地享有權男女達丁年者即獲得之

一　各個人之土地領受照其等分額之若干將加于該土地之人工價格償還于過等分額所有者即可獲得

規約

第一條　本會名土地復權同志會

第二條　本會之本部置于東京支部置於各地

第三條　不問男女皆得爲本會々員

第四條　本會々員每月納會費一錢以上

民報

日本明治卅八年十一月廿五日第三種郵便物認可
日本明治三十八年十一月廿六日初版發行
日本明治三十九年四月十日再版發行
日本明治三十九年五月八日三版發行

第貳號

《民報》第 2 號封面

倒亡國之前景際胡運之未終以君至誠爲性貞白乃躬旣孤懷而隻手復血雨而腥風雖地垠之無極何所往而不窮昔屈氏之懷沙亦離憂之太摯讀當年之表著辨清濁與醒醉追遺則于彭咸哭同聲于原誼倘君靈之來下當恫鑒于遺類嗚乎哀哉

△土地復權同志會主意書

日本土地復權同志會來稿

夫土地者。乃人類居住之根源。生產之基資。造化所惠賜。爲吾人所最需要者也。無論有如何之武力。有如何之藝能。終不得離土地以生存。

此土地旣爲吾人之需要。吾人對此。可主張平等享有權。何則。土地者非人力之所造。乃依天然力而成者。無論誰氏。對于非己力所成之天然物。絕不得排除他人之共同享有權。且無排除之權能及理由。故曰土地之利用。爲人類所當平等享受者乃天賦之權利。萬世不易之正道也

現行之土地所有制度。背此平等享受之法則。許人以土地永久之擅有權。放任其無限兼幷。天造之土地。竟被少數富豪所專占。多數之人。僅得托足他人土地之上。

第五條　本會置事務委員三名評議委員十名會計委員二名任期各一年

第六條　本會每年開會員大會一次但依評議員之决議可開臨時大會

第七條　本會之各委員於每年大會公選之

第八條　本會之規約依會員多數之决議得改正之

會計

一　本會之費用以會費及寄附金支發之

二　本會之會費及寄附金皆蓄積于銀行

三　本會之收支金額由會計委員半年報告一次

《土地復權同志會主意書》編者説明

《土地復權同志會主意書》，原載1905年11月26日出版的《民報》第2號“來稿”欄，作者署名爲“日本土地復權同志會”。有學者指出，該文是宮崎民藏“以自己所創辦的‘土地復權同志會’名義聲援孫中山所創同盟會機關報《民報》的投稿作品，也是作者同年所著《土地均享 人類大權》一書觀點的集中性表達”[①]。

1. 宮崎民藏

宮崎民藏（1865—1928），號巡耕，日本思想家、政治活動家。

宮崎民藏出生於熊本縣玉名郡荒尾村（今熊本縣荒尾市）一個下級武士家庭。父親宮崎長藏，曾設擊劍道場，共有子女11人，武平、伴藏、兵藏、左藏等早夭。民藏長兄宮崎八郎（1851—1877，名真鄉，通稱八郎。本爲宮崎長藏次子，因長子武平早逝，故被弟、妹稱爲長兄）很早就參加了日本國内的自由民權運動，曾以文禍入獄；1877年因參加西鄉隆盛起事，不幸戰死。民藏早年受八郎影響，具有自由民權思想。1885年赴東京深造，進入中江兆民（1847—1901）的“佛學塾”學習，不久因病歸鄉。

宮崎民藏的家鄉玉名郡荒尾村“是個瘠土薄地的寒村”，“農民生活甚爲

① 徐祥民，宋寧而. 環境共有思想——日本環境權説的本土文化基礎[J]. 政法論叢，2011（4）：77.

貧苦，特别是受到地主及政府雙重剥削的佃農更是淒慘不堪”。民藏“親眼看到這種實況，深表同情”，曾説：“廣大的土地爲一人所私有，讓佃農們耕種，坐食他們的租貢，實不合理。今日應設法分配土地給他們。吾等須稍微減輕租貢的徵收，以一種學識立身於世，致力打破這種不合理的現象，廣泛地恢復佃農們的土地權利。……構成土地的性質以及人類對土地的權利等重大問題，均爲今日社會所忽視，仍未得到正當而合理的解決。如能將這一重大問題加以正當而合理的解決，不但能將天下貧農的困苦狀態加以改變，而且可以根治現在社會的病患，庶可實現世界之真正和平與幸福！”[①]民藏因此開始關注土地問題，潛心研究亨利・喬治關於土地問題的學説。1892年資助弟弟寅藏（1871—1922）到中國考察。1895年組織土地問題研究會。1897年與相良寅雄赴美考察土地問題。1900年3月在紐約用英文撰成《關於土地復權告全人類書》，并印行600部分送社會各界人士。後赴倫敦、巴黎各地與各國社會主義者交换關於土地問題的意見，於1900年冬返回日本。1902年4月，民藏在東京創設土地復權同志會，開始有組織地研究和宣傳土地均享主義。

民藏另有一弟彌藏（1867—1896，自小作島津氏的養子，故又稱島津彌藏），體質虚弱，但很早就開始關心中國人民的處境，後經他人介紹結識了孫中山的戰友陳少白，在1896年臨終前寫信給時在泰國的弟弟寅藏，讓他趕緊回來會見“中國革命黨的重要人物”。寅藏回國後，彌藏已經病故。寅藏繼承亡兄遺志，經多方探詢，於1897年9月在横濱結識了孫中山，此後與孫中山成爲至交，大力支持孫中山領導的中國資産階級民主革命。1902年還出版了《三十三年之夢》(亦作“《三十三年落花夢》”)，宣傳孫中山的

① 見宫崎滔天（即宫崎寅藏）的《三十三年之夢》，轉引自：伊原澤周. 孫中山的平均地權論與宫崎民藏的土地均享思想[J]. 歷史研究，1991（4）：32.

革命事迹。受寅藏影響，民藏亦同情和支持中國革命。

民藏一生致力於土地問題的研究，主張“土地均享”，是 19 世紀末 20 世紀初日本著名的土地問題專家。相對於寅藏，民藏與孫中山接觸較少。1897 年孫中山到日本時，民藏正好在西方國家游學考察（1900 年 2 月回國）。但民藏、寅藏兩兄弟特別是民藏對土地問題的見解，在一定程度上對孫中山的平均地權的思想産生了影響。

1910 年，民藏因大逆事件逃亡朝鮮，土地復權同志會被迫解散。1912 年 2 月，民藏携《土地均享：人類之大權》等著作抵上海，希望在中國實現土地復權的理想。此後亦常往來於中、日兩國之間。1928 年 8 月，民藏病逝。民藏有一子宮崎世民（1901—1985），1963—1980 年任日中友好協會全國本部理事長，先後數十次訪問中國。

2. 土地復權同志會及其機關刊物《革命評論》

1902 年 4 月 6 日，土地復權同志會在東京神田基督教青年會館正式成立，主要創建人爲宮崎民藏。如前所述，土地復權同志會的前身是民藏等人於 1895 年組織的土地問題研究會。研究會成立後，1897 — 1900 年，民藏曾與相良寅雄等赴美、英、法等西方國家考察土地問題。土地復權同志會主張土地均享主義，成立後，曾開展請願活動，試圖讓日本國會制定土地均等法。

1905 年，民藏在新進書局出版了《土地均享：人類之大權》。1906 年 9 月 5 日，民藏、寅藏兩兄弟以及萱野長知（1873—1947）等人在東京創辦了土地復權同志會的機關刊物《革命評論》，“旨在協助中國和俄國這兩大專制國家内部的革命和政體變革。該刊向日本人介紹中國革命的歷史，展望中國的未來，呼籲日本人同情、支援中國革命”[①]。該刊至次年3月被迫停刊時，共出10期，主要欄目有“歐洲革命大勢”“中國革命大勢”“東亞紀事”“志士風骨”“短篇小説”等。該刊每期另有附録2頁，專登《土地復權同志會紀事》；每期還連載民藏等人在山梨、長野、新潟、富山、歌山以及九州各地從事農民運動的《日誌》。《土地復權同志會紀事》和《日誌》的文字大多出於宫崎民藏之手（筆名常用其號“巡耕”）。土地復權同志會的會員名簿中，有蘇維翰（1883—1916）、張玉濤（1868—1946）、周宏業（1878—？）三位中國人[②]；《革命評論》則被認爲是中國同盟會機關刊物《民報》的“姊妹刊”，其刊名由章太炎題簽，創刊號上登載了《民報》的六大綱領。在第2—5號連續刊登的1906年8月12日至11月4日的《編輯日誌》中，還可以看到孫中山、黄興、宋教仁、章太炎等和《革命評論》同仁相互宴請、歡聚、縱談時事的情景。《革命評論》曾多次刊載大幅廣告，介紹《土地均享：人類之大權》一書各章的條目，如“大權回復之必要”“大權回復之條理”“大權回復之方法”“大權回復之效果”等[③]。

3.《民報》

中國同盟會機關報，1905年11月26日創刊於日本東京。前身是宋教仁、黄興、陳天華等編輯的華興會機關報《二十世紀之支那》。《二十世紀之支那》於1905年6月在日本創刊，因第2期刊載《日本政客之經營中國談》等文，尚未發行即遭日本當局查封。1905年8月中國同盟會成立後，《二十

① 俞辛焞. 孫中山與日本關係研究[M]. 北京：人民出版社，1996：73.

② 可能受當時所見資料限制，日本學者伊原澤周在1991年只是猜想，蘇維翰、張玉濤、周宏業“似爲中國人”。參見：伊原澤周. 孫中山的平均地權論與宫崎民藏的土地均享思想[J]. 歷史研究，1991（4）：34.

③ 章開沅. 章開沅文集：第1卷[M]. 武漢：華中師範大學出版社，2015：432.

世紀之支那》被改編爲《民報》。

《民報》爲政論性刊物。孫中山在《民報》發刊詞中第一次提出了民族、民權、民生的“三民主義”，强調“是三大主義皆基於民”，道出了刊物名稱的由來。《民報》亦以宣傳“三民主義”爲宗旨，第 3 號又明確宣布以“六大主義”爲辦刊方針：傾覆惡劣政府，建立共和政體；實現土地國有；維持世界真正之平和；主張中日兩國國民聯合；呼籲世界列國贊成中國革新事業。這“六大主義”，實際上是以三民主義加上有關對外關係的具體主張而形成的。《民報》主要欄目有“論説”“時評”“譚叢”“紀事”“譯叢”，以“論説”内容居多，自稱體裁仿歐美各大雜誌。每號爲 6 萬 至 8 萬字，另附 2—4 幅圖片（創刊號刊發了黄帝、墨翟、盧梭、華盛頓等人的畫像）。《民報》用大量篇幅介紹了法國大革命的歷史和西方社會政治學説，還譯載過法國 1789 年的《人權宣言》，報道過 1905 年俄國資産階級民主革命以及當時印度、越南、朝鮮等亞洲國家的民族解放運動，也譯介過馬克思、恩格斯著作的片段，第 2 號發表的朱執信（署名“蟄伸”）所著的《德意志社會革命家小傳》中，摘譯了《共産黨宣言》的部分内容。

《民報》創刊伊始，即鼓吹以革命手段推翻清政府，遭到以康有爲、梁啓超爲代表的保皇黨人的激烈反對。第 3 號號外刊載了共 12 條的《〈民報〉與〈新民叢報〉辨駁之綱領》，逐一列舉了革命派和保皇派的原則分歧，由此展開了《民報》與《新民叢報》的激烈論戰。《民報》堅持革命，反對改良；堅持建立民主共和國，反對君主立憲；堅持土地國有，反對維護封建土地制度，從政治、理論、歷史等方面，對保皇派鼓吹的君主立憲主張進行了深入系統的駁斥，揭露了保皇派維護清王朝專制統治的真面目。這場論戰同時波及東南亞、美洲各地的兩派報刊。論戰的結果是，革命派大獲全勝，并且促使國内外革命報刊如雨後春笋般出現，形成了宣傳革命思想的新高潮，使推翻清政府、建立民國的主張成爲人心所向。

《民報》起初定爲月刊，後因各種原因實際上成爲不定期刊物，共出版26號，另有號外和增刊各一期，還編輯出版過三種帶有反清色彩的歷史文獻資料集。主編（稱編輯）先後爲胡漢民（一説張繼，第1—5號）、章太炎（第6—18號、第23—24號）、張繼（第19號）、陶成章（第20—22號）、汪精衛（第25—26號）。重要撰稿人有孫中山、廖仲愷、章太炎、胡漢民、汪精衛、朱執信、宋教仁、陳天華、陶成章、劉師培、汪東等。《民報》社址設在同盟會總機關所在地東京牛込區新小川町二丁目八番地（署名“群智學社”），發行所的招牌則挂在宫崎寅藏的住宅門前。

《民報》創刊號初印6000份，供不應求，先後重印6次。第2、3號印5次，第4、5號印4次。各號印數一般爲萬份左右，最高曾達 1.7萬份。除日本、中國外，《民報》還行銷東南亞、美洲、歐洲許多國家。發行量之大，發行面之廣，影響之深遠，爲“革命黨人自有雜誌以來，可謂成功最著者”。自1907年末起，由於經費緊張，加之多次武裝起義的失敗，同盟會各派系之間出現裂痕，無政府主義思潮盛行，稱許游俠、鼓吹暗殺的圖片和文字一時充斥《民報》。1907年4月，章太炎主編臨時增刊《天討》。1908年10月，日本政府以《民報》第24號“激揚暗殺”爲由，禁止《民報》出版。1910年初，汪精衛在日本秘密刊行第25、26號（托名在巴黎出版）後，《民報》終刊。

需要指出的是，在《民報》主要撰稿人的思想中，存在程度不同的狹隘的民族主義情緒，他們還總對帝國主義抱有幻想。但從總體上看，作爲資產階級革命派的著名刊物，《民報》在其存在的五年時間裏，積極宣傳孫中山的三民主義，傳播資産階級民主革命思想，是當時進步輿論的中心陣地；《民報》不僅擴大了中國同盟會的政治影響，而且對中國民主革命理論體系的建立作出了重要貢獻，對不久後爆發的辛亥革命作了重要的思想準備和輿論準備。

4. 内容簡介

所謂“主意”，就是主要的、基本的主張和要求。《土地復權同志會主意書》實際上是對 1902 年 4 月該會成立時所制定的“目的、綱領及方法”的進一步解釋，同時增加了“規約”“會計”等内容。

1902 年 4 月土地復權同志會成立時制定的“目的、綱領及方法”如下：

（一）目的：恢復土地之平等享有權，確立人類獨立的基礎。

（二）綱領：主張以所有人工生産之物，歸生産者所有，天然生成之物，歸全人類平等共享。以此爲原則，并期望實行之。

（三）方法：1. 土地分配法以人口及面積爲基準，測定平等分配之份額。2. 丁年以上之男女，享有平等份額之土地。3. 擁有平等份額以上之土地者，可以有償轉讓之。①

通過比較可以發現，《土地復權同志會主意書》中，只是將原來的“綱領”改稱爲“原則”；將原來的“方法”改稱爲“綱領”，而其實際内容則是一致的。《土地復權同志會主意書》中“綱領”的第三條，讀起來比較費解，而 1902 年 4 月土地復權同志會成立時制定的“目的、綱領及方法”中的“方法”的第三條，則通俗易懂。《土地復權同志會主意書》在項目名稱和某些條文文字表述上的變化，也可能是由於翻譯造成的。其中增加的“規約”和“會計”，可以看作是土地復權同志會的章程，意思也都是比較清楚的。

土地復權同志會的基本主張是土地均享。《土地復權同志會主意書》中

① 參見宮崎民藏的《土地均享：人類之大權》，轉引自：伊原澤周. 孫中山的平均地權論與宮崎民藏的土地均享思想[J]. 歷史研究，1991（4）：34.

的前四段話，可以看作是該主張的理論基礎。首先，《土地復權同志會主意書》論述了土地對於人類的極端重要性，指出土地是人類“居住之根源”“生產之基資”，任何人“無論有如何之武力，有如何之藝能，終不得離土地以生存”；又由於土地是“造化所惠賜”給人類的，即“非人力之所造，乃依天然力而成者”，因此，“無論誰氏，對于非己力所成之天然物，絶不得排除他人之共同享有權；且無排除之權能及理由”。總之，“土地之利用，爲人類所當平等享受者，乃天賦之權利，萬世不易之正道也”。其次，《土地復權同志會主意書》批評了“現行之土地所有制度”，認爲其“背此平等享受之法則，許人以土地永久之擅有權，放任其無限兼并”，以致“天造之土地，竟被少數富豪所專占；多數之人，僅得托足他人土地之上，保其殘喘”，“雖有憲法之保獲，亦不得安全其權利；絞血汗以勤勞，亦無轉變否運之望”。因此，如果不改變現行土地所有制度，“則人類各個獨立自營之基礎，永無確立於此地上之日，年年代代生存于奴隸的境涯而已”。最後，《土地復權同志會主意書》强調，土地復權同志會主張的土地均享“乃鑑人權之大義，遵人道之正路”，既有“上天示旨”，又有“古賢垂跡”，因此，它是“主張回復人類正當之權利，以全各個人獨立自營之良性”。由此不難看出，土地復權同志會及其主張，雖然在很大程度上表達了對失地、少地的貧苦勞動大衆的同情，譴責了資本主義制度下少數富豪對土地的强占，具有明顯的進步性，但説到底，却是以唯心主義的自然主義、倫理主義等爲基礎的。

土地復權同志會及其主張的土地均享主義，對孫中山“三民主義”中的“民生主義”，即“平均地權”的思想和主張曾産生過一定影響，有關評論見“研究綜述”部分。

5. 研究綜述

目前尚未發現學界有對該文的專門研究。

在對《民報》的研究中，有學者曾提到該文，如説，《民報》“來稿”欄“刊載的文章有《土地復權同志會主意書（日本土地復權同志會來稿）》、《無政府主義與社會主義》、《致公堂重訂新章要義（美國金山來稿）》等各地同盟會同志的文章，報道了各地革命宣傳的進展狀况”①；邱扞將該文歸入《民報》“涉日經濟方面報道篇目”②；鄒俊娟則將該文歸入“《民報》介紹和探討民生主義的主要文章”和“《民報》譯介西學的主要文章”中③；宣勁提出，有關土地所有權屬於人的自然權利的論述，可見於《民報》第2號：“土地者，非人力之所造，乃依天然力而成者，無論誰氏對於非己力所成之天然物絶不得排除他人之共同享有權”；“此土地既爲吾人之需要，吾人對此可主張平等享有權”④。

章開沅、林增平主編的《辛亥革命史》肯定了民藏及其土地復權運動對孫中山平均地權思想的影響，認爲孫中山“由歐洲重到日本後，因爲同宫崎寅藏過從密切，而深受宫崎兄弟（民藏、寅藏）的影響則更爲顯著”，“孫中山於1903年最初提出‘平均地權’作爲革命宗旨之一，是在思想上和理論上都經過反復醖釀的，儘管他對此在文字上還没有作更具體地解釋”；“中國當時的國情與歐美及日本都不相同，這就使孫中山宣傳的單税社會主義具有自己特定的社會意義。如果説，亨利·喬治把歐美資本主義社會的貧富懸殊單純歸咎於地租，藉以掩蓋資本主義社會深刻的基本矛盾和無産階級與

① 馬源禾.《民報》的宣傳研究——從新聞傳播學視角對《民報》的革命宣傳分析[D]. 長春：吉林大學，2015：20.
② 邱扞. 從《民報》看留日革命派的日本認識[D]. 杭州：浙江工商大學，2019：12.
③ 鄒俊娟.《民報》中的哲學世界[D]. 武漢：武漢大學，2017：116，136.
④ 宣勁. 作爲歷史過程的“平均地權”[D]. 上海：華東師範大學，2022：18.

資産階級之間尖鋭的階級對立，完全是爲了維護以壟斷資本占支配地位的社會生産方式。那麽，從日本的具體情况來看，廣大農村既然還存在着大量封建生産關係，作爲民權運動一個組成部分的土地復權運動，就多少還有一些進步意義”[①]。

日本學者伊原澤周較早也較爲深入地分析了孫中山平均地權論與宫崎民藏土地均享思想的關係：“一般説來，孫中山的平均地權論可以歸結爲三個來源：一、由中國傳統的土地思想，即關於井田制度的思想發展而來；二、受到太平天國‘天朝田畝制度’中‘凡天下田，天下人同耕’的影響；三、吸收了美國亨利•喬治的單一租税論的學説。因此，平均地權論可以説是以中西方的土地思想合璧而成的。”但“值得注意的是，平均地權論與日本的‘土地均享’思想也有密切的關係”，“《民報》第 2 號中登出了《本雜誌之主義》6 條，其中的一條是‘土地國有’。關於這一問題，胡漢民在該報第 3 號中以《民報之六大主義》爲題，作了詳細説明。他對土地國有一條解釋説：‘土地爲生産要素，而非人爲造成。同於日光空氣，本不當有私有者。’‘吾人用國有主義，其爲施行政策不一，然其目的則使人民不得有土地所有權。惟得有其他權（如地上權、永小作權、地役權等），且是諸權，必得國家許可，無私傭，亦無永貸。如是，則地主强權將絶迹於支那大陸。’這似乎是根據前一期《民報》刊載的宫崎民藏的土地復權主張再加以自己的意見寫出來的”。“同盟會成立之時，一部分代表地主階級的會員，對平均地權之意義尚不能瞭解。經過孫中山的説明，他們才同意以平均地權作爲革命綱領之一。民藏的土地復權説刊載後，無疑直接或間接地强調了孫中山所主張的平均地權論的正確性與重要性。”伊原澤周同時指出，“但是，我們不可認爲民藏的土地復權論，即土地均享説，與孫中山的平均地權論是完全一致的”，

① 隗瀛濤，吴雁南. 辛亥革命史：中册[M]. 北京：人民出版社，1980：53.

“民藏的土地均享論，與其説是受了亨利·喬治的影響，不如説是以盧梭的天賦人權論及自然法爲中心而形成的”。他認爲孫中山的平均地權思想，“雖繼承了亨利·喬治的學説”，但對自然法是“極爲重視”的，而且對土地分配的方法與步驟，與民藏的主張也是有差異的。“孫中山的平均地權論，基本上可以説是采取地租徵收法”，雖然“平均地權論與土地均享思想，其目的都是爲了打破貧富不均，使土地爲人人所共有，消滅不平等的土地占有制，而且二者思想形成的背景也有類似之處”，但是，“民藏不贊成單一租税論，反對土地國有主張，這與孫中山的意見完全相反”。伊原澤周還特别指出，“平均地權的内容與土地均享論相同者少，相異者多”，特别是“土地均享論的根本理念是非現實的，而且，希望以‘請願’‘勸説’的方式去實現，結果無疑等於空想。反之，平均地權是一個革命政黨的綱領，是有計劃、有步驟去實行的。因此，它不像土地均享論那麽空洞而難以實行。如果有一個穩定而鞏固的革命政權，它是可以實現的”。①

徐祥民、宋寧而在考察日本環境權説的形成時指出，“日本環境權説被公認爲形成於 20 世紀 70 年代初。與當時國際社會因環境危機而引發人權大討論背景相聯繫，應該説是日本學界順應時代潮流的理論成果。然而，日本學界對以美國、歐洲爲發源地的世界潮流的順應并非簡單地對一種隨便提出的新觀點實行‘拿來主義’，而是實施了西方觀點和日本‘傳統’觀點的一次對接。早在 20 世紀初，當世界還徘徊在人權的初創階段，日本本國更是仍然處於人權問題艱難探索的黎明期時，明治時期的自由民權思想家宮崎民藏就已經提出了地球爲人類所共有的主張。宮崎民藏發表於《民報》第二號的《土地復權同志會主意書》一文集中表達了這一思想”。“宮崎民藏

① 伊原澤周. 孫中山的平均地權論與宮崎民藏的土地均享思想[J]. 歷史研究，1991（4）：29，35-38，41.

的土地共有思想，或環境共有思想與他的民權思想是一致的。作爲自由民主思想的代表人物之一，他的思想，包括自由民主思想和環境共有思想，在日本學界和政界有着廣泛的影響。同時，他的這些思想對推動當時日本的自由民權運動也提供了重要的理論支持。”“宮崎民藏按照理論的邏輯提出了土地共有的思想，他的追求或許只在於指導當時的自由民權運動，爲日本的改革，爲當時的政治運動提供理論支持。他没有想到，他的思想，更準確些説是由他提出來的思想，却與60年後傳入日本的環境權説遥相呼應，不由自主地變成了日本環境權説的先聲。”①2013年，他們又指出，“宮崎民藏在提出‘環境共有思想’時認爲對環境‘可主張平等享有權’”②。

20世紀80年代，中共中央黨校科研辦公室曾組織編印了兩輯《社會主義思想在中國的傳播》資料集（每輯各分上、中、下三册）。編輯組指出，“從一九〇五年開始，在日本的革命派與改良派公開分道揚鑣，留學生也分成了兩個陣營，或支持孫中山或支持梁啓超，這時介紹宣傳社會主義的旗幟被革命派高擎了起來。同盟會機關刊物《民報》成了傳介社會主義思潮的重鎮。《民報》這一階段幾乎每期都刊登介紹社會主義的文章，這些文章都是從日文譯來的。……日本社會黨人也曾積極爲《民報》撰稿，如第4號上的《歐美社會革命運動之種類及評論》，以及第2號上刊登的《土地復權同志會主意書》等，則是日本社會主義者所作”③。

有學者在援引該資料時幹脆説，《民報》“第2號上的《土地復權同志會主意書》和第4號上的《歐美社會革命運動之種類及評論》兩篇文章，是由

① 徐祥民，宋寧而. 環境共有思想——日本環境權説的本土文化基礎[J]. 政法論叢，2011（4）：73-74.

② 徐祥民，宋寧而. 日本環境權説的困境及其原因[J]. 法學論壇，2013（3）：100.

③ 《社會主義思想在中國的傳播》編寫組. 社會主義思想在中國的傳播（資料選輯）：第1輯上册[G]. 北京：中共中央黨校科研辦公室，1985：13.

日本社會黨人撰稿的”①。需要指出的是，將《土地復權同志會主意書》的作者認定爲社會黨人并不準確。伊原澤周明確指出，“土地均享論，看來類似於社會主義思想，但民藏在其著述中，表明他不贊同社會主義、共産主義，并反對土地國有論和單一租税説等。因此，他不但不是唯物主義者，而且也不是社會主義者。他是立足於東方的‘志士仁人’的立場，基於天賦人權的理論，并深信‘上帝’之意旨而創造了拯救人類的原理。實際上，土地均享論有很多自相矛盾的地方。比如土地權可以變賣的主張，即其一例”②。

（編校者：周玉順）

① 王彦偉. 西方社會民主主義思潮在中國的影響研究[D]. 北京：中共中央黨校，2013：53.
② 伊原澤周. 孫中山的平均地權論與宮崎民藏的土地均享思想[J]. 歷史研究，1991（4）：37.

論各國經濟競争之大勢

錢塘汪有齡撰

（一）緒論

今日之世界。經濟競争之世界也。争之而勝。則利源日拓。國富民榮。若英吉利若德意志若美利堅。其前例也。争之而不勝。則領土日蹙。國勢大衰。雖欲維持其二等國之地位。而尚不可終日。如西班牙如葡萄牙是已。中國自秦漢以來。貴士賤商。今則特設專官以董理之①。而保商之諭。歲數數下。數千年來之積習。其可由此湔除。而吾國商業之前途。殆庶幾有起色乎。然全國商業之興。非專恃政府一二人之提倡。而必賴各省疆吏之協助。又非專恃在上者之保護。而必賴實業家之經營。今若不内外一致。上下一心。亟實行保商政策。取種種商業機關而整理之。推廣之。則欲與各國馳驅商戰之場。而於萬國商業史上占一席焉。蓋亦難矣。

保商之政策。有關於内政者。有關於外交者。關於内政。吾國家之權力。固足及之。關於外交。則必宜有實力以維其後。乃可秉吾之政策以往而無所躊躇。又况今日所謂内政者。動於外交相關。一或不慎。輒生荊棘。及其事機已失。乃始嘆息痛恨於主權之不屬。補救之難期。亡羊補牢。亦已晚矣。

① “今則特設專官以董理之”，1903 年，清政府設立商部，將 1898 年設立的鐵路礦務總局并入，内設保惠、平均、通藝、會計四司和司務廳，并附設律學館、工藝局等機構，由親王載振任尚書（商務大臣），另有左、右侍郎等官，掌管國家振興商務及鐵路礦務等事。1906 年將工部并入，更名爲農工商部。

故今欲防患未然。而立足於二十世紀商業場中。其必自養成實力始。

吾輩既知保商之事。往往落於外交旋渦之中。則各國之經濟政策。皆今日所急宜考求者。各國之經濟制度。皆今日所亟應則效者。昔英國殖民大臣張伯倫[①]於下議院有言曰。王國諸官職。無不關係於貿易者。外務部殖民部以發見新市場保護舊市場爲要務。海軍部陸軍部以防禦市場保護貿易爲要務。農務部商務部以謀二大實業之進步爲要務。聆斯言也。知英國之雄視五洲。而久握商業上霸權。蓋有由矣。夫豈惟英國而已。彼若德意志若美利堅。亦皆絞其無數政治家之腦血。竭其無數實業家之心力。並犧牲其無數軍人之生命。而求與英國抗衡者。又豈惟德美而已。日本自戰勝俄國以後。鼓吹工商業之論。遍於全國。凡報章之所論議。議會之所建白。無不側重實業問題者。誠以工商不振。則財源日絀。民窮財匱。而欲以一日之捷。久頡頏於競争劇烈之場。蓋戛戛乎其難也。吾國每舉一事。動憂乏財。夫不於事之未至。早開其源。而及其迫於眉睫。乃始皇皇焉以羅掘之。臨渴掘井。其何能濟。吾觀日本於戰勝之後。其全國上下。即汲汲以振興實業爲務。若有不可終日者。然乃者其以三島[②]之地。能施行一切文明事業。而曾不聞有費絀不舉之事者。亦謀之於豫而已矣。

中國近年以來。士大夫始不以經商爲恥。而商人中亦頗有力顧大局。出而任路礦銀行等事。以期挽回利權者。商智日開。不可謂非實業進步之徵也。雖然。我中國物産之饒。甲於大地。競争之業。今始萌芽。苟非竭全國之心思才力。以闢我天然富源。則資小力薄。而位於世界競争之場。又安往而不敗也。吾今請舉與商務最有關係之事。條而釋之如下。其有必以國力行之者。政府固

① “張伯倫”，即約瑟夫·張伯倫（Joseph Chamberlain，1836—1914），英國國務活動家。初屬自由黨激進派，後屬保守黨右翼。1895—1903年任殖民事務大臣，積極推行殖民擴張政策。

② “三島”，清末民初時國人對日本的別稱。當時日本的本部領土有本州島、四國島、九州島三大島，不包括北海道。

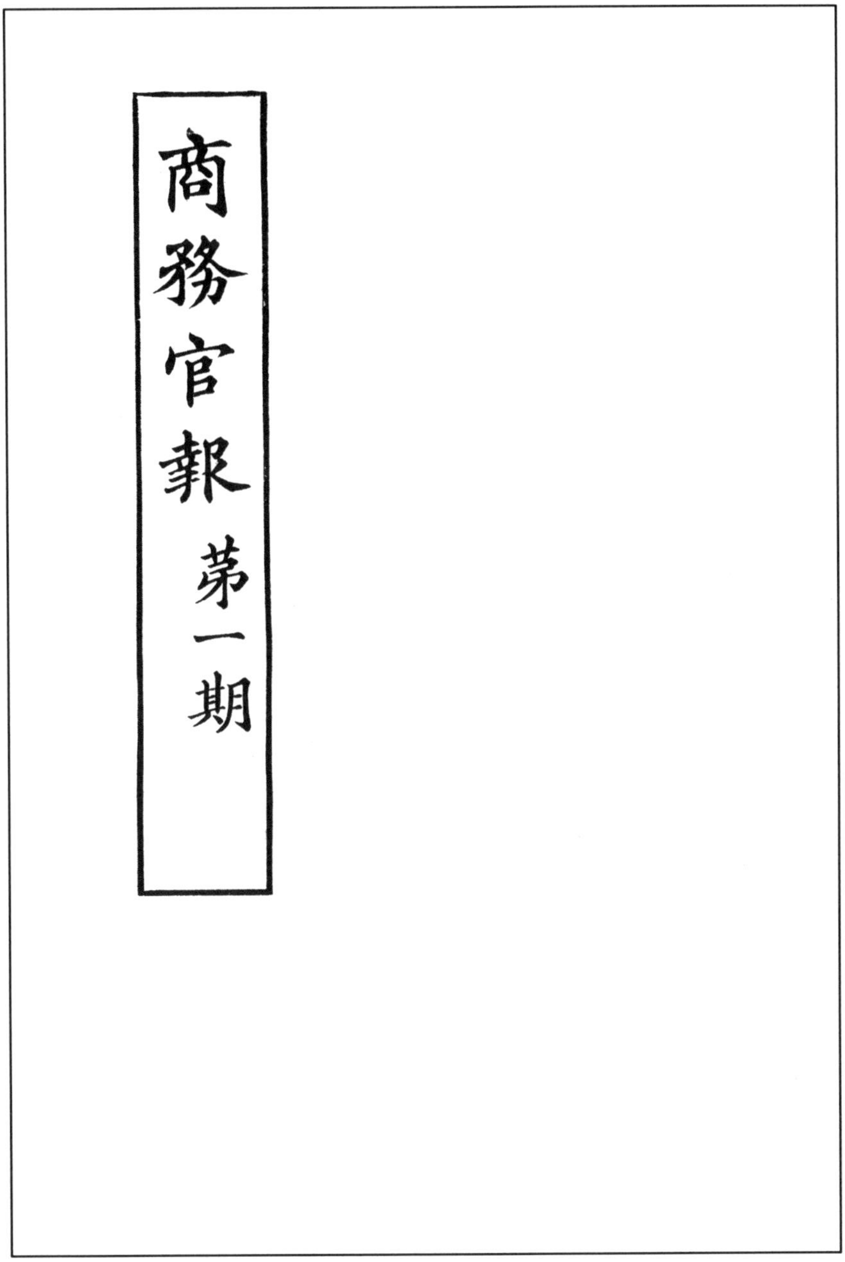

商務官報 第一期

《商務官報》第 1 期封面

論各國經濟競爭之大勢

（一）緒論

錢塘汪有齡撰

今日之世界經濟競爭之世界也爭之而勝則利源日拓國富民榮若英吉利若德意志若美利堅其前例也爭之而不勝則領土日蹙國勢大衰雖欲維持其二等國之地位而尚不可終日如西班牙如葡萄牙是已中國自秦漢以來貴士賤商今則特設專官以董理之而保商之論咸數數下數千年來之積習甚可由此滌除而吾國商業之前途殆庶幾有起色乎然全國商業之興非專恃政府一二人之提倡而必賴各省疆吏之協助又非專恃在上者之保護而必賴實業家之經營今若不內外一致上下一心亟實行保商政策取種種商業機關而整理之推廣之則欲與各國馳驅商戰之場而於萬國商業史上占

責無旁貸。若爲私人之力所能及者。則我實業家盍亦投袂而起矣。

（二）軍備與經濟之關係

今各國歲計豫算中。占支出之大部分。而就其國之民數計之。一人之負擔。平均皆在數圓以上者。非海陸軍費乎。政府倡之。人民荷之。鮮聞有增加軍費之案。不通過議院者。此何故也。曰凡事無報酬者。負擔雖輕而民不樂任。有報酬者。則雖禁遏而民猶趨之。其不禁遏者無論矣。其不禁遏而又爲之提倡者。更無論矣。軍費者。民之負擔也。保護貿易者。政府所出之報酬也。蓋際今日競争之世。有兵力者貿易盛。無兵力者貿易衰。貿易日衰。則利權失而上下困。而兵費無自出。兵力無自强。故今日之世。必兵賴商。商賴兵。而後得列於經濟競争之世界。

歐洲自十七世紀中葉以後。迄於十八世紀。其實行商業政策也。純以武力濟之。故凡有與之競争者。必悍然擊破其商船。阻絶其航路。侵奪其殖民地。使不能與吾抗而後已。如英之始逞志於荷蘭。繼有事於法蘭西。其適例也。至既得殖民地矣。則往往乘其軍備廢弛。而由本國政府。布苛酷之命令。舉殖民地之一切商業。置於本國獨占之下。苟有不堪其虐。起而反抗者。則用兵力以壓平之。此則徵諸歷史。其例不一。而英之於印度。爲尤著者也。

迨夫十九世紀。各國之文化。目有進步[①]。於是昔所謂武力之競争者。漸變爲平和之競争。而通商上之利益。乃各期於折衝樽俎間得之。故長於外交之術者。每當條約告成。而商業上之利益。即不啻探囊而取焉。不諳外交者反是。説者謂吾國百餘年來之條約。皆商業上失敗之歷史也。豈不然哉。豈不然哉。

---

① “目有進步”，有誤，應爲“日有進步”。“步”爲“步”的訛字。

雖然。前百年之通商。以外交定得失。自十九世紀末。帝國主義盛行。無兵力者即無外交。於是各國之實行商業政策。遂又復武力競争之舊。如美國之搆兵於西班牙①。商業競争也。英國之百戰於杜蘭斯哇②。商業競争也。德國之求領土於阿非利加及太平洋方面③。商業競争也。德法之協商於摩洛哥④。亦商業競争也。統觀近百年來之戰争。就表面論之。雖或有專屬政治者。而溯其原因。無不由於保護貿易。擴張市場而起。故政治上之競争。與商業上之競争。乃二而一。一而二。而兵力不充者。實無可言國際商業也。

① “美國之搆兵於西班牙”，即美西戰争。1898 年 4 月，當西班牙的殖民地古巴的民族解放戰争接近勝利時，美國藉口美艦“緬因”號在哈瓦那港被炸沉，向西班牙宣戰。5 月，美軍進攻西屬殖民地菲律賓和古巴。7 月，西班牙戰敗求和。雙方於 12 月簽訂《巴黎和約》，美國奪取了菲律賓、關島和波多黎各；古巴形式上宣告獨立。

② “英國之百戰於杜蘭斯哇”，即英布戰争，亦稱布爾戰争。“杜蘭斯哇”，即德蘭士瓦共和國，是荷蘭移民後裔布爾人在今南非共和國北部地區建立的國家。1899 年至 1902 年，英國先後投入 40 餘萬兵力，侵略德蘭士瓦共和國和另一布爾人建立的國家奥蘭治自由邦。布爾人在反侵略戰争中，曾多次使英軍處於被動地位，後戰敗。雙方於 1902 年媾和，德蘭士瓦共和國和奥蘭治自由邦被英國吞并，1910 年并入英國自治領南非聯邦。

③ “德國之求領土於阿非利加及太平洋方面”，“阿非利加”，即非洲。1871 年德意志帝國建立後加緊了在非洲的掠奪。1883 年，德國商人盧得立茨以 2000 馬克和一些舊槍支爲代價在一些酋長手裏“買得”安格拉·培開那灣（今盧得茨灣），由此獲得進入南部非洲内陸的跳板。1884 年 6 月，德國逼迫洛美地區的酋長簽訂保護條約；7 月，多哥成爲其殖民地，喀麥隆成爲其“保護國”；1885 年 3 月，德國宣布“有效占領”東非烏薩加拉等地區；1886 年，坦噶尼喀（今坦桑尼亞大陸部分）被劃爲德國勢力範圍；1890 年，德國占領西南非洲（今納米比亞）；1895 年，德國取得包括馬菲亞島在内的東非沿岸地帶，其西部邊界延伸到剛果自由邦的東界。在亞洲及太平洋地區，1897 年，德國强占中國膠州灣，此後進一步攫取在山東修築膠濟鐵路及開采礦山的權利，引起了帝國主義瓜分中國的狂潮；1899 年，利用英布戰争之機，德國占領了太平洋上的薩摩亞等小島；爲實施威廉二世的“世界政策”，還决定建造所謂“3B 鐵路”（見後文注釋），以便使德國控制整個土耳其。

④ “德法之協商於摩洛哥”，即第一次摩洛哥危機，又名丹吉爾危機。1904 年，英國和法國簽署一系列協議，英國承認法國在摩洛哥的特權地位。1905 年 3 月，德皇威廉二世訪問摩洛哥北部港口城市丹吉爾，聲稱摩洛哥蘇丹是“獨立君主”，各國在摩洛哥的“地位絶對平等”，德、法關係一時極爲緊張。1906 年，《馬德里公約》締約國在西班牙南部小城阿爾赫西拉斯召開會議，在英、俄等國支持法國的情况下，德國被迫讓步，會議承認摩洛哥“獨立”和法國、西班牙對摩洛哥港口的警察控制權。

（三）關税制度與經濟之關係

國與國通商。各設關以征税焉。此萬國所同有之國權也。然有利用此國權者。亦有不利用此國權者。如因保護本國之生産業。加重關税。以制限輸入貿易者。此即利用此國權。而保護政策之所由起也。如倡議免除關税。使各國之民。貿易自由。有無易通。以收國際分業之利益者。此即不利用此國權。而自由政策之所以興也。自此兩政策對峙於財政界。於是一國之關税制度。悉隨此兩策之勝負而轉移矣。

自由政策與保護政策之得失。至不易决。欲討論此問題。必先熟察本國在經濟界之地位而後可。若所用之政策。適合現今地位歟。則用自由政策可也。用保護政策亦可也。苟或不然。則雖欲開發一國之實業。而與世界競争。蓋斷斷乎其不可得也。

欲知本國在經濟界之地位。非先知經濟發達上普通之順序不可。蓋地球各國。無不自野蠻原始時代。進於狩獵畜牧時代。次又由農業時代。進於農工業時代。終則一轉而入於農工商三業併立時代。夫發達之趨勢。既因時代而不同。則商業政策之方針。又安有一定而不易者。故自農業時代。迄於商工業時代初期。當亟亟與經濟發達之國。講交通之策。而取其所長。以資則效。則自由貿易之主義尚已。若夫工業已有萌芽。並有漸形發達之兆。則當利用商業政策。以抵制外國之競争。而維持本國之工業。保護政策之厲行。又豈可以已乎。吾聞之。地球上之新開國。以農業與他國戰。舊開國以工業與他國戰。既講工業。不可不資原料。免除關税。而使他國之原料。皆灌入於我國。我取而製成熟貨。以收倍蓰之價。利莫大焉。英國者。舊開國也。其終始之恪守自由政策。固其所也。若美國者。則向以農業立國者也。近雖工藝漸興。尚未離幼稚時代。使一旦有舊開國挾其一往無前之氣。輸入其精品而與之較短絜長。其將何以禦之。美國之亟亟從事於保護。固亦宜矣。若法若德及其餘大陸諸國。雖常有自由主義與保護主義迭相争長之時。然觀近日之輿論。則無不趨重保護。蓋自由貿易。因各國同時並行而有利益。若立於多數保護國之間。而獨行此主義。而又不能如英之久以商工業雄視全球。則真如倍根①斐特②氏之所謂單獨自由貿易有百弊而無一利者矣。

抑吾輩論關税制度時。所尤不可不知者。則國定率與協定率之别是已。蓋於各國之輸入物。而以己國法律。任意制定税則者。謂之國定。彼此互商税則。列諸約章者。謂之協定。國定税則。有視本國經濟界之動静。而隨時更訂之便。故英美兩國皆取焉。然欲於海外市場。擴充本國之銷路。並使臻於安全之域。則非締結通商條約不可。因彼此之協商。各減輕其税率。而協定税則。於是乎成矣。然則協定税則者。即由互惠主義而出。使他國以協定之名。束縛吾國之税則。而吾不求相當之報償。則非互惠主義。而偏務主義也。几對等國間之協定税率。以互惠主義爲本。不對等國間之協定税率。以偏務主義爲常。故觀一國税則如何。其實業之盛衰可以卜也。

未完

講經濟學者必分生産分配消費三部

吾中國之民長於生産乎分配乎消費乎

如之何其不思③

① "倍根"，即弗蘭西斯・培根（Francis Bacon，1561—1626），英國哲學家，英國唯物主義和現代實驗科學的奠基人。16 世紀後半葉，英國不少工業部門還不够發達，英國商業在海外的競争力還比較弱，培根有針對性地提出：政府應該向荷蘭學習，放寬對工業的管制，讓工業家自由生産；要擴大疆域，建立帝國，加大對殖民地的開發，以滿足國内需求；還主張通過靈活的貿易政策，使國家獲取更多的財富等。

② "斐特"，即萊昂内爾・克蘭菲爾德（Lionel Cranford，1575—1645），英國金融家。原爲倫敦商人，在詹姆斯一世（1603—1625 年在位）時先後任海關總監和樞密官，1621—1624 年任英格蘭財政大臣期間，增加了王室的收入，同時試圖壓縮王室開支。1622 年封爲伯爵。

③ 以上部分載《商務官報》1906 年第 1 期。

（四）交通機關與經濟之關係

吾聞商業之進化。其階級凡五。一曰陸地貿易。二曰河流貿易。三曰内海貿易。四曰大洋貿易。五曰大洋兼鐵道貿易。試取世界商業史而讀之。各國進化之次序。鮮有能脱此範圍者。而其進化之或遲或速。一視交通機關之或備或不備。蓋商業之必資乎交通機關。猶人身之必資乎血管與神經也。未有血管不通。神經不敏。而能免於病且死者。則亦未有運輸不便。消息阻滯。而其國之商業。猶能延殘喘於優勝劣敗之場者。所謂交通機關者何。即郵便電信運河鐵道航路等是。約而言之。不外陸上交通與海上交通而已。吾今請列舉交通之利益以告我商人。

第一　今試有甲乙兩地。一缺米穀而多木材。一缺木材而多米穀。則所供之數。既不能恰如其所求。而兩者之價之貴賤。其必日趨於極端可知也。若使消息迅速。運輸便捷。則甲地所有餘者。可以灌入於乙地。乙地所不足者。可以仰給於甲地。需要與供給既平。而經濟界遂鮮急激之變動。此商家之利一也。

第二　經營商業。首重資本。資本不一端。而勞力與時刻皆是也。運轉資本之速力愈大。則其事業之範圍愈擴。故使交通便捷。朝發夕至①。則資本無停滯中途之慮。而生産之力。且因之而倍增。此商家之利二也。

第三　工業之進步。必恃乎分業②。交通既便。則可以此之有餘。補彼之不足。而分業之事。將盛行於各地。分業愈盛。貨物交换之道愈開。此商家之利三也。

第四　交通便利。則運輸時之種種費用自少。而成本因之減輕。成本既輕。則銷路必廣。其獲利必穩而且逸。此商家之利四也。

---

① “朝發夕至”，語本《楚辭·離騷》：“朝發軔於蒼梧兮，夕余至乎縣圃。”
② “分業”，即分工。

第五　交通不便之時。熱帶物品之不能移於寒帶。固已。即一國之中。一省之中。又甚而至於一府之中。亦往往有不能大享交换之利益者。吾國商業之不能發達。誠有由也。今若攺良[①]交通機關。且從而擴張之。則千里之隔。有若比鄰。昔雖擲巨欵而不能驟得者。今且取之如携焉。其有益於消費者何如也。消費既易。則其有待於分配者愈多。而商業範圍之大。將有非昔日所能同日論者。此商家之利五也。

以上五端。不過舉其大要而已。而交通機關不備。則商業必不能興。此吾所敢斷言者也。今夫英國之保護土耳其。占據賽布拉士島[②]者。説者謂將以阻俄人雄飛也。而抑知其最大之任務。則在掌握地中海航路。以維持英國與印度之商業也。美國之縣夏威夷[③]。掠斐律賓[④]者。説者謂將以行帝國主義也。而抑知其唯一之宗旨則在獨占太平洋航權。以樹東方商力之基礎也。且昔日列强之逞其野心也。以航路。今則又兼之以鐵路。自俄人經營西伯利亞鐵道[⑤]以來。列國皆知鐵路政策。實較航業政策爲尤亟。於是英則議築横

① “攺良”，有誤，應爲“改良”。下同。

② “英國之保護土耳其。占據賽布拉士島”，“賽布拉士島”，即塞浦路斯（Cyprus）島，位於地中海東部，1571 年起被奥斯曼帝國統治。1878 年 1 月，奥斯曼帝國在俄土戰争中戰敗，俄國軍隊越過巴爾幹山脊南下，直逼君士坦丁堡；與此同時，英國地中海艦隊則迅速進駐君士坦丁堡附近的穆達尼亞灣，與俄國軍隊形成對峙。1878 年 5 月，英國政府要求奥斯曼帝國立即同意簽訂租讓塞浦路斯島的條約，并通過其駐君士坦丁堡大使轉告奥斯曼帝國政府，如此安排有利於保護土耳其亞洲領土的安全，而拒絶這項安排的直接後果是“君士坦丁堡被占領和帝國遭到瓜分”。6 月 4 日，奥斯曼帝國被迫與英國簽訂《關於保護土耳其亞洲省份的防禦聯盟條約》（亦稱《塞浦路斯條約》），同意把塞浦路斯“交由英國占領和管理”。1925 年，塞浦路斯成爲英國的“直轄殖民地”；1960 年 8 月宣布獨立。

③ “夏威夷”，夏威夷（Hawaii），位於太平洋中北部，距美國西海岸約 3220 千米。1810 年建夏威夷王國，1840 年實行君主立憲制。1893 年，在美國政府的支持下，當地歐美僑民發動政變，逼迫夏威夷女王退位，成立共和國并要求并入美國。1898 年被美國正式吞并，1959 年成爲美國第 50 個州。

④ “斐律賓”，即菲律賓。1898 年美西戰争後，菲律賓淪爲美國殖民地。1942 — 1945 年被日本侵占，第二次世界大戰後再度淪爲美國的殖民地。1946 年宣告獨立。

⑤ “西伯利亞鐵道”，即西伯利亞大鐵路。西起莫斯科，東到符拉迪沃斯托克（海參崴）。横貫俄國東西，全長 9332 千米。

通印度以接緬甸之鐵道[①]矣。德則欲築自居士但丁至波斯之鐵道[②]矣。苟見其國人無權利思想。而可以智取威脅者。無不急起而圖之。縱徵之於勢。揆之以理。斷非彼所應過問者。亦尚旦夕覬覦。惟越俎而代之是求。歷觀各國要我路權之舉是其證已。二十世紀滅國之新法。在不用兵力而用交通權。故若德意志法蘭西等。凡欲夷他國爲殖民地者。無不藉交通權以逞其野心。今試閲各國報紙。其所謂航路保護案也。鐵道擴張案也。喧於朝野。一倡百和。幾以國勢之盛衰。專於交通權之大小卜之。其所眈眈虎視者。則不在他洲而在亞洲。且不在他國而在中國。夫各國之謀我路權。其意誠非專在商業也。然必歸其名曰便於運輸。利於貿易。特取通商二字以爲之標。誠以商權所及之地。即爲國權所及之地。政治競争。與經濟競争。實同時而進。相輔以行。故今日有志於挽回利權者。其必自交通機關始矣。

（五）托辣斯[③]與經濟之關係

小不可以敵大。弱不可以敵强。寡不可以敵衆。當此商業競争之世。苟非取精用宏。内力充足者。亦必不能角智鬬力。立於適者生存之地位。故自十九世紀以來。個人獨立之小商。不得不俯首下心。相率而走集於有限公司之旗下。乃不意曾幾何時。昔之以大食小者。今將以大食大。經濟界之競争

---

① “横通印度以接緬甸之鐵道”，在英國的統治下，1853—1900 年，印度共修建鐵路約 3.8 萬千米。19 世紀，英國在發動三次侵略戰争後占領了緬甸，并於 1886 年將緬甸劃爲英屬印度的一個省。1898 年，由曼德勒通往緬北重鎮密支那的鐵路通車，由密支那北上，可連接印度阿薩姆地區至利多的鐵路。

② “自居士但丁至波斯之鐵道”，“居士但丁”，即君士坦丁堡（Constantinople），1453 年成爲奥斯曼帝國都城後稱伊斯坦布爾（Istanbul）；“波斯”，伊朗的舊稱，此處當指波斯灣。1893 年，德國爲了加快在中東和近東的擴張，從奥斯曼帝國取得了修築巴格達鐵路的租讓權，企圖建立一條從博斯普魯斯海峽到波斯灣的小亞細亞鐵路以及延伸到叙利亞和伊拉克的支綫鐵路，該鐵路將從柏林，經布拉格、維也納、布達佩斯、君士坦丁堡、摩蘇爾、巴格達，直到波斯灣的巴士拉，又被稱爲“3B（Berlin-Byzantine-Baghdad）鐵路”。這條鐵路最後是由英、法兩國的公司於 1934—1941 年修建完成的。

③ “托辣斯”，即托拉斯（Trust）。

日益烈。資本家之維持日益難。於是高掌遠蹠者。益擴張其競爭之區域。而托辣斯之組織。遂於焉成矣。

托辣斯者。譯言信也。蓋由多數之有限公司。互相聯合。而以其全權委諸少數之人。爲衆所信用者。則名之曰托辣斯。而托辣斯之語。遂成爲生計界特別名詞。至組織托辣斯之方法。可大别爲甲乙兩種。

（甲）種托辣斯　大合併會社

（一）有資本之大營業家。將舊有數公司之土地工廠機器棧房及流通資本等種種權利。悉行買收。而别立一大公司。此蓋於事實上合併者。

（二）設立於法律之下者。

（三）生産及分配之合一者。蓋指自購入現料品。迄於製成而售諸市場時言之。

（四）合成一大公司。行分業法。使減生産費而獲利較多。

（五）使原料生産者。有一定之售主而恃以無恐。

（乙）種托辣斯　同業公會

（一）多數之營業家。於名義上聯合。而仍分營其事業。

（二）因各營業家之合意協同而組織之。

（三）生産及分配之不合一者。

（四）以任意上下生産物之市價爲主者。

（五）使原料生産家大爲所苦者。如向原料品定以賤價。相約較此以上。不許買入。使原料生産者。别無售主。而祇能照所定之價售之。

今日之所謂托辣斯者。其性質不外以上諸項。夫欲戰勝於經濟界者。不可不備數條件。（一）能投巨額之資本。（二）用最新最大之機械。（三）傭技術精熟之人物。（四）利用廢物而多得副生産物。（五）能左右市價。（六）能支持經濟界之恐慌[①]。（七）謀買主之便利。（八）擴充銷路。而托辣斯者。則能獨備此等條件者也。兹將托辣斯最有利益之點。摘舉於左。

① “經濟界之恐慌”，即經濟危機。

（一）因由數大公司相合併。則資本自巨。可多用新巧機器。使勞費少而成物多。

（二）資本既巨。則購用原料必多。多則其價自廉。原料價廉。則造成出售時。其價亦必因之而廉。

（三）工場夥多。可實行分業之學理。使爲之者專。而成之也精且速。

（四）能有餘力利用廢物。造出種種副産物。

（五）以全國本業皆合併故。能節制生産。毋使有羨不足。因以免物價之漲落無定。

（六）因資本雄大故。不畏外界市場之恐慌。

（七）魄力雄厚。能擴充外國販路。

以上所述。皆托辣斯之利也。惟利之所在。弊即乘之。美國當一千八百八十二年托辣斯初興時。全國忌之[①]。以爲生産技術。將因獨占而不知改良。且苦力小商。將因壟斷而相次失業。謗議雲興。幾爲衆矢之的。政府亦務所以摧抑禁止之。而不留餘力焉。然托辣斯者。實適合於現今生計界之競争。天演使然。無可逃避。雖欲遏之。又孰從而遏之。於是美國政府遂一變禁遏之政策。爲補救之政策。而托辣斯之機體。乃今漸確立矣。

夫使托辣斯而僅爲一國問題也。則吾人之視爲對岸火災。猶可説也。然自摩爾根[②]以此組織握太平洋航權後。列國之政治家實業家。遂皇皇焉急起

---

① “美國當一千八百八十二年托辣斯初興時。全國忌之”，1870 年，洛克菲勒在俄亥俄州組建了美孚石油公司，到 1880 年該公司已控制美國所産石油 90%—95%的提煉業務。1882 年，美孚石油公司與生産、提煉和銷售石油的關聯公司聯合，成立美孚石油托拉斯，這通常被認爲是美國的第一家托拉斯。此後，托拉斯遍及肉類加工行業，以及食糖、煤、酒等基本生活用品行業。1887 年，美國出現了以人民黨（Populists）和格蘭其（Grangers，即“保護農業社”）爲代表的兩個政治團體，它們分别代表中小企業和農民的利益，主要攻擊目標爲托拉斯。在 1888 年的美國大選中，民主黨和共和黨也都表示支持人民黨和格蘭其的政治主張。事實上，托拉斯在將近一個半世紀的發展中，始終面臨支持和反對的兩種聲音。

② “摩爾根”，即約翰・皮爾龐特・摩根（John Pierpont Morgan，1837—1913），美國商人、銀行家。1861 年創立摩根商行，直接控制了美國長達 10 萬餘千米的鐵路。1901 年合并卡内基鋼鐵公司和其他幾家鋼鐵公司後成立了美國鋼鐵公司。截至 1912 年，摩根商行作爲大托拉斯的代表，控制了 50 餘家大公司，資産總額達 127 億美元。

直追。以求噉美人之餘瀝。而已步其後塵者。則鐵血主義①之德意志是也。自今以往。此生計界之名物。其將遍游歐美而稅駕於亞細亞②。蓋可預必矣。

（六）結論

二十世紀之商業。非一國問題。而世界問題也。若國權之不全。其何能操縱一切。出而助吾民以與各國抗。故維持國權。而於其缺者補之。未失者勿使稍有損焉。此實保商之關鍵。而政府之責任也。雖然政府之後援。國民而已矣。苟無哥倫波③。西班牙何以能闢新地於美洲。苟無印度商會④。英吉利何以能握霸權於東亞。今外人挾其國力。實逼處此。雖欲阻之。談何易易。故舍我國民自起諸業以與競争。無他術也。蓋實業之事。彼能辦。我亦能辦。况吾國民之勤敏耐苦。素爲各國所憚。而又益之以地主權先得權。彼族雖强。亦未易與我敵。非然者。徒懼彼之來。曰患其奪我利權。而思有以保守之。其果能保守也耶。其保守也。果有利於國否耶。是在有志者辨之而已。

完⑤

① “鐵血主義”，即主張通過暴力和戰争實現某種經濟或政治目的，出自代表容克貴族和大資産階級利益的普魯士首相俾斯麥。他主張以强權和武力統一德意志，在 1862 年宣稱：“當前重大問題不是演説和多數議决所能解决的……要解决它只有用鐵和血。”普魯士先後通過發動普丹戰争、普奥戰争和普法戰争，於 1871 年完成了德意志的統一。

② “亞細亞”，即亞洲。

③ “哥倫波”，即克里斯托弗·哥倫布（Cristoforo Colombo，1451—1506），意大利航海家。在西班牙國王的支持下，1492 年横渡大西洋抵達今巴哈馬群島，繼而航行至古巴、海地等島；後又三次西航，到達牙買加、波多黎各諸島及加勒比海沿岸地帶。

④ “印度商會”，指英國東印度公司。17—19 世紀中葉，英國政府特許設立的對東方主要是印度和中國經營壟斷貿易、進行殖民事業的組織。工業革命後，爲適應新興工商業資本的發展要求，英國政府分别於 1813 年和 1833 年取消了該公司對印度和中國的貿易壟斷權。1858 年該公司被撤銷。

⑤ 以上部分載《商務官報》1906 年第 3 期。

《論各國經濟競争之大勢》編者説明

《論各國經濟競争之大勢》一文，連載於光緒三十二年四月初五日（1906年4月28日）、光緒三十二年四月二十五日（1906年5月18日）出版的《商務官報》第1期和第3期的“論説”欄，署“錢塘汪有齡撰”。

1. 汪有齡

汪有齡（1879—1947），字子健，浙江杭縣（今杭州市余杭區）人。1897年以杭州蠶學館派生身份赴日本，先在埼玉縣蠶業學校競進社學習蠶業新技術，後去日本法政大學學習法律。1899年，因健康原因回國。回國後，曾充任清政府湖北農務局譯員、京師法律學堂教席、修訂法律館纂修、清政府商部《商務官報》編輯。1910年，與在京師法律學堂和修訂法律館任職的同仁成立了中國第一個全國性的法學會——北京法學會，并創辦《法學會雜誌》。民國成立後，1912年任南京臨時政府法制局參事，8月任北洋政府司法部次長。在司法部次長任内，積極恢復北京法學會，并於1912年募資創辦朝陽大學，爲朝陽大學首任校長（至1930年）。1913年被選爲參議員。1914年任參政院參政。1918年8月任安福國會參議員，大理院推事。1919年南北議和時，奉派爲北方代表。1920年任《公言報》社長。1925年被推爲憲法起草委員會委員。1931年離開北京，定居上海，主要從事律師行業。在1936年的“七君子事件”中，爲“七君子”之一的李公樸擔任辯護律師。

主要著作有《大清違警律論》，還與章宗祥、董康等合著了《修正刑法草案理由書》。譯介了多部日本法學著作，如《日本議會史》《日本立憲史譚》，口譯了松岡義正在京師法律學堂講述的《民事訴訟法》（由熊元襄整理成書）等。

2. 《商務官報》

《商務官報》的前身爲光緒二十九年十一月（1903 年 12 月）創刊的《商務報》，該報由商部論令，官商合辦。因銷路不暢等原因，約在 1906 年底停刊。光緒三十二年四月初五日（1906 年 4 月 28 日），《商務報》由官商合辦改爲官辦，并改名爲《商務官報》，成爲清政府農工商部的行政公報。

《商務官報》以“發表商部之方針，啓發商民之智識，提倡商業之前途，調查中外之商務”爲辦刊主旨，主要欄目有論説（後改稱“論叢”）、譯録、公牘、法律章程、調查報告、專件、記事等，其中的“論説”欄目，“以經濟學理爲基礎，而參以實際應用之方法”，是“發揮本報主義之地”①。農工商部候補主事章宗祥任主編。主要撰稿人有汪有齡、章乃煒、楊蔭杭、楊志洵和章宗元等。

《商務官報》爲旬刊，每月逢五出版。遇有要件，則臨時增刊。每期約 40 頁，鉛印。目前所見約 170 期，最後一期爲宣統三年六月十五日（1911 年 7 月 10 日）出版的“辛亥第十五期”。《商務官報》由農工商部工藝局總發行，發行以派銷爲主，即利用行政手段，按行政區劃自上而下層層分攤，派銷數額多寡是官員政績考核的内容之一。該報除了各省商務局、官報局及商會可代售外，另在北京、上海、漢口三處設有總代售所，經理零售及訂報

① 佚名. 商務官報章程[J]. 商務官報，1906（1）：40.

各事，還在各通商口岸設立了諸多代售點。

3. 内容簡介

該文題爲“論各國經濟競爭之大勢”，但其主旨是“興商”“保商”。文章發表的背景是，19 世紀末 20 世紀初，中國的民族工商業有了一定程度的發展，新式商人社團不斷湧現；與此同時，社會上長期流行的賤商習俗亦有所改變；而作爲清末“新政”的一項重要措施，清政府則開始實行重商政策，如設立商部（後改爲農工商部）、頒布各類興商的章程法令，并采取種種辦法提高商人的社會地位，倡導各地商人組織商會，振興商業。正像該文一開始所説：“保商之論，歲數數下。”文章的基本觀點體現在“緒論”中，即：“全國商業之興，非專恃政府一二人之提倡，而必賴各省疆吏之協助；又非專恃在上者之保護，而必賴實業家之經營。”“結論”部分則强調，“維持國權”是“保商之關鍵”“政府之責任”。作者清醒地意識到，“今外人挾其國力，實逼處此”，并鼓勵國人不要有畏懼之心：“蓋實業之事，彼能辦，我亦能辦。况吾國民之勤敏耐苦，素爲各國所憚，而又益之以地主權、先得權，彼族雖强，亦未易與我敵。”文章發表在清政府農工商部的行政公報《商務官報》創刊號的“論説”欄上，可以説，它“發揮”的不僅是報紙的“主義”，也是清政府農工商部的“主義”。

在“緒論”和“結論”部分之間，文章從“軍備與經濟之關係”“關税制度與經濟之關係”“交通機關與經濟之關係”“托辣斯與經濟之關係”四個方面展開分析，其目的都是要説明，在當時競爭激烈的世界經濟格局中，商業的地位是極端重要的：“吾國百餘年來之條約，皆商業上失敗之歷史也”；“統觀近百年來之戰爭，就表面論之，雖或有專屬政治者，而溯其原因，無不由於保護貿易，擴張市場而起”；“自農業時代，迄於商工業時代初期，當亟亟與經濟發達之國，講交通之策，而取其所長，以資則效，則自由貿易之主義尚已。若夫工業已有萌芽，並有漸形發達之兆，則當利用商業政策，以抵制外國之競爭，而維持本國之工業，保護政策之厲行，又豈可以已乎”；“交通機關不備，則商業必不能興，此吾所敢斷言者”；“當此商業競爭之世，苟非取精用宏，内力充足者，亦必不能角智鬭力，立於適者生存之地位。故自十九世紀以來，個人獨立之小商，不得不俯首下心，相率而走集於有限公司之旗下……於是高掌遠蹠者，益擴張其競爭之區域，而托辣斯之組織，遂於焉成矣”。

在以上四個方面的分析和論述中，文章給讀者介紹了大量的近現代經濟現象，提供了大量的經濟學知識，如從交通的進步看商業發展、商業競爭和商業霸權、經濟危機、關税政策，以及列强對自由貿易主義和貿易保護主義的具體運用，關税政策中的“國定率”和“協定率”及各自的利弊，“托拉斯”的出現及其組織方法等，還介紹了當時世界上發生的諸多國際性的重大事件，如日俄戰争、美西戰争、英布戰争、德國在非洲和太平洋地區的殖民擴張、第一次摩洛哥危機等，這對開拓國人的視野、增加新的知識、增强憂患意識等，無疑具有積極的意義。

4. 關於該文提到的“帝國主義”和“托拉斯”

值得注意的是，該文作者爲了强調“興商”“保商”在當時中國的極端重要性，説明其“統觀近百年來之戰争，就表面論之，雖或有專屬政治者，而溯其原因，無不由於保護貿易、擴張市塲而起。故政治上之競争，與商業上之競争，乃二而一、一而二。而兵力不充者，實無可言國際商業也”的觀點，列舉了當時剛剛發生的美西戰争和英布戰争，以及資本主義的“後起之秀”德國在非洲和太平洋地區的殖民擴張，還提到了 1905 年發生的第一次摩洛哥危機，并指出這些戰争和衝突是“帝國主義盛行”的表現。作者能注意到當時剛剛發生的這些重大國際事件，并且將其與“帝國主義”聯繫起來，及時介紹給國人，這在當時應該説是了不起的，爲後人瞭解和接受馬克思主義的帝國主義理論，提供了具體且翔實的資料。該文發表6年後，列寧在1912年所寫的《告俄國全體公民書》中指出：“20世紀開始以來世界各地發生的事件，加劇了階級矛盾和國際矛盾，引起了戰争和革命，巴爾幹危機就是這一連串事件的總鏈條中的一環。日俄戰争、俄國革命、亞洲一系列革命、歐洲各國互相競争和敵對的加劇、摩洛哥事態對和平的威脅、意大利出兵掠奪的黎波里——這些事件醖釀了當前的危機。戰争及其帶來的全部災難都是資本主義的産物。資本主義奴役千百萬勞動者，加劇各國間的争鬥，把資本的奴隸變爲炮灰。唯有全世界革命無産階級的社會主義大軍才能終止這種壓迫群衆和奴役群衆的現象，才能終止奴隸爲奴隸主利益進行的大厮殺。”[①]《論各國經濟競争之大勢》發表10年後，列寧在1916年所寫的《帝國主義和社會主義運動中的分裂》中指出：“帝國主義，作爲美洲和歐洲然後是亞洲的資本主義的最高階段，截至1898—1914年這一時期已完全形成。美西戰争（1898年），英布戰争（1899—1902年），日俄戰争（1904—1905年）以及歐洲1900年的經濟危機，——這就是世界歷史新時代的主要歷史里程碑。”[②]

當然，與列寧後來的論述相比，作者對“帝國主義”的理解，還是非常膚淺的，因爲他把所有那些戰争和衝突的實質，都僅僅歸結爲“商業競争”，也就是説，他只是停留在商業競争的表面現象上，就事論事。這一點，也可以從他在“交通機關與經濟之關係”部分關於1875年英國以保護土耳其爲

① 列寧. 列寧全集：第22卷[M]. 北京：人民出版社，2017：148-149.
② 列寧. 列寧選集：第2卷[M]. 北京：人民出版社，2012：705.

名，將塞浦路斯據爲己有，以及19世紀90年代美國吞并夏威夷、掠奪菲律賓等事件的論述中看出，“説者謂將以行帝國主義也，而抑知其唯一之宗旨，則在獨占太平洋航權，以樹東方商力之基礎也”。儘管作者由此還提出了“二十世紀滅國之新法，在不用兵力而用交通權”的驚人觀點，并呼籲“今日有志於挽回利權者，其必自交通機關始矣”——這甚至可以看作辛亥革命爆發前轟轟烈烈的保路運動的先聲，但不能不説，作者看到和理解的“帝國主義”，最多只是其某些表現和特點，他没有也不可能論及“帝國主義”的本質。

列寧在《帝國主義是資本主義的最高階段》一開始説：“在最近15—20年中，特别是在美西戰争（1898年）和英布戰争（1899—1902年）之後，新舊兩大陸出版的經濟學著作以及政治學著作，愈來愈多地用‘帝國主義’這個概念來説明我們所處時代的特徵了。1902年，在倫敦和紐約出版了英國經濟學家約·阿·霍布森的《帝國主義》一書。作者所持的是資産階級社會改良主義與和平主義的觀點，這同過去的馬克思主義者卡·考茨基今天的立場實質上是一樣的，但是，他對帝國主義的基本經濟特點和政治特點作了一個很好很詳盡的説明。1910年，在維也納出版了奥地利馬克思主義者魯道夫·希法亭的《金融資本》一書。雖然作者在貨幣理論問題上有錯誤，并且書中有某種把馬克思主義同機會主義調和起來的傾向，但是這本書對‘資本主義發展的最新階段’作了一個極有價值的理論分析。實質上，近年來關於帝國主義問題的論述，特别是報刊上有關這個問題的大量文章中所談的，以及各種决議，如1912年秋的開姆尼茨和巴塞爾兩次代表大會的决議中所談的，恐怕都没有超出這兩位作者所闡述的，確切些説，所總結的那些思想的範圍……”①1961年6月，在慶祝中國共産黨成立40周年前夕，董必武同志在接受《人民日報》記者采訪時，重點回答了爲什麽“‘一大’

① 列寧. 列寧選集：第2卷[M]. 北京：人民出版社，2012：583.

能够提出反對帝國主義的綱領”這一問題，他説：“四十年前，如果我國論壇上有人用過‘帝國主義’這個名詞，那也和列寧所説的，新舊兩大陸出版的政治和經濟著作中，用‘帝國主義’這個概念一樣，不是象列寧所著《帝國主義是資本主義的最高階段》那樣從根本性質加以分析，指出帝國主義是資本主義發展的最高階段，論斷其必然死亡。他們不能根本反對帝國主義，更不能把反對帝國主義和中國革命聯繫起來，他們中間有許多人是根本反對革命的。這也説明中國共産黨一誕生就把反對帝國主義作爲政綱，是怎樣地難能可貴了。”①

同樣的道理，儘管作者在分析“交通機關與經濟之關係”時，還提出了“政治競争與經濟競争，實同時而進，相輔以行”的觀點——能指出經濟與政治“相輔相成”的緊密聯繫，當然也是難能可貴的，但他顯然看不到經濟關係的本質，更看不到經濟基礎對政治的决定作用。

在論述“托辣斯與經濟之關係”時，作者分析了托拉斯這一壟斷組織的産生過程，并介紹了組織托拉斯的兩種方法，即“大合併會社”與“同業公會”，前者是大資本家收購諸多原有工廠的資産，設立一家新的大型公司，而後者則是由多家企業組成的行業聯合會；作者還分析了托拉斯組織在提高成品率、降低成本、促進分工、利用廢弃物生産副産品、穩定物價、抵禦外來商品傾軋、擴充國外銷路等方面的積極意義。我們知道，關於托拉斯，列寧後來是這麽分析的，一方面，“資本主義使集中發展到這樣的程度，以致整個整個的工業部門都掌握在辛迪加、托拉斯這些資本家億萬富翁的同盟手中，幾乎整個地球已被這些‘資本大王’所瓜分，他們或者采取占有殖民地的形式，或者用金融剥削的千萬條繩索緊緊纏繞住其他國家。自由貿易

① 中國社會科學院現代史研究室，中國革命博物館黨史研究室. “一大”前後：中國共産黨第一次代表大會前後資料選編（二）[M]. 北京：人民出版社，1980：364.

和競爭已經被追求壟斷、搶奪投資場所和原料輸出地等等的意向所代替”[①]。另一方面，“勞動社會化通過無數種形式日益迅速地向前發展，在馬克思去世後的半個世紀以來，特別明顯地表現在大生産與資本家的卡特爾、辛迪加和托拉斯的增長以及金融資本的規模和勢力的巨大增長上，——這就是社會主義必然到來的主要物質基礎”[②]。該文作者儘管也懂得“利之所在，弊即乘之”的道理，但其基本觀點是“托辣斯者，實適合於現今生計界之競爭，天演使然，無可逃避。雖欲遏之，又孰從而遏之？”并預言，“自今以往，此生計界之名物，其將遍游歐美而税駕於亞細亞”——顯然，作者對“托拉斯”的態度是樂觀的，但歷史的局限性也決定了，這種樂觀只能是一種簡單且盲目的樂觀。

5. 研究綜述

馬敏在《中國近代商人心理結構初探》一文中論述中國近代商人所具有的危機感時，引用了該文的“今日之世界，經濟競爭之世界也。……争之而不勝，則領土日蹙，國勢大衰，雖欲維持其二等國之地位，而尚不可終日”。馬敏認爲中國近代商人之所以具有危機感，主要在於其從特定的社會地位和職業觀點出發，感受到“商戰”失敗、利權外溢的無情現實，從而將民族危機感具體化。[③]任金帥和王先明在《從“生計”到“經濟”——西方經濟學在清末民初的歷史演進》一文中指出，20世紀初，衆多西方經濟學書籍在中國編譯和出版，經濟學説各主要流派也因此在中國傳播開來，《商務官報》刊載的《論各國經濟競爭之大勢》等文章“傳達了歷史學派的經

① 列寧. 列寧選集：第2卷[M]. 北京：人民出版社，2012：512.
② 列寧. 列寧選集：第2卷[M]. 北京：人民出版社，2012：439.
③ 馬敏. 中國近代商人心理結構初探[J]. 中國社會科學，1986（5）：100.

濟觀點，呼籲發展民族工業”[①]。馮國林在《日俄戰争前後清政府在朝鮮的商業危機與官商合作》中論述交通與經濟競争存在密切關係時引用了《論各國經濟競争之大勢》中的“未有運輸不便，消息阻滯，而其國之商業猶能延喘於優勝劣敗之場者”[②]。牛貫傑在《清末媒體對“十八世紀”的塑造——以〈申報〉與〈東方雜誌〉爲中心》中梳理了 18 世紀歐洲貿易的基本脉絡，并援引了《論各國經濟競争之大勢》中的相關論述，指出 18 世紀歐洲的商業政策，“純以武力濟之”，“故凡有與之競争者，必悍然擊破其商船，阻絶其航路，侵奪其殖民地，使不能與吾抗而後已”。而到了 19 世紀，外交逐漸取代武力戰争，武力“漸變爲平和之競争”。到了 19 世紀末，帝國主義發展起來，“於是各國之實行商業政策，遂又復武力競争之舊”。[③]

趙然平在其碩士學位論文《〈東方雜誌〉與清末實業思想（1904—1911）》中指出，清末部分主張振興實業的有識之士認爲兵戰從根本上而言需要依賴商戰，“蓋際今日競争之世，有兵力者貿易盛，無兵力者貿易衰。貿易日衰，則利權失而上下困，而兵費無自出，兵力無自强。故今日之世，必兵賴商，商賴兵，而後得列於經濟競争之世界”[④]。該論文指出在全球競争激烈的 21 世紀，帝國主義正是通過控制交通來蠶食一個國家的，即“滅國之新法，在不用兵力而用交通權”[⑤]。該論文還援引了“當此商業競争之世，苟非取精用宏，内力充足者，亦必不能角智鬭力，立於適者生存之地位。故

① 任金帥，王先明. 從“生計”到“經濟”——西方經濟學在清末民初的歷史演進[J]. 歷史教學，2012（6）：13.

② 馮國林. 日俄戰争前後清政府在朝鮮的商業危機與官商合作[J]. 當代韓國，2023（3）：93.

③ 牛貫傑. 清末媒體對“十八世紀”的塑造——以《申報》與《東方雜誌》爲中心[J]. 江海學刊，2020（1）：182.

④ 趙然平.《東方雜誌》與清末實業思想（1904—1911）[D]. 長春：吉林大學，2015：14.

⑤ 趙然平.《東方雜誌》與清末實業思想（1904—1911）[D]. 長春：吉林大學，2015：20.

自十九世紀以來，個人獨立之小商，不得不俯首下心，相率而走集於有限公司之旗下。乃不意曾幾何時，昔之以大食小者，今將以大食大”，指出了《論各國經濟競爭之大勢》一文過分推崇托拉斯等大資本聯合的生產組織形式。①

（編校者：曹得寶）

① 趙然平.《東方雜誌》與清末實業思想（1904—1911）[D]. 長春：吉林大學，2015：46.

最近世界大勢論

仲遥

近年以來我國人稍知國勢危迫亟當圖救矣然“研究”一端猶不免爲大多數人所蔑視前途之危險蓋莫甚焉此論特搜集東西學者最近所著彙譯而成雖曰不備然閱者苟真能精爲體會則於最近世界大勢可以瞭如論學治事必較有把握

本論凡分三章第一章歐美列强國内之情勢第二章歐洲外交之情勢第三章德俄英法四國對於亞洲之政策其第一章爲瑞典學者稽耶陵[①]氏所著言較奥賾尤有永味譯者思慮所及隨下案語閲者並觀之或亦足爲喚起研究心之一助

前本言報中關於政黨之文[②]必當繼續從事今以此問題對於彼問題比較的尤爲急切故中途先發表之

---

① “稽耶陵”，即魯道夫・契倫（Rudolf Kjellen，1864—1922）。詳見本篇“編者説明”。

② “前本言報中關於政黨之文”，指光緒三十二年五月初一（1906 年 6 月 22 日）出版的《新民叢報》第四年第 9 號（總第 81 號）“譯述”欄的《意大利立憲政治之近况（附表）》，以及光緒三十二年五月十五日（1906 年 7 月 6 日）出版的《新民叢報》第四年第 10 號（總第 82 號）“譯述”欄的《俄羅斯之政黨》和《論奥大利立憲制之運用與民族之複雜》三篇文章。作者在《論奥大利立憲制之運用與民族之複雜》開篇的“例言”中説：“吾頃認研究各國政黨真相爲中國今日之要務，意欲詳究其發生成立之歷史及其現今之狀况，以介於國人。此後或譯述或編纂，必當繼續從事，無有間斷。此篇及前所譯之《意大利立憲政治之近况》《俄羅斯之政黨》兩篇，即其中之一部分也。”

第一章　歐美列强國内之情勢

第一節　奥大利匈牙利

現今之列强中。可以暫躋於强國之林。而他日不免有零落衰沉之戚者。奥大利匈牙利[①]是也。以地理上言之。彼之邦域。適位於歐洲之東方。一若足爲抵禦各國之勁敵。而代歐洲各國執衛戍之勞也者。雖然。就其實質觀之。彼實最缺乏近世國家存立之根本的條件之國民的統一之國也。换言之。則彼邦之國民。實無自覺其國爲一個固有之人格之心者也。再質而言之。則彼邦者。無數之國民的人格之集合體也。無數之人格之各一部相集而成爲一國體者也。而推其所以致此之由。其最大之原因。則在於彼之地理。彼奥大利匈牙利之地理。無自然之境界。茫茫國土。多位於屬於他國之多數之河流之上流。其形勢之華離破碎。莫可究詰。職是之故。其政治地理上之現象與國民主義之精神。適成一絶對之反比例。而以此反比例之故。遂使國民主義之與國家。日以遠心力之作用。相離而不能相融。故欲使奥大利匈牙利國民相互間之精神日以接近。此實事理上至難能之業也。不特此也。其助長禍亂之端。尤有三事。（一）社會上之反目。（二）宗教上之區别。（三）憲法上之分離對立。此三者。其實質雖僅屬内治。其影響常波動於外交。其失策雖僅在一時之苟安。其危險且有礙夫百年之大計。今日者。若驟語人以奥匈兩國將分裂而亡乎。固不免爲世所詬病。雖然。使彼邦不力求融釋之道而默默自安焉。吾有以知其來日之大難也。

譯者案。稽氏策奥匈國未來之危險。而歸本於其國民缺統一。此真

① “奥大利匈牙利”，即奥匈帝國（1867—1918），由奥地利和匈牙利組成的二元君主國。1867 年，奥地利政府與匈牙利國會簽訂了《奥地利—匈牙利折中方案》，建立奥匈帝國。帝國元首奥地利皇帝兼匈牙利王國國王。奥、匈各設政府和議會，但外交、國防和財政則由帝國政府統一管理。1918 年解體後分别建立奥地利、匈牙利和捷克斯洛伐克三個國家，一部分領土則歸還波蘭和南斯拉夫。

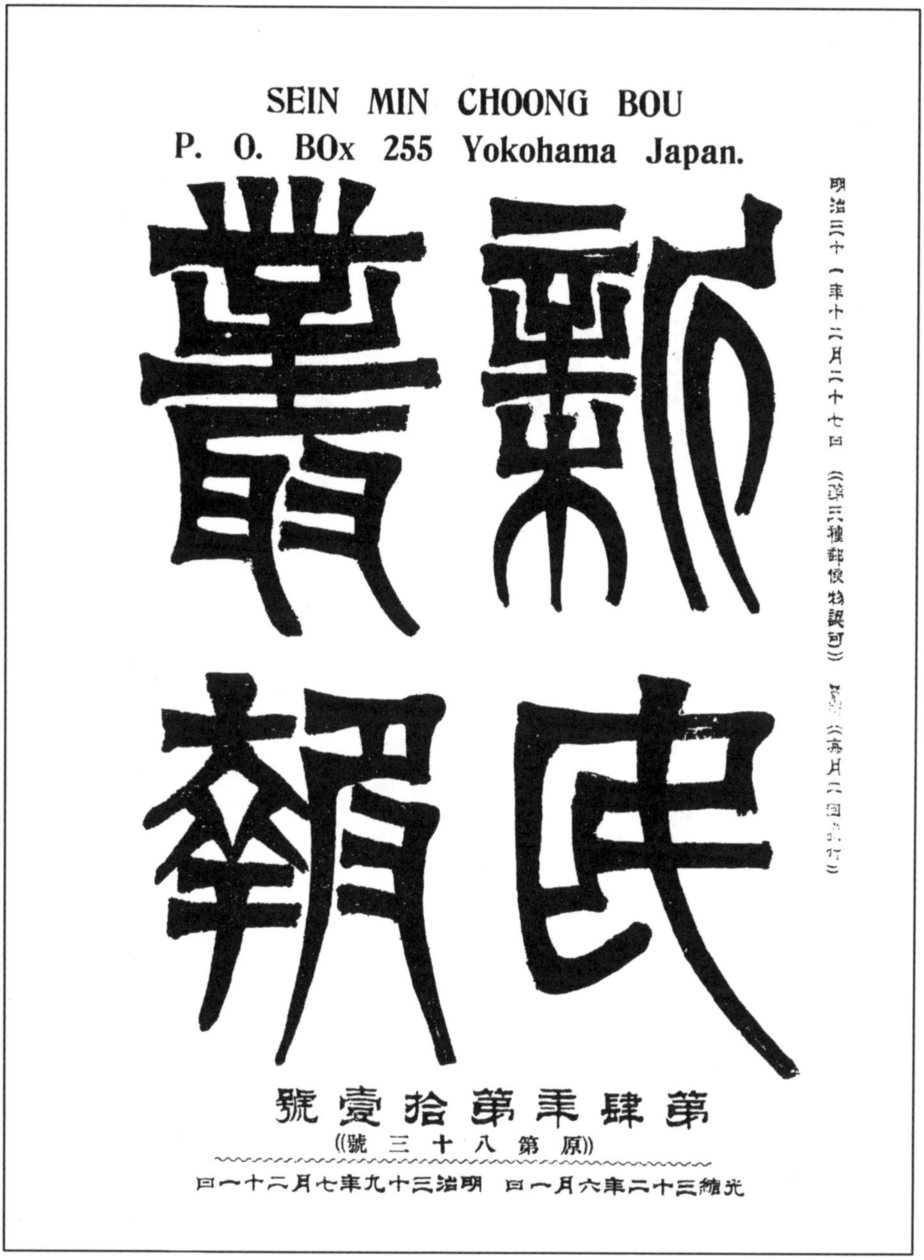
SEIN MIN CHOONG BOU

P. O. BOx 255 Yokohama Japan.

新民叢報

明治三十一年十二月二十七日（第三種郵便物認可）[illegible]（每月二回發行）

第肆年第拾壹號

（原第八十三號）

光緒三十二年六月一日 明治三十九年七月二十一日

《新民叢報》第四年第 11 號封面

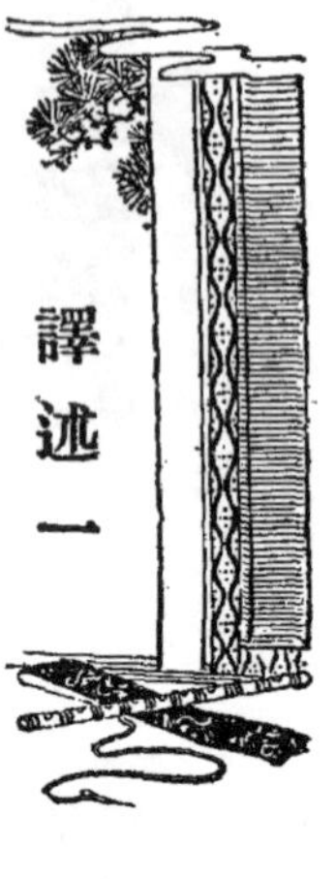

最近世界大勢論

仲遙

近年以來我國人稍知國勢危迫亟當圖救矣然「研究」一端猶不免爲大多數人所蔑視前途之危險蓋莫甚焉此論特搜集東西學者最近所著彙譯而成雖曰不備然閱者苟眞能精爲體會則於最近世界大勢可以瞭如論學治事必較有把握

本論凡分三章第一章歐美列强國內之情勢第二章歐洲外交之情勢第三章德俄英法四國對於亞洲之政策其第一章爲瑞典學者稽耶陵氏所著言較奧賾尤有永味譯者思慮所及隨下案語閱者並觀之或亦足爲喚起研究心之一助

前本言報中關於政黨之文必當繼續從事今以此問題對於彼問題比較的尤爲急切故中途先發表之

第一章　歐美列强國內之情勢

第一節　奧大利匈牙利

一針見血之言也。歷觀歷史。無古無今。無歐無亞。皆未見國民缺統一而其國能久安長治者。惟彼奧匈國。其政治上之現象。日接於吾人之耳目。尤足發深省焉。抑彼奧匈國今固儼然立憲國也。而猶若此。其他更何論矣。

日本小野塚[①]博士下民族二字之定義曰。"民族者。常具有人種言語歷史政法經濟思想風俗習慣等之共同基礎而自覺。爲一團體之人類社會也。"其自覺二字至爲精絶。自覺者。在於一人。則爲箇人之真宰。在於國民。則爲共同之良知使其民族果爲一團體乎。則此自覺心。必足爲奠安其國家之基礎。使其民族果非一團體乎。則此自覺心。終能爲解决其問題之種子。而以吾所見爲解决之道。則有二事。(一)融之使合而泯其迹。上也。(二)剖之使離而副其實。次也。使二者俱無所事事。則國家之前途惟有一途。曰亡而已矣。蓋二種以上之民族之不能並立於一國。非徒感情的問題。而實利害的問題。非徒一時之問題。而實萬年之問題也。嗚呼。往者不可諫。來者猶可追[②]。吾讀奧匈國史。吾每爲之魂摇而神沮。吾其抱吾憂以終吾年歟。

第二節　意大利

較奧匈國稍進一籌。而前途仍不免多悲觀者。厥爲意大利。彼非無國民的國家。彼非無自然之國境。其立國之基礎。非不穩健而鞏固。雖然。其議院政治。至有難言。其農業界之弊害。至難拔除。加以當内部之組織未完統一之大業未成之際。早已入强國之列。其結果也。常能使其政治不能爲健全

① "小野塚",即小野塚喜平次(1871—1944),日本政治學家、法學家。1895年畢業於東京帝國大學法科大學政治學科。1897年留學歐洲,先後在海德堡、柏林及巴黎深造。1901年9月歸國後任教於東京帝國大學法科大學,是日本第一位擔任政治學專任教授的本國人。著有《政治學大綱》《政治學》等。

② "往者不可諫。來者猶可追",語出《論語·微子》。

之發達。是故意大利之國勢。以之保守或可能。以之雄飛必不足。

譯者案。世界之所謂强國有二種。（一）其國力已充實。而自能發表其强之狀况於外而得强名者。（一）其國力不必已充實。而以他政略上關係之故。或事勢相逼之故。不得不强飾其强之面目。以冀博强名者。其國力已充實而得强名者。其名與其實相符。其内與其外相應。其在國内也。國民能享相當的政治之康樂。其對外也。外交能見自由的活動之成功。其國家之前途。相成相長而日進靡窮。其國力不必已充實。而冀博强名者。其名與其實相戾。其内與其外相妨。其在國内也。國民常眩於一時之美觀。而忽萬世之至計。其對外也。外交容或可倖獲一二之成功。而終不免於千萬之失敗。其國家之前途。相賊相掣而終無實益。

第三節　法蘭西

其次、法蘭西。亦誠有難言者。彼法國今固世界第三之强國也。其國境固有自然之境界者也。其人民固同人種同宗教同言語者也。其國民固饒富而非無幸福之狀態者也。雖然。此皆外界之美觀而已。若夫就其内容之前途言之。則其可危者有三。（一）其外交政策。不計國家久遠之雄圖。徒爲感情之奴隸。職此之故。不求其盟邦於自然的同盟之大陸國之德奥。而反求其競爭國之英意①。（二）其中央政治。純採集權之主義。（三）其國民無繁殖子孫之意志。三者之中。尤以第三者爲最重。而彼法國亦受此弊爲最深。而即

① “不求其盟邦於自然的同盟之大陸國之德奥。而反求其競爭國之英意”，20世紀以前，法國外交政策的重點是與德國爭霸歐洲大陸、與英國爭奪海外殖民地，爲此同俄國結盟。20世紀初，同樣出於對付德國的需要，英、法加强了聯繫。經過秘密談判，兩國於1904年4月簽訂了《英法協約》（又稱《誠意協約》）。根據該協約，法國放弃幾十年來在埃及問題上與英國的對抗政策，承認埃及爲英國的勢力範圍；英國則保證不妨礙法國在摩洛哥的行動。兩國還緩和了在紐芬蘭海岸、岡比亞、尼日爾、暹羅（今泰國）、馬達加斯加和新赫布里底斯群島的矛盾。與此同時，法國還想方設法爭取了德、奥、意三國同盟中的意大利。1903年10月、1904年8月，意大利國王和法國總統相繼訪問了對方的國家。法、意之間的接近，使法國部分實現了瓦解三國同盟的目的。

此一端。已足弱其國而有餘。何則。法與德之復讎戰爭。法人所最不能忘者也。而法蘭西近年人口。每一月增加之數。乃僅視德意志每一日增加之數焉。其復讎之業。殆已全屬不可能之事。且也以人口不增之故。常能使法蘭西之殖民政策陷於無意識。無效果。此其關係於一國之前途。又不俟智者而自明矣。

譯者案。欲明法蘭西人口不增之原因。英人瑪兒梭士[①]所著人口論[②]中之言。最足爲精確之觀察。録如左。

一、道德心及智識發達之故。 例如有道之士。嘗能節制情慾。不欲早婚。又或因移住殖民等事。往往減殺偏聚一地方之人口。

二、道德腐敗之故。 例如男女之關係紊亂。正當之結婚。每見屏棄。不行於世。此亦減殺人口增加之速度者也。歐洲各國。鮮見有能矯此弊者。

三、自然的强制。 如傳染病氣候風土之變化及天變地異飢饉等是也。

四、人爲的强制。

甲 如炭坑之工人及執捕鯨業與遠洋漁業者。

乙 過於勞動者。

丙 極貧苦者。

丁 不完全之育兒法。

戊 火災。

己 戰爭。

以上所舉。皆瑪氏推測世界人口所以不能以幾何級數增加之原因之言。而法蘭西亦即莫能外者也。其所舉之第二原因。尤爲法蘭西國中最甚之弊。

① "瑪兒梭士",即托馬斯・羅伯特・馬爾薩斯(Thomas Robert Malthus,1766—1834),英國經濟學家,教士,人口論的主要代表。著有《人口原理》《政治經濟學原理》《價值的尺度》等。

② "人口論",今通譯作《人口原理》(*An Essay on the Principle of Population*),馬爾薩斯的代表作。

又、法蘭西之人口。自普法戰争[①]以後。一時極形減少。今雖稍加。然其微已甚。每年間萬人中。不過增五人而已。以此之故。千八百八十五年法人著令云。貧家有子七人者。以公費教之養之。又千九百二年議員俾阿[②]氏提案於議院。謂民有及歲而不婚者。則當課以重税。皆深有不得已者存也。

又、人口與國家發展之關係。密切無匹。日俄戰役[③]。自戰鬬一方面觀之。日本實全勝。而終不免負失敗和約之辱者。則以屢次劇戰。常備兵中大蒙損害。兵力將有不繼之患也。此事日人親爲余道之。

第四節　德意志

惟德意志[④]之國勢。則獨不然。彼自其帝國統一以來。佇苦停辛。經營慘澹[⑤]。今也其國内之實力既充。其國外之競争方始。雄心壯圖。大有一日千里之觀。而其以地理上與達紐布[⑥]流域分離之故。駸駸乎且日向北方而試

① “普法戰争”，1866年普奥戰争結束後，法、普矛盾加深。1870年7月19日，拿破侖三世在俾斯麥的挑動下對普魯士宣戰，最終法國戰敗。1871年1月，法國被迫同普魯士簽訂停戰協定，普王威廉一世在法國凡爾賽宫的鏡廳加冕成爲德意志帝國皇帝。同年5月，法、德締結《法蘭克福和約》，法國割讓阿爾薩斯全省和洛林東部給德國，并賠款50億法郎。普法戰争改變了歐陸國家的力量對比，普魯士由此完成了德意志的統一。

② “俾阿”，即阿里斯蒂德·白里安（Aristide Briand，1862—1932），法國政治家、外交家。19世紀80年代參加法國社會主義運動，1898年加入法國獨立社會黨人聯盟，1902年加入改良主義的法國社會黨，同年進入議會。1906年因入閣任教育部部長被開除出社會黨，後同米勒蘭、維維安尼等人組成獨立社會黨人集團（1911年取名“社會共和黨”）。多次出任内閣總理。1931年競選總統失敗後退出政界。

③ “日俄戰役”，即日俄戰争（1904—1905），日、俄兩國爲争奪東亞霸權而進行的帝國主義戰争，戰場主要在中國東北境内。1904年2月，日、俄宣戰，至翌年5月俄國敗局已定。經美國斡旋，1905年9月5日，日、俄兩國簽訂《樸次茅斯和約》，主要内容爲：俄承認朝鮮爲日本的勢力範圍；俄將在中國遼東半島（包括旅順口和大連）的租借權轉讓給日本；俄割讓庫頁島南部給日本。該和約是日、俄帝國主義者重新瓜分中國東北和朝鮮權益的和約。1945年，該和約被廢除。日俄戰争中，日本政府是在日軍屢戰屢勝的1905年4月率先請求美國出面調停的，其主要原因是兵力枯竭、財政和作戰物資拮据等。

④ “德意志”，指德意志帝國（1871—1918）。

⑤ “慘澹”，同“慘淡”。

⑥ “達紐布”，即多瑙河（Danube）。

其發展。北方者。實德意志建設最大之統一的國家之良地。亦即發展其驥足於海上之雄機也。又不徒德意志國民有此實力而已。其今帝威廉二世[①]。偉力奇才。睥睨一世。一舉一動。常自表示其帝國膨脹之方針。威廉二世者。又實當代之偉人。而助長德意志日即於强者也。雖然。彼亦非全無弱點者存也。其關於内治者。（一）其國境無自然之境界。其結果也。自波蘭人問題[②]以至其他國民。不能免國民的紛争。（二）其農業上之利益與工業上之利益。互相確執。不肯相下。（三）其憲法上之分立主義[③]。仍維持其勢力。不無有未完其統一之實之點。（四）其政府與右黨相結而避左黨。乞後援於教皇黨[④]以臨社會民主主義。其關於外交者。（一）德皇之世界政策[⑤]。雖似

① “威廉二世”，威廉二世（Wilhelm Ⅱ，1859—1941），德意志帝國末代皇帝、普魯士王國國王（1888—1918）。1914年挑起第一次世界大戰。1918年德國十一月革命爆發後逃亡荷蘭。

② “波蘭人問題”，1569年，波蘭王國與立陶宛組成波蘭—立陶宛王國。1772年、1793年和1795年，波蘭—立陶宛王國先後三次被俄國、普魯士和奧地利瓜分。波蘭被瓜分後，俄、普、奧三國的波蘭人始終未停止過要求波蘭獨立的民族鬥争。1918年，波蘭、立陶宛分别恢復獨立。

③ “其憲法上之分立主義”，1871年4月16日，德意志帝國制憲會議通過了《德意志帝國憲法》。憲法規定帝國爲聯邦制國家，實行君主立憲制；聯邦元首稱德意志帝國皇帝，由普魯士國王世襲；皇帝擁有立法創議權、公布法律和監督法律執行的監督權、召集和解散聯邦議會（上院）和帝國議會（下院）的權力；皇帝對外代表帝國，對内是帝國行政的最高首領，有對宰相和各級官吏的任命權；皇帝是軍隊的最高統帥。憲法還規定，帝國宰相由普魯士王國首相擔任，兼任聯邦議會主席，只對皇帝負責。在軍事制度上，憲法規定全國實行普魯士軍事法。該憲法保存了1850年普魯士王國憲法的反動内容，鞏固了普魯士貴族地主在德國的統治地位；同時保存了分立主義的殘餘，一些小邦在帝國繼續擁有特權。馬克思指出，這樣的國家就是“一個以議會形式粉飾門面、混雜着封建殘餘、同時已經受到資産階級影響、按官僚制度組成、以警察來保護的軍事專制國家”。（馬克思，恩格斯. 馬克思恩格斯選集：第3卷[M]. 北京：人民出版社，2012：374.）

④ “教皇黨”，即中央黨（Zentrum）。組建於德意志帝國建立前後一段時期，由普魯士議會和德意志帝國議會中的天主教徒組成，因開會時居於帝國議會大廳中央而得名。群衆基礎是信奉天主教的小資産者、農民和工人，主要代表天主教教士、德國西部和西南部資産階級與地主的利益。起初反對普魯士在帝國的統治地位，主張維持各邦的分立，後來不斷接近俾斯麥的集權政策。19世紀80年代起支持德國帝國主義的内外政策，1909年同保守黨結爲黑藍聯盟反對一切社會改革。1933年解散。

⑤ “德皇之世界政策”，威廉二世即位後不久，便改變了俾斯麥長期實行的外交政策，即從“大陸政策”改爲“世界政策”。“世界政策”的主要内容是加速海軍建設，掌握制海權，不斷向海外擴展殖民地，力圖争霸世界。

鞏固。然觀世界之形勢。後進强國。究未易發揮其野心。（二）對於此政策之德國内之反響。難言其有同意。（三）德意志爲發展其外交政策。其已着手經營之地。如膠州[①]。如亞那脱陵[②]。如巴西[③]。皆不能塞其海外移住者之慾望。其成績不振。

譯者案。稽氏録列德意志之弱點。其屬於内治者。以其與世界無絶大之直接關係。姑置勿論。今惟就其屬於外交者。徵之事實。參以鄙見。一詳論之。

所謂威廉二世之世界政策。即欲統合居於世界各地之日耳曼民族[④]共建一世界的大帝國之政策也。此政策之所由起。實淵源於日耳曼人種之繁殖力達於極點之故。雖然。此政策究不能實現者也。今從居於世界各地之日耳曼民族之現象推晰而論定之。（以下所列舉之事實。多本於日本早稻田學報[⑤]中所調查。不敢掠美。注以明之。）

---

① “膠州”，即膠州灣，位於山東半島南岸。清光緒二十三年（1897），德國藉口其教士在曹州巨野被殺，派遣艦隊强占膠州灣，并進據膠州、即墨等地，次年3月强迫清政府簽訂《膠澳租界條約》，租借膠州灣99年；德軍在膠州灣沿岸100華里（1華里=0.5千米）内可自由通行；德國獲得修築膠濟鐵路權、鐵路沿綫30華里内地區的開礦權，以及供應山東省各項工程所需用的人員、資本和器材的優先權，山東由此成爲德國的勢力範圍。1914年被日本强占，1922年由中國政府收回。

② “亞那脱陵”，即安納托利亞（Anatolia），古稱“小亞細亞”，即今土耳其亞洲部分。威廉二世“世界政策”的重點之一是建造所謂“3B鐵路”，即柏林（Berlin）—拜占庭（Byzantine）—巴格達（Baghdad）鐵路，該鐵路有助於德國控制整個土耳其，并威脅英國在印度和埃及的統治。

③ “巴西”，16世紀30年代，葡萄牙派遠征隊在巴西建立殖民地，1549年任命總督。1808年，拿破侖一世入侵葡萄牙，葡萄牙王室遷往巴西。1822年9月，巴西宣布獨立，建立巴西帝國。1889年11月巴西帝制被推翻，巴西合衆國建立。1967年，巴西改國名爲巴西聯邦共和國。

④ “日耳曼民族”，即日耳曼人（Germani），北歐古代民族。

⑤ “早稻田學報”，1906年6月創刊，由東京、神户兩高等商業學校組織出版的以經濟學、商業學爲主的分科雜誌。

一 居於奥大利[①]之日耳曼民族之現象 奥大利之波希米[②]。最初實日耳曼民族殖民之地也。當時日耳曼民族高視濶步。常以强力凌化他民族。其中如波希米首府之巴拉克[③]。尤爲日耳曼民族勢力之中心。其地有名之大學[④]。至千八百八十二年時。亦純爲日耳曼的制度。雖然。時移勢變。及於今日。日耳曼民族。零替莫甚。其零替之原因。則以其地之苦遮奇人[⑤]。夙爲日耳曼民族所箝制。飽嘗虐遇之苦。其後擧族同心。發揮其國民的精神。其勢力且駸駸乎淩駕日耳曼民族。而同地之日耳曼民族。至此則反執退讓之態度。又不惟退讓而已。且日有爲其所同化之勢。苦遮奇人見有日耳曼的性質之學校。每不肯使其子弟入學。而日耳曼民族之子弟。則反入苦遮奇人的性質之學校。此現象也。波希米有然。波希米以外之地亦有然。

二 居於匈牙利之日耳曼民族之現象 奥大利關於其國民之複雜與否之問題。自其政府視之。純持放任主義。故日耳曼民族猶能存立。若夫匈牙利。則最熱心於其所謂“國民政畧”之實行者也。至近年尤甚。以是之故。以彼遇此。立見其被同化。而尤可怪者。則日耳曼民族對於馬幾亞民族[⑥]。全不懷敵意。且加好焉。其中如匈牙利首府布達伯士脱[⑦]一地。當千二百四十一年。實全爲日耳曼民族所創設。至於今日。所謂

① “奥大利”，即奥地利（Austria）。1815 年維也納會議後成立了以奥地利爲首的德意志邦聯。1866 年奥地利在普奥戰争中戰敗，德意志邦聯解散。1867 年，奥地利與匈牙利簽約，成立奥匈帝國。

② “波希米”，即波希米亞（Bohemia），捷克歷史地區名。

③ “巴拉克”，即布拉格（Prague）。位於捷克中西部，跨伏爾塔瓦河兩岸。1346—1378 年曾爲神聖羅馬帝國兼波希米亞王國的都城。

④ “其地有名之大學”，指布拉格大學（University of Prague）。由查理四世於 1348 年創建，又稱查理大學（Charles University），是中歐第一所大學。1882 年，該校分成捷克語和德語兩所大學。

⑤ “苦遮奇人”，即捷克人（Czechs）。

⑥ “馬幾亞民族”，即馬札爾人（Magyarok），也作匈牙利人。

⑦ “布達伯士脱”，即布達佩斯（Budapest），位於多瑙河畔。1872—1873 年由多瑙河西岸的布達和東岸的佩斯合并而成，布達有舊王宮、古城堡等 13—14 世紀的建築。

日耳曼的都府者。不過僅存其名。其地之日耳曼民族之數。逐年以稀。據千八百八十年之調查。日耳曼民族尚居其地之人口之十分之三有餘。至千八百九十年。則僅居十分之二有餘。至千九百年。則僅居十分之一有餘。至於今日。僅存十分之一而已。其他各地。亦莫不皆然。故匈牙利國中之日耳曼民族。不越廿稔。其必靡有孑遺[①]。此殆可斷言者也。

三 居於瑞士之日耳曼民族之現象　瑞士國中。凡分三大民族。一意大利民族。居國之南部。二法蘭西民族。居國之西部。其北部及東部。則皆日耳曼民族所居之地也。據千九百年之調查。瑞士國中。操日耳曼語者。其數二、三一九、一〇五。操法蘭西語者。其數七三三、二二〇。操意大利語者。其數二二二、二四七。準是而觀。日耳曼民族。實占優勢。且其所居地各爲一部。日耳曼民族尤無被同化之虞。雖然。此皆具體的觀察之言耳。若夫就抽象的觀察言之。則日耳曼民族。實有日向於減少之暗潮流之勢。據千八百八十八年千九百年間之調查。法蘭西民族。其人口增十分之一有餘。意大利民族。亦增十分之四有餘。而日耳曼民族。則僅增十分之一。而一求其所以致此之由。意大意[②]則以移住而來者多。列於問題外。姑置不論。而素以人口不增著名於世之法蘭西民族乃亦見增加者。則全爲日耳曼人自進而與法蘭西人同化之結果也。其最可駭者。如伯倫州[③]。尤其一例。伯倫州之居民。法蘭西民族居其中十分之六。而此法蘭西民族。實皆日耳曼民族同化而來。純粹之法蘭西人。實無一人焉。且居於瑞士之日耳曼民族。常謳歌共和政而厭棄帝

① “靡有孑遺”，語出《詩經・大雅・雲漢》。
② “意大意”，有誤，應爲“意大利”。
③ “伯倫州”，即伯爾尼州（Kanton Bern），位於瑞士中西部。

政王政。故瑞典[①]國中之日耳曼民族。其必終全數同化於法蘭西民族。又可立而待耳。

四 居於俄羅斯之日耳曼民族之現象 俄羅斯國中之日耳曼民族。無由得其確數。約言之。則居於巴魯奇[②]者。几三〇〇、〇〇人[③]。居於波蘭者。凡五〇〇、〇〇〇人。居於羅次[④]者。凡一〇〇、〇〇〇人。居於南俄及布魯加河[⑤]流域者。凡一、〇〇〇、〇〇〇人。此種民族。自加他鄰二世[⑥]以來。奠居於俄羅斯國中人口稀少之各地。能保存其國民的特質。然最近二十五年間。則大異其趣。其民族之全部。幾無能操日耳曼語者。其純然爲日耳曼的性質之學校。不過兩校。蓋其無保存特質之能力。視波蘭人遠有慚色矣。

五 居於比[⑦]荷[⑧]英法及其他歐洲諸國之日耳曼民族之現象 日耳曼民族之居於比荷兩國者。約得一五〇、〇〇〇人。居於英吉利者。約得一〇〇、〇〇[⑨]人。居於法蘭西者。約得一〇〇、〇〇〇人。而其於比也。荷也。英也。法也。無一能保守其國民的特質。惟其居於盧馬

---

① "瑞典",有誤,應爲"瑞士"。

② "巴魯奇",當爲布列斯特(Брест),位於今白俄羅斯西南部,鄰近波蘭邊境。曾屬立陶宛,1795年并入俄國,19世紀30年代後成爲軍事重鎮。1939年以前稱"布列斯特—里托夫斯克"(Брест-Литовск)。

③ "几三〇〇、〇〇人",疑當作"凡三〇〇、〇〇〇人"。

④ "羅次",即羅兹(Łódź),位於波蘭中部維斯瓦河和瓦爾塔河的分水嶺地區。

⑤ "布魯加河",即伏爾加河。

⑥ "加他鄰二世",即葉卡捷琳娜二世(Екатерина Ⅱ,1729—1796,1762—1796年在位)。出身於德意志貴族,1745年與俄國皇儲即後來的彼得三世(1728—1762,1762年在位)結婚,1762年廢彼得三世自立。葉卡捷琳娜二世登基前後,曾數次邀請日耳曼人來俄國開發伏爾加河流域,并許諾給他們宗教自由、民族自治權利,在若干年内免除捐税、兵役和勞役等。

⑦ "比",指比利時。

⑧ "荷",指荷蘭。

⑨ "一〇〇、〇〇",原文如此,疑有誤。

尼亞[1]、捨魯布以雅[2]、不里格里[3]及土耳其者。比較的猶不似居於他國者之甚爲良勝耳。

六 居於北美合衆國[4]之日耳曼民族之現象　合衆國中日耳曼民族之數。約計得一一、〇〇〇、〇〇〇人。而其產於其本國者。不過一少部分。即其總數一一、〇〇〇、〇〇〇人中。產於本國者。不過僅其中之二、六六六、九九〇人。其餘八、五〇〇、〇〇〇人。則皆產於合衆國者也。其民族之繁殖力。信乎可驚。雖然。其能保存其本國之特質者。絶不數覯。其本國之國語。殆爲其全部人所廢棄。名義上之日耳曼學校。雖亦有所設立。然此等學校。率皆爲亞美利加[5]所同化以去。又加拿大之日耳曼民族人數。約計得三四〇、〇〇〇人。亦爲加拿大所同化。

七 居於南美澳洲亞洲及其他諸方面之日耳曼民族之現象　南美之烏拉圭、阿魯善奇那[6]、智利、玻利非亞[7]、威能齊拉[8]、等國。亦日耳曼民族車塵馬跡所至之域也。而以巴西一國其民族聚處者爲多。其地之日耳曼民族。尚能保存其國民的特質。與居於盧馬尼亞等地者畧同。其在澳洲者則不然。澳洲之日耳曼民族。全數達一〇〇、〇〇〇人以上。然大率皆已喪其特質。若夫在中國。及非洲南端者。尤有奇異之現象。不同化於中人非人。而同化於同居其地之英人。自餘各地。莫不皆然。

① “盧馬尼亞”，即羅馬尼亞。
② “捨魯布以雅”，即塞爾維亞。
③ “不里格里”，即保加利亞。
④ “北美合衆國”，即美利堅合衆國，簡稱美國。
⑤ “亞美利加”，即美國。
⑥ “阿魯善奇那”，即阿根廷。
⑦ “玻利非亞”，即玻利維亞。
⑧ “威能齊拉”，即委内瑞拉。

以上所舉。皆日耳曼民族居於各地者之現象也。其富於繁殖力。信有可驚。而其無固定性。亦信有可駭。若是乎就自然的現象言之。則德皇此策。其殆已終屬空花之夢也。而觀於其救濟策則又何如。

德人對於此現象之救濟策。其第一着手之地。即奥大利。以其易奏功也。初、其國内設立一國粹保存協會[①]。純以救濟此現象爲主義。其後設立於奥都維也納者。謂之維也納學校協會。此協會之宗旨。其第一端。即注重於恢復其祖國之言語。其經費每年需四〇〇、〇〇〇磅。其學校之數凡四十九校。又德都柏林之日耳曼學校協會。其會員達三三、〇〇〇人。在各國之日耳曼民族。亦協贊其業。而德國之政治家。近年以來。尤極盡瘁於所謂日耳曼民族統一主義云。

雖然。其事之必無倖成。殆可決言。其無成之原因凡二。

一、日耳曼民族無保存其特質之意志。雖救濟亦將無效也。 綜觀日耳曼民族所以被同化之理由。不出二大端。一、由於不能堪他民族之壓迫。二、由於悦共和政而厭棄帝政王政。其屬於第一端者。雖曰其事緣於他界。然使其民族果有强健的保存其特質之意志。則波蘭雖亡。民族固在。於日耳曼民族乎獨何異。若夫其第二端。則德意志一日無共和政。其民族即一日無復有爲德意志國民之希望。而德意志之政體。其必不能有所更易。又讀者之所能知也。吾聞英人之每至一地也。必有其英吉利的性質之寺院。其俱樂部。其新聞紙。其遊戲場。率皆具有

① “國粹保存協會”，即泛德意志協會（Pandeutsche Verbündete）。德國帝國主義者組織的沙文主義宣傳機構，1891 年 4 月在柏林成立。成員以保守黨人和民族自由黨人爲主，大都是容克地主、大資産階級及其知識分子。協會的宗旨是聯合世界上所有的德意志人組成一個龐大的泛德意志國家；支持威廉二世的“世界政策”，主張由“偉大的德國”統治世界；同“一切阻礙民族發展”的思想和行爲作鬥争。協會的機關報《全德同盟通報》《泛德意志報》常把荷蘭、比利時、盧森堡、瑞士的一部分、匈牙利、波蘭、羅馬尼亞、擴大了的塞爾維亞、奥地利等包括在德國領土之内；鼓吹日耳曼種族“優越”論，煽動反猶主義，攻擊社會民主黨人。協會的分會最多時有 27 個，散布於歐洲、美洲、亞洲、大洋洲等地。1939 年 3 月解散。

英人之特質。法人之每至一地也。亦能保存其固有之特質。其人民之居於外國者。雖越數世紀。尚能保存其法蘭西言語。由前言之。此英人勢力之所以範圍大地。由後言之。此法蘭西人口雖不見增。而猶無亡種之患也歟。

一[①]、德意志帝國爲現今列强所疾視。即經營亦必廣被破壞也。　德皇威廉二世。今世之雄主也。雖然。惟其爲雄主也。其外交常過失之於酷辣。而其得同情也必稀。故德意志今日之地位。又實最危險之地位也。觀於彼之演説中有言曰。“不助余者。余之敵也。余之敵。余必碎之而後已。”其睥睨一世旁若無人之心。歷歷如繪。故德意志近年之行動。無往而不爲列强所注目。今者德皇自覺孤立。殷殷然與英人聯歡矣。夫德意志近年來之行動對於此大問題。比較的猶其小焉者也。而猶若此。而况於此大問題耶。而况於日耳曼民族之在他國者。其現象有如上述之不可思議者存耶。

又、稽氏所舉德意志外交上第二之弱點。觀最近現象。已非爾爾。故置不論。

其所舉第三之弱點。亦就比較的言之而已。不然。如近者德人於吾山東之現象。寧得謂其成績不振耶。故亦置不論。

第五節　英吉利

據世界第一等强國之席。而泱泱然擁無涯之希望者。莫英國若也。以其國境言之。則獨立於海上。以其社會言之。則調和於國中。以其憲法之權衡

① “一”，根據該文體例，此處當爲“二”。

言之。則五雀六燕[①]。銖兩適宜。以其國民之思想言之。則萬衆一志。擴張國權。且也其境遇優。其經濟力强。茫茫大地。至於今日。亦幾全爲英吉利權力所能至之域矣。自今以往。行將由是而建一最大之帝國。此英人之志也。雖然。以吾觀之。過此以往。不數十年。世界之商業政策上必有一大競争發生焉。無他。即英國之資本與德國之學術美國之利源東亞之勞力之競争之一事是也。而當此之時。吾所最以爲憂者。即爲英國。蓋英國者。實缺乏阿利士脱列斯[②]氏所謂之自立國之資格之國也。其生活之資料之大部分。皆仰望於外國之供給者也。彼其自昔以來。爲世界之先進國。故其所獲獨優。今則各國之文化。將悉列於平等之地位。越是以還。此優勢之特權。行將消滅無存。而所餘者。不過其國固有之自然的權利。而以此固有之自然的權利。其仍能維持其現時之位置乎。抑不能維持其現時之位置乎。此誠不能不置於懷疑之列矣。然則奈何。曰、爲今之計。英人仍不外鞏固其内部之團結。使其全領土相合而舉自立國之實。而張伯倫[③]氏之關税改革意見。實識時之言也。雖然。以英國領土分散之情而欲舉此大業。其能成與否。吾又不能無疑。要而論之。一母國之下而有廣大之散在海外之領土之英國式之國家。此後必日歸於衰廢。吾可決言。而英國之國家。則人爲的建設物焉耳。過渡時

① “五雀六燕”，典出《九章算術·方程》：“今有五雀六燕，集稱之衡，雀俱重，燕俱輕；一雀一燕交而處，衡適平；并燕雀重一斤。問：燕雀一枚，各重幾何？”後來藉喻銓衡使平，也指兩者輕重相差無幾。

② “阿利士脱列斯”，當爲亞里士多德（Aristotle，公元前 384—前 322），古希臘思想家、科學家、哲學家、政治學家。

③ “張伯倫”，即約瑟夫·張伯倫（Joseph Chamberlain，1836—1914），英國實業家、政治家，帝國主義者。英布戰争結束後，1903 年 5 月 15 日張伯倫發表《伯明翰宣言》，提出對來自英國以外的穀物、肉類、乳製品、酒類和工業製成品徵收部分關税，在帝國内部實行特惠税制，以保護和促進國内貿易的發展，并獲得同其他國家談判的籌碼。該宣言主張英國抛弃實施了半個多世紀的自由貿易政策，重回貿易保護主義之路。

代之一現象焉耳。

譯者案。稽氏以英國生活資料之大部分仰給於他國之故。而謂其必不能長保現時之位置。此言也。在艷稱英國商業者。聞之必以爲奇。而不知實有爲而發之言也。欲明其故。當擧英國近年來農工業之狀況説明之。

其在農業上。理論上言。覺其必爲世界各國之冠。而其實不然。其農業之機械多屬舊式。此爲英國農業不振之原因。

其在工業上。英人之於工業。往往過信其既往之歷史。持保守之主義。且其國内之勞働者。常爲無理之要求。此爲英國工業不振之原因。

綜是二者。則英國之商業。雖操之英人。而爲商業之原料者。實屬之他國。苟率是而不振。他日苟有大競争發生焉。英人其不立困也蓋幾希矣。故英國近年之政策。仍不能不取自由貿易政策也。

又、人謂英國殖民地雖分立于海外。然必無亡英國之理由。誠哉其無亡英國之理由也。其在平時。英國有偉大之海運力。其在戰時。有偉大之海軍力。雖然。殖民地與母國距離過遠。交通聯絡上。究嫌不便。即此一事。英國之不及美國。已不可以道里計矣。

（未完）[①]

第六節　俄羅斯

俄羅斯蓄横飛四海之心。據高掌遠蹠之勢。且其爲地也。具有完全之自立資格。與美國之地理相類。擧世界一切之産物。莫不自有之。此俄羅斯地理上之雄。而世人所以且驚且羨且妒者也。而惜乎其國之弱點。殆亦不可縷計。擧其大者而言之。則（一）其地雖具有完全之自立資格。然純

① 以上部分載於 1906 年 7 月 21 日出版的《新民叢報》第四年第 11 號。

在歐亞兩大陸之背。陰沉闃寂。於開明發華之象。蓋甚缺焉。其四圍之境線。亦甚不良。以是之故。俄國與美國。自此方面觀之。遂純然立於反對之地位。而俄國所以能爲陸軍的强國而不能爲經濟的强國。實緣於此。（二）俄國之土地。雖極廣大。然其人民。不能如美國人民之有吸納他國人民之能力。而利用之以興墾拓之業。（三）其國民未嘗參加於歐洲中世之變動[①]。而不得深沐文明之澤。故俄國民之文化程度。較諸歐洲他國爲低。（四）俄國之原族與居於俄國邊境之他種人民。常相反目。（五）其民間之明達志士與其政府互相衝突。靡有寧日。（六）其農民之狀況。自昔以來。困憊已達於極度。而近者域提[②]之經濟政策。不能救之。且反病之。

譯者案。稽氏所擧俄國之弱點之第一至第五數事。稍明俄國情實者。殆皆能知其概略。姑弗深論。顧吾儕所當亟爲研究者。惟在其所擧第六事。是真俄國危急存亡之問題。而彼邦人所深自隱秘者也。今先言其農民之生活狀況。次言域提之政策。

俄國農民之數。居其國人口中之十分之八有餘。而其生活狀況。就里亞藏[③]一地觀之。所號爲最富者。每年雖一人所費。亦不過僅三十四留[④]。次者則二十八留。其至貧者。則僅五留而已。每歲秋成未穫時。

① “歐洲中世之變動”，當指 14—16 世紀發生在歐洲的文藝復興運動。最初開始於意大利，後擴展到德、法、英、荷等國。當時新興的資産階級爲了實現自身的利益和要求，標榜復興古希臘、羅馬文化，鼓吹人道主義，反對中世紀的禁欲主義和宗教觀。文藝復興運動對人們擺脱封建教會思想的束縛、推倒作爲神學和經院哲學基礎的一切權威和傳統教條，乃至改變人們的宇宙觀，都起到了巨大的作用。

② “域提”，即謝爾蓋・尤利耶維奇・維特（Сергей Юльевич Витте，1849—1915），俄國政治家。1892 年任交通大臣，1892—1903 年任財政大臣，1903 年 8 月起任大臣委員會主席，1905—1906 年任大臣會議主席。在財政、關税政策、鐵路建設、工廠立法和鼓勵外國投資等方面采取一系列措施，促進了俄國資本主義的發展；同時力圖通過對自由派資産階級稍作讓步和對人民群衆進行鎮壓的手段，維護沙皇專制制度。1905—1907 年革命期間派軍隊鎮壓了西伯利亞、波羅的海沿岸地區、波蘭以及莫斯科的武裝起義。

③ “里亞藏”，即梁贊（Рязань），位於奥卡河右岸。所在梁贊省物産豐富，是俄國糧食的主産區。

④ “留”，即盧布，俄國的貨幣和貨幣單位。

輒相率以乞食於他地。他地之人。亦恆周助之。爲己他日地也。終歲不得肉食。困則以菌代肉。利其有滋養性。然至難消化。又傷身甚。其堪替縣[1]地。有所謂饑饉麵麭者。蓋當饑饉時農民所食之食品也。頃經堪替大學[2]分析此種食品内所含之質。則知其中所含之質。爲灰七分六厘。水二分四厘。灰中含有多量之克羅列托[3]。屬礦物性。其他分子。則或爲各種穀物。或爲麥實之殼等。要之此種食品。傷身實甚。而一旦收穫不良。則數百萬人。又非仰此莫可得食。以是俄國農民之身長及其體力。逐年減縮。識者謂關係於民族墮落之問題。甚非細故。其困敝艱難之情。有如此者。

以是之故。彼邦政治家。亦未甚不注意及此。然農民所以困敝如是之原因。實在於彼政府頻以侵略爲事。而使農民負莫大之義務使然。不揣其本而齊其末。仍無當也。域提者。俄國人中之有政治才望者也。彼之政策。凡分兩事。(一)創國家專賣事業(二)實行外債政策。其初着手以來。成績頗有可見。然行之既久。奏効亦難。且其流弊。反致使農民之體力日益削弱。而彼之所以去大藏大臣[4]之位者。亦實緣於其政策失敗之故。要之俄國之侵畧野心一日不戢。其農民之困敝一日不止。此盡人所同認者。而農民之困敝不止。則其所生之結果。有最大兩事。

(甲)革命暗殺之禍終無窮期(俄國革命暗殺之原因雖有種種然原因於農民之困

---

① "堪替縣",即當時的堪察加省(Камчатская область),包括堪察加半島及其相鄰的大陸。該地漁牧業發達。

② "堪替大學",堪察加地區當時尚無近現代意義上的大學,此處當爲該地設立的有理化專業的某中等專業學校。

③ "克羅列托",不詳。

④ "大藏大臣",日本稱財政大臣爲大藏大臣,此處所用材料當來自日文文獻。

敝者實多其國中之加瓦流士克黨[①]即專抱此目的者）

（乙）民族墮落之象日益顯著（見前不復述）

第七節　美利堅

美國之爲國也。有優點者四。弱點者三。弱點而未足爲病者三。其屬於優點者。（一）其地理超然立於歐洲之外。深備自立國之資格。（二）其國之原料及製造品。皆宏富靡盡。以是世界所以有前代未聞之經濟的侵略。推其原動力。悉在美國。（三）各國人民以豔羨美國之富力之故。自昔以來。其移殖於美國者。不可以數計。而美國社會之魄力。雄毅博大。足以舉此等新來者悉吸納之。同化之。（四）美國在西半球中。其人民最衆。文化最優。有含蓋一切吐納萬有之氣象。他日新世界全部之支配權。必落於其手。其屬於弱點者。（一）其地理之現象。雖便於自衛。然甚不便於爲侵畧的擴張。如彼之新帝國主義[②]。其能得志之日。必僅在歐洲未統一中國未覺醒之時期中。（二）其勞働者之勢力。日益增長。於其經濟界中生莫大之障害。（三）美人奢侈之風。達於極端。越是以還。自然的富源。將不能濟其人力的消費。其弱點而未足爲病者。（一）其國民中之一部分。如新英革蘭[③]一帶地之人口。

① “加瓦流士克黨”，即俄國社會革命黨。1902 年由南方社會革命黨、社會革命黨人聯合會、老民意黨人小組、社會主義土地同盟等民粹派團體聯合而成，是當時俄國最大的小資産階級政黨。該文發表時，正值俄國 1905—1907 年革命。在這次革命中，該黨在農村開展了焚燒地主莊園、奪取地主財産的所謂“土地恐怖”運動，并同其他政黨一起參加了武裝起義和游擊戰；曾同資産階級的解放社簽訂協議，在國家杜馬中動摇於社會民主黨和立憲民主黨之間。1922 年徹底瓦解。

② “彼之新帝國主義”，19 世紀末，當美國從開拓西部轉向在國外進行殖民擴張時，世界上相對落後的地區已被歐洲列强瓜分殆盡。1898 年，美國發動美西戰争，從西班牙手中奪取菲律賓、波多黎各和關島，使古巴脱離西班牙成爲其監督下的保護國；1900 年，美國參加八國聯軍，用武力干涉和鎮壓中國的義和團運動，從清政府那裏强行取得諸多權益。但同英、法等老牌殖民國家相比，美國直接占領的殖民地較少，而更多采用了較爲隱蔽的侵略形式，即在政治上、經濟上控制名義上的獨立國家，使其成爲美國的附庸國。

③ “新英革蘭”，即新英格蘭。位於美國本土東北部，範圍包括緬因、佛蒙特、新罕布什爾、馬薩諸塞、羅得島、康涅狄格六州。1614 年英國探險家約翰·史密斯（John Smith）到此并命名。1620 年後英國清教徒大批移入，是英國在北美洲殖民最早的地區之一，也是 18 世紀美國獨立戰争的策源地。

日漸減少。（二）其政治的腐敗之情。（三）黑奴問題[①]。

譯者案。美利堅。真可謂今世列强中之最强者也。稽氏所列舉彼之弱點。除以稽氏之識解判别其爲未足爲病者外。以吾觀之。即稽氏所指爲彼邦之弱點。殆亦未足以言遂足弱美國也。特吾儕所當研究者。莫要於美國之能力究能宰制全美否之一問題。苟美國而能達此目的乎。則豈惟稽氏所指爲彼邦之弱點。不足爲美憂。即美國他日之弱點。更有甚於今日者。抑又烏足爲美國病也。吾今從各種方面論其事之前途如何。

美國欲宰制全美。必不出於併吞而必出於聯合。此有識者之公論也。是故吾儕欲判决此問題。當最注意於彼所謂之南北亞美利加聯合問題（Pan-Americanism）[②]而此問題之内容。可分爲兩方面。一聯合會議之歷史。一南美北美現今之相互關係之情狀。

（一）聯合會議之歷史

甲 第一次 第一次之會議[③]。以波里烏亞[④]氏之提唱。開於巴拿馬。

① “黑奴問題”，15世紀末，歐洲殖民者爲解决美洲殖民地的勞動力問題，從非洲販來大量黑人充當奴隸。奴隸主强迫奴隸從事各類種植園勞動，以及放牧、采礦、搬運、手工業生産、充當家庭僕役等。18世紀的美國獨立戰争没有解决奴隸制問題，1787年的《美國憲法》甚至認爲黑奴制的存廢是各州自己的事，并明文規定逃奴必須歸還原主。南北戰争雖然摧毀了奴隸主的政治勢力，消滅了南部的黑奴制，但奴隸制壓迫的殘餘仍舊存在，統治階級不僅漠視黑人對土地的迫切要求，而且對黑人實行種族歧視和階級壓迫。黑人問題成爲美國長期存在的嚴重的社會問題。

② “南北亞美利加聯合問題（Pan-Americanism）”，本意爲“泛美主義”。是一種希望美洲各國實行聯合，建立全美聯盟或聯邦，以共同争取和維護各國主權和獨立的政治主張。最早在18世紀末19世紀初由拉丁美洲民族革命領袖玻利瓦爾等人所倡導。19世紀後期，該主張被美國篡改，成爲其霸權美洲的侵略工具。

③ “第一次之會議”，即第一届美洲國家代表會議。1826年6—7月在巴拿馬召開，又稱巴拿馬會議（Panama Congress）或巴拿馬泛美會議。這次會議由玻利瓦爾倡議，與會國爲大哥倫比亞、墨西哥、秘魯、中美洲聯邦（包括今哥斯達黎加、尼加拉瓜、危地馬拉、洪都拉斯、薩爾瓦多）。會議號召建立6萬人的美洲軍隊，成立美洲聯邦以保衛各自的主權和獨立；提出運用調停和仲裁原則解决國際争端；完全廢除黑奴買賣等。美國的列席代表是在會議即將結束時才到的，并未正式參會。

④ “波里烏亞”，即西蒙·玻利瓦爾（Simón Bolívar，1783—1830），委内瑞拉民族英雄，拉丁美洲革命家、軍事家、政治家和思想家，先後領導委内瑞拉、哥倫比亞、厄瓜多爾、巴拿馬、秘魯、玻利維亞反對西班牙統治的民族獨立戰争。1819—1830年任大哥倫比亞共和國總統。1826年召集巴拿馬會議，倡議拉丁美洲國家建立聯盟，未成。1830年在大哥倫比亞陷於分裂時辭職，同年憂憤而死。

其時美國智利巴西等國。皆無使者蒞會。故未能得圓滿之効果。而其與會者。則雖協定一南北亞美利加諸國攻守同盟之約。然其後批准之者。惟一可倫比亞共和國①。其翌年。（一八二七年）美國之代表雖復蒞會。而以南美中美諸國之代表所主張過於頑强之故。議卒不協。

乙 第二次② 其後一八八三年。復開第二次會議於委内瑞辣之京城③。其時蒞會者。惟美洲拉丁民族諸國。別一部分。則開會議於布耶諾士葉那④。議亦未得要領。

丙 第三次 一八八九至一八九〇年以美國大統領⑤之所提唱。開第三次會議於美京華盛頓⑥。當時之議題。有商業的聯合。仲裁裁判等問

① “可倫比亞共和國”，當時稱“大哥倫比亞共和國”。哥倫比亞於1536年淪爲西班牙的殖民地，1810年7月宣布獨立。1821—1822年同今委内瑞拉、巴拿馬、厄瓜多爾組成大哥倫比亞共和國。1829—1830年，委内瑞拉、厄瓜多爾相繼退出，1831年改稱“新格拉納達共和國”。1886年至今稱“哥倫比亞共和國”。其間，巴拿馬省於1903年脱離哥倫比亞獨立。

② “第二次”，事實上，爲抵御美國的領土擴張和法國、西班牙的入侵，1826年巴拿馬會議後，有關國家又在利馬、聖地亞哥等地召開過會議，但均未達到預期效果。（參見：李元明. 世界近代國際關係史：下[M]. 北京：中共中央黨校出版社，1988：581-582；程晶. 巴西及拉美歷史與發展研究[M]. 武漢：武漢大學出版社，2017：6.）

③ “一八八三年。復開第二次會議於委内瑞辣之京城”，“委内瑞辣之京城”，指加拉加斯（Caracas），1830年成爲委内瑞拉的首都。委内瑞拉於1567年淪爲西班牙的殖民地，1811年7月宣布獨立。1821—1829年爲大哥倫比亞共和國的組成部分。1830年建立委内瑞拉聯邦共和國。1999年改稱委内瑞拉玻利瓦爾共和國。1883年的會議，是爲紀念玻利瓦爾誕辰100周年而召開的。

④ “布耶諾士葉那”，即布宜諾斯艾利斯（Buenos Aires），1880年成爲阿根廷的首都。阿根廷於16世紀初淪爲西班牙的殖民地，1816年7月獨立。1826年成立聯邦共和國，1860年定名“阿根廷共和國”。

⑤ “美國大統領”，“大統領”，即總統。時任美國總統爲本傑明·哈里遜（Benjamin Harrison，1833—1901，1889—1893年在任），共和黨人。律師出身。南北戰爭期間爲聯邦軍準將。戰後曾當選聯邦參議員（1881—1887）。總統任内支持國會通過《謝爾曼反托拉斯法》等，外交上促成了1889年泛美會議在華盛頓的召開。

⑥ “第三次會議於美京華盛頓”，在華盛頓舉行的這次美洲國家會議，通常被稱爲“第一次美洲國家會議”或“第一次泛美會議”。它最初是在1881年由美國國務卿詹姆斯·吉萊斯皮·布萊恩提出的。布萊恩以門羅主義爲根據，篡改玻利瓦爾等人主張的泛美主義，提出了美國主導的泛美主義，目的是插手拉丁美洲各國事務，稱霸美洲。後來由於共和黨人總統加菲爾德在同年遇刺，布萊恩辭去國務卿一職等原因，會議延期。1889年共和黨重新執政後，布萊恩再任國務卿。同年10月2日，除多米尼加外的17個拉丁美洲國家應美國政府邀請，派代表到華盛頓參加會議。在布萊恩的主持下，次年4月14日，與會國家决定成立美洲共和國國際聯盟及其常設機構美洲共和國商務局，後者負責處理美洲國家間的海關糾紛和商務往來等。

題。議皆不就。惟有當注意者。則南北亞美利加縱貫鐵道之實地測量事業。實此會議之結果。其他如貨幣調查委員會之設立。及南北亞美利加諸國國勢調查會之設立。亦由此會議議决而後行者。

丁 第四次 一九〇一至一九〇二年。開第四次會議於墨西哥①。其議題之主要者。爲南北亞美利加縱貫鐵道問題及强制仲裁裁判問題。仲裁裁判問題所以成爲議題者。由於海牙平和會議②時。南北亞美利加諸國中參列之而締盟調印者。惟美國及墨西哥兩國之故。此會議後因美國懷抱欲爲强制仲裁裁判長之野心。論議紛糾。不可名狀。會議成績。遂無多可觀。而約定越五年後再開會議。

戊 第五次 第五次會議。開於本年③。今尚未得詳實之報告。惟聞

① “開第四次會議於墨西哥”，這次會議通常被稱爲“第二次美洲國家會議”或“第二次泛美會議”。1901年10月至1902年1月在墨西哥首都墨西哥城舉行。會議召開前，1895年委内瑞拉與英屬圭亞那的邊界糾紛導致美國出面仲裁；1898年美國發動美西戰爭打敗了西班牙。這兩起事件引起拉美國家對美國擴張主義的高度關注，其中一些國家發動了對“揚基帝國主義”的聲討。會議圍繞仲裁、國際法、貿易等問題展開激烈争論，美國和拉丁美洲國家之間的分歧不斷暴露。與會國最後同意采納1899年海牙和平會議關於國際紛爭和平處理的條約，并規定與會國之間的糾紛適用於强制性仲裁。會上訂立了索償債務的仲裁條約；規定之後每5年召開一次美洲國家會議；擴展了美洲共和國商務局的職責範圍，該商務局改稱美洲各國國際事務局。會議决定，美洲各國國際事務局理事會主席由美國國務卿擔任，進一步加强了美國對拉丁美洲國家的控制。

② “海牙平和會議”，指第一次海牙和平會議。19世紀末20世紀初，歐洲出現兩大軍事集團，帝國主義國家重新瓜分殖民地的鬥爭加劇。因國内財政拮据，擴軍力不從心，爲贏得備戰時間，俄國沙皇尼古拉二世於1898年8月提議歐洲、亞洲、北美洲各獨立國家政府派代表舉行會議，討論限制軍備和裁軍問題。會議於1899年5月18日至7月29日在海牙召開，代表來自俄、英、法、德、美等26個國家。會議在限制軍備和裁軍方面毫無成果，但簽訂了關於和平解决國際争端等問題的三個公約，還决定在海牙設立一永久仲裁法庭，以處理國際上的争執問題。

③ “第五次會議。開於本年”，“本年”，指該文在《新民叢報》上發表的時間，即1906年。這次會議通常被稱爲“第三次美洲國家會議”或“第三次泛美會議”，於1906年7—8月在巴西的里約熱内盧舉行。當時美國進一步推行“大棒政策”，加緊對拉美地區的侵略和擴張，古巴、巴拿馬等國已成爲其“保護國”，美國與拉丁美洲國家的關係緊張。拉美國家代表在會上强烈要求討論有關不干涉内政、國家主權和國際仲裁等問題，但在美國的把持下，會議僅重點討論了貿易問題；在拉美國家的堅持下，會議討論了外國使用武力向拉美國家索取債務的問題，但美國代表阻撓會議對此問題作出具體决定，要求將該問題提交給將於1907年召開的海牙和平會議。

美國此次所派遣之人物。盡深通拉丁民族諸國之情實之人。其野心固可窺而知之耳。

（二）南美北美現今之相互關係之情狀

甲 商業上 南北美兩洲之面積及其富源。皆畧相等。惟南美洲中未開拓之地及未探見之地尚多。開發富源之業。較諸北美。實不逮遠甚。推原其故。原於拉丁民族之性質不善開拓者半。原於南美各國日從事於種族之見。朋黨之私。無暇開拓者亦半。故説者謂使南北美聯合事業成。則南美諸國之富源可以日開拓。而其平和亦可以維持。以是決聯合事業之可期速就。雖然。徵之事實。則尚未也。蓋南美諸國與美國之商業的利害。彼此常相反。如美國取保護貿易主義。則自南美輸入之砂糖。勢即不得不課以重税。又如南美之物産中之重要品。如礦物、食料品。（穀物、肉類、等）等。亦與美國之産品常爲劇烈之競争。又如西印度諸島[①]各市場中之情狀。亦足見美國與智利、亞爾然丁[②]等國之商業的利害。全立於互相競争之地位。其他現象。不遑枚舉。要之南美諸國之利害。以商業上之利害爲第一。而其兩者利害相反之情。則有如上所述者。

乙 政治上 就政治上觀察之。美國之野心。昭然可見矣。今無事詳語。惟舉美國自來諸抱野心者之言論。即最足相證明。一八四五年。波克加[③]爲大統領時。宣言曰。合併亞美利加大陸内之諸國者。合衆國之

① “西印度諸島”，即西印度群島。

② “亞爾然丁”，即阿根廷。

③ “波克加”，即詹姆斯·諾克斯·波爾克（James Knox Polk，1795—1849），美國政治家，民主黨人，總統（1845—1849）。任内通過墨西哥戰争獲得了太平洋沿岸和西南部大片領土。

義務也。一八八一年。布靈[①]氏主張謂合衆國當爲南北美間一帶之地峽之保護者[②]。而美洲中拉丁民族諸國之紛亂。不可不由合衆國判决之。一八九五年。美國國務卿俄爾列[③]氏聲言謂合衆國實爲亞美利加大陸[④]之真主權者。如英國之美洲殖民地。不過一時的。而决非永久的。第四聯合會議時。合衆國代表。復公言合衆國當爲其盟主。即美國現任大統領盧斯福[⑤]。當前年十二月[⑥]被選續任時。其所發教書中亦有言曰。吾輩所希望者。鄰邦之秩序與繁榮也。（中略）若其有暴行蠻舉。則文明國所不能容也。即吾西大陸。亦安能逃此文明之干涉。吾美國以奉行門羅

① “布靈”，即詹姆斯·吉萊斯皮·布萊恩（James Gillespie Blaine，1830—1893），美國政治家、外交家，共和黨人。1856年參加共和黨第一次全國代表大會。1862年進入衆議院，1869年當選衆議院議長。1876年起多次競選美國總統，均失敗。1881年共和黨人加菲爾德就任總統後，布萊恩出任國務卿，倡議重開泛美會議。1889年共和黨重新執政後再任國務卿（1889—1892），任1889—1890年華盛頓泛美會議主席。

② “合衆國當爲南北美間一帶之地峽之保護者”，“南北美間一帶之地峽”，指巴拿馬地峽，位於哥斯達黎加和哥倫比亞之間，是美洲大陸最狹窄、低緩的地段。巴拿馬於1501年淪爲西班牙的殖民地，1821年獨立并加入大哥倫比亞共和國，1831年成爲新格拉納達共和國（後稱哥倫比亞共和國）的一個省。1846年12月，美國和新格拉納達簽訂條約，規定新格拉納達保證“給予美國政府及其公民在現存的和將來建築的任何經過巴拿馬地峽的路綫上無償通過和運輸的權利”。1856年，美國武裝占領巴拿馬。1881年4月，哥倫比亞政府提出締結一項由所有歐洲大國保證巴拿馬中立的條約，并開始同歐洲有關大國談判。同年6月，美國國務卿布萊恩向美國駐倫敦、巴黎和其他有關國家首都的使節發出通告，其中聲稱：“美國將堅持自己爲了保障自身安全，特别是爲了在戰時阻止敵國船隻通過巴拿馬運河而采取一切必要的預防措施的權利……歐洲國家之間任何傾向於對距離它們的領土如此遥遠、而與聯邦領土如此接近的運河之中立建立集體保證的協議方案，將引起美國的可理解的不滿。”（參見：列·伊·祖波克. 美國史綱（1877—1918年）：上册[M]. 庚聲，譯. 北京：生活·讀書·新知三聯書店，1972：288；C. A. 哥尼昂斯基. 巴拿馬“革命”史[M]. 天津大學外語教研室，等譯. 天津：天津人民出版社，1972：38-39.）

③ “俄爾列”，即理查德·奧爾尼（Richard Olney，1835—1917），美國政治家、外交家，律師。1895年6月任美國國務卿後，面對委内瑞拉在與英國就英屬圭亞那邊界的争端中尋求美國支持的問題，强硬要求英國遵照門羅主義原則交付仲裁，以避免戰争，并重申了美國在西半球的霸權地位。奧爾尼根據門羅主義作出的美國有權干涉西半球任何國際争端的主張，被稱爲“奧爾尼推論”或“奧爾尼主義”。

④ “亞美利加大陸”，即美洲大陸。

⑤ “盧斯福”，即西奧多·羅斯福（Theodore Roosevelt，1858—1919），美國政治家，共和黨人，總統（1901—1909）。曾參加過美西戰争，後任紐約州州長。1901年當選副總統，同年麥金萊總統被刺死後繼任總統。對内奉行“大棒政策”，對外進一步加强了對拉丁美洲的武裝干涉。

⑥ “前年十二月”，即1904年12月。當年，西奧多·羅斯福參加總統競選獲勝，連任至1909年。

主義[1]故。苟有危及全美之秩序者。吾將行吾之國際警察權。蓋美國之志。不啻鳴鼓以自示於天下也。

綜上所言。此問題之真相。畧具於是矣。然就其會議之歷史觀之。其事之日以進步也如此。就其相互之關係之情狀觀之。其事之難於期成也又如彼。然則吾儕遂無所據以決其事之前途乎。曰、有夫不見乎世界大勢日趨於統一之機乎。若美洲則亦安能外也。如是則第一步之問題可決。抑以美國之實力。其必能自達其目的。而必不許他洲之人代操其權。彰彰明甚。如是則第二步之問題又可決。此兩問題既決。而猶曰不能不能者。未之聞也。雖然。若謂今尚需時。今尚需時。則吾亦固無言耳。

（此章已完本論未完）[2]

① “門羅主義”，1823 年 12 月 2 日，美國總統詹姆斯・門羅（James Monroe，1758—1831）在致國會的年度咨文中提出“美洲是美洲人的美洲”的口號，宣布任何歐洲强國都不得干涉南、北美洲事務，否則就是對美國不友好的表現。這一主張後被稱爲門羅主義（Monroe Doctrine），其目的是抵制當時英國和俄、普、奥三國“神聖同盟”插足南美洲事務，將美洲置於美國的控制之下。

② 以上部分載於 1906 年 8 月 20 日出版的《新民叢報》第四年第 13 號。

《最近世界大勢論》編者説明

《最近世界大勢論》一文，連載於光緒三十二年六月一日（1906 年 7 月 21 日）、七月一日（1906 年 8 月 20 日）出版的《新民叢報》第四年第 11 號（總第 83 號）和第 13 號（總第 85 號）的“譯述”欄，第 13 號文末注“此章已完本論未完”，但此後未見續載。目前所見部分，實際上只是作者原計劃的該文的第一章，即“歐美列强國内之情勢”一章的内容，其主體部分是對瑞典學者魯道夫·契倫 1905 年所著的《論國家》[①]的節譯，各小節後附有譯者按語。作者署名“仲遥”，即吴仲遥。

1. 魯道夫·契倫

魯道夫·契倫（Rudolf Kjellen，1864—1922）。瑞典地理學家、政治學家。青年時期就學於哥德堡大學，1890 年參加烏普薩拉大學的學位論文答辯，獲得博士學位。1901—1916 年在哥德堡大學任“統計政治學”教授，1916 年起至去世前，在烏普薩拉大學任“修辭學和政治學”講席教授。

契倫吸收了德國人文地理學創始人弗里德里希·拉采爾（Friedrich Ratzel，1844—1904）在《政治地理學》中把國家比作附着在土地上的生命有機體的觀點，在 1899 年撰寫的一篇有關瑞典邊界問題的文章中首次使用了“地緣政治”（geopolitics）一詞，并在此後的《論國家》（*Stormakterna*）、

① 該書的瑞典文、德文、英文書名分別是：“*Stormakterna*”“*Die Grossmächte*”“*The Great Powers*”。

《國家生物形態論》(*Der Staat als Leb-ensform*)、《政治體系原理》(*Grundri zu einem System der Politik*)等書中比較系統地闡述了地緣政治學的有關理論。契倫認爲,地緣政治學是關於地理有機體或者空間現象的學問;現代國家就像人一樣,也是一個由諸多器官組成的生命有機體,如決策的中心城市首都就像人的大腦,交通則像人體的動脉組織;國家這一有機體同樣遵循出生、成長、發展和衰亡的規律;國家有機體在發展過程中,空間的地位和作用至關重要,空間有限的國家必須通過殖民、兼并和征服的手段來謀求自身的發展和壯大。契倫還提出了與地緣政治學理論相關的"生態政治"和"種族政治"概念,認爲前者説明經濟因素足以影響國家政權,而後者關注國家的種族成分及其引起的政治問題。契倫運用地緣政治學方法分析了諸多國際問題。比如,認爲瑞典之所以在19世紀大力開發北部的森林和河流,是因爲它在1809年敗於俄國,失去了芬蘭;德國向外侵略是"人類的使命和責任",海洋帝國可以變爲陸上强國,然後以陸上强國的姿態控制海洋,德國海陸兼備,具有争奪强國地位的重要條件。拉采爾和契倫的地緣政治學觀點,後來成爲德國法西斯對外侵略政策的思想基礎,由此導致了第二次世界大戰後地緣政治學在很長一段時間内被冷落的局面。

契倫在政治上屬於保守派。他倡導"國家社會主義",反對所謂"階級社會主義",晚年曾當選瑞典議會議員。

2. 仲遥

吴仲遥(1886—?),名淵,又名淵民,字仲遥,四川達縣人。其父吴德瀟(1848—1900),爲太穀學派著名學人,清末維新派先驅,曾爲上海强學會發起人之一,與汪康年(1860—1911)共創《時務報》。兄吴鐵樵(1866—1897),亦爲維新派分子,曾參與北京强學會的活動,創辦《民聽報》,任總編兼主筆；曾奉命組織翻譯《俄屬游記》等，1897 年病逝後，譚嗣同爲其作傳。吴仲遥 19 歲赴日留學，先後在弘文學院、早稻田大學學習，其間曾與他人共同創辦“政文社”，後因病歸國。歸國後歷任吉林巡撫公署秘書、吉林都督府秘書、綏遠將軍府總務廳長、吉林巡按署公使外交顧問、吉林伊通税捐總局局長等職，後被推選爲中華民國國會衆議院議員。

關於吴仲遥的其他情況，我們目前所知不多。作爲梁啓超的學生①，吴仲遥曾爲《新民叢報》的撰稿人之一。除《最近世界大勢論》之外，他在《新民叢報》上還以“仲遥”爲名，先後發表過《社會主義論》②《英國政黨最近之政況》《嗚呼四川鐵路公司之股份！嗚呼四川人之財産》《論奥大利立憲制之運用與民族之複雜》等文章（含譯作），成爲名噪一時的改良派社會主義鼓吹者。

3. 《新民叢報》

《新民叢報》（*Sein Min Choong Bou*）是清末資産階級改良派創辦的綜合性刊物，光緒二十八年正月初一（1902 年 2 月 8 日）在日本横濱創刊，刊名取《大學》中“新民”之意。其前身爲梁啓超等人於 1898 年 12 月 23 日在横濱創辦的《清議報》（《清議報》在 1901 年 12 月 21 日出版第 100 册後，即宣布停刊）。《新民叢報》的主編仍爲梁啓超，署名編輯發行者的馮紫珊僅爲經濟支持者。除梁啓超外，刊物的主要撰稿人還有韓文舉、蔣智由、馬君武、康有爲、歐榘甲、徐勤、楊度等；該刊早期，章太炎也曾寫稿。

《新民叢報》以開民智、繼續宣傳變法爲宗旨。初辦時，强調“新民爲今日中國第一急務”，主張“采合中西道德以爲德育之方針，廣羅政學理論

① 參見：張朋園. 梁啓超與清季革命[M]. 上海：上海三聯書店，2013：194.

② 《社會主義論》一文載於光緒三十二年九月初一（1906 年 10 月 18 日）出版的《新民叢報》第四年第 17 號（總第 89 號）上，已收入《馬藏》第二部第四卷。

以爲智育之本原”，大力宣傳西方資産階級的人生觀、道德觀及其社會政治學説。創刊號發表了梁啓超的《新民説》，《新民説》全文 10 萬多字，連載 34 號（期），是以反封建專制文化爲主題的思想啓蒙的代表性文獻。第 17 號上發表了梁啓超的《敬告我同業諸君》，提出報館有兩大“天職”：一是監督政府，二是嚮導國民，這是中國近代縱論報刊功能、職責的重要文章。該刊重要文稿多出於梁啓超的手筆，文字華美犀利，文風恣肆汪洋，“筆鋒常帶感情”，時人譽爲“新民體”。《新民叢報》的每一號一般安排 10—15 個欄目，創刊第一年共開設過 24 個欄目，有圖畫、論説、學説、時局、教育、學術、小説、名家談叢、國聞短評、政治、史傳、中國近事、海外彙報、海外奇談、新知識之雜貨店等。

1903 年 2 月，梁啓超赴美游歷，《新民叢報》暫由蔣智由主持編輯。11 月，梁啓超游歷歸來，繼續擔任主筆。此次游歷歸來後，梁啓超的政治態度發生了較大變化，“宗旨頓改，標明保王，力闢革命，且聲言當與異己者宣戰”，實際上將矛頭指向了資産階級革命派。此後，梁啓超發表了諸多反對革命的言論和主張。1905 年 8 月，中國同盟會在日本成立，并出版機關報《民報》，系統宣傳革命思想和主張。次年，《民報》與《新民叢報》就革命與保皇、民主共和與君主立憲以及“土地國有”等問題展開了激烈的論戰。這場論戰規模巨大，其他不少報紙雜誌也加入其中。經過一年多的激烈爭論，以《新民叢報》爲代表的改良派遭到了資産階級革命派强有力的批駁，聲勢驟減。

《新民叢報》由新民叢報社發行，初爲半月刊，1904 年後常不按期出版。1907 年停刊，共出 96 號。《新民叢報》創刊後，在較長時間裏風行海内外。清廷嚴禁，亦不能遏。有的一號翻印了十多次，暢銷時印數逾萬份。《新民叢報》的寄售點多達八九十處，除日本外，在國内有江蘇、浙江、安徽、湖南、江西、廣東、廣西、四川、福建、山東、上海、天津等省市；在國外有美國、加拿大、朝鮮、越南等地。

《新民叢報》廣泛介紹西方的哲學、社會科學和自然科學思想，對開通風氣、啓發民智、改變民風發揮了巨大作用。毛澤東在回憶他早年的讀書生活時曾説："我對讀經書不感興趣，當時我正在讀表兄送給我的兩種書刊，講的是康有爲的維新運動。其中一本叫做《新民叢報》，是梁啓超主編的。這些書刊我讀了又讀，直到可以背出來。那時我崇拜康有爲和梁啓超"[①]，還説，他當時受到梁啓超辦的《新民叢報》的影響，覺得改良派也不錯，想向資本主義找出路，走西方富國强兵的路子。"五四"時期，毛澤東還將他組織的學生社團取名爲"新民學會"，主要目的就在於傳播梁啓超的新民思想。

《新民叢報》的宗旨雖非傳播馬克思主義，但由於其十分關注世界各國經濟、政治、文化等各方面的動態，時有關於馬克思、馬克思主義、社會主義的文字見於報端，因此客觀上傳播了社會主義、馬克思主義。

4. 内容簡介

《最近世界大勢論》一文，原計劃共有三章，即"歐美列强國内之情勢""歐洲外交之情勢""德俄英法四國對於亞洲之政策"。我們現在看到的只有第一章。開頭的三段文字可作全文的前言，作者首先指出，近來"國人稍知國勢危迫，亟當圖救"，但却輕視對世界大勢的"研究"，其"危險蓋莫甚焉"。爲此，作者"特搜集東西學者最近所著，彙譯而成"該文，目的在於使讀者瞭解"最近世界大勢"，使他們較有把握地"論學治事"，從而唤起國人的"研究心"。當時，《新民叢報》正陸續發表作者有關國外政黨情

① 毛澤東. 毛澤東自述[M]. 北京：人民出版社，1996：23.

况的系列文章，作者聲明，“今以此問題對於彼問題比較的尤爲急切，故中途先發表之”。

第一章共分爲七節，依次介紹了奥匈帝國、意大利、法國、德國、英國、俄羅斯和美國這七個“歐美列强國内之情勢”。介紹的方法是，先節譯契倫的《論國家》一書中的有關論述，然後以“譯者案”的形式，表達作者的觀點。從内容看，作者在譯介契倫的論述時是有選擇的，其重點放在“列强”的“弱勢”方面，即各國所面臨的困境或潛在的危機方面。

關於奥匈帝國，契倫認爲該國當時只是“暫躋於强國之林，而他日不免有零落衰沉之戚者”；契倫甚至還預料到其不久後的分裂結局：“今日者，若驟語人以奥匈兩國將分裂而亡乎，固不免爲世所詬病”，但“吾有以知其來日之大難也”。契倫得出這一結論的主要依據，是該國在地理上“無自然之境界，茫茫國土……華離破碎”，“遂使國民主義之與國家，日以遠心力之作用，相離而不能相融”，也就是説，地理上的支離破碎導致了奥地利人和匈牙利人缺乏一致的國民精神。作者贊成契倫的分析，認爲“此真一針見血之言也”；同時引述日本學者小野塚喜平次的“民族”定義——“民族者，常具有人種、言語、歷史、政法、經濟、思想、風俗習慣等之共同基礎而自覺，爲一團體之人類社會也”——給予佐證，以强調“自覺”的、一致的國民精神對於“國勢”的重要性。

關於意大利，契倫認爲該國雖然“較奥匈國稍進一籌，而前途仍不免多悲觀者”。由於“其議院政治，至有難言”，“其農業界之弊害，至難拔除”，特别是由於它“當内部之組織未完、統一之大業未成之際，早已入强國之列”，因此，其國勢“以之保守或可能，以之雄飛必不足”。作者不僅認同契倫的觀點，還進一步闡述了其“世界之所謂强國有二種”的觀點：一種是名實相符、内外相應的“强國”；另一種則是名實相戾、内外相妨的“强國”。

作者顯然認爲，意大利即屬於名實不副的“强國”：“其在國内也，國民常眩於一時之美觀，而忽萬世之至計；其對外也，外交容或可倖獲一二之成功，而終不免於千萬之失敗，其國家之前途，相賊相掣而終無實益。”

關於法國，契倫認爲雖然“其國境固有自然之境界”，“人民固同人種、同宗教、同言語”，“其國民固饒富而非無幸福之狀態”，但這些都屬於“外界之美觀而已”，“就其内容之前途言之”，則亦存在較爲嚴重的隱患：一是外交上“不計國家久遠之雄圖”，感情用事；二是政治上的中央集權主義；三是“國民無繁殖子孫之意志”。而“三者之中，尤以第三者爲最重”：“即此一端，已足弱其國而有餘”，“其復讎之業，殆已全屬不可能之事”。作者在按語中通過引證馬爾薩斯的《人口原理》一書中的有關論述，進一步强調人口問題對於法國前途的重要影響。

關於德國，契倫認爲該國自統一以來，實力大增，不僅大部分國民有“雄心壯圖”，而且“今帝威廉二世偉力奇才，睥睨一世，一舉一動，常自表示其帝國膨脹之方針”，但“彼亦非全無弱點者存也”：内政方面，有以波蘭人爲代表的民族鬥争，工業和農業發展上的利益衝突，聯邦内其他組成部分對普魯士一家獨大的不滿，還有社會民主主義運動的發展等；外交方面，威廉二世的“世界政策”也面臨諸多挑戰，“成績不振”。作者認同契倫的分析，同時根據日本《早稻田學報》上有關文章中的材料，對威廉二世的“世界政策”進行了較爲詳盡的分析，指出該政策“實淵源於日耳曼人種之繁殖力達於極點之故”，并斷言其“終属空花之夢”。

關於英國，契倫認爲雖然該國“據世界第一等强國之席”，“泱泱然擁無涯之希望”，在當時的世界上占有諸多優勢，但“過此以往，不數十年，世界之商業政策上必有一大競争發生”，此“即英國之資本與德國之學術、美國之利源、東亞之勞力之競争”，認爲在當時“各國之文化，將悉列於平等之地位”的形勢面前，其“優勢之特權，行將消滅無存”。契倫指出，英國要維持其“一等强國”的地位，就必須“鞏固其内部之團結，使其全領土相合，而舉自立國之實”；他非常欣賞張伯倫的關税改革主張，但對其能否得以實施，又持懷疑態度。在契倫看來，英國實際上是一個“人爲的建設物”“過渡時代之一現象”，這樣的國家“此後必日歸於衰廢”。作者認同契倫的觀點，認爲英國在短時期内，很難改變自由貿易政策；特别是，由於其“殖民地與母國距離過遠，交通聯絡上，究嫌不便”，因此，就發展前景而言，“英國之不及美國，已不可以道里計矣”。

關於俄國，契倫認爲該國雖然在地理上與美國相類，“舉世界一切之産物，莫不自有之”，且“蓄横飛四海之心，據高掌遠蹠之勢”，因而世人對其“且驚、且羡、且妒”，但該國的弱點則“不可縷計”：地理上，“純在歐亞兩大陸之背，陰沉闃寂，於開明發華之象，蓋甚缺焉；其四圍之境線，亦甚不良”，所以，它只是一個“陸軍的强國，而不能爲經濟的强國”；俄國土地雖廣，但“其人民，不能如美國人民之有吸納他國人民之能力，而利用之以興墾拓之業”；由於没有經歷過文藝復興運動，其國民“不得深沐文明之澤”，“文化程度，較諸歐洲他國爲低”；民族關係複雜，特别是俄羅斯人“與居於俄國邊境之他種人民，常相反目”；民間開明人士特别是知識分子“與其政府互相衝突，靡有寧日”；而農民之狀况，“困憊已達於極度”，連維特制定的經濟政策，到頭來也只能是適得其反。作者在認同契倫觀點的基礎上，將關注點集中在農民問題上，認爲這是關係“俄國危急存亡之問題”，并對維特爲解决農民問題所制定的政策等内容給予了詳細論述。作者明確指出，俄國農民之所以異常困敝，“實在於彼政府頻以侵畧爲事，而使農民負莫大之義務使然”，“俄國之侵畧野心一日不戢，其農民之困敝一日不止”。

關於美國，契倫認爲該國優勢頗多：“其地理超然立於歐洲之外，深備自立國之資格”;“其國之原料及製造品，皆宏富靡盡”，美國由此還成爲“世界所以有前代未聞之經濟的侵略”的“原動力”；因“豔羨美國之富力”，長期以來，“移殖於美國者，不可以數計，而美國社會之魄力，雄毅博大，足以舉此等新來者悉吸納之、同化之”;“在西半球中，其人民最衆，文化最優，有含蓋一切吐納萬有之氣象”，并斷言“他日新世界全部之支配權，必落於其手”。契倫認爲，美國的弱勢，一是雖然在地理上便於自衛，但“不便於爲侵畧的擴張”；二是“其勞働者之勢力，日益增長，於其經濟界中生莫大之障害”；三是“美人奢侈之風，達於極端。越是以還，自然的富源，將不能濟其人力的消費”。此外，某些地區如“新英革蘭一帶地之人口，日漸減少”，政治上的“腐敗之情”以及“黑奴問題”等，也有可能影響美國的進一步發展。但作者更爲關心的，是美國究竟能否“宰制”全美洲的問題，并爲此詳細介紹和分析了所謂“南北亞美利加聯合”，亦即後來被稱爲“泛美主義”及其運動的有關歷史。作者認爲，雖然要控制全美洲尚需時日，但“以美國之實力，其必能自達其目的，而必不許他洲之人代操其權”，則“彰彰明甚”。

該文介紹的情況，應該説是比較符合當時的實際的。比如，對於意大利國勢的估價，雖然在該文發表前五六年，意大利曾派軍隊參加“八國聯軍”侵略中國，但無論是契倫還是作者，他們同當時的國人一樣，實際上并不認可其强國地位。如薛福成在《出使英法義比四國日記》中説，西羅馬帝國滅亡後，意大利“國勢衰亂……羅馬城中瑰貨之充實，闤闠之完麗，街道之整潔，非但不如英法兩國，亦并不如比利時，且貧苦之民較多”[①]；康有爲在《意大利游記》中説：“意人民於歐洲爲貧”，“窮鄉老屋，道路泥濘，污穢與

① 薛福成. 出使英法義比四國日記[M]. 長沙：岳麓書社，1985：307.

華土荒村同”[①]。立憲考察五大臣之一的戴鴻慈在《出使九國日記》中説，意大利“沿途多窮人，藍縷行乞，貌并黄醜，南部意大利人民色黄而愚�”[②]。又比如，關於當時法國在人口問題上面臨的窘境，即使在國人今天編寫的法國史書中，也仍然經常會被提到：“1872—1875 年，法國人口出生率爲 26.2‰，1896—1900 年爲 21.9‰，大戰爆發前夕則更只有 20‰。1872 年法國總人口爲 3610 萬，1886 年爲 3852 萬，1911 年爲 3960 萬，增幅之小，令人吃驚。”“人口增長緩慢不僅在一定程度上制約了國内經濟的發展，而且也影響到法國在國際社會中的政治、軍事地位。從 19 世紀末起，當局與某些學者開始對法國人口增長緩慢，其絶對人口先後被許多國家超過憂心忡忡；報刊輿論也開始對這種現象予以抨擊。由此，人口問題在公衆心目中日益凸顯。”[③]

契倫和作者也是很有遠見的。比如，他們已經預料到奥匈帝國在不久後的解體局面；又比如，在分析英、美兩國的發展前景時，兩人，尤其是作者，似乎已經預見到了“日不落”的英國在 20 世紀將走向衰落，它在世界上的霸權地位將被美國所取代的結果；兩人也都不看好德國的“世界政策”；等等。當然，無論是契倫還是作者，他們在分析問題時的局限性也是很明顯的。比如，作者特别强調國家統一的重要性，這當然是值得肯定的，但他關於“二種以上之民族之不能並立於一國”的觀點，顯然是站不住脚的。事實上，在當今世界，絶對意義上的單一民族國家幾乎是不存在的；多民族國家只要走社會主義道路，堅持民族平等、民族團結的原則，完全可以不斷發展、不斷得以加强鞏固。又比如，他們都没有，也不可能看到德國“世界政

① 康有爲. 康有爲全集：第 7 集[M]. 北京：中國人民大學出版社，2007：389，393.
② 戴鴻慈. 出使九國日記[M]. 長沙：湖南人民出版社，1982：253.
③ 吕一民. 法國通史[M]. 上海：上海社會科學院出版社，2019：256-257.

策”的帝國主義本質；作者一再强調的，就是該政策“實淵源於日耳曼人種之繁殖力達於極點之故”。該文發表後第10年，即1916年，列寧提出了科學的帝國主義理論。從本質上説，“世界政策”的産生背景，是德國工業的起飛加劇了帝國主義國家間經濟、政治發展的不平衡；該政策不過是後起的資本主義德國要求重新瓜分世界市場和殖民地的必然反映而已。

該文的突出特點是，雖然名曰介紹歐美“列强”的情況，却把重點放在了介紹“列强”的“弱勢”方面，這無疑有助於開闊當時國人的視野，特别是能激發他們“冷眼”看世界的興趣；文中對國民精神統一、人口生育、生産資料自給自足、農民生存狀況等問題的思考，也都能在一定程度上爲當時的國人提供有益的借鑒。總之，該文處處體現出作者對國家與民族前途的關切，對於增進20世紀初國人對世界的瞭解，對於啓迪國人智慧、加强對國際問題的相關研究，都具有明顯的積極意義。

該文的主題是介紹歐美七個“强國”的“國勢”，而且重點關注的是“强國”之“弱”。因此，有關社會主義和工人運動的内容，文章中只是偶爾提及。比如，在介紹德國情況時，提到爲了對付左派力量，德國政府通常依靠天主教中央黨來抵抗社會民主主義；在分析俄國的農民問題時，提到了俄國社會革命黨，説該黨發動的“革命暗殺之禍終無窮期”，主要原因在於俄國“農民之困敝者實多”；還説當時英國的工業之所以發展緩慢，原因之一在於“其國内之勞働者，常爲無理之要求”。作者的社會主義觀，集中體現於他不久後在《新民叢報》上發表的《社會主義論》一文中。在這篇文章中，作者把馬克思主義及其影響下的社會民主主義運動等，都歸入主張破壞現存社會組織的“狹義社會主義”範疇中，認爲它是單純站在貧窮階級一邊的“擾亂社會者”或“社會革命者”。《最近世界大勢論》一文中流露出的對德、俄、英幾國社會主義和工人運動的態度，與《社會主義論》一文中的觀點，是一致的。

5. 研究綜述

就目前所見，學界幾乎沒有對《最近世界大勢論》一文的專門研究成果。一些論著中，偶爾提到過該文。如蔣銳和魯法芹在所著的《社會主義思潮與中國文化的相遇》一書第二章“改良派對社會主義的中國文化解讀”中，用一小節介紹了吴仲遥的社會主義觀，并在介紹吴氏的論著時，列出了《最近世界大勢論》[1]。周福振在《改良路向下自由思想在中國的啓蒙——以〈新民叢報〉爲考察對象》一文中，引用《最近世界大勢論》一文中所言“國民能享相當的政治之康樂”“外交能見自由的活動之成功”，來論證《新民叢報》所體現的自由思想中關於“自由與國家”的內容，但仔細考察這兩句話的上下文語境就會發現，作者實際上是在比較兩種“强國”的不同時，將其作爲内外相應、名實相符的“强國”的特徵之一來論述的，并不是在討論“自由與國家”的關係[2]。

近年來，學界有人注意到，“世界大勢”這一概念“風行於辛亥革命前十年亦即清王朝的最後十年”；“‘世界大勢’論標志着士人的對外認知從局部、方面上升到全局、整體，同時又賦予‘世界’觀念以焦點和重心，對於近代中國‘走向世界’一大跨步的辛亥鼎革，起到驅動作用”。認爲當時“專門論述‘世界大勢’最顯著的代表，還是梁啓超”；“儘管清季十年的‘世界大勢’論爲各方共用，但朝野之間還是存在顯著分别”，“大體而言，‘世界大勢’主要是民間，尤其是那些關心國家命運、視救亡爲急務、多方謀求改

① 蔣銳，魯法芹. 社會主義思潮與中國文化的相遇[M]. 濟南：山東人民出版社，2016：44.

② 周福振. 改良路向下自由思想在中國的啓蒙——以《新民叢報》爲考察對象[J]. 太原大學學報，2014（2）.

革的士人的呼聲”。[①]有學者還考察了當時出版的《十九世紀大勢變遷通論》《世界進步之大勢》等譯著對社會主義思想在中國早期傳播的意義。[②]《最近世界大勢論》一文的作者吴仲遥是梁啓超的學生，梁啓超還曾爲吴仲遥的《社會主義論》一文作序，但在目前研究清末“世界大勢”類的有關論著中，我們尚未發現有提到過吴氏及其《最近世界大勢論》。

（編校者：王埌丹）

① 余露. 清季十年的“世界大勢”論與辛亥鼎革的驅動力[J]. 學術月刊，2024（2）.

② 裴植，周東娜. 清末“大勢”類譯著及其對社會主義思想的傳播[J]. 當代世界社會主義問題，2018（4）.

英國政黨最近之政況

仲遥[1]

（1）守保黨[2]之辭職

（2）自由黨[3]之入閣

（3）勞働黨[4]之得勢

（1）保守黨之辭職

沙侯[5]最後内閣成立之歷史補述　今度辭職之巴爾法[6]内閣。緣沙士勃

---

① “仲遥”，即吴仲遥（1886—？）。

② “守保黨”，有誤，應爲“保守黨”。英國保守黨（Conservative Party）的前身是 1679 年形成的托利黨，1833 年改稱保守黨，主要代表壟斷資産階級、大地主和貴族的利益。1868 年起至第一次世界大戰前與自由黨輪流執政，戰後與工黨輪流執政。

③ “自由黨”，英國自由黨（Liberal Party）的前身是 1679 年形成的輝格黨，1839 年改稱自由黨，主要代表工業資産階級和金融寡頭的利益。第一次世界大戰後漸趨没落，其地位被工黨取代。20 世紀 70 年代以來實力有所恢復，1988 年與社會民主黨合并爲自由民主黨。

④ “勞働黨”，即工黨（Labour Party）。前身是 1900 年成立的勞工代表委員會，成員主要來自獨立工黨、費邊社、社會民主聯盟和 41 個行業工會，1906 年大選後改稱工黨。第一次世界大戰前在議會中依附自由黨，反對保守黨。1924 年在自由黨的支持下上臺執政，此後成爲與保守黨輪流執政的英國兩大政黨之一。

⑤ “沙侯”，指第三代索爾兹伯里侯爵羅伯特·亞瑟·塔爾博特·加斯科因-塞西爾（Robert Arthur Talbot Gascoyne-Cecil，1830—1903），英國保守黨政治家。1853 年當選爲議員，1868 年承襲其父爵位。曾任印度事務大臣、外交大臣等職。三次出任首相（1885—1886、1886—1892、1895—1902），首相任内多兼任外交大臣。在歐洲推行“光榮孤立”政策，積極擴張海外殖民地。

⑥ “巴爾法”，即阿瑟·詹姆斯·貝爾福（Arthur James Balfour，1848—1930），英國保守黨政治家。1874 年進入議會下院，歷任地方政府委員會主席、蘇格蘭事務大臣、愛爾蘭事務大臣、財政大臣等職。因殘酷鎮壓愛爾蘭自治運動而得“血腥的貝爾福”的綽號。1902—1905 年出任首相，1905 年 12 月因保守黨内部在自由貿易政策問題上出現分歧而辭職。1916—1919 年任外交大臣，1917 年發表《貝爾福宣言》。

雷侯[①]最後之內閣而成立者也。當千八百九十五年六月。沙士勃雷侯組織內閣。時則統一黨[②]與保守黨合。而統一黨之代表。爲樞密院議長德翁夏公[③]。及殖民大臣張伯倫[④]。保守黨之代表。爲首相兼外務大臣沙士勃雷侯。及大藏大臣[⑤]巴爾法。統一黨者。德張二氏以關於愛爾蘭自治案[⑥]與格蘭斯敦[⑦]所

---

① “沙士勃雷侯”，即羅伯特·亞瑟·塔爾博特·加斯科因-塞西爾。

② “統一黨”，即自由黨統一派（Liberal Unionists）。1886 年，自由黨政府關於愛爾蘭地方自治的方案在黨內引起激烈争論，德文希爾公爵和約瑟夫·張伯倫等人認爲地方自治將會使愛爾蘭從聯合王國中分離出去，因此堅决反對格萊斯頓提出的《愛爾蘭自治法案》，從而形成統一派，導致自由黨分裂和自由黨政府的倒臺。此後，自由黨統一派不斷和保守黨加强合作，德文希爾公爵和約瑟夫·張伯倫等人於 1895 年進入保守黨政府。1912 年，自由黨統一派融入保守黨，其成員在保守黨總部卡爾頓俱樂部（Carlton Club）被予以承認。

③ “德翁夏公”，即德文希爾公爵（Duke of Devonshire）。此處指第八代德文希爾公爵斯賓塞·康普頓·卡文迪什（Spencer Compton Cavendish，1833—1908），英國政治家。1857 年進入議會下院，曾任陸軍大臣、郵政總長、愛爾蘭事務大臣、印度事務大臣等職。1875 年初格萊斯頓暫時退出政界時，成爲下院自由黨領袖。1886 年反對格萊斯頓提出的《愛爾蘭自治法案》。曾三度推辭首相職位。1895—1903 年任索爾兹伯里政府和貝爾福政府的樞密院大臣，負責學校事務。1903 年因堅决主張自由貿易而辭職。

④ “張伯倫”，即約瑟夫·張伯倫（Joseph Chamberlain，1836—1914），英國實業家、政治家。初爲自由黨激進派。1873 年當選伯明翰市市長。1876 年進入議會下院。1880 年加入格萊斯頓政府後逐漸放弃激進主義，轉向帝國主義。1886 年出任第三届格萊斯頓政府地方政府委員會主席後，堅决反對《愛爾蘭自治法案》。後領導自由黨統一派，與保守黨結盟，1895—1903 年任索爾兹伯里政府殖民地事務大臣，推行擴張政策，在英布戰争中竭力主戰。戰後倡議帝國特惠制，在遭到保守黨領袖貝爾福拒絶後辭職。

⑤ “大藏大臣”，日本稱財政大臣爲大藏大臣，該文主要材料當來自日文文獻。

⑥ “愛爾蘭自治案”，即《愛爾蘭自治法案》（*Irish Home Rule Bills*），英國政府關於在愛爾蘭實行有限自治的法案。1886 年，愛爾蘭議會黨推動自由黨格萊斯頓政府提出了《愛爾蘭自治法案》。法案提出，愛爾蘭可以有自己的議會和政府，但其外交、軍事和關税仍由聯合王國政府掌握，該法案被自由黨統一派否决。1892 年格萊斯頓再次執政後又提出稍加修訂的法案，法案雖然獲得議會下院通過，但被上院否决。1912 年，議會下院再次通過該法案，法案在上院延擱兩年後，終於在 1914 年成爲法令，稱《愛爾蘭自治法》。該法規定，在英國議會下院保留 42 名愛爾蘭議員；愛爾蘭立法機關設參、衆兩院，參議院由 40 名議員組成，衆議院設議員 164 名，其中 39 名按比例代表制選舉；愛爾蘭行政部門對愛爾蘭議會負責，英國議會仍在愛爾蘭擁有部分權利。但該法令因第一次世界大戰爆發未能實施。1920 年，英國議會通過《愛爾蘭政府法》，對 1914 年的《愛爾蘭自治法》作出修正，在愛爾蘭北部和南部分别設立議會。次年 12 月，《英愛條約》簽訂，愛爾蘭南部 26 郡成爲“自由邦”，享有自治領地位，北部 6 郡仍歸英國。1937 年 12 月，愛爾蘭通過憲法宣布“自由邦”爲共和國，仍留在英聯邦内。1949 年 4 月，英國承認愛爾蘭共和國獨立，但拒絶歸還北部 6 郡。

⑦ “格蘭斯敦”，即威廉·尤爾特·格萊斯頓（William Ewart Gladstone，1809—1898），英國政治家。早年爲托利黨人，1859 年與托利黨决裂，加入自由黨，後成爲自由黨領袖。四次出任英國首相（1868—1874、1880—1885、1886、1892—1894）。首相任期内，頒布了工會合法化法令，通過了秘密投票法；曾兩次提出《愛爾蘭自治法案》。1894 年辭職後脱離政治活動。

新民叢報第肆年第拾貳號目錄（原第八十四號）

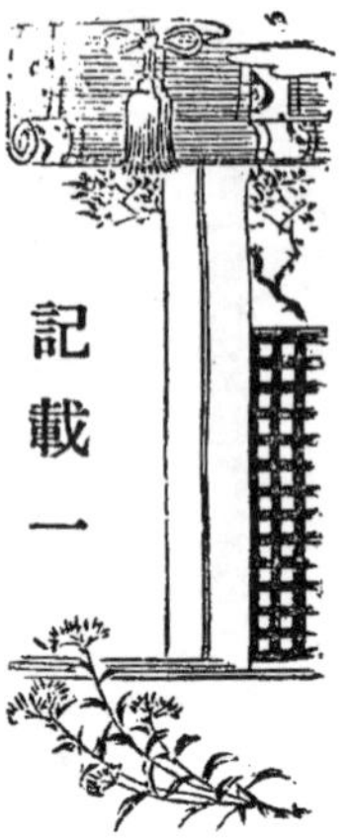

英國政黨最近之政況

仲遙

(1) 守保黨之辭職
(2) 自由黨之入閣
(3) 勞働黨之得勢

(1) 保守黨之辭職

沙侯最後內閣成立之歷史補述　今度辭職之巴爾法內閣。緣沙士勃雷侯最後之內閣而成立者也。當千八百九十五年六月。沙士勃雷侯組織內閣。時則統一黨與保守黨合。而統一黨之代表。爲樞密院議長德翁夏公。及殖民大臣張伯倫。保守黨之代表。爲首相兼外務大臣沙士勃雷侯。及大藏大臣巴爾法。統一黨者。德張二氏以關於見不協故。自自由黨分離而組織之者也。其人之有力於其黨。及其黨之有力於其國。固不俟論。沙侯英國政界最負盛名之人。前此曾兩度爲首相。與格蘭斯敦相對峙。而巴爾法者。又保守黨中最重要之人物也。當時此四政治家。攜手相扶。摩肩相並。於萬民謳歌聲裏。不旋踵而如錦如荼之沙勃雷内閣遂成立。

巴爾法内閣　沙士勃雷内閣成立後八年。（即千九百二年）首相以年高衰老之故。辭職。於是保守黨内閣中四政治家。頓失其一。雖然。所幸其他三政治家猶毫無間隙。共相扶助。保守黨之盛運。固猶未艾也。果也保守黨内閣復繼續成立。巴爾法爲首相。德張兩氏輔之。

兩首相人物之比較　沙巴兩首相之人物。要皆英國近時有數之政治家也。雖然。政治家中。固又有别。約言之。則沙相之爲人。剛毅卓拔。有創設的才能。於最困難之時勢之下。常能斬荆披棘。自闢生涯。巴相之爲人。則明達寬宏。當國家承平之日。能令政治修明。百廢具舉。然遭逢政海多故之會。則稍不免短於措置之才。且當其時。第一流之活潑有爲之政治家。每有不屑立於其下之感。蓋巴氏之爲人。雖亦不失爲政治家。然較之沙相之氣魄之雄毅。才能之優敏。則實非其匹敵也。

巴内閣不信任之徵兆　巴内閣既成立後。人民乃對之而漸生厭倦之狀態。此徵兆也。於各地之補缺選舉[1]時見之。試舉其例。則如荷蘭選舉區[2]。

---

① “補缺選舉”，簡稱“補選”，立法機關的代表或經選舉産生的政府官員因故出缺或需重選時而進行的選舉。其原因多爲亡故、離開原選區、辭職、被解職、被罷免等。在英國等少數國家，下院議員受封爲貴族轉至上院後，該議員所在選區也需要進行補選。

② “荷蘭選舉區”，即亨利（Henley）選區，設立於1885年。在1900年大選中，保守黨在該選區獲勝；在1906年大選中，自由黨在該選區獲勝。英國議會下院選舉實行小選區制（又稱單一選區制），即每個選區選出一名議員，下院席位與選區數目相等。1900年、1906年大選時，英國下院的席位均爲670個。

如萊選擧區①。如烏威奇選擧區②。如諾士法馬那選擧區③。當行補缺選擧時。政府黨④之候補者。靡不失敗。而在野黨之候補者。靡不制勝。其他各地。殆亦莫不皆然。月暈而風。礎潤而雨。識者觀於此。而有以識微知著矣。

德張兩氏之下野　千九百三年。即巴内閣成立後之第二年。殖民大臣張伯倫、樞密院議長德翁夏公兩閣員相繼辭職。未幾、亞羅費德利提爾呑⑤氏襲張氏之位。倫脱德里公⑥襲德氏之位。此辭職之原因。則張氏者。以己所唱之關税問題⑦。爲國中輿論所弗善。翻然而去。而仍寄同情於巴氏者也。德氏者。以首相對於自由貿易保護貿易兩政策。皆執模稜之態度。致令己之自由貿易政策不能大得志。憤然而去。而表反對之意於巴氏者也。要之張氏也德氏也。皆巴内閣中至要之人物。而内閣賴以成立維持者也。此二子去。而巴内閣之輿望。遂將不支。

内閣之顛覆　自德張兩氏辭職以來。巴首相以獨力經營閣勢。煞費苦

① "萊選擧區"，即萊斯特（Leicester）選區，存在於 1295—1918 年。在 1900 年大選中，保守黨在該選區獲勝；在 1906 年大選和補選中，自由黨在該選區獲勝。

② "烏威奇選擧區"，即伍利奇（Woolwich）選區，存在於 1885—1918 年和 1983—1997 年。在 1900 年大選中，保守黨在該選區獲勝；在 1903 年補選中，勞動黨在該選區獲勝。

③ "諾士法馬那選擧區"，即北弗馬納（North Fermanagh）選區，存在於 1885—1922 年。在 1900 年大選中，與保守黨關係密切的愛爾蘭統一主義聯盟（Irish Unionist Alliance）在該選區獲勝；在 1903 年補選中，與自由黨關係密切的羅素派統一主義者（Russellite Unionist）在該選區獲勝。

④ "政府黨"，今通譯作"執政黨"。

⑤ "亞羅費德利提爾呑"，即阿爾弗雷德・利特爾頓（Alfred Lyttelton，1857—1913），1903—1905 年任英國殖民地事務大臣。

⑥ "倫脱德里公"，即倫敦德里侯爵（Marquess of Londonderry），英國愛爾蘭貴族。此處指第六代倫敦德里侯爵查爾斯・范-坦皮斯特-斯圖爾特（Charles Vane-Tempest-Stewart），1903—1905 年任樞密院大臣。

⑦ "關税問題"，英布戰爭使英國付出了高昂代價，還遭到了世界輿論的譴責。戰爭結束後，1903 年 5 月 15 日，張伯倫發表《伯明翰宣言》，提出對來自英國以外的穀物、肉類、乳製品、酒類和工業製成品徵收部分關税，在帝國内部實行特惠税制，以保護和促進國内貿易的發展，并獲得同其他國家談判的籌碼。《伯明翰宣言》矛頭直指英國實施了半個世紀之久的自由貿易政策，主張重回貿易保護主義之路。在該主張遭到首相貝爾福拒絶後，張伯倫辭去内閣職務，并發動了勸告人們"要爲帝國設想"的私人宣傳活動。

心。然人心已去。收拾不來。乃於去年（即千九百五年）十二月四日。提出辭表。表上。英皇[1]許之。於是十一年來雄據英國政治界之保守黨内閣。至此遂顛覆。

顛覆之原因一　英國自由黨自格蘭斯敦卒後。黨勢頗分裂。不能得勢力。其後乘與保守黨相提携之統一黨之以關税問題不洽輿望之際。乃盛標示其所主張之自由貿易政策。於是自由黨大爲人民所歡迎。其四分五裂之黨勢。突焉復合。復成爲一大有力之在野黨。而在野黨之洽輿望。則即在朝黨不洽輿望之反影也。

顛覆之原因二　巴内閣辭職前之所以能制議會之多數者。全食統一黨之賜也。故一旦統一黨與巴内閣絶緣。則巴内閣不崇朝而必瓦解。而張伯倫之所以於己辭職後而仍肯以己黨扶持巴内閣之故。則張氏之爲人。夙懷野心。以爲己所主張之關税意見。不過暫時不能得輿論之歡迎。而終必有可乘之機。而其行此政策之時。可共相扶持之他黨。則惟保守黨爲善。故張氏之與巴内閣相扶持者。名爲助保守黨。實自謀也。而不意巴氏以怯於黨勢分裂之故。（當時巴氏若取張伯倫之保護貿易政策則保守黨中之一部分必與本黨分離若取自由貿易政策則張伯倫所率之統一黨必立與保守黨絶）始終對於自由貿易保護貿易兩政策。持模稜主義。及其既久。張氏以爲己之目的。殆終無復可望。乃公然宣言己亦不能滿足於巴氏之政策。於是巴内閣從來制議會多數之勢力。遂以一落千丈。此又一原因也。

（2）自由黨之入閣

其成立　千九百五年十二月四日保守黨内閣既辭職後。英皇命自由黨

① “英皇”，即英國國王，當時的英國國王爲愛德華七世（Edward Ⅶ，1841—1910，1901—1910 年在位）。

領袖班那曼①組織内閣。越六日午後六時。班氏入謁英皇於巴清安宫②。奏呈閣員名册。是夜深更。發表之。其職名如左。

内閣總理兼國庫大臣	班那曼
司法大臣	李德
大藏大臣	亞士奇斯
内務大臣	格蘭斯敦
外務大臣	敦列
殖民大臣	耶魯金侯
陸軍大臣	哈魯敦
印度大臣	摩利
海軍大臣	次威德摩士卿
商務局長	遮俄爾奇
地方局長	班士
蘇格蘭尚書③	辛柯列雅
農務局長	加陵哥敦侯
遞信總監	巴柯斯登
愛爾蘭尚書④	布萊士
樞密院議長	柯留侯
國璽卿⑤	李奔侯
教育大臣	俾列爾
蘭加斯德爾尚書⑥	法武那

① “班那曼”，即亨利·坎貝爾-班那曼爵士（Sir Henry Campbell-Bannerman，1836—1908），英國自由黨政治家。1868 年當選下院議員。曾任海軍大臣、愛爾蘭事務大臣等職。任陸軍大臣時，主持軍隊改革。1895 年被封爲爵士，1899 年任下院自由黨領袖。在英布戰争中持中間立場。支持 1903 年自由黨與勞工代表委員會的合作。1905—1908 年出任首相，領導自由黨獲得 1906 年大選的勝利，組成了包括阿斯奎斯、勞合·喬治、温斯頓·丘吉爾及工黨代表參加的内閣。1908 年 4 月因健康原因辭去首相職務。

② “巴清安宫”，即白金漢宫（Buckingham Palace），位於英國倫敦聖詹姆士公園西端，由英國白金漢公爵於 1703 年所建，故名。1825 年重建後，成爲英國君主的主要寢宫及辦公處。

③ “蘇格蘭尚書”，今通譯作“蘇格蘭事務大臣”。

④ “愛爾蘭尚書”，今通譯作“愛爾蘭事務大臣”。

⑤ “國璽卿”，今通譯作“掌璽大臣”。英國的掌璽大臣無具體部門責任，但首相常委以特殊任務，同時兼任執政黨上院領袖。

⑥ “蘭加斯德爾尚書”，“蘭加斯德爾”，即蘭開斯特（Lancaster），亦譯作“蘭加斯特”。1377 年，英王愛德華三世封蘭開夏（Lancashire）爲有王權的郡長官所轄之郡，并封其子約翰爲蘭開斯特公爵。1399 年，約翰之子即位（英王亨利四世）後，該郡的財産和司法權改歸王室所有。“蘭加斯德爾尚書”，今通譯作“蘭開斯特公爵郡大臣”。

以上列於內閣[①]

愛爾蘭總督	亞巴經侯
愛爾蘭尚書	倭加
工務長官	哈哥德

以上不列於內閣

閣員小傳　此次自由黨内閣各閣員。率多社會中第一流之名士。此實有可研究之價值者也。分而言之。則總理大臣[②]兼國庫大臣班那曼氏。於一八三六年。生於蘇格蘭。本年六十九歲。家巨富。父名堪俾爾。母名班那曼。自一八六八年以來。代表斯他陵選舉區[③]。格蘭斯敦組織内閣時。曾兩度爲陸軍大臣。一八九九年。承哈魯苛特[④]之後。爲自由黨領袖。以黨畧之巧妙著於世。近年以來。自由黨凡三罹危難。即張伯倫所率之統一派分離之時。羅士伯里卿[⑤]與哈魯苛特衝突之時。及南非戰争[⑥]之時。彼皆能奮其神妙不

① 在英國，大臣稱爲“國王的大臣”，分閣員大臣和非閣員大臣兩大類。兩者在職責上的區別是，前者除本身職務外，還負責討論和决定整個國家的政策方針，而後者一般只負責其任職部門的行政事務。

② “總理大臣”，日本内閣的最高行政首長，在英國等君主立憲制國家稱首相。

③ “斯他陵選舉區”，即斯特靈郡（Stirling Burgh）選區。斯特靈郡位於蘇格蘭中部。在 1868 年大選中，班那曼作爲激進派自由黨人當選該選區議員，此後連任達 40 年。

④ “哈魯苛特”，即威廉・哈考特爵士（Sir William Harcourt，1827—1904），英國自由黨政治家，律師。1868 年進入議會下院，1873 年獲封爵士。曾任副總檢察長、内政大臣、財政大臣等職。在格萊斯頓辭去首相職務後，成爲下院議長和自由黨領袖，兼任財政大臣。1894 年提出對死者遺産徵收累進税的法案，以使國家獲得更多税收。1903 年抨擊英國在德蘭士瓦推行的帝國主義政策，反對約瑟夫・張伯倫的關税改革主張。

⑤ “羅士伯里卿”，即羅斯伯里伯爵（Earl of Rosebery）。此處指第五代羅斯伯里伯爵阿奇博爾德・菲力浦・普里姆羅斯（Archibald Philip Primrose，1847—1929），英國自由黨政治家。1868 年承襲其祖父爵位。曾任公共工程大臣、掌璽大臣、外交大臣等職。鼓吹帝國主義政策，1894 年使烏干達成爲英國的保護國。1894 年格萊斯頓辭職後，經過與威廉・哈考特爵士的激烈争奪，繼任首相（1894—1895）。反對哈考特提出的對死者遺産徵收累進税的法案，在外交政策等方面也與哈考特存在分歧。1895 年 6 月自由黨在議會選舉中被保守黨擊敗後辭職。次年因政見分歧，放弃了在自由黨的領導地位。

⑥ “南非戰争”，即 1899—1902 年爆發的英國與南非布爾人之間的戰争，稱英布戰争或布爾戰争。戰争中，班那曼是反對黨自由黨的領袖。在該黨中，阿斯奎斯和格雷等人支持戰争，勞合・喬治等人則反對戰争。

可思議之手叚[①]。以回復黨勢。彼非天然之雄辯家。亦無英人所理想之宰相之風采。然現今之以政黨戰術見稱於世者。殆無能出彼之右。司法大臣李德[②]氏。爲屬於急進派之法律家。前此曾爲檢事總長。大藏大臣亞士奇斯[③]氏。當羅士伯里卿組織自由黨内閣時。嘗爲内務大臣。其政治上之論文。膾炙人口。内務大臣格蘭斯敦[④]。爲前領袖格蘭斯敦之子。夙據自由黨中重要之位置。今度入爲内務大臣。固必然之數。然或者亦謂彼不過食其父之遺賜。自身則無大才能。外務大臣郭列[⑤]氏。當羅士伯里卿組織自由黨内閣時。曾爲外務次官。雖無外交上之深經驗。而品德高尚。性質冷静實質。有思慮。故頗爲其國人所信賴。惟彼與羅伯士里卿深有關係。此次居於無羅伯士里之位置之内閣。其地位苦難觀察。殖民大臣耶魯金侯[⑥]。爲有盛名之印度總督。

---

① “手叚”，有誤，應爲“手段”。

② “李德”，即羅伯特・思雷希・里德（Robert Threshie Reid，1846—1923），英國自由黨激進派政治活動家，律師和法官。1905—1912 年任英國大法官（即文中的“司法大臣”）。

③ “亞士奇斯”，即郝伯特・亨利・阿斯奎斯（Herbert Henry Asquith，1852—1928），英國自由黨政治家，律師，著作家。1886 年進入議會下院。1888 年充當愛爾蘭民族解放運動領袖帕内爾的辯護律師，蜚聲政界。曾任内政大臣、財政大臣等職。1908 年班那曼辭職後繼任首相，直至 1916 年。任内通過了限制上院權力的《1911 年議會法》。1916 年鎮壓愛爾蘭復活節起義，同年底辭職。著有《戰爭的起源》《議會的 50 年》《回憶與回顧》等。

④ “格蘭斯敦”，即赫伯特・格萊斯頓（Herbert Gladstone，1854—1930），英國政治家。威廉・尤爾特・格萊斯頓的兒子。1880—1910 年爲下院議員，曾任財政大臣、内政部次官等職。1905—1910 年任内政大臣（即文中的“内務大臣”）。1910 年受封爲子爵，并任南非總督（1910—1914）。第一次世界大戰期間任戰時難民委員會司庫。

⑤ “郭列”，即愛德華・格雷子爵（Sir Edward Grey，1862—1933），英國自由黨政治家，外交家。1885—1916 年爲下院議員。自由黨在英布戰爭問題上發生分歧時，維護阿斯奎斯的帝國主義立場。1905—1916 年任外交大臣（即文中的“外務大臣”）。1911 年摩洛哥危機時支持法國，反對德國。第一次世界大戰期間於 1915 年 4 月同意大利締結《倫敦秘密條約》，使意大利站在英國及其盟國一邊，并争取美國支持協約國。戰後赴華盛頓勸説美國參加國際聯盟，未果。1923—1924 年任上院反對黨領袖。有回憶録《二十五年（1892—1916）》。

⑥ “耶魯金侯”，即額爾金伯爵（Earl of Elgin）。此處指第九代額爾金伯爵維克多・亞歷山大・布魯斯（Victor Alexander Bruce，1849—1917），曾任印度總督，1905—1908 年任殖民地事務大臣。其父第八代額爾金伯爵詹姆斯・布魯斯（James Bruce，1811—1863）1857 年和 1859 年兩度被任命爲英國侵華軍全權代表，與法國侵華軍全權代表葛羅率英法聯軍侵占廣州，後又北上天津，進犯北京，火燒圓明園。先後强迫清政府簽訂《中英天津條約》和《中英北京條約》。1862—1863 年任印度總督。

其父曾任中國公使。彼自一八九三年至一八九八年。皆爲印度總督。此次立於殖民大臣之位。以自由黨之小英國主義[①]。當張伯倫之大英國主義。陸軍大臣哈魯敦[②]氏。法律大家。且有哲學上之著述。又嘗英譯薛次彭荷耶爾[③]之哲學書。其入閣也。全以與羅士伯里卿深有關係故。印度大臣摩利[④]。富文名。嘗主筆於“利他拉里加色脱”[⑤]“伯爾麥加色脱”[⑥]“馬克密蘭”[⑦]“隔週評論”[⑧]數雜誌中。又嘗著有詩人幡喀傳[⑨]、維魯提傳[⑩]、盧梭傳[⑪]、哥伯哥登傳[⑫]等。爲人潔直。有政治才。海軍大臣次威德摩士卿[⑬]。於最後之

① “小英國主義”，小英國主義（Little Englandism），主張英國應該減少對殖民地和屬國的控制和責任，主要代表人物爲威廉·尤爾特·格萊斯頓、維克多·亞歷山大·布魯斯等。

② “哈魯敦”，即理查德·伯登·霍爾丹（Richard Burdon Haldane，1856—1928），英國自由黨政治家，律師、哲學家和傳記作家。1879年進入律師界，1890年成爲王室法律顧問。1895—1911年爲下院議員。英布戰爭的主戰派。1905—1912年任陸軍大臣期間主持軍事改革，1911年獲封貴族。1912年出任英國大法官。有《相對論的支配》《自傳》等大量著述。

③ “薛次彭荷耶爾”，即亞瑟·叔本華（Arthur Schopenhauer，1788—1860），德國哲學家，唯意志論者。主要著作有《作爲意志和表象的世界》《論處於自然界中的意志》《倫理學的兩個基本問題》等。霍爾丹與人合譯了叔本華的《作爲意志和表象的世界》的英文本。

④ “摩利”，即約翰·莫利（John Morley，1838—1923），英國自由黨政治活動家、作家和報刊編輯。

⑤ “利他拉里加色脱”，即《文學公報》（*The Literary Gazette*），1817年由出版商亨利·科爾本（Henry Colburn）在英國創辦，1863年停刊。1856—1858年莫利任該刊編輯。

⑥ “伯爾麥加色脱”，即《蓓爾美爾公報》（*Pall Mall Gazette*），1865年由史密斯在倫敦創辦。1880—1883年莫利任該刊編輯。

⑦ “馬克密蘭”，即《麥克米倫雜誌》（*Macmillan's Magazine*），1859年由亞歷山大·麥克米倫（Alexander Macmillan）創辦，1907年停刊。1883—1885年莫利任該刊編輯。

⑧ “隔週評論”，亦譯作《雙周評論》（*The Fortnightly Review*），1865年創刊。1867—1882年莫利任該刊編輯。

⑨ “幡喀傳”，“幡喀”，即埃德蒙·伯克（Edmund Burke，1729—1797），英國保守主義政治家和哲學家。著有《論崇高與美兩種觀念的根源》《法國革命論》等。莫利所著《伯克傳》出版於1879年。

⑩ “維魯提傳”，“維魯提”，即伏爾泰（Voltaire，1694—1778），法國啓蒙思想家、哲學家。著有《哲學通信》《形而上學論》《哲學辭典》等。莫利所著《伏爾泰傳》出版於1871年。

⑪ “盧梭傳”，“盧梭”，即讓-雅克·盧梭（Jean-Jacques Rousseau，1712—1778），法國啓蒙思想家、哲學家。著有《論人類不平等的起源和基礎》《社會契約論》等。莫利所著《盧梭傳》出版於1873年。

⑫ “哥伯哥登傳”，“哥伯哥登”，即理查·科布頓（Richard Cobden，1804—1865），英國工廠主、自由黨人，自由貿易的擁護者，反穀物法同盟創始人，下院議員（1841—1864）。莫利所著《科布頓傳》（*The Life of Richard Cobden*）出版於1881年。

⑬ “次威德摩士卿”，即特威德茅斯男爵（Baron Tweedmouth）。此處指第二任特威德茅斯男爵愛德華·馬喬里班克斯（Edward Marjoribanks，1849—1909），英國自由黨政治家，1905—1908年任海軍大臣。

自由黨内閣改造之時。入爲國璽卿及蘭加斯德爾尚書。厥後爲自由黨幹事長。卓著偉績。商務局長遮俄爾奇[①]氏。威爾士急進黨[②]之領袖也。地方局長班士[③]氏。爲有名之工人代表者。自一八九二年以來。即爲議員。彼於夜學[④]之外。曾未受他種之教育。然甚喜以演説及論文鼓吹社會主義。此次入閣。當拜命入謁英皇時。仍着平日樸質之衣冠。爲倫敦市民所大悦。彼所居之職之所司。爲衛生事務救貧事務等。皆與下級人民有直接之關係。其得意可知。然以英國之階級制度盛行之社會之事務。而一以委諸如彼之無經驗者之手。識者謂恐非今内閣之利。蘇格蘭尚書辛柯列雅[⑤]氏。爲亞巴經侯[⑥]之愛壻[⑦]。侯任加拿大總督時。彼爲其秘書官。本爲軍人。入議院之日尚淺。農務局長加陵哥敦侯[⑧]。爲英國之大地主。嘗爲烏酉路士等地之知事。而其

① “遮俄爾奇”，即戴維·勞合·喬治（David Lloyd George，1863—1945），英國自由黨政治家。1890 年進入議會下院，1905—1908 年任商業大臣（即文中的“商務局長”），1908—1915 年任財政大臣，對英國政府策劃第一次世界大戰時的政策產生了很大影響。1916—1922 年任首相。參加巴黎和會，是《凡爾賽和約》的炮製者之一。

② “威爾士急進黨”，指威爾士的自由黨激進派。1890 年，勞合·喬治作爲自由黨激進派候選人參加威爾士卡那封郡的補缺選舉，獲勝後進入議會。至去世前，他一直擁有議會中的這一席位。在 1895 年後自由黨處於在野地位的 10 年中，勞合·喬治是自由黨激進派的領袖。

③ “班士”，即約翰·埃林頓·伯恩斯（John Elliot Burns，1858—1943），英國勞工領袖，社會主義者。1883 年加入社會民主聯盟，1886 年以煽動罪受審，1888 年因參加 1887 年 11 月倫敦特拉法爾加廣場的示威被監禁，1889 年秋領導倫敦船塢工人大罷工。1892 年當選職工代表大會主席和社會黨下院議員。1905 年 12 月進入内閣，任地方政府事務大臣（即文中的“地方局長”），是英國歷史上首位工人階級出身而進入内閣的人。1914 年 2 月任貿易大臣，同年 8 月爲抗議英國參加第一次世界大戰而辭職。1918 年離開議會。

④ “夜學”，即夜校。19 世紀 40 年代，英國教會人士發起創辦民衆學院，主要爲工人提供夜間學習的機會。

⑤ “辛柯列雅”，即約翰·辛克萊（John Sinclair，1860—1925），英國自由黨政治家，1905—1912 年任蘇格蘭事務大臣。

⑥ “亞巴經侯”，即阿伯登和特梅爾侯爵（Marquess of Aberdeen and Temair），此處指第一代阿伯登和特梅爾侯爵約翰·坎貝爾·漢密爾頓-戈登（John Campbell Hamilton-Gordon，1847—1934），英國政治家。1886 年短暫擔任過愛爾蘭總督，1893—1898 年任加拿大總督，1905—1915 年再次擔任愛爾蘭總督。他的女兒瑪喬麗·愛德琳·戈登（Marjorie Adeline Gordon，1880—1970）嫁給了約翰·辛克萊。

⑦ “壻”，同“婿”。

⑧ “加陵哥敦侯”，即卡林頓男爵（Baron Carrington），此處指查爾斯·羅伯特·懷恩-卡林頓（Charles Robert Wynn-Carington，1848—1928），英國政治家，家族爵位是卡林頓男爵，他本人被授予卡林頓伯爵和林肯郡侯爵，1905 年至 1911 年擔任農業局長。

於政治一方面。則取近於民主論之急進主義。遞信總監巴柯斯登[①]氏。前此曾草一關於俸祿問題之論文。見知於世。愛爾蘭尚書布萊士博士[②]。今世界有名之歷史家及法律家。英國有數之學者也。其政治上之經歷。亦非淺少。一八八六年時。任外務次官。其後復兩度入閣。與格蘭斯敦及摩利同唱道愛爾蘭自治説。此次彼自擇居此職。必非無所期望。而與彼同掌愛爾蘭事務之亞巴經侯。前此亦與愛爾蘭自治問題。非無關係。故彼二人任此職後。必將有事於其夙所自信之主義。可決言也。樞密院議長柯留侯[③]。爲羅士伯里卿之壻。善詩文。其家有貴重之圖書陳列所。自一八九二年至一八九五年四年間。皆爲愛爾蘭總督。今在樞府。殆能操縱貴族院之自由黨員。國璽卿李奔侯[④]。出自名門。至一八五二年。始入下院。其後迭次入閣。一八七四年。變宗加特力教[⑤]。爲英國腓里麥孫盟[⑥]會長。教育大臣俾列爾[⑦]氏。爲英國之

① “巴柯斯登”，即悉尼·查爾斯·巴克斯頓（Sydney Charles Buxton，1853—1934），英國自由黨政治家，1905年任郵政總長（即文中的“遞信總監”），1910年任貿易委員會主席，1914年任南非總督。

② “布萊士博士”，即詹姆斯·布萊斯（James Bryce，1838—1922），英國自由黨政治活動家，外交家、法學家、歷史學家。著有《美利堅聯邦》，1907—1913年任駐美大使。

③ “柯留侯”，即克魯侯爵（Marquess of Crewe），此處指第一代克魯侯爵羅伯特·奧夫利·阿什伯頓·克魯-米爾恩斯（Robert Offley Ashburton Crewe-Milnes，1858—1945），英國自由黨政治家、作家。1892—1895年任愛爾蘭總督。1899年與第五代羅斯伯里伯爵的女兒瑪格麗特·艾蒂安·漢娜·克魯-米爾恩斯（Margaret Etienne Hannah Crewe-Milnes，1881—1967）結婚。1905年自由黨政府建立後，任樞密院大臣。

④ “李奔侯”，即里彭侯爵（Marquess of Ripon），此處指第一代里彭侯爵喬治·弗雷德里克·塞繆爾·羅賓遜（George Frederick Samuel Robinson，1827—1909），英國政治家。早年參加過基督教社會主義運動。1859年承襲父親爵位，成爲第二代里彭伯爵，1871年因成功解決與美國的“亞拉巴馬争端”升爲侯爵。贊成格萊斯頓的愛爾蘭自治方案，1874年改宗羅馬天主教。1880—1884年任印度總督，將英軍從阿富汗撤出，在印度實行地方自治制度。1886年任海軍大臣，1892—1895年任殖民地事務大臣。1905—1908年任掌璽大臣兼上院自由黨領袖。

⑤ “加特力教”，拉丁文“Catholicism”的音譯，即天主教。

⑥ “腓里麥孫盟”，疑爲小兄弟會或方濟各會（又譯作“法蘭西斯派”）。天主教托鉢修會之一，13世紀初由意大利人方濟各（Francesco d’Assisi，1181—1226）得教皇批准創立。

⑦ “俾列爾”，即奧古斯丁·比勒爾（Augustine Birrell，1850—1933），英國自由黨政治家，律師和作家。1875年起任律師。兩度擔任下院議員（1889—1899、1906—1918）。1905—1907年任教育大臣。1907—1916年任愛爾蘭事務大臣。1908年，議會通過了他提出的設立國立愛爾蘭大學和貝爾法斯特大學的議案。1916年，因愛爾蘭爆發復活節起義而辭職。曾任倫敦大學法學教授，因兩部散文集《餘論》馳名文壇。

文士及法律家。曾任倫敦大學之法學教授。後爲辯護士。其高尚的小説與其輕快的即席演説。最爲世人所敬佩。彼極取進步的政治主義。故彼任此職後。英國教育制度。必將大加改良。蘭加斯德爾尚書法武那①氏。前此曾迭次入閣。有經歷。爲自由黨之老將。此次居此閑職。殆所以備首相之顧問也。

其政綱　自由黨内閣成立後十日。開大會於倫敦。首相班氏對於九千餘之聽者。爲新内閣之政綱演説。其言之屬於内政者。謂關於中國工人輸入非洲之事②。其未來者。新内閣必禁止之。其已至者。則姑仍之。而其地之鑛山業與中國工人之關係之一問題究如何。新内閣當先爲精密之調查。次爲確定之處分。關於愛爾蘭自治問題。新内閣固夙認使各地之人民自監督其地方行政爲必要。如英革蘭③。即其往例。故對於愛爾蘭。則亦俟機會到來之日。固不可不設同一之制度。關於國税問題。新内閣必始終採自由貿易政策。關於印度殖民地文武争權之事④。新内閣所取之態度。爲左武右文之態度。其

① “法武那”，即亨利・哈特利・福勒（Henry Hartley Fowler，1830—1911），英國律師和自由黨政治家。1855 年起爲律師。1863 年任英格蘭中部伍爾弗漢普頓（Wolverhampton）市市長。1880—1908 年任下院議員。曾任内政部副大臣、財政大臣、地方事務大臣、印度事務大臣等職。支持英布戰争，反對張伯倫的關税改革。1905—1907 年任蘭開斯特公爵郡大臣，1908—1910 年任樞密院院長。

② “關於中國工人輸入非洲之事”，英布戰争結束後，南非采礦業迅速發展，勞動力嚴重短缺，礦業資本家提出招募華工。1903 年至 1904 年初，招募華工問題成爲英國和南非政治争論的中心，英國駐南非高級官員和蘭德礦主堅决要求招募華工，南非布爾農業主及白人勞工和商人則反對招募華工。1904 年春，英國議會針對招募華工問題進行了三次辯論，同年 5 月，清政府代表在倫敦與英國政府代表簽訂了《中英會訂保工章程》。章程只作一般原則規定，諸如有關華工的工時、工資、伙食、醫療等具體問題則另訂在契約合同中；而在執行合同時，英屬殖民地當局又可隨意所爲，很多條款徒具空文。1904—1910 年，約 6.4 萬名契約華工先後來到南非。在南非，契約華工因遭受非人折磨和歧視，不時發動罷工表示對當局的不滿；同時契約華工的增加也引起南非白人與土著礦工的仇視。1905 年自由黨政府上臺後不得不表示，“其未來者，新内閣必禁止之；其已至者，則姑仍之”。從 1907 年開始，英國殖民政府開始分批遣散契約華工，至 1910 年，幾乎所有契約華工都被遣返。

③ “英革蘭”，即英格蘭。

④ “印度殖民地文武争權之事”，英國政府在印度推行殖民統治的過程中，高度重視控制武裝力量的手段。1857 年爆發的印度民族大起義被鎮壓後，對印事務的决策權收歸英國議會和内閣，印度總督作爲英國政府派駐印度的最高文官，直接掌管武裝力量，具體事務亦由以印度總督爲首的英國高級文官集團負責。

言之属於外交者。則謂日英同盟[1]及英法協商[2]問題。新内閣必極力贊成之。英德關係[3]問題。新内閣深慶最近之親和運動。且新内閣對於其他各種外交問題所持之政策。皆以與世界各國同生息於最良之關係之下爲主義。無論何種方面。必不取侵襲政策。其他演説之言。如關於土地、運河、學校、職工同盟、營業行政、等諸問題之言。及其所謂英國當盡力使世界之文明進步。使仲裁裁判之効用日益發達。以減殺各國之擴張兵備之熱心。云云。要皆非與其内閣之基礎有密切之關係。無取乎一一撮録研究之也。

評論　此次新内閣能網羅多數之知名之士入其彀中。較之巴爾法内閣末年之情勢。大相逕異。其必能得民意也。吾蓋可必之。然或者亦謂其各閣員間種種之政治主義。多不相合。殆稍不免有駁雜之感。雖然。以班氏之沉鍊。吾知其於諸小問題。必有以處之也。顧吾所代彼新内閣憂者。則惟在彼所謂之愛爾蘭自治問題。此問題之所關。不惟彼議院中之八十餘名愛爾蘭議員所視爲向背之點。抑且爲羅士伯里派中之人物如大藏大臣亞士奇斯外務大臣郭列陸軍大臣哈魯敦樞密院議長柯留諸人所堅持之政見之所存。不觀夫班氏爲政綱演説時之言乎。其所以含糊其辭者。蓋有苦心所在也。故吾以

① “日英同盟”，亦作“英日同盟”。1902年1月，英國和日本爲對抗俄國在遠東的擴張，以及爲侵略中國和朝鮮而締結的軍事政治同盟。締約規定：雙方互相承認各自在中國的特殊利益，承認彼此有權干預中國和朝鮮的内政；一方如對第三國作戰，另一方應守中立；一方如對兩個或兩個以上的國家作戰，另一方應予以軍事援助。英日同盟的建立，使日本在對抗俄國方面可以指望得到英國的援助，英國在遠東也有了對抗俄國的盟友，從而加强了它同德國競争的力量。該同盟於1921年解體。

② “英法協商”，19世紀末20世紀初，英國爲對付德國，鞏固其霸權地位，加强了同法國的聯繫。1903年5月，愛德華七世訪問法國；同年7月，法國總統盧貝回訪英國，在英國受到熱烈歡迎。此後，兩國之間經過秘密談判，於1904年4月簽訂了《英法協約》（又稱《誠意協約》）。根據該協約，法國放弃幾十年來在埃及問題上與英國的對抗政策，承認埃及爲英國的勢力範圍；英國則保證不妨礙法國在摩洛哥的行動。

③ “英德關係”，19世紀末，資本主義經濟、政治發展的不平衡進一步加劇。美國、德國成爲新興强國，其工業、交通運輸和對外貿易的發展速度均超過老牌的資本主義國家英國和法國。進入20世紀後，德國經濟實力超過英國，躍居世界第二位、歐洲第一位。在帝國主義國家重新瓜分世界的争霸鬥争中，德國成爲英國的主要威脅，英德矛盾成爲國際關係中的主要矛盾。

爲使他日者。新内閣而不許其自治乎。則彼八十餘名之愛爾蘭議員一去。新内閣即必不能制議院中之絶對的多數。使新内閣而許之乎。則亞士奇斯郭列等諸人或將相率而辭去其位。其他有無何種可轉圜之機。吾尚未能得知。要之以吾觀之。則此問題。真新内閣他日進退之問題也。或曰。班氏爲英國政治家中之最富有經歷者。此問題殆亦必已有成算。雖然。此則非可以局外測度者耳。

（3）勞働黨之得勢

其沿革　英國勞働政黨之發生。距今僅三十餘年耳。先是一八七四年時。始有二人之勞働議員。見於下院[①]。越二十六年。當一九〇〇年總選舉[②]時。其數增至十二人。又越六年。至本年[③]。總選舉時。則驟增至五十一人。於是英國下院内於自由黨統一黨愛爾蘭國民黨[④]三大政黨之外。復見一大政黨。

内部之分子　勞働黨。一謂之勞働代表委員會（Labour Representation

① “一八七四年時。始有二人之勞働議員。見於下院”，在 1874 年大選中，煤礦工人領袖亞歷山大·麥克唐納（Alexander MacDonald）和托馬斯·伯特（Thomas Burt）當選下院議員。這是英國議會中第一次出現工人出身的議員。

② “總選舉”，今通譯作“大選”。英國爲議會制國家，議會下院的選舉即爲大選。

③ “本年”，指該文在《新民叢報》上發表的時間，即 1906 年。

④ “愛爾蘭國民黨”，愛爾蘭國民黨（Irish National Party），又譯作“愛爾蘭民族主義黨”，19 世紀後期至 20 世紀初領導愛爾蘭民族運動的主要政黨。前身爲 1870 年 9 月由艾薩克·巴特（Isaac Butt，1813—1879）創建的愛爾蘭自治聯盟（Home Government Association）。1873 年 11 月，愛爾蘭自治聯盟改組爲政黨，稱愛爾蘭自治黨（Irish Home Rule Party），該黨在次年的議會選舉中獲得 59 個席位。巴特去世後，查爾斯·帕内爾（Charles Parnell，1846—1891）成爲該黨領袖。1882 年，愛爾蘭自治黨改名爲“愛爾蘭議會黨”（Irish Parliamentary Party）。1891 年帕内爾去世前後，該黨趨於分裂。1900 年改稱愛爾蘭國民黨。第一次世界大戰後，其地位被新芬黨（Sinn Fein）取代。下文表中所列的“國民黨”，即指愛爾蘭國民黨。

Committee）[①]其内部所以組成之分子凡爲二。一同業組合（Trade Unions）一獨立勞働黨（Independent Labour party）[②]是也。同業組合。爲勞働者勢力之所存。獨立勞働黨。爲社會主義之所存。前者以人數及財力奠安黨基。後者以思想主義聯貫黨脈。而兩勢力之比較。則前者。强大獨立者也。後者。薄弱孤立者也。兩者相合。勞働黨乃成。

注 本年二月十三日倫敦泰晤士報[③]所揭之圖可備參觀今録之

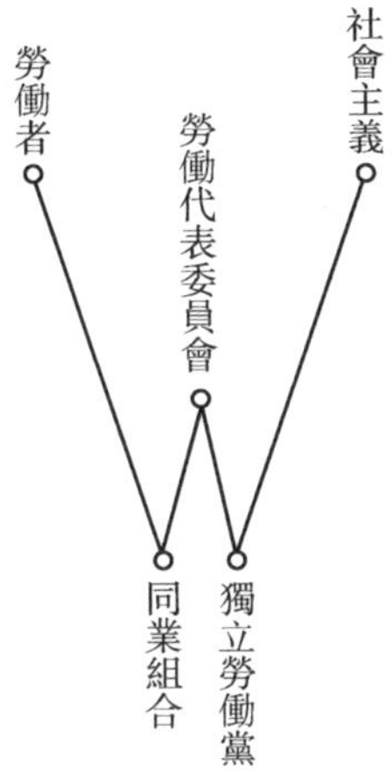

本年總選舉時之得勢　欲明勞働黨得勢之狀況。其下院議員歷年增加及本年驟增大多數之情。既如前述。顧尤當注意者。則前此彼黨在下院之位置。

---

① “勞働代表委員會（Labour Representation Committee）”，今譯作“勞工代表委員會”。由英國職工大會於 1900 年 2 月在倫敦發起成立，起初只有集體成員，包括獨立工黨、費邊社、社會民主聯盟和 41 個行業工會，目的是争取把工人代表選進議會，以實現有利於工人的立法。1906 年大選後，第一次在議會組成單獨的議會黨團，并更名爲“工黨”。

② “獨立勞働黨（Independent Labour party）”，即獨立工黨。1893 年 1 月在布拉德福德成立，主要創建人爲詹姆斯·基爾·哈第（James Keir Hardie，1856—1915）和詹姆斯·拉姆齊·麥克唐納（James Ramsay MacDonald，1866—1937）等。黨員主要是一些來自新舊工聯的工人運動活動家、工會會員以及受費邊派影響的知識分子和小資産階級分子。同自由黨關係密切，主要致力於争取選舉獨立的工人代表進入議會。1900 年作爲集體會員加入英國勞工代表委員會。1906 年勞工代表委員會改稱工黨後，成爲工黨的核心力量。第一次世界大戰期間，主要領導人持資産階級和平主義立場。1932 年 7 月退出工黨。1935 年黨内左翼成員加入英國共産黨。

③ “泰晤士報”，《泰晤士報》（*The Times*），英國資産階級報紙。1785 年 1 月 1 日由約翰·沃爾特（John Walter，1738—1812）在倫敦創刊，原名《每日天下紀聞》，1788 年 1 月改稱《泰晤士報》。

非獨立的而附属的。本年在下院之位置。則非附属的而獨立的之一事是也。而欲明歷年以來勞働黨與他黨在下院之比例之數。則左表所揭。足以瞭如。

下院議員黨派別表（據本年一月卅一日及二月十五日之泰晤士報）

選舉區分類	議員數	一九〇〇年總選舉前			一九〇六年解散前			一九〇六年總選舉後			
		自由黨及勞働黨	國民黨	統一黨	自由黨及勞働黨	國民黨	統一黨	自由黨	勞働黨	國民黨	統一黨
英革蘭	四六五										
內倫敦①	六二	八	…	五四	一〇	…	五二	三八	四	…	二〇
市街地	一六四	三九	…	一二四	四六	一	一一七	九六	二五	一	四二
郡部	二三四	七八	…	一五六	九三	…	一四一	一五八	一六	…	六〇
大學	五	…	…	五	一	…	四	…	…	…	五
威爾士	三〇										
內市街地	一一	八	…	三	七	…	四	一〇	一	…	…
郡部	一九	一八	…	一	一八	…	一	一六	三	…	…
蘇格蘭	七二										
內市街地	三一	一五	…	一六	一八	…	一三	二三	二	…	六
郡部	三九	一九	…	二〇	二二	…	一七	三五	…	…	四
大學	二	…	…	二	…	…	二	…	…	…	二
愛爾蘭	一〇三										
內市街地	一六	…	一〇	六	…	…	五	…	…	一二	四
郡部	八五	…	七一	一三	四	…	一〇	三	…	七〇	一二
大學	二	一	…	二	…	…	二	…	…	…	二
總計	六七〇	一八六	八二	四〇二	二一九	八二	三六九	三七九	五一	八三	一五七

① “內倫敦”，英國首都倫敦由內倫敦和外倫敦組成。內倫敦包括倫敦城及周圍 13 個自治區，內倫敦以外的 19 個自治區爲外倫敦。內、外倫敦合稱大倫敦（Greater London）。

黨綱[①]

（甲）本年正月總選舉前。勞働議員候補者所宣言者。

（1）回復同業組合於達夫威爾事件[②]判决前之法律上之地位。

（2）維持自由貿易制度。

（3）改正損害賠償法。

（4）改正教育法。

（5）制定年高者年金法。

（6）課税照土地之實價。

（7）供給食物於小學兒童中之貧困者。

（8）供給已不能勞働者。

（9）擴張實行國有主義之限度。

（10）施行普通選擧制於成年男女。

（乙）本年總選擧後。議會開會前。勞働代表委員會開年會時所議决者。

（1）爲欲鞏固同業組合之地位。使勞働議員以必要之法律改正案提出於下院。

① “黨綱”，此處意謂基本主張、主要主張。英國工黨成員最初來自英國職工代表大會所屬的各工會、一部分合作社、行業協會，以及社會民主聯盟、費邊社、獨立工黨等團體和組織，各團體和組織的成員信奉不同的意識形態。因此，工黨建立後很長一段時間内并没有黨綱。直到 1918 年 6 月，在費邊社的幫助下，工黨才制定了題爲《工黨與新社會秩序》的第一份黨綱。

② “達夫威爾事件”，即塔夫河谷（亦音譯爲“塔夫維爾”）罷工案（Taff Vale Case）。1900 年 8 月，塔夫河谷鐵路公司的工人聯合會組織工人罷工，要求增加工資、承認工會。罷工期間，工人聯合會在鐵路沿途各站安排糾察，勸阻工人上班。這次罷工不僅一無所獲，而且工人聯合會還被鐵路公司指控違法，要求賠償因安排糾察鼓動罷工給鐵路公司造成的損失。法官判决鐵路公司的指控成立，工人聯合會不服，但判决最後在 1901 年得到上院支持，工人聯合會被要求賠償鐵路公司 2.3 萬英鎊。此後，英國各地工人紛紛行動起來，通過勞工代表委員會要求當局改正這一錯案，勞工代表委員會的影響從而不斷擴大，該案也成爲 20 世紀初英國工黨得以産生和壯大的重要因素。1905 年底自由黨上臺後，促使議會在 1906 年 12 月通過《勞資争議法》，使工會組織罷工以及在罷工中組織糾察的行爲合法化，同時取消了對上院 1901 年裁决的執行。

（2）爲求職業而不得之諸勞働者之所以不得之理由。在於土地資本歸諸私有之故。因而產業組織不與社會全體之利害相伴。而現今之失職勞動者法（Unemployed Workmen's）[①]實不完全。故不可不關於此問題十分喚起議會及輿論之注意。

（3）施行普通選擧制於成年男女。

（4）改正租稅法。凡名爲社會的共同富源。而實則爲私人獨獲利益者。皆不可不執使其歸諸國有之方針。

（5）關於教育之事。以能令兒童於被開發其能力時得均等之機會爲至要之宗旨。

自由黨對於此黨之態度　自由黨對於此黨之態度。純表同情。自昔以來。其例不可枚擧。其尤著者。如同業組合當格蘭斯敦執政時。深蒙利益。及今內閣對之之態度皆是也。前者且勿語。請語今次。今次總選擧時。自由黨不惟於己黨之勢力範圍之選擧區內。容認[②]勞働候補者之出現。且以與統一黨競争之故。至令巴斯伯爾[③]等勞働出身者利用己黨之機關。而從來有名之工人代表者班士氏。竟得爲新內閣之閣員。不特此也。今首相班那曼氏之演説中。且屢述歡迎勞働議員多數出現之辞。而豫言社會政策的立法時代之到來。印度大臣摩利。亦言“已於議院內得聞勞働者之思想

① “現今之失職勞動者法（Unemployed Workmen's）”，即英國政府1905年頒布的《失業工人法》。該法以國家立法的形式承認了政府在解决失業問題上的責任，但在具體執行過程中，仍然表現爲以地方爲單位的失業救濟體制，并未對中央政府的職責作出明確且具體的規定，而且其執行程序過於複雜。1906年大選後，工黨議會黨團提出了修改該法的要求。經過幾年的努力，終於促使議會在1909年10月通過了在内容上更爲具體、在執行上相對有效的《勞動介紹所法》。1910—1914年，英國的勞動介紹所從原有的61個增加到423個，在勞動介紹所登記的申請者從140萬人增加到200萬人。

② “容認”，日語詞，承認、允許之意。

③ “巴斯伯爾”，疑爲約翰·埃林頓·伯恩斯和理查德·貝爾，兩人均爲英國工聯領袖，後者時任鐵路員工聯合會書記。

於勞働者之直接代表者之口。至爲可賀”。此外如本年二月十九日行國會開院式時英皇所發之勅語。亦頗足以見今內閣之施政方針。今期議會之議題之重要事件中。如改正産業争議解决法案①。如改正勞働者賠償法案②。如改正失職勞働者法案等。皆與勞働黨有至密切之關係。蓋今內閣頗重視勞働黨之所要求。(即其黨綱)而其意在欲以法令之力解决社會問題也。

統一黨保守黨對於此黨之態度　統一黨保守黨之對於勞働黨。其欲得其歡心也。亦與自由黨同。分而擧之。則張伯倫以市町村社會主義(Municip I socialism)③實施於巴密根④。巴爾法對於東曼節士達選擧區⑤民發表之政綱中。盛陳述社會的立法之必要。皆其心之可見者。而二氏者。則在野黨之領袖也。此猶僅就最近之現象而言也。若夫保守黨自昔之政治家。爲欲吸

① “改正産業争議解决法案”，1905年底自由黨上臺後，即提出《勞資争議法案》，并促使議會在次年底通過了該法案，稱《勞資争議法》。《勞資争議法》中一個核心内容是，工會對其成員在罷工中所造成的損失不負任何責任。以該法爲依據，工黨議會黨團促使上院重新審理了塔夫河谷罷工案，否决了其1901年的裁决。

② “改正勞働者賠償法案”，當指工黨議會黨團提出的有關工傷賠償、勞動保險乃至養老等方面的立法要求。經過多年努力，議會在1908年通過了《養老金條例》，規定凡年滿70歲，每年收入不超過31英鎊者，可得到國家養老金。1911年，議會通過了《國民保險法》，該法第一部分和第二部分分别爲健康保險、失業保險的相關内容。

③ “市町村社會主義(Municip I socialism)”，“Municip I socialism”，有誤，應爲“Municipal socialism”，即市政社會主義，又稱地方公有社會主義，是19世紀80年代以英國費邊社和法國“可能派”爲主要代表的社會改良主義思潮。市政社會主義者否定階級鬥争、社會革命和奪取政權的必要性，主張通過民主選舉産生的地方自治的市政機關，逐步掌握諸如自來水、電燈、電車、郵政、保險等公用事業的所有權，從而逐漸實現社會主義。列寧指出，市政社會主義者“幻想社會和平，幻想階級調和，企圖把公衆的注意力從整個經濟制度和整個國家制度的根本問題轉移到地方自治這些細小問題上去”，這種“局部實現社會主義”的“市儈反動空想”是“尤其没有希望”的。(列寧. 列寧全集：第16卷[M]. 北京：人民出版社，2017：323-324.)

④ “巴密根”，即伯明翰（Birmingham）。約瑟夫·張伯倫在1873年當選伯明翰市市長後，即大力推行教育改革、拆除貧民窟、改善市民居住條件等“新政”，在英國社會産生了較大影響，并因此在1876年進入議會，成爲格萊斯頓首相在下院的代理人。1886年成爲自由黨統一派領袖後，張伯倫又迫使保守黨政府在國内問題上采取了一些具有進步性的社會改革政策。

⑤ “東曼節士達選擧區”，即東曼徹斯特（Manchester East）選區。

收勞働者於己黨中而發表之各種改革案。殆尤不可縷述。就吾儕所已確考得者舉之。則如察奇爾昂①所唱道之保守的衆民主義。（Tory Democracy）稽士列里②所主張之新保守主義。（New Torism or Popular Torism③）皆足以相證者也。

今後之勢力如何　勞働黨今後之勢力。必日達於强大。此稍明英國政局者所能言也。顧吾窮其所以必日達於强大之理由。則首當注意者。在於盎格魯撒遜民族④遺傳而來之特色之箇人自由之保護任意活動之信念等。今在英國之政治界。已漸歸於消滅。而共同權力利用之渴望。日益增加。對於政府之權力之猜疑心。日益減少。故所謂市町村社會主義。已見諸實際者不少。而國家社會主義⑤。亦非如昔時之爲人所嫌忌。非無因也。不見夫十九世紀初勞働者之組合及十九世紀中葉時同業組合之悲觀乎。及今思之。固已有今盛昔衰之感矣。抑十九世紀中之英國輿論。約可分爲三大潮流。以其時期排

① “察奇爾昂”，即倫道夫·丘吉爾勛爵（Lord Randolph Churchill，1849—1895），英國保守黨政治家。温斯頓·丘吉爾（1874—1965）之父。1880—1885年自由黨執政時，與另外三名保守黨人（A. J. 鮑爾弗、亨利·德拉蒙德·沃爾夫爵士和約翰·戈斯特）組成所謂“第四黨”，鼓吹“托利黨民主”，標榜個人自由、法治和議會制，主張以妥協手段調解社會衝突。1885年任印度事務大臣時，發動第三次英緬戰爭，使英國兼并了整個緬甸。1886年任財政大臣和下院領袖。

② “稽士列里”，即本傑明·迪斯雷利（Benjamin Disraeli，1804—1881），英國保守黨政治家，著作家，比肯斯菲爾德伯爵（Earl of Beaconsfield）。1837年進入議會下院，之後數次出任財政大臣，兩次出任英國首相（1868、1874—1880）。事實上，在倫道夫·丘吉爾之前，本傑明·迪斯雷利就提出了“托利黨民主”的口號，與“新保守（托利）主義”或“大衆的保守（托利）主義”的主張是一致的。第二届迪斯雷利政府先後出臺了《工匠和工人住房改善法》《公共衛生法》《工廠法》《工會法》等。去世前完成了反映其早年經歷的懷舊政治小説《恩迪米昂》。

③ “New Torism or Popular Torism”，兩處的“Torism”均有誤，應爲“Toryism”。

④ “盎格魯撒遜民族”，即盎格魯-撒克遜人（Anglo-Saxons）。

⑤ “國家社會主義”，企圖利用舊的國家政權進行社會改良的資産階級思想。主要代表爲德國的拉薩爾和洛貝爾圖斯。拉薩爾提出“工資鐵律”和“不折不扣的勞動所得”論，反對無産階級革命，主張通過普選制建立的國家政權幫助工人建立生産合作社，和平過渡到社會主義。洛貝爾圖斯認爲由於土地和資本的壟斷，工資在國民收入中的份額不斷下降，經濟危機不斷發生，提出工資應隨勞動生産率的增長而增長，主張由普魯士政府制定工資標準，實施社會改革，逐步實現土地和資本國有化。

列之。則初期有力之輿論。爲布拉柯士敦[①]的樂天主義。及耶爾登[②]的保守主義。中期有力之輿論。爲邊沁[③]的箇人主義。及自由主義。末期有力之輿論。爲共同主義[④]。及國家干涉主義。是等輿論之效力。其所及之範圍。至爲偉大。而其所及於政治上之效力。又已人所共見。此英國關於政府之職務之思潮之變遷之實。亦不可不深長念也。

（已完）

① “布拉柯士敦”，疑爲沃爾特·司各特（Walter Scott，1771—1832），英國詩人、歷史小説家、出版家和律師。出身貴族，畢業於愛丁堡大學。早期作品有長詩《瑪米恩》和《湖上夫人》等，反映了蘇格蘭和英格蘭的歷史，帶有浪漫主義色彩。1814 年後的小説，主要有《威弗利》《伍特斯陶克》《昆丁·達沃德》等。

② “耶爾登”，疑爲簡·奥斯丁（Jane Austen，1775—1817），英國女作家。著有長篇小説《理智與情感》《傲慢與偏見》《曼斯菲爾德花園》《愛瑪》等，大多描寫鄉村生活，田園情趣，被認爲有保守主義傾向。

③ “邊沁”，即耶利米·邊沁（Jeremy Bentham，1748—1832），英國哲學家、倫理學家、法學家。資産階級功利主義學説的主要代表。反對社會契約和自然法學説，認爲避苦求樂是個人行爲的基礎與區别行爲善惡、是非的準則。主張個人利益的滿足（“利己主義原則”）是保證“最大多數的最大幸福”（“利他主義原則”）的手段。主張自由競爭，反對政府干預經濟。著有《道德與立法原理導論》《政府片論》等。

④ “共同主義”，此處意謂主張尊重和依靠群體或組織，與個人主義和自由主義相反。

《英國政黨最近之政況》編者説明

《英國政黨最近之政况》一文，最初刊載於光緒三十二年六月十五日（1906 年 8 月 4 日）出版的《新民叢報》第四年第 12 號（總第 84 號）的“記載”欄。作者署名“仲遥”，即吴仲遥。

1. 仲遥

參見本卷“《最近世界大勢論》編者説明”中的“2.仲遥”。

2. 《新民叢報》

參見本卷“《最近世界大勢論》編者説明”中的“3.《新民叢報》”。

3. 内容簡介

該文刊載於 1906 年 8 月 4 日出版的《新民叢報》的“記載”欄，屬紀實類文章。文章發表時， 1906 年 1 月的英國大選僅過去半年多時間。文章聚焦 19 世紀末 20 世紀初英國政黨政治的發展演變情况，通過“保守黨之辭職”、“自由黨之入閣”和“勞働黨（即工黨——編者注）之得勢”三部分内容，介紹了英國當時各主要政黨及其活動家的政策主張，以及政黨態勢，簡要分析了 1905 年保守黨下臺的原因，還詳細介紹了新一届自由黨政府中主要成員的基本情况，特别是對剛剛興起的工黨的發展前途表達了樂觀態度，認爲其“今後之勢力，必日達於强大”。

1886年，由格萊斯頓提出的自由黨政府關於愛爾蘭地方自治的方案在黨内引起了激烈争論。德文希爾公爵和約瑟夫·張伯倫等人認爲，地方自治將會使愛爾蘭從聯合王國中分離出去，因此堅決反對這一方案，從而形成了黨内統一派，導致了自由黨的分裂和自由黨政府的倒臺。此後，自由黨統一派開始與保守黨合作，保守黨力量得以加强。1895年，索爾兹伯里伯爵第三次組成保守黨政府，德文希爾公爵和約瑟夫·張伯倫在内閣中居於重要地位。1899年英布戰争爆發時，索爾兹伯里伯爵年事已高，政府的大政方針基本上由張伯倫等人主導。1902年夏，索爾兹伯里伯爵因健康原因辭職，外甥阿瑟·詹姆斯·貝爾福接任首相。英布戰争結束後，英德矛盾不斷激化，保守黨政府不得不放弃實行了多年的“光榮孤立”政策，先是締結了英日同盟，繼而改善了與法國的關係，以此對抗俄國和德國的挑戰。爲了進一步確保英國的大國地位，1903年5月，張伯倫發表了《伯明翰宣言》，提出對來自英國以外的穀物、肉類、乳製品、酒類和工業製成品徵收部分關税，在帝國内部實行特惠税制。該宣言矛頭直指英國實施了半個世紀之久的自由貿易政策，要求重回貿易保護主義之路。這一主張當即引起了國内外關注，保守黨内則爆發了激烈的争論。在保守黨政府中，此前與張伯倫一起領導自由黨統一派的德文希爾公爵組織起自由貿易派，極力反對在財政政策上改弦易轍；以張伯倫爲首的關税改革派則不肯退讓半步，張伯倫還以辭職相要脅。首相貝爾福雖然内心傾向於關税改革，但出於平衡内閣權力關係的目的，又擔心關税改革會引起食品價格的上漲，使保守黨失去大批下層選民，猶豫再三後，免去了幾位自由貿易派大臣的職務，同時允許張伯倫和德文希爾公爵辭職。保守黨政府發生的重大分裂，使多年處於在野地位的自由黨藉機恢復了團結，其一方面不斷指責保守黨政府在英布戰争中鬧出的醜聞，另一方面强力攻擊張伯倫的關税改革計劃，認爲該計劃將使下層群衆的“大麵包變成小麵包”。1905 年 12 月，貝爾福被迫宣布内閣集體辭職。

該文在“保守黨之辭職”一部分中，較爲清晰地梳理了這段歷史的基本綫索，對保守黨在 1895—1905 年執政中由盛到衰的主要原因的分析，也是較爲準確的。但作者顯然没有注意到，或者并不關心，正是在這一時期，英國發動了英布戰争；作者更没有認識到這場戰争的帝國主義性質，反而熱衷於比較這些發動戰争的帝國主義者的執政“風格”，如説索爾兹伯里“剛毅卓拔，有創設的才能，於最困難之時勢之下，常能斬荆披棘，自闢生涯”，而貝爾福“之爲人，則明達寬宏。當國家承平之日，能令政治修明，百廢具舉”，只是因“遭逢政海多故之會，則稍不免短於措置之才”，甚至還對這些帝國主義者表現出了某種程度的欣賞，如説索爾兹伯里、貝爾福、德文希爾和張伯倫“四政治家，携手相扶，摩肩相並”，曾獲得了“萬民謳歌”。

1905 年 12 月保守黨政府辭職後，亨利・坎貝爾-班那曼領導自由黨組成了新一届政府。翌年 1 月大選中，自由黨大獲全勝。該文“自由黨之入閣”一部分，詳細介紹了班那曼政府中主要成員的經歷及其在政府中的地位，簡要介紹了新政府在對待契約華工、愛爾蘭自治、内外貿易及關税政策、印度殖民地的治理和英日同盟，以及對法關係等内政外交問題上的基本態度。作者在確信新一届政府較貝爾福“内閣末年之情勢，大相逕異，其必能得民意”的同時，也注意到，“其各閣員間種種之政治主義，多不相合”，雖然“以班氏之沉鍊，吾知其於諸小問題，必有以處之也”，但究竟如何處理愛爾蘭自治問題，恐怕會成爲該届政府面臨的最大考驗。從篇幅看，這一部分大量筆墨都用在了介紹班那曼政府主要成員的情況方面，特别是對首相班那曼、外交大臣愛德華・格雷子爵、地方政府事務大臣約翰・埃林頓・伯恩斯等人的介紹，資料詳細，記述生動，有時候還夾叙夾議，對讀者觀察和分析當時的英國政治動態，具有不小的啓發作用，如説伯恩斯“爲有名之工人代表者，自一八九二年以來，即爲議員。彼於夜學之外，曾未受他種之教育，然甚喜以演説及論文鼓吹社會主義。此次入閣，當拜命入謁英皇時，仍着平日樸質之衣冠，爲倫敦市民所大悦。彼所居之職之所司，爲衛生事務救貧事務等，皆與下級人民有直接之關係，其得意可知。然以英國之階級制度盛行之社會之事務，而一以委諸如彼之無經驗者之手，識者謂恐非今内閣之利”。但如同對保守黨政治家某種程度的欣賞一樣，作者在介紹自由黨政府的一些成員時，也不時表達出了贊羡的態度。比如，文章在提到時任殖民地事務大臣的額爾金時，説其曾“爲有盛名之印度總督”，“其父曾任中國公使”，但却隻字不提老額爾金在第二次鴉片戰争中犯下的諸如火燒圓明園等罪行。

該文“勞働黨之得勢”一部分，詳細介紹了英國工黨的早期歷史，交代了其基本主張，特别關注了這些主張的社會主義色彩；作者對工黨在 1906 年大選中取得的成績持樂觀態度，最後斷言其“今後之勢力，必日達於强大”。

4. 關於 20 世紀初英國工黨的崛起

該文“勞働黨之得勢”一部分，詳細介紹了英國工黨的早期歷史。文章指出，該黨是由各工會組織與獨立工黨聯合而成的，前者“爲勞働者勢力之所存”，“以人數及財力奠安黨基”，較爲“强大獨立”；而後者較早就宣傳社會主義，“以思想主義聯貫黨脈”，但從力量上看則較爲“薄弱孤立”。文章用具體數字直觀反映了英國工黨崛起的大致過程：1874 年，下院首次出現 2 名工人議員；1900 年大選時，工人議員數量增加到 12 人；1906 年大選時，工人議員則急劇增加到 50 多人。1906 年 1 月大選後，當新一届議會在次月召開時，勞工代表委員會即采用“工黨”的名稱，并組成了議會黨團。工黨的産生和崛起，是當時英國社會政治生活中的一件大事，文章指出，“前此彼黨在下院之位置，非獨立的而附屬的；本年在下院之位置，則非附屬的而獨立的”。事實的確如此，工黨在 1906 年的“得勢”標志着英國無産階級在組織上與資産階級的決裂，而這正是它在政治上和思想上進一步與資産階級決裂的重要前提。

文章介紹了 1906 年大選前後英國工黨的基本主張。這些主張主要體現在修改教育法，修改《勞資爭議法》，爲老年人、貧困兒童、失去勞動能力的社會成員提供社會保障，實行成年男女的普選，改革稅法等方面。1906 年大選後，工黨的社會主義主張愈益明確，認爲工人失業的原因“在於土地資本歸諸私有之故”，國家的稅收“名爲社會的共同富源，而實則爲私人獨獲利益者”，因而堅決要求修改失業法和租稅法。文章對此給予了高度關注。文章還注意到一個現象，即 1906 年大選後，不僅執政的自由黨對工黨“純表同情”，而且保守黨、自由黨統一派也“欲得其歡心”。由此可以看出，19 世紀末 20 世紀初，隨着資本主義進入帝國主義階段，資本主義剥削制度越來越不得人心，即使在老牌的資本主義國家英國，廣大下層群衆要求改變社會現實的願望也越來越强烈，社會主義的呼聲已成爲大勢所趨。正如作者所言，“箇人自由之保護、任意活動之信念等，今在英國之政治界已漸歸於消滅”，民衆對“共同權力利用之渴望，日益增加，對於政府之權力之猜疑心，日益減少”，因而“所謂市町村社會主義，已見諸實際者不少”，“國家社會主義，亦非如昔時之爲人所嫌忌”。文章最後斷言，工黨“今後之勢力，必日達於强大”。作者對英國工黨的發展前途所表現出的樂觀態度，是值得肯定的。這種樂觀態度，實際上也反映了當時以吴仲遥爲代表的中國先進知識分子對社會改革和社會主義的嚮往之情。

需要指出的是，雖然英國工黨在 1906 年 1 月的“勝利”“變成那一年轟動社會的大事。報紙、俱樂部、會客廳和鄉間的住户，都一時忘却托雷主義

（即托利黨的保守主義——編者注）和關税改革的慘敗，紛紛談論勞工階級在政治上的抬頭。全國人心大爲震動”[①]，但是，由於英國工黨脱胎於長期以工聯主義爲指導思想的英國各工會，1906 年勞工代表委員會當選的 29 名議員中，“只有一兩個人是馬克思主義者”[②]，因此一開始就帶有改良主義的烙印。工黨建立後至 1918 年，依然是一個没有明確綱領的改良主義工會聯盟，在政治上是比較虚弱的，其各種社會主張的落實，仍然依靠自由黨政府的支持。

在當時的國際共産主義運動中，以列寧爲代表的馬克思主義者曾經對英國工黨的崛起表示熱烈歡迎，并給予有力支持。1908 年 10 月，社會黨國際局在討論是否應當吸收英國工黨議員參加下一届第二國際代表大會的問題時，列寧即發言表示贊成，認爲工黨的建立是“英國真正的無産階級組織走向自覺的階級政策和社會主義工人政黨的第一步”，“英國‘工黨’在議會中脱離了資産階級政黨，向社會主義和無産階級群衆組織的階級政策方面邁出了第一步，這是無可争辯的。這不是‘期望’，而是事實。正是這一事實促使我們接受‘工黨’加入‘國際’”。列寧還批評了英國社會民主聯盟的創始人、時爲第二國際領袖之一的海德門要求英國工黨必須首先承認階級鬥争和社會主義的主張，認爲這在策略上是錯誤的。列寧認爲，“既然以前的代表大會已經讓所有的工聯、甚至那些把自己的代表權交給資産階級議員的工聯參加，現在就不能拒絶‘工黨’即工聯的議會代表參加”。但列寧同時指出，英國工黨雖然“脱離了資産階級政黨，向社會主義和無産階級群衆組織的階級政策方面邁出了第一步”，但這種“脱離”，并“不是在選舉中！不是在自己的整個政策上！不是在自己的宣傳和鼓動上！”“實際上‘工黨’

① 馬克斯·比爾. 英國社會主義史：下卷[M]. 何新舜，譯. 北京：商務印書館，1959：284.
② 亨利·佩林. 英國工黨簡史[M]. 江南造船廠業餘學校英語翻譯小組，譯. 上海：上海人民出版社，1977：18.

并不是真正不依賴於自由派，也不是執行完全獨立的階級政策的”，特別是，作爲工黨核心力量的獨立工黨的“領導人是機會主義者，這是毋庸爭辯的。‘獨立工黨’的領袖拉•麥克唐納甚至在斯圖加特代表大會上提議對‘國際’章程第 2 條作如下的修改：只要工會有誠意就可以加入‘國際’，不必承認階級鬥爭”。[①]

第一次世界大戰期間，英國工黨領導機構的大多數人持沙文主義立場，工黨領袖阿瑟•韓德遜（1864—1935）等參加了王國聯合政府。1924 年起，工黨領導人雖然多次組織政府，但在性質上，工黨已演變爲英國資產階級兩黨制中與保守黨輪流執政的資產階級政黨。事實上，早在 1920 年 8 月，列寧在共產國際第二次代表大會的發言中，就對英國工黨的階級本質作過深刻分析：“當然，工黨大部分是由工人組成的。但是，確定一個黨是不是真正工人的政黨，不僅要看它是不是由工人組成的，而且要看它是由什麼人領導以及它的行動和政治策略的內容如何。只有根據後者，才能確定這個黨是不是真正無産階級的政黨。從這個唯一正確的觀點來看，工黨完全是一個資産階級的政黨。雖然它是由工人組成的，但是領導它的是反動分子，是完全按照資産階級的意圖行事的最糟糕的反動分子。這是一個資産階級的組織，它成立起來就是爲了靠英國的諾斯克和謝德曼之流來有系統地對工人進行欺騙。”[②]

5. 研究綜述

吴仲遥的《英國政黨最近之政況》一文，詳細介紹了 19 世紀末 20 世紀初英國各主要政黨及其活動家的政策主張，以及政黨態勢。文中對英國工黨

① 列寧. 列寧全集：第 17 卷[M]. 北京：人民出版社，2017：213-216.
② 列寧. 列寧全集：第 39 卷[M]. 北京：人民出版社，2017：249-250.

情況的介紹，特别是對其發展前景所表達的樂觀態度，不僅有助於後人對吴仲遥的社會主義思想的進一步研究，也提供了研究《新民叢報》與《民報》關於社會革命問題論戰時的珍貴材料。當然，相比於作者稍早發表的《社會主義論》，該文受學界關注相對較少。

蔣銳和魯法芹在論及改良派對社會主義的解讀時認爲，吴仲遥的社會主義思想主要體現在《社會主義論》中，該文不僅系統論述了歐美各社會主義流派的理論，而且强調了“狹義社會主義”和“廣義社會主義”的劃分。在吴仲遥看來，廣義社會主義主張的是社會改良，而狹義社會主義主張的是社會革命；吴氏將馬克思主義歸爲主張社會革命的“學問的社會主義”，亦即“狹義社會主義”，并認爲狹義的社會主義在中國“萬不可行”，由此可見其社會改良主義的立場。兩人還簡要論述了吴氏在《英國政黨最近之政況》中介紹的英國工黨及其社會主義主張，肯定了該文在其思想發展過程中的地位。[①]

談敏從馬克思主義經濟學説在中國早期傳播的角度，分析了吴仲遥的思想。談敏指出，吴仲遥的《英國政黨最近之政況》一文，“其中談到英國勞動政黨的發展形勢”，其中的“勞動黨”，“主要指 1900 年以‘勞工代表委員會’名義在倫敦成立、1906 年改稱工黨的‘勞動黨’”。以該文第三部分介紹的具體材料爲依據，談敏認爲，從該文中“多少可以看出”，吴仲遥“當時關注西方社會主義問題，以及關注的認識水平和個人傾向”。[②]至於吴氏的社會主義思想，談敏在詳細分析了《社會主義論》一文的前三章（《新民叢報》當時僅發表該文的前三章，此後亦未見其他報刊上有續載）後指出，它“與梁氏（即梁啓超——編者注）對於社會主義的認識和態度，大體相似。譬如，吴氏把馬克思主義歸入主張破壞現存社會組織的狹義社會主義範疇，

① 蔣銳，魯法芹. 社會主義思潮與中國文化的相遇[M]. 濟南：山東人民出版社，2016：44-48.

② 談敏. 回溯歷史——馬克思主義經濟學在中國的傳播前史：上册[M]. 上海：上海財經大學出版社，2008：541-542.

認爲它是單純站在貧窮階級一邊的擾亂社會者或社會革命者，梁氏同樣把馬克思學説看作煽動下等社會的極端革命主義或偏激之論；吴氏推崇對現存社會組織加以改良而非革命的廣義社會主義，梁氏同樣贊成與馬克思派相反的社會改良主義派；吴氏認可狹義的社會主義是‘通古今獨一無二之完善國家’或‘極高尚極美妙之樂土’，却僅係消愁的夢想，梁氏同樣認定極端或革命的社會主義固然高尚圓滿，但那是遥遠將來的夢想或係根本不可能實現的空想；等等。這些論述社會主義問題的基本判斷，二人的意見如此相同”，難怪梁氏當時在《新民叢報》上“迫不及待地推出吴氏此文作爲攻擊其論敵的得力工具。倒是吴氏自己顯得有些羞澀，特意聲明此文無黨同伐異之見，在遮掩之中反而給人留下了此地無銀三百兩之嫌”①。

（編校者：李思齊）

① 談敏. 回溯歷史——馬克思主義經濟學在中國的傳播前史：上册[M]. 上海：上海財經大學出版社，2008：547-548.

政治學大綱

日本法學博士小野塚喜平次講授
吴縣吴興讓筆述

第一編　緒論

第一章　論學

第一節　學之定義

政治既成一學。當先究學字之義。茲簡言之有三理由。

（甲）學之名稱。久已熟習。而學究何義。迄未能定。日本種種學問。大半以穆勒名學[①]爲基礎。獨至學字之義。穆氏尚歎爲種種問題之最難解决者。然苟不能决。則所習何事乎。故不得不勉著言詮。冀明真諦。此政治學所以首論學也。

（乙）無論何學。均非單純。研究一學。必貫通各科。乃能了解。政治一學。亦有種種相關之學。非一一融會不可。

（丙）普通各學。名之爲學。聞者耳習。獨至政治。是學非學。界説難定。俾士麥[②]云。政治乃術。不可名學。然名之爲術。研究困難。不如强名

---

① “穆勒名學”，即英國哲學家約翰・斯圖亞特・穆勒（John Stuart Mill，1806—1873）於 1843 年出版的 *A System of Logic*，今譯爲《邏輯學體系》。1902 年，北京時代華文書局出版了嚴復的中譯本，書名爲《穆勒名學》。

② “俾士麥”，即奥托・馮・俾斯麥（Otto von Bismarck，1815—1898），普魯士和德國國務活動家、外交家，普魯士首相（1862—1872、1873—1890），德意志帝國宰相（1871—1890）。著有《思考與回憶》等。

爲學。姑以鄙意解之。

欲知學之爲何。先知窮究原因結果之謂何。夫窮究因果。人性所樂。故事出偶然。無因果之可求者。於心即有不安。稍有知識。莫不皆然。殆人類之通性歟。雖然。我生有涯。世事無涯。以有涯窮無涯。勢不可得。試問宇宙何始。吾不得而知也。宇宙何終。吾亦不得而知也。更上溯夫未有人類以前。有無世界。雖有聖哲。莫可名言。特是冥思幽寄。腦力所能。洪荒以前。星雲熱汁。尚可託諸想像。以虛搆一境。由此言之。雖謂世界實存於吾人腦中。由五官感覺而成也。亦無不可。

特以世間因果。皆相聯絡。原因可求。而原因之原因不可求。結果可推。而結果之結果不可推。徒恃腦力。會有終窮。則不得不以腦力所能及者。假定一範圍。而舍其腦力所不及者於範圍之外。腦力所及者何。知識是已。

知識可分爲二。一爲常識。不學而知者。一爲學識。由學問而知者。二識程度。雖有高下。而其性質則一也。知因果之淺顯者常識也。知因果之深遠者學識也。由此可爲學字下一定義。

定義曰。學也者。學問上精密之知識系統的總體也。

大凡定義。包括一切。而以簡語標之。然下一定義最屬難事。法人有云。不用文字。亦可下定義。蓋極言簡單文字之不易明瞭也。

然無論何學。不標定義。則漫無要領。故近今學問。皆標定義。茲論學字。亦猶此恉。確當與否。尚未易言。姑分釋之。

何謂精密之知識。如前所述之因果聯絡。知識程度之高下。即精密與不精密之區別而已。英儒赫胥黎[1]云。學問者完全之常識也。可證學識即

[1] “赫胥黎”，即托馬斯·亨利·赫胥黎（Thomas Henry Huxley，1825—1895），英國博物學家、生物學家，達爾文的朋友及達爾文學説的普及者。

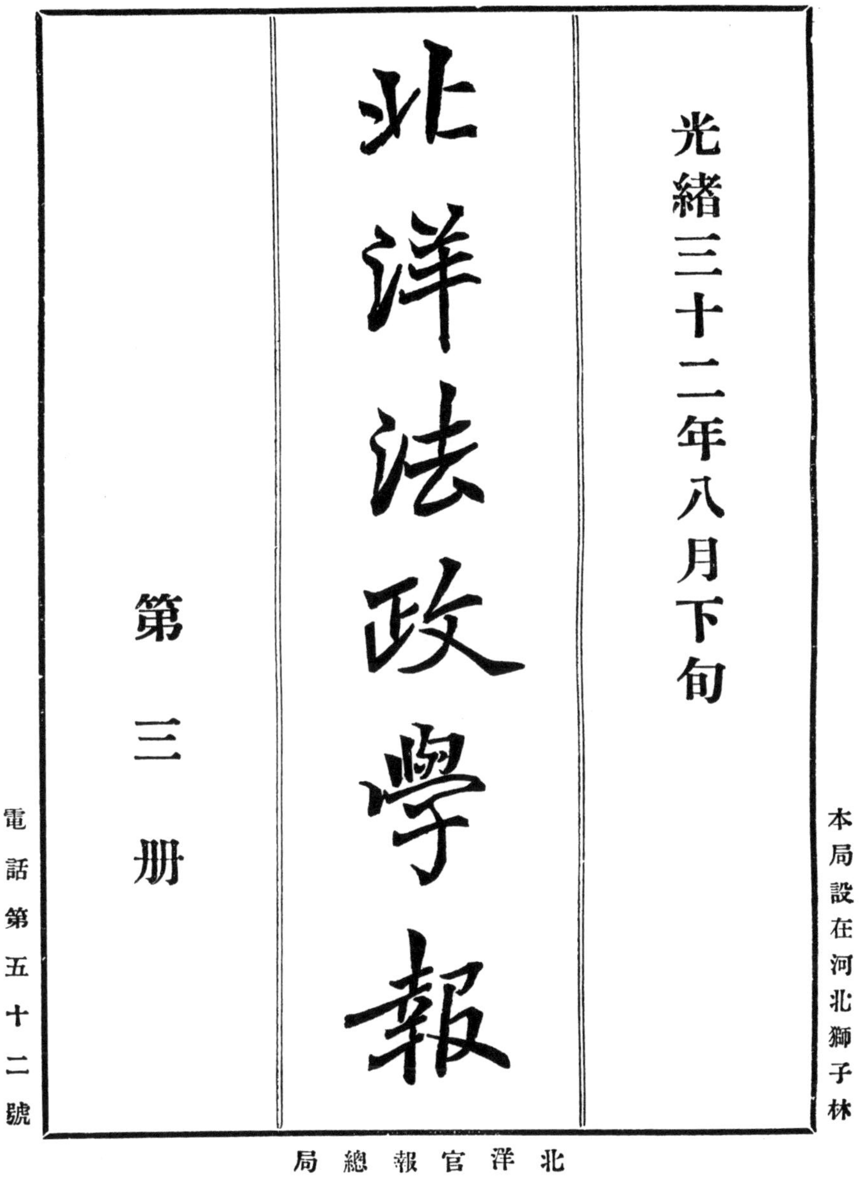

本局設在河北獅子林

光緒三十二年八月下旬

北洋法政學報

第三册

電話第五十二號

北洋官報總局

《北洋法政學報》第 3 册封面

政治學大綱

日本法學博士小野塚喜平次講授
吳縣　吳　興　讓　筆　述

第一編　緒論

第一章　論學

第一節　學之定義

政治既成一學。當先究學字之義。茲簡言之有三理由。

(甲)學之名稱久已熟習。而學究何義。迄未能定。日本種種學問。大半以穆勒名學爲基礎。獨至學字之義。穆氏尙歎爲種種問題之最難解決者。然苟不能決。則所習何事乎。故不得不勉著言詮。冀明眞諦。此政治學所以首論學也。

(乙)無論何學。均非單純。研究一學。必貫通各科。乃能了解。政治一學。亦有種種相關之學。非一一融會不可。

(丙)普通各學。名之爲學。聞者耳習。獨至政治。是學。非學。界說難定。俾士麥云。政治乃術。不可名學。然名之爲術。研究困難。不如强名爲學。姑以鄙意解之。

常識而並非截然。其云完全不完全。即余所謂程度是已。惟二者界限。甚難標舉。試以渺不相涉之事證之。

動物之色。每能隱蔽其身。非洲沙漠。動物多黄。北極雪地。動物多白。兔之在寒帶者多白。在熱帶者多灰色。而中央至有冬白而夏灰者。物理學者。名之曰自然淘汰。夫物色變易。盡人知之。此之爲常識。若究其原因結果。悟天演物競之公理。以推物種之由來。惟深於學問者能之。此之謂精密之知識。（見達爾文[①]種源論[②]）

何謂系統。蓋一學既貫各學。必秩然有序。非散錢無貫可比。譬諸建築。集土木諸料。必有結構位置之法。雜然紛陳。何爲建築。學之爲學。亦猶是矣。

何謂總體。蓋包括一切之謂也。惟總體二字。對於部分而言。一學之所謂總體。雖非絶對。然决非部分。某學之總體。亦必集關於某學之諸學。而兼綜條貫之。乃成一總體。

第二節　學之範圍

學之定義既如上述。玆更推論其範圍。有三義。

（甲）學問者研究現象之所得也。世間有無窮之現象。不加研究。安得名學。苟能研究。無論何種現象。皆屬於學。井上氏[③]著妖怪學[④]。妖怪現象。吾不得而知。然彼既有研究之法。安知異日不成爲學。是以現象不可即

---

① “達爾文”，即查爾斯·羅伯特·達爾文（Charles Robert Darwin，1809—1882），英國博物學家，生物學家，科學的生物進化論的奠基人。

② “種源論”，今譯作《物種起源》（*On the Origin of Species*），初版於1859年。

③ “井上氏”，即井上圓了（1858—1919），日本佛教哲學家、教育家，“純正哲學”的創立者，著有《哲學要領》《純正哲學總論》《妖怪學講義》等。

④ “妖怪學”，井上圓了主張站在反迷信的立場上研究妖怪問題，并著成8卷本的《妖怪學講義》。蔡元培將該書重新梳理、簡化，後翻譯爲6卷本的《妖怪學》，1901年由亞泉學館購印，但因學館失火，其中5卷遭焚，僅餘《總論》一卷，該卷於1906年由商務印書館重新發行。

謂之學。而學之範圍。必隨研究之程度可知。

（乙）學之範圍。雖隨研究之程度而定。然必有不可研究之點。夫至平常者人也。然世何爲而生人。人何爲而如此。執以問人。不能自解此不解者。即出乎範圍之外也。言天文者。雖極進步。然時間何以攸長。空間何以曠漠。則不能知。此出乎天文學之範圍也。物理學家。能明質力。然物質何以生滅。物力何以發生。亦不能知。此出乎物理學之範圍也。凡此皆非學問所及之點。名之曰不可思議。

以上論學問與現象之關係。

（丙）不獨學問之範圍。古今無定。即宇宙之範圍亦然。蓋宇宙者就人類見聞所及之現象。而稱之爲世界也。今之世界。猶古之世界。而今人見聞所及之世界。已非古人見聞所及之世界矣。自交通機關日進。則五洲若比鄰焉。自望遠鏡日精。而行星若目前焉。自顯微鏡日精。而不可見之微生物。皆如萬象森羅焉。古之見聞。其狹且小也如彼。今之世界。其廣且大也如此。安得不謂之宇宙範圍之擴張乎。然以學之範圍較之。則固各有差等也。大抵宇宙範圍最大。次則常識之範圍。又次則學識之範圍。至精密之知識。則更進而益深矣。故其範圍最小。

由前之説。各種範圍。既無一定。而有隨時擴張之勢。則吾今日所定之範圍大小。雖有差等。若異日進步相因。擴而爲一。亦未可知。千秋萬歲。猶旦暮耳。特今日則未敢必也。

第三節　學之分類

學之分類。大體有二。

（甲）哲學與科學之別

哲學主理想。以現象研究者也。其範圍較大。然如前所述宇宙之始終。

人生之根源。皆在範圍以外。所爲廣者。不過抽象的耳。科學爲具體的。若物理學數學之類。範圍甚小。惟自然科學則範圍較大耳。

（乙）自然現象與社會現象之别

二者區别本非確然。不過取其便利而已。然在古時。則竟以人類爲萬物之靈。自居優等。若與世界萬物。逈出兩途。而以世界萬物。皆爲娱人而設。此種思想。久已消歇。近自生理日明。而人亦自居於動物。驟焉聞之。不將訝自失其人格乎。不知吾人之所以獨雄於萬物者。不過經淘汰之餘。有以戰勝。乃能表異於萬物。是人類爲自然現象之一種。同出一源。有何區别哉。故普通稱自然現象者。人類現象亦括於其中。爲學問便利起見。不得不别人類現象於自然現象之外。而以人類以外之現象爲自然現象。其相對之稱。乃研究學問者之方便法門。非天然公理也。若夫不得列入人類現象者。如生理學病理學人類學等仍歸之自然科學。若社會學則以人類組織之現象而成團體。亦不得不别於自然現象之外。總之爲便利計耳。若云本有界限。其誰信之。

第二章　學與廣義政治學之關係

第一節　各學與政治學關係之總論及圖系

合種種現象而成宇宙。其間原因結果。互相關聯。非一現象一宇宙也。欲知因果。决非僅知一現象所能了澈。譬諸以石投水。起無數之旋波。知其一波及數波者。尚不能知石之結果。若何狀態也。然而世間因果。奚啻此數。逐一求之。徒勞無益。不得已乃舉其一部分而研究之。則分類尚焉。

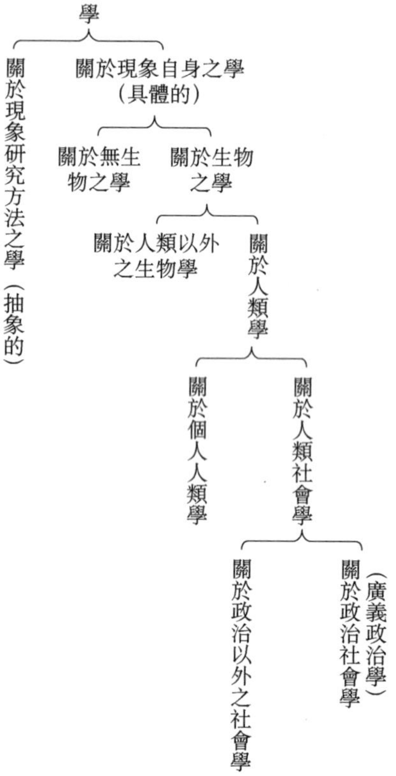

持分類之法。古今所難。雜亂與割裂。皆不善分類也。大學問家如倍根[①]康德[②]斯賓塞[③]輩。尚不過各就所見。强爲分類。若云完全。吾未能信。蓋不通各學。不能分一學。然則欲定政治學居何等地位。亦衹假定之分類而已。今姑連及與政治學有關各學。分列圖系如左。

抽象者如名學[④]數學之類。非研究現象之性質。乃研究方法之學。具體者。不離乎現象者也。

分類之難如此。非臆説也。美儒華特[⑤]。謂學之分類。乃特別之難事。竟可爲獨立之學問云云。玆余所言。不過使人知廣義政治學。於學居何等地位。以明人類社會之學耳。特是人類社會之學。包括無垠。猝難細別。約其大綱。厥有二端。

一曰特別的。一曰一般的。

所謂一般的云者。所包甚廣。其中若（一）史學。（二）統計學。（三）社會學。皆貫澈種種。彙爲一學。乃一般的最重要者。三者之外。關於人類各學。尚屬不少。皆未可忽。玆所舉者。乃簡之又簡。要之又要耳。

① “倍根”，即弗蘭西斯·培根（Francis Bacon，1561—1626），英國唯物主義哲學家、法學家、歷史學家，政治活動家。英國啓蒙運動的倡導者，近代實驗科學和歸納法的創始人。

② “康德”，即伊曼努爾·康德（Immanuel Kant，1724—1804），德國思想家、哲學家和天文學家，德國古典哲學的創始人。

③ “斯賓塞”，即赫伯特·斯賓塞（Herbert Spencer，1820—1903），英國哲學家、社會學家，社會進化論和社會有機體論的代表人物。

④ “名學”，即邏輯學。

⑤ “華特”，即威廉·德懷特·輝特尼（William Dwight Whitney，1827—1894），美國語言學家、詞典編輯家。

第二節　史學與政治學之關係

歷史之學。中國夙精。無待贅述。就其關係政治者言之。英儒甫里馬①云。歷史者過去之政治也。政治者現在之歷史也。此可証歷史與政治有密切之關係。又英儒史里格②曰。歷史政治。雖屬二名。竟若一科。觀其沿革。可得而知。當夫歷史初期。不僅記人類事實。兼及自然現象。如火山之裂大地之震。皆備載之。迨第二期則文學美術。詳載無遺。而自然現象。已從省略。非不加研究也。因研究之方。較昔進步也。至今則文學美術。又復進步。故又出於歷史之外。加以文學美術。陶寫性情。歷史則專記事實。體裁既異。其分尤宜。若此者非抛棄也。乃愈進③愈精。卓然成科。勢不能附見一二。可期詳盡。故遞相分別。而歷史所記。乃僅政治。未見分離。蓋古時歷史不過記政治之現象。未成爲學也。若政治一學。日加進步。而研究之方不得不借徑史學。其將一鑪冶之矣。德人羅恩克④云。歷史與政治同是一學。同是一術。其相差之點不過一爲過去。一爲現在耳。與英儒富里斯⑤言同一語意。其關係可知矣。

第三節　統計學與政治學之關係

統計學者。以數學研究人類社會現象也。研究之道奈何具社會大量之觀

---

① “甫里馬”，即愛德華・奥古斯塔斯・弗里曼（Edward Augustus Freeman，1823—1892），英國歷史學家，重視歷史對當前政治的借鑒作用，著有《諾曼人征服英國史》《近代歐洲歷史地理》等。

② “史里格”，不詳。

③ 以上載 1906 年 10 月出版的《北洋法政學報》第 3 册。

④ “羅恩克”，即利奥波德・馮・蘭克（Leopold von Ranke，1795—1886），德國歷史學家。早年在萊比錫大學學習語言學和神學，後任柏林大學教授，普魯士王室史官。“客觀主義史學”創始人。學生衆多，形成了蘭克學派。著有《拉丁與日耳曼民族史》《羅馬教皇史》《宗教改革時期德國史》《世界史》《英國史》等。

⑤ “富里斯”，有誤，應爲“甫里馬”，即愛德華・奥古斯塔斯・弗里曼。

察而已。然社會現象。有可以數學顯者。有不可以數學顯者。驟然計之。多不規則。然握要以求。自有秩序。即如生死婚姻。至爲參差。然使分之又分某國某地。某歷某年。逐加觀察。自易攷見。又如男女之數彼此多寡各不相關。若以總體計之。則幾可平均。又如犯罪之數自殺之數。亦各漫無定數。然以大量觀之。無不可一一比較。然則人類社會之現象。實可以統計學爲提綱挈領之軌也。

政治學研究之資料。即社會上之事實也。有統計學取社會事實而薈萃之。則便利孰甚。例如攷某國某種犯罪之數。即可知其政教風俗。攷某國財政上以某事經費與某事經費。比較其額之多少。即可知其政策之輕重之點。故統計學與政治學。有密切之關係。

第四節　社會學與政治學之關係

歐洲今日。社會一學。已極發達。故學説亦甚多。有謂社會學非一種之學。乃集種種學問。相互關係之方。用排列法貫綴之者。有謂社會學不可以一種之具體的研究之。又有謂社會學者。不必研究小現象。當研究大現象者。三説雖不同。而大體則有（一）關於人類之性質。（二）關於人類之發達。（三）關於人類社會之種類而已矣。

右第二三四節論一般的社會諸學。與政治學之關係。僅舉此三類者。取其關係之最重要耳。餘則不遑枚舉也。

第五節　特別的社會諸學

特別的社會諸學。亦甚難悉數。其重要者爲經濟學法律學政治學三者而已。此三者皆有互相關係之理。不能分離而獨立者也。玆以圖明之。

甲

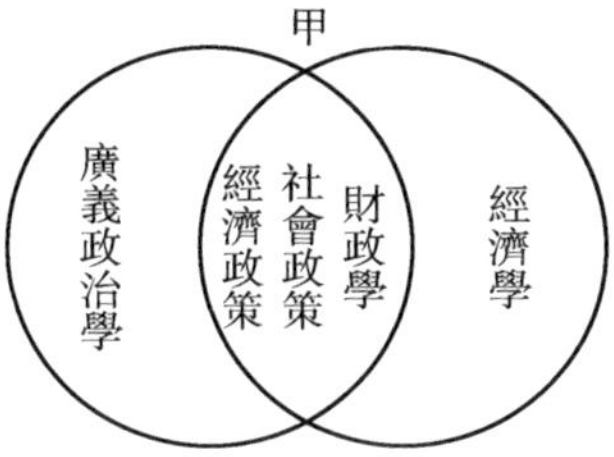

乙

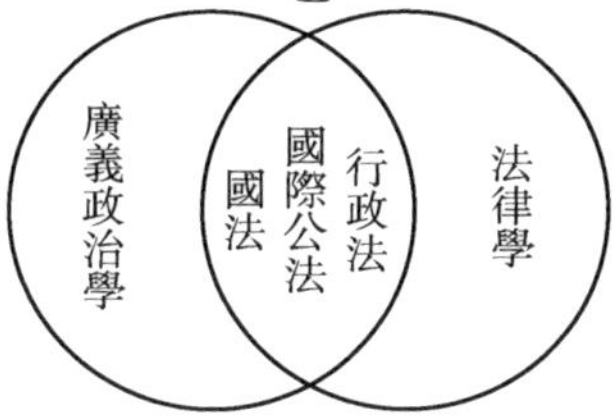

如甲圖兩全圓爲廣義政治學與經濟學之範圍。若社會政策。經濟政策。財政學。則廣義政治學中包括之。經濟學中亦包括之。如兩圓相割之交弧形是。如乙圖其兩全圓爲廣義政治[1]與法律學之範圍。若國法國際公法行政法。則廣義政治學中包括之。法律學中亦居重要部分。如兩圓相割之交孤形[2]是。觀右二圖。可見廣義政治學中。既可包經濟學中之一部。又可包法律學中之一部。其關係之密切如此。

第三章　政治學

第一節　政治學之定義

人類社會之現象。其關於國家者。即政治學也。日本所謂政治學國家學諸名詞。悉屬廣義。而廣義政治學。與國家學同一解者。致有精理。蓋關於國家現象之學。即爲政治學。二者有密切之關係。在歐洲則政治學與社會學初亦相通。如政治二字英文德文法文伊大利文[3]皆本於希臘文城市之學。後

① “廣義政治”，當爲“廣義政治學”。
② “孤形”，有誤，應爲“弧形”。
③ “伊大利文”，即意大利文。

乃變爲政治之意義。蓋城市者國家之根本。故關係甚密。而政治之字。即源於此。蓋同意相授也。溯厥由來。因希臘市制。發達最早。歐洲各國。咸祖其制。以成政治。特當時之政治學名詞。屬於廣義。且并廣義法律。亦包其中。自研究日精。而法律經濟等學。分枝別派。各成一科。而政治乃漸成狹義。夫學問日進一日。則範圍即日小一日。政治之學。苟其以相關各學。兼容并色。則研究愈難精密。此所以今之所稱政治學。範圍較小。猶之歷史一學。古廣今狹耳。

政治學之廣義狹義。以何者爲界限。亦惟有先定狹義政治學之位置。而其餘悉爲廣義而已。兹先分其派别如左。

一純理派　講求政治之理論者也。此派分二類。一爲記述的。一爲説明的。記述者。但詳記載而已。如政治史。政治統計。政治地理各學是。説明必有所依據。亦各有二。一依據法理以説明者爲法規的。如國法學。國際公法學。行政法學皆是。一依據事實以説明者爲事實的。如國家原論是。此二者政治學上最關重要。别詳於後。

二應用派　講求實際之應用。不僅空理想空議論也。亦分爲二。一政治汎論。凡關於政治上事。皆論及之。政策原論。亦屬汎論以其專就一事立論也。一爲各論。各就一事研究之。不涉他範圍。如經濟政策。專就經濟學上研究政策。殖民政策。專以殖民事業爲政策。行政學則專研究行政之作用者。故皆爲之各論。

惟所當注意者。應用派中之行政學。與純理派中之法規的行政法學。迥乎有别。行政法以法律規定之。行政學則從事實研究者也。行政法今已發達。行政學則尚有待。今之所論。乃合國家原論政策原論爲之。狹義政治學之位置既明。乃可下一定義。

定義曰。廣義政治學者。合關於國家之種種學而成者也。狹義之政治學者。以國家事實之説明。及其政策基礎之學也。

廣狹位置。東西各國。迄尚未定。玆所謂國家事實之説明及其政策之基礎。歸入狹義。多數學者。大略如此。各定所定。未必一律。又有德國學者。專以政策原論爲狹義政治學。然係一人偏見。各國學者尚未碻①認。或有精理。亦未可知。特政策原論。今尚幼稚。逐加發明。或可於政治學中。特成一類。而目前則以政策原論。與國家原論界限難分。姑假定如此。講義所及。時或歧出。亦所不免也。

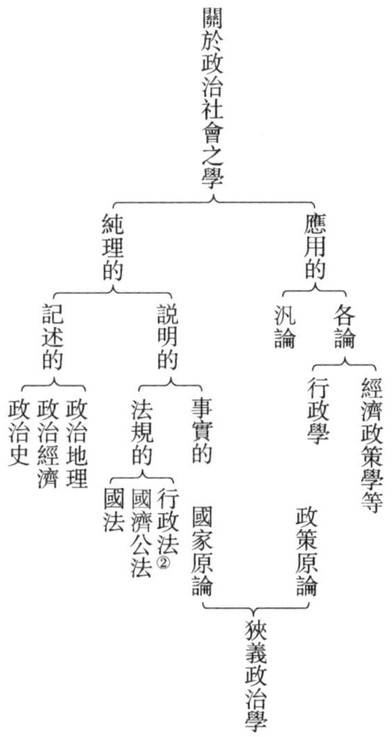

第二節　政治學之範圍

政治學之範圍者何。即研究之目的也可分爲：

（甲）當然之範圍。即定義謂關於國家之種種學問也。不但文明諸國。

① “碻”，同“確”。

② “國濟公法”，當爲“國際公法”。

在其範圍。即上古未開化時代。既有國家。即有關於國家之學。皆在當然之範圍。而與國家極有關係之團體。亦列入焉。

（乙）便利上之範圍。即研究者之簡便方法也。自古研究政治。多以哲理。而近人則以事實。然欲聚無數之事實。而一一研究之。大爲困難。於是小其範圍。以爲便利計。不過學者所假定。非出乎當然範圍之外也。而假定之方。究以何者爲根據。多數學者。皆以近世文化。各國之政治。爲研究之範圍而已。

文化二字。即普通所稱爲文明開化者也。然專言文化。乃社會上觀念。非政治上觀念。因文化現象。爲團體現象也。政治觀念必兼有實力。實力者何。武力是已。夫武力與文化在古時不必並行。故有武力發達而徒逞其横暴者。有勢力薄弱而無損其文明者。東西歷史。古今皆然。迨及近今。則二者實相爲輔。非一般之文明發達。則武力必不發達。此今古之不同也。

今之所謂文明國者。求之政治現象。則立憲國是已。立憲者何。定個人爲人格。在法律上認其自由。此立憲之精神也。然何不即以立憲國名之乎。解之曰。立憲者。政體之名稱耳。必於事實上能實行其立憲之精神。方可謂之文明。若土耳其之屢布憲法。而不能實行①。是虛文也。故不如稱之爲文化之國。較爲碻當。

近世二字。界限何在。稽諸歷史。各國進步。互有遲早。而歐西發達。十九世紀最盛。故以此時當之。至於日本三十年來。幸稍進步。追溯從前。即以明治元年②。爲近世可也。蓋自元年三月發布誓詔③。而政治方針爲之

① “土耳其之屢布憲法。而不能實行”，19 世紀 60 年代初起，土耳其即開始立憲運動。1876 年 12 月 23 日，即君士坦丁堡國際會議開幕當天，蘇丹哈米德二世被迫頒布帝國第一部憲法。憲法規定帝國實行兩院制，全體奥斯曼臣民一律平等，蘇丹擁有召集或解散議會、任免大臣、統帥軍隊、對外宣戰或媾和等權力。1878 年 2 月，哈米德二世以帝國在俄土戰争（1877—1878）中的失敗爲藉口，宣布解散議會，恢復專制統治。此後 30 年，土耳其議會停止召開，憲法如同一紙空文，憲政制度名存實亡。

② “明治元年”，爲 1868 年。

③ “誓詔”，即 1868 年 4 月 6 日明治天皇（1852—1912，1867—1912 年在位）發布的《五條誓文》，是明治維新的施政綱領。

一變。茲舉如左。

（一）廣開議會萬機决於公論

（二）上下一心盛行經綸

（三）自官武一途至於庶民皆得各遂其意思而無有厭倦

（四）破舊來之積習一基於天地之公道

（五）求智識於世界以大振起我皇基

此五條爲日本改革政治之嚆矢。大凡改革。必有此種宣言。所以使全國注目。曉然於其政治之方針也。

便宜上主的範圍。以近世文化諸國爲限。其故有二。

（甲）就純理上言。當聚多數之材料。以備研究。然則文明諸國。固屬可師。即不文明國。何嘗不可參攷。且古之文明諸國。何一不可爲研究之材料。惟純理雖屬理論。而研究必憑現象。今之文明諸國。即現象之顯然可據者。故以爲研究之材料。

（乙）就應用上言。其研究之結果。欲定現在及將來之方針。以何者爲適用也。欲求適用。則古昔文明。必不合於今日之時世。希臘羅馬。雖極高尚。無庸深攷。而今昔不同之故有三。

（一）希臘古時。土地狹小。一市之制。可賅一國。今之國家。土地之大。較昔天壤。則政治亦逈非昔比。若研究古制。欲以定近日國家之方針。窒碍必多。

（二）奴隸之風。於古爲盛。希臘雖人民有自由之權。而平民之數少於奴隸。今則此風盡革。人民既多。而政治亦異。

（三）古時人人有參政權。皆係直接選舉。非今之代議政體也。當時奴隸居多數。則有人格者少。今則凡屬國民。同有人格。而古制又不適用矣。

由上三端。知古制既屬無甚急用。而廣義又不便研究。姑從狹義。不得不以文化諸國爲研究之範圍。若夫施行之際。宜有抉擇。苟其不然。反動之力。必多危險。試觀歷史。法國鋭進。屢肇禍亂。英順自然。毫無阻碍。前車可鑒。諸君審諸。

第三節　政治學之重要

世界之上。職業學問。種種不同。入主出奴[①]。是丹非素[②]。流俗通病。皆不能免。即政治學中。往往尊純理爲形上。鄙應用爲形下。此一謬也。又有謂純理近於空談。應用乃有實効。此又一謬也。不知世間學問皆屬有用。特有間接直接之别耳。苟不有純理之研究。則應用之時。根據何種理論。苟無應用之研究。則純理悉屬空言。無補於實際。二者關係甚密。皆不可偏廢者也。昔伊大利人以死蛙發明電學[③]。初未計及應用。不過研究常理而已。今乃利用若此。英人見太陽光綫。而悟光浪之理[④]。亦不過研究純理也。而發達至今。光學之用亦遂大廣。純理應用。皆不可少。烏得輕重於其間哉。

由此言之。政治一學。純理應用。當同價值。雖然比較言之。自有輕重。由純理一方面言。則吾人有樂於研究之性質。而研究之結果不暇問。若此者

① “入主出奴”，典出唐代韓愈的《韓昌黎集》第十一卷的“原道”：“入於彼，必出於此；入者主之，出者奴之。”韓愈以儒家正統派自居，攻擊楊墨、佛老爲異端，認爲進入異端者必然排斥儒家，以異端爲主而以儒家爲奴。後多指派别門户成見。

② “是丹非素”，典出南朝梁代江淹的《雜體詩序》：“至於世之諸賢，各滯所速，莫不論甘則忌辛，好丹則非素。”愛好紅色，反對白色，喻對事物有偏見。

③ “昔伊大利人以死蛙發明電學”，“伊大利人”，即意大利人。1780 年，意大利生物學家伽伐尼發現電火花能引起青蛙腿部肌肉的抽搐，他將這種電稱爲“動物電”。意大利物理學家亞歷山大羅・伏打（Alessandro Volta，1745—1827）在研究伽伐尼電流的基礎上提出電的接觸學説，并於 1799 年製成世界上第一個可以産生穩定、持續電流的伏打電堆。1800 年，伏打發表論文《關於不同導電物質接觸時産生電的問題》，指出兩種金屬一經接觸就會産生電，電學研究由此發生巨大變革。電壓的單位“伏特”（Volt）即以伏打名字命名。

④ “英人見太陽光綫。而悟光浪之理”，1802 年，英國化學家、物理學家威廉・沃拉斯頓（William Wollaston，1766—1828）首先觀測到了太陽光譜中的暗綫，認爲這是太陽色光的分界綫。1807 年和 1812 年，沃拉斯頓先後發明了明箱和棱鏡。

必以研究複雜現象爲快。雖多真理。似可稍緩。茲就應用一方面。舉其重要。

應用中所最重要者。其惟政治教育乎。夫教育者以人類能力。開發他人之能力者也。然斷無一種教育。可開發各種學問之理。欲某學之發達。必重某種教育。蓋一經受此教育。則腦中方有其影迹。苟未受此教育。雖謂其腦中無此宇宙可也。今欲求政治上智識。必重政治教育也無疑。不但此也。政治教育中尚有輕重緩急之别。例如法律經濟之學。亦政治學中所不可少。然此爲政治教育之側面。而言政治教育者。當以直接之政治學爲重要。

法律之學。似較經濟等學。在政治範圍中。稍爲重要。何則。政治欲期實行。非法律規定。則施行無秩序也。然政治之表面法律可相通。而政治之精神。非法律所能深解。蓋法律與事實每相衝突也。茲舉數事以明之。

古之羅馬。始行共和。繼變帝政。而其表面仍爲共和政治。近如美之内閣。實爲國家中心點。由法理觀之。則内閣非國家中心點也。内閣集種種權力而成。而法律上並未云内閣應有何等權力。又如美國大統領[①]。由庶民選舉。此法律所定。而實則必在有勢力之政黨。此法律所未認也。

又如法律所重者。主權有萬能之理。不獨專制國也。即立憲國之法理亦然。然内防輿論。外審國際。種種制裁。豈得自由。然則主權無限之説。亦虚語耳。故研究法律之結果。而欲適用於政治。鑿枘之處。誠不免已。

此種複雜之現象。法律既不可解。惟有以政治學解之耳。而政治學中尤以政策原論爲重要。其故有四。

（一）推求原理　凡百現狀。皆有原理。社會現象之原理。不外人生欲望。政策原論。即從此原理以研究者也。

（二）定大方針　政治現象。雖有原理。實多變幻。政策如何。豈可預擬。然大方針不可不定。政策原論。研究大方針之學問也。

① “大統領”，日文對“總統”的譯名。在美國，總統既是國家元首，又是政府首腦。

（三）施諸實際　歷史變遷。雖似偶然。實原因於一大方針。而變動以起。定將來之政策。判後日之結果。皆理想的方針。未必悉可施諸實際。政策原論。則研究理想之方針。而求施之實際者也。

（四）善其手段　欲達理想。必具手段。手段不妙。每得惡果。政策原論之研究。可以善其手段。

第四節　政治學之困難

論政治現象者。學説甚多。迄無定論。研究之難。蓋可想見。其原因有二。一爲□[①]本的原因。一爲追加的原因。

第一款　根本的原因有二一關於人一關於目的物

第一目　關於人之困難

（一）研究者　研究學問。不外乎以一己之經驗。主張學説。然而事有萬變。豈能悉當。况乎他種學問。皆以我身立於客觀之地位。而下公平之判斷。若夫政治一學。不外人類社會。而研究之者。亦不能出此範圍。感情所及。容或因利害關係。而生偏見。非若自然現象。與我無關。而判斷較碻也。

（二）勢力者　學者雖有真見。而創一學説。反對羣起。使研究者生種種妨害。其勢力之最重者。君主、大臣、議會、軍人、下及平民。一旦得政治上勢力。阻碍亦復不少。各恤其私。人之恒情。研究雖精。其奈之何。

不獨政治社會之學。有此困難也。即自然科學。亦不能免。不觀夫地動之説[②]乎。地球自轉。又繞日行。今雖盡人知之。而此説初剏。亦經無數困

① 以上載1906年10月出版的《北洋法政學報》第4册。

② “地動之説”，即“太陽中心説”，亦稱“日心説”，認爲太陽處於宇宙的中心，地球和其他行星都圍繞太陽轉動。古希臘天文學家阿里斯塔克在公元前3世紀已提出此看法，但後來托勒玫的地心説長期占統治地位。直到16世紀，日心説又由哥白尼提出并作出系統論述。

難。當時波蘭人德人伊人[①]皆主地動之説。而羅馬僧人。向主地静[②]。故教中指爲邪説。夫此爲學問上事。無關宗教。而教皇必竭力阻之者。不過恐此説通行。顯教中淺陋。因以損信徒崇拜之心也。至千八百二十二年[③]。教皇始認其説。許其通行。進化論者。主張天演。教中以其與上帝造物之旨相反。與之反對。甚矣。學問公理。不敵羣盲之私見也。

至關於社會。則妨害尤甚。在昔中國。秦政焚坑。儒道幾淪。日本德川時代。人民於政治之學。無從夢見。露西亞[④]禁華特[⑤]之社會學[⑥]。墺大利[⑦]禁孟德司鳩[⑧]之萬法精理[⑨]。莫非恐人民之智識漸開。故并他國人之著作而禁之。然猶曰此專制國也。而美國之司坦福爾大學[⑩]。教習路司德[⑪]著社會

① "伊人",即意大利人。

② "地静",即"地心説",認爲地球處於宇宙的中心不動,太陽、月球、行星和恒星都圍繞地球轉動。最初由歐多克斯和亞里士多德提出。2世紀由托勒玫進一步發展。托勒玫認爲地球位於宇宙中心不動,每個行星都在一個被稱爲"本輪"的小圓形軌道上匀速轉動,本輪中心在被稱爲"均輪"的大圓軌道上繞地球匀速轉動,而恒星都位於被稱爲"恒星天"的固體殼層上。

③ "千八百二十二年",有誤,應爲"千八百八十二年"。1757年,羅馬教廷解除了對哥白尼的《天體運行論》的禁令;1882年,羅馬教皇承認"日心説"。

④ "露西亞",日文對"俄羅斯"的譯名,簡稱"露"。

⑤ "華特",即萊斯特·弗蘭克·沃德(Lester Frank Ward,1841—1913),美國社會學家、地質學家。畢業於哥倫比亞學院(今喬治·華盛頓大學),後任布朗大學社會學教授,是將社會學課程引入美國高等教育的先驅,美國社會學學會第一任主席(1906—1907)。提出理論社會學與應用社會學的劃分。

⑥ "社會學",指萊斯特·弗蘭克·沃德的《理論社會學》《應用社會學》等社會學著作。

⑦ "墺大利",即哈布斯堡王朝統治下的奥地利。

⑧ "孟德司鳩",即沙爾·孟德斯鳩(Charles Montesquieu,1689—1755),法國啓蒙思想家,哲學家、法學家、經濟學家。

⑨ "萬法精理",何禮之、張相文、程炳熙對孟德斯鳩的 *De l'esprit des lois* 一書的中文譯名,1903年由上海文明書局出版。今通譯爲《論法的精神》。

⑩ "司坦福爾大學",即斯坦福大學(Stanford University),1885年創立,位於加利福尼亞州。

⑪ "路司德",即愛德華·羅斯(Edward Ross,1866—1951),美國社會學家。1891年在霍普金斯大學取得哲學博士學位,曾任教於康奈爾大學、斯坦福大學、内布拉斯加大學、哈佛大學等。在斯坦福大學任教期間,1894年支持鐵路工人罷工,并公開批評政府的貨幣政策,文章被民主黨用以競選;1900年發表演説批評政府的亞洲移民政策特别是對待華工的政策,主張將包括鐵路在内的公用事業國有化,矛頭直指依靠亞裔勞工修築太平洋鐵路而發家的斯坦福大學的創辦人斯坦福及其夫人。後斯坦福夫人以羅斯可能將斯坦福大學拖入黨派之争爲由,要求校長喬丹解聘羅斯。1900年11月,喬丹迫於壓力解聘了羅斯。羅斯被解聘後,斯坦福大學的7名教授憤而辭職,以示抗議,由此構成當時轟動全美的"羅斯事件"。

學一書。議及政治。因而辭職矣。法國某教習創一學説。因與社會黨反對。亦不安其位矣。雖然。人心不同。各如其面。自勢力者視之。其竭力攻擊。未嘗無不得已之苦衷。學者宜平心出之。庶不爲當途所忌。而吾説其稍有濟乎。

第二目 關於目的物之困難

政治現象。即政治學之目的物也。然現象異同。不可方物。（一）由目的物各有其性質。（二）因自研究者視之。各有一見解也。

（一）目的物自身之性質有二（甲）類似不同之點（乙）時間空間之距離。

（甲）何爲類似不同之點。蓋世間同一之物。即有同一之性質。例如水爲輕養二氣[1]。化合而成。則驗一杯之水。而江海可知矣。政治學則不然。有一部之相似。而細按之則逈別。不能以小部該[2]全體。亦不能以彼現象括此現象也。列國均勢之説。於亞如春秋戰國。於歐如古之羅馬伊大利。今之英俄法德諸國。雖同稱均勢。而姓質[3]則逈不相同焉。

（乙）何爲時間空間之距離。蓋自然現象。因果聯絡之迹。近而易知。政治現象則不然。以殖民政策言之。移民於他洲。獲效於本國。種因於數十年前。結果於數十年後。因果距離。非常懸絶。况政體相延。匪伊朝夕。一旦改革。原不可以數學計也。

（二）研究者所見之目的物其難有四。

（甲）分量之難也。凡有現象可指者。即有數量可求。惟政治現象。欲以數量表之。勢不可得。即偶有之。如選舉投票之數。民族種類之數。皆可調查。然不過一二事耳。至於欲改立憲。其欲改之人數。可得而知。而立憲

① “輕養二氣”，即“氫氧二氣”。
② “該”，有誤，應爲“概”。
③ “姓質”，當爲“性質”。

之利害得失。則又巧算不能推矣。

（乙）分析之難也。夫政治現象。合經濟法律社會諸現象而成。分析求之。不能得其真際。例如日之勝俄。原因甚多。自表面觀之。則立憲之效也。實則由於日本萬世一系。人人有尊王之心。然單指尊王一端。不足盡戰勝之原因。蓋尚有經濟教育種種發達之原因焉。政治一現象而關係之複雜如此。僅舉一二事研究之。能乎否乎。

（丙）實驗之難也。凡自然現象。除天文學外。大半皆可實驗。例如化學藥品。含何原質。試之立辨。政治則不然。活動現象。根據於社會心理。無形迹之可求。何從而施其實驗乎。

（丁）感覺之難也。夫五官接觸。乃生感覺。不必全憑腦力也。醫生於臟腑尚可解剖。工師之建築。顯有形模。政治現象。則非五官所能直接。設有二人於此。甲學政治。乙學建築。相與環遊地球。乙之所見。城郭宮室。極古今天下之大觀。而學識大進。問甲何見。不可得而名焉。其學識之進否。亦未可必。無他。政治學非五官所及而已。

第二款　追加的原因有二一關於材料一關於研究上

第一目　關於材料之困難

研究學問。必有取資。政治學者。即以事實爲研究之材料者也。然以材料言。其難有二。

（一）分量上之難也。研究政治學者。取材事實。固已。然古之載藉太少。既病簡略。今之記載太多。又苦難遍。即如新聞一類。多不勝閱。非擇精要。則徒勞無益。此分量適當之難也。

（二）性質上之難也。自來記載。精碻者少。所以然者。一出有意。一出無意。

其有意者。或爲尊親者諱。而記載多加文飾。此善意也。或任意誹謗。而事實半成穢史。此惡意也。然其不足爲研究之材料。則一而已。

其出於無意者。傳聞異辭。既多失實。偏重文藻。事實之碻否。反不暇顧。又古來史才之通病矣。此又不足爲研究者之材料也。

第二目　關於研究上之困難

（一）與政治學相關諸學之不發達也。如經濟學社會學等。雖已成立一科。尚不完全發達。亦研究政治學者之一憾也。

（二）研究法之未備及術語之不完全也。夫學問有研究之法。即有門徑可得。政治學以何爲研究之普通方法。迄未能定。術語者一科之專語。凡學皆有之。政治學所用專語。如立憲共和。種種名詞。尚未明瞭碻切。此二者又研究上之大不便利者也。

右述諸困難。統政策原論。與國家原論而言也。玆特别言政策原論之困難。夫政策原論。不過豫測[①]而已。事之未舉。時之未來。而欲定一方針。謂因果之不爽。不綦難歟。况政策之行。必具三條政。一曰好機會。二曰無妨害。三曰有適當之人物。三者皆備。而後有因必有果。苟不然者。因果之説。尚未足恃也。

第五節　政治學之可能

研究之難若此。政治不幾成絶學乎。然非不可能可也。玆言其可能者有二。甲絶對的可能。乙相對的可能。

第一款　絶對的可能

絶對的可能云者。就學理言之。決計可以成立科學也。凡一學問皆經人類腦力研究而成。政治之學。雖多阻力。然不能禁人之研究。研究之道奈何。

① “豫測”，同“預測”。

亦唯由常識以求進於精密而已。特是學問研究之方法。必先定其前提。前提者研究之根據也。起點也。政治既屬抽象。無實在之可指。以何者爲究研[1]之根據。何者爲研究之起點。雖然。凡一學之大原則。當其發見之初。並非即可依據。迨屢經屢驗。乃成真理。譬之觀天象者。見陰雲密布。知時雨將至。非果能前知也。亦屢經屢驗。而始成一定不易之理。西人有言。歷史反覆。雖未必若合符節。而類似正多。試觀專制時代。民力不支。内亂乃起。古今東西。若出一轍。所謂歷史反覆之言。洵非虛語。此亦經驗可信之一證也。故政治學無一定之前提。當以經驗所得爲前提。及其用語周到。其理論貫澈。其適用之範圍亦廣。於學之要素。毫無欠缺之時。即可期其造于精密之部分。有斷然者。

夫政治現象之分子者人類也。人類心身之作用。紛紜雜遝。可疑正多。然人同是人。悉在概括名稱之下。雖有萬有不齊之表面。而真相則皆同。從真相以求共通之點必有一點之可求。更就其類似者以求之。不難得其普通之標本。取而研究之。及其結果。政治學必秩然有序。而即爲學之成立時期矣。故學者不可無懷疑心。亦不可無滿足心。有懷疑心。則不敢輕信前提而學問乃有進步。有滿足心。則懸一必到之程度以自勵。而學問乃有成功之一日。此所謂絶對的可能也。

第二款　相對的可能

觀相對二字。知其必有比較。惟相對之可能有二。

（甲）困難之原因使之減少　最困難者。目的物之不能變動也。政治之爲物。終古若此。欲其困難之減少。不其難乎。然自研究者之目光視之。則時有變動。以種種研究之結果。知其雖無實驗之方確有可以實驗之理。研究之困難漸減。政治一學。庶有完全發達之一日。至關於人之困難。不過因既

① “究研”，同“研究”。

生斯世。不能自居局外。故動爲物蔽耳。然爲學問計。務使自立於客觀地位。而作與我無關想。然後下公平之判斷。亦足使困難減少之一法也。若夫外來勢力。雖多阻碍。然世界愈進文明。則妨碍愈少。學問自由。庶可望乎。

（乙）以他學比較明其可能　現象之困難。不獨政治學然也。説者謂他學有一定原則。故能成立。政治學無一定原則。故不能成立。非通論也。異説紛紛。凡學皆然。試舉例以證之。

社會學者。新立之科學也。美國最爲發達。而學説亦不能一致。經濟學成立尤早。然其原則亦迄今未定。此學英國最爲發達。而近日德國新起學派。與之反對。且德國之經濟學。亦不一派。昔皆歷史派[①]。今則講壇社會學派[②]。最爲著名。與歷史派反對。不但此也。即其一派之中。亦各相冰炭。甚至華公特[③]所著一書之中。先後矛盾。夫以經濟學之發達。尚爾若此。可見關與社會諸學之不易碻定也。

自然科學。宜有定論矣。然事實上或可一致。而根本上亦不免紛歧。例如物理學家原子之説。發明已久。學者皆指爲小之至極。無可再分之單位

① “歷史派”，即德國的歷史學派。該派反對英國古典政治經濟學的抽象法，否認一般經濟規律，而采取所謂歷史方法，企圖建立民族的國民經濟理論體系；注重個别歷史事實的叙述，而忽略理論的分析；不從生産關係的本質差别，而從生産力水平來劃分社會經濟發展階段；主張通過保護關税來發展本國工業。服務於 19 世紀中葉較爲落後的德國産業資本的發展。先驅者爲亞當・繆勒和李斯特，主要代表先有羅雪爾、希爾德布蘭德和克尼斯，被稱爲舊歷史學派；繼有施穆勒、瓦格納和布倫坦諾等，被稱爲新歷史學派。

② “講壇社會學派”，即講壇社會主義學派。19 世紀末，德國的勞資矛盾日益尖鋭，新歷史學派開始强調倫理觀點對經濟的决定性影響，建立“社會政策學會”，鼓吹社會改良，企圖緩和階級矛盾。這種改良主義思想被稱爲講壇社會主義。主要代表爲阿道夫・瓦格納和路約・布倫坦諾（Lujo Brentano，1844—1931）等。

③ “華公特”，即阿道夫・瓦格納（Adolf Wagner，1835—1917），德國經濟學家，新歷史學派與講壇社會主義學派的主要代表。柏林大學教授，基督教社會黨首領。認爲政治經濟學應同時爲倫理學，分析經濟活動的各種動機；宣揚有機的、倫理的國家觀，强調國家的社會經濟作用，資本主義財政的生産性；主張實施“社會政策”和財政政策，以緩和階級矛盾；支持俾斯麥政權。著有《政治經濟學教科書》《財政學原理》等。

矣。然自辣其姆[①]創伊翁説[②]。謂可用種種方法剖析原子。其中含無數種類。若别有一宇宙者。或謂合七八個伊翁而成一原子。或謂黄金一原子含十二萬七千七百伊翁。酸素含萬一千二百伊翁。昔所謂無可再分者。今且分至若此之多。新説之起。駕乎舊説。學問之道。殆積薪歟。然以大概言之。則自然科學。較關於社會諸學。稍有定則。以其發達較早也。然亦由漸而成。匪伊朝夕。觀其名稱之漸變。即可考見焉。如最初爲自然歷史。不過記載而已。後變爲自然哲學。則用理想研究之。後又變爲自然科學。則卓然成科矣。政治一學。古亦名爲哲學。但古時憑腦中之想像。則稱爲哲學也固宜。今則以現象爲根本。其稱爲科學也。亦理之常。况夫夫政治之名。自古本有。今以研究之精。加以學字。亦猶自然各學。由哲理而進於科學。此不過程度之差耳。二而一者也。

第二編　國家原論

國家原論。與政策原論不同。兹合論之。惟國家原論。就事實上研究之。政策原論。研究將來適用之政策也。且一對於過去。一對於將來。此皆異點。宜注意焉。

第一章　國家之性質

第一節　國家性質説學説

國家性質。學説甚多。兹悉採柏林大學[③]教習某氏所著書。而以己意斷

① “辣其姆”，即約瑟夫·約翰·湯姆孫（Joseph John Thomson，1856—1940），英國物理學家。1897年，湯姆孫通過測量陰極射綫帶電粒子的荷質比（即陰極射綫實驗），發現了電子，打破了原子是不可再分的物質最小單位的傳統觀點，開啓了人類探討微觀世界的序幕。1906年，湯姆孫因發現電子獲諾貝爾物理學獎。

② “伊翁説”，即電子説（electron theory）。

③ “柏林大學”，即柏林洪堡大學，1809年根據教育家、語言學家洪堡的建議創立於柏林。

之。夫國家果何物耶。明國家之性質。即可解此問題矣。

國家之性質。可分爲二大部。甲客觀之説。乙主觀之説。

此二部者。本無絶對區别。特甲説專指現象。與腦中分離而可獨立者也。乙説超然於現象之外。而以腦力所想像者立論也。

第一款　客觀諸説

（一）事實説　此謂國家確有事實之存在。非假定之想像也。然所謂事實者。究何物乎。有形乎。無形乎。將屬諸人類乎。抑屬諸自然乎。主此説者。不能確指。則國家之性質終不能明。

（二）狀態説　此謂國家者統治之狀態也。康德謂個人相互關係之狀態。爲自然狀態。國民全體與分子關係之狀態。爲國家狀態。即國家之謂也。然統治及被統治者。何爲而生此狀態乎。抑無端湊合而生此狀態乎。於此要點。皆皆未明言。則亦不完全可知。

（三）分子説　此謂國家爲分子所構成。分子者何。土地人民及統治者是已。國家形質。所可認者。不外乎此。然指其一分子。即謂之國家。是大誤也。茲分列之。

（甲）土地説。歐洲中世。以領土爲君主私産紛争割取。史不絶書。土地之忽大忽小。忽彼忽此。而國家亦隨之而大小焉。而彼此焉。中國歷史。亦復相同。故名其全體曰天下。名其領土曰國家。日本古昔。亦以其大部分曰天下。小部分曰國家。封建以來。莫不如此。自西説輸入。此種思想。始乃一變。蓋古昔國家。惟與土地有密切之關係。故國家觀念。即注重於此點。今則國家觀念。較昔大廣。不能專注此點矣。

（乙）人民説。分子説中。此説最盛。自希臘以來。迄於近世。主民權者。尤爲崇奉。然此説之缺點。在於以無數之個人與國民混視。夫國民云者。統一的思想也。以人類之多數。稱之爲國民者。必要多數結合之一種組織。此組織者。以多數之意思。使歸於一致。必俟諸法理也無疑。夫所謂國民意思者。不在其自然思想。而以其自然意思之表示。即爲法定意思。故有時多數意思。與少數意思。相持不下。不由法理。終不可解。專以人民爲分子者。將以少數爲非分子乎。抑以多數爲非分子乎。皆不可也。

（丙）統治者説。此説謂國家之具體。乃吾人五官所能及。可謂非抽象之假定矣。然古之所謂統治者。惟君主。君主固實在。而不能無死亡之日。將國家亦隨之而銷滅乎。於是换言之。以君位爲國家。不指君主之身體。而指君主之地位。則又不得不借抽象之理以解之矣。

以此説解專制國。似稍近之。然專制之君主。不過□最高機關而已。不得爲君主以外。一無所有也。

試合分子三説而評之。夫論國家之性質。欲以學理的概括之。不可不舉國家之共通性質。而欲表一種之國家。則但舉其特質可矣。惟不足供一般國家之説明也。故分子之説。亦有時而適當。或君主重其一説焉。或人民重其一説焉。若今日之種種國家。則三説固無一當也。

土地人民統治者。凡屬國家。皆爲要素。但舉其一則謬誤實甚。是蓋誤以一部爲全部也。夫表相異之事物。必用别語爲要。社會進化。斯事物日益複雜。而語言文字。亦隨之而增加發達。故文明各國。土地人民。各有獨立之字。若混用之。不幾示思想之退化乎。

（四）自然的有機説。　國家爲有機體。其説有二。一爲心理的有機説。則抽象的也。一爲自然有機説。謂國家可離思想而獨立。其結果以機體比附國家。奇論之出。不免爲人指摘。歐西學者。亦不重其説。茲姑略之。

第二款　主觀之説

主觀諸説。亦非絶對抽象的。猶諸自然現象。形形色色。藉人類之組織而成世界。然使人無噍類。世界依然。國家亦然。非全寄於腦中也。然其説雖亦借鏡於自然現象。特較客諸説爲大耳。其最重要者有三。

（一）心理的有機説　此説起於反對器械説。器械説者。創於十八世紀以前。謂人類欲達生人之目的。乃創設國家。國家由人類意思。隨意作爲。亦可隨意變更云云。至十九世①而反動力爲有機説。心理的有機説者。亦有機説之一也。然學者亦各不同。或云心理的有機。或云道德的有機。或云高等的有機。或云不完全的有機。於有機二字。冠以種種名稱。大致則謂有機體者。有物質。有精神。有細胞。有機關。種種結合。由内部發達。而膨脹於外部。國家亦然。物質也。精神也。細胞也。機關也。無一不具。以成其共同活動。儼然可以生理物理等學。一一得其共同之點。由此主張其説者甚多。若英之斯賓塞。德之伯倫知理②。法之瓦而斯③是也。伯倫知理。且謂國家爲男性之有機體。而教會爲女性之有機體云。

平心論之。二説皆有至理。惟器械説流於極端。有機説補其偏。未常無功。特矯枉過正。不覺其説之亦趨於極端矣。實不必如此也。茲舉其有機體與國家差異之點有五。

① “十九世”，即十九世紀。

② “伯倫知理”，即約翰·卡斯帕·布倫奇里（Johann Kaspar Bluntschli，1808—1881），瑞士法學家，國際法學院的創辦人之一。曾在蘇黎世攻讀法律，後在柏林、波恩隨薩維尼學習法律。1837 年起先後任蘇黎世大學、慕尼黑大學、海德堡大學教授。著有《現代國家論》《現代國際法》《國家法概論》等，與人合編《德意志國家辭典》《蘇黎世州的私法典》《德意志私法》等。

③ “瓦而斯”，當爲馬里·萊昂·瓦爾拉斯（Marie Léon Walras，1834—1910），法國經濟學家、社會學家，瑞士洛桑大學的教授，洛桑學派和數理學派的創始人，邊際效用價值論的創始人之一。在社會政策上主張土地國有化。著有《純粹政治經濟學要義》《社會財富的數學理論》等。

（甲）部分獨立之範圍。　動物愈發達。則分子愈不能獨立。最下等者莫如蚯蚓。剖爲數節。各可生活。至高等動物。則一肢一體。不能自存。蓋愈發達愈不能離全體也。國家不然。愈發達則分子愈可獨立。文明之國。言論思想。種種自由。個人無盡賴國家之理。此其異點一也。

（乙）發生及成立銷滅之狀態。　有機體之發生成立皆由自然。國家則聽其自然。必不能存。且有機體之銷滅。皆有一定。松柏朝菌。同歸於盡。固不能有生而無滅也。國家則維持有道。自可久存。此其異點二也。

（丙）部分間隔之多少。及對外境之明確程度。　動物之細胞。連合甚密。國家則不然。人與人之相接。不必其至近。甚至相隔萬里。而可合共同之活動。蓋不可以形質論久矣。至對外之分。亦不能如物體之明確。觀我觀人。界限劃然。彼物此物。毫不容疑。國家之所謂內外。則難言矣。島國環海。尚易分明。而大陸國境。時彼時此。幾無一定。又況人類爲國家分子。而國藉可以變易。一人之身。前後數藉。往往有之。內國外國。其別甚微。此其異點三也。

（丁）物質的法則。與心理的法則。　有機體中。植物全受物質的支配。動物則不盡受物質支配。至人類已受心理的支配矣。至國家則純乎心理的支配。此其異點四也。

（戊）客觀存在。被認識之程度。　世界何成。成於人類宇宙之內。何一非從腦中來乎。然此乃人生主觀之宇宙也。假使世無生人。人無活動。而客觀之宇宙依然存在。國家不然。統治與被統治者。悉由人爲。使世界無人。或有人而無國家思想。則國家亦銷歸烏有矣。故國家者全屬主觀。別無客觀之國家也。此其異點五也。

總之以有機二字。加諸國家。就學問上言。良便研究。若求之過泥。

必涉支離。學者毋以辭害意可也。

（二）團體説　此説之大概。以人類之集合視爲一團。而必有繼續之性質者也。遠古以來。此説久著。惟希臘時代。不重純理而重應用。故國家之目的。頗加研究。而國家之性質若何。組織若何諸問題。不甚研究。逮及中古。有世俗團體。宗教團體。國家團體之説。於團體性質。已稍分析。近世自然法家。亦以國家爲團體。其説謂國家法律之外。別有一自然法。即古今不易之理。若夫因人之法。悉屬國家所爲。自然法者。皆近人情。中世紀間。專制之法。每多束縛人民。故此説與之反對。今則時代已移。學者已斥爲空論矣。

自然法之團體説。亦以法理明之。而社會何爲結合。國家究屬諸何物。自然法家。亦不能明言。自近來法學大家。法理研究之外。尚有社會的研究。政治的研究諸法。夫以無數個人。合爲團體。必永久繼續。非聚無散常可比。故團體以個人爲分子。而個人之外。別有使之所以團結者。方爲完全之團體。非若古之僅以多數結合。即足當團體之目也。明乎此義。而一切國家之性質可得而解矣。

國家雖由多數個人之集合。然不能人人皆爲活動之主也。必以少數代表之。此即國家機關之説也。而國家機關。與個人之關係。國家機關。與國家全部。國家一部之關係。及國家之自然發生。與人爲助長變遷等説。以團體説解之。皆無抵觸。何則。國家不能以一人之意。使之成立。人即英雄無所用之。①謂之爲國家由自然發生。其説固確。然古來偉人往往以一人之力。維持國家。或變遷之。稽諸歷史往往而有。是人爲之説。亦未始不確。然則團體説者。於國家性質。可爲動中得宜矣。

雖然。尚不如以社會二字。解國家之妙也。蓋曩之團體一語。爲足表共

① 以上載1906年10月出版的《北洋法政學報》第5册。

同結合之義也。然以社會二字解之。於此意義。既毫不損失。且其結果。能使研究者常含社會觀念。利用此點。於國家觀念之説。似較優於團體二字。故余欲主張此説也。

（三）人格説。　人格説者。法學家主張之。謂國家者法律上認其有人格。於私法上爲權利之主體。於公法上爲統治之主體也。此説之統治。與前述之分子説中之統治者。迥不相同。彼謂統治之個人即國家。此則於統治者以外別有人格。乃國家是也。國家既爲權利之主體。即可自由活動矣。

其自由活動奈何。曰得爲法律行爲而已。夫法律行爲。但有法律上所認之人格。本不必其真有此人也。故法律上不認爲人格者。雖明明是人。而不得爲主體。奴隸是也。法律上認爲人格者。雖明明非人。而得爲主體。法人是也。此何以故。蓋從法律上視之。奴隸幾若財産。而法人則或爲人類之集合。或爲財産之集合。皆得别立一人格。此人格者。不過爲法律所造而已。法人二字。不得離法律而求之事實者也。

國家之人格。亦法人人格之類也。在法律上之自由活動。皆與自然人無異。不但能自由活動也。且能拘束自然人焉。特是國家由個人而成。而個人不能拘束國家。反受國家之拘束。此一非難。有機説者。亦所不免。仍非法律不能解也。

國家人格。雖由法律所認。然國家有自己意思。而不必悉拘於法。此又與法人人格。稍有不同者也。故伯倫智理①云。國家人格。以法理解之。不如以事實解之。伯氏之言曰。國家人格。較之道德的人格。社會的人格。皆高一等。故個人皆犧牲一己。甘爲國家。苟無高尚人格。何能若此。伯氏又謂國家人格。非一定高尚也。必其成此國家之人民程度極高。而後其所成之國家人格乃高云。此種議論。皆詳伯氏原書。取而參考。極爲有味。若據以

① “伯倫智理”，即約翰・卡斯帕・布倫奇里。

爲確則不可。其故有二。

（一）國家有最高人格。而後人民甘爲國家犧牲。非也。古來人民爲神道。爲自由。甘爲犧牲者極多。夫神道自由。無所爲人格也。何爲能使人若此乎。然則人民之所以甘爲國家犧牲者。安在其有最高人格乎。

（二）伯氏又謂國家人格之高。必由人民程度之高。非也。夫人格既屬諸國家。則有國家即有此人格。不分開化之程度也。若但指一種國家。則人格之説。不足表國家之性質矣。

右國家性質諸説之評論。

第二節　國家與社會

第一款　社會之意義

國家究虚無乎。抑實在乎。不得不謂之實在也。然國家之實在。非物理的實在。乃心理的實在也。泛言之。亦社會之一種耳。惟是社會二字。義有廣狹。應用不同。其可稱爲社會者有四。

（一）社會最廣意義。　多數生物之集合。而有交通一貫之目的。吾人腦中。即視爲一團。不獨人類然也。凡屬生物。皆可用此二字。猿猴蟻蛭。儼然聚族。據近之學者所研究。謂蟻之社會。較古昔未開時代。組織之方。極爲發達。然則集多數生物而視爲一團者。必有可以研究之點。乃可加以社會二字。且其所以得成社會者。必有交通相互之關係。無此觀念。則團沙囗雪耳。不得云社會也。故無論何種生物。集而爲一。其最要者爲共同活動之點。

（二）社會稍狹意義。曰人類社會。　由多數人類。合爲社會。不分野蠻開化也。凡人類交通之點。類而聚之。皆可名社會。

（三）狹義社會。　其範圍有同於國家者。亦有大於國家者。而國家爲社會之一種。亦當屬諸此類。至合諸國家而成一社會。則其範圍即大於國家矣。

（四）最狹義社會。　此其範圍小於國家。皆由人類隨意造成。而有共同之目的者。如經濟社會政治社會之類。皆爲國家之所干涉。故曰最狹也。

社會有種種。學者研究。各異其觀察之點。不過或主國家。或主社會。且余所主者。國家與社會相同之範圍。而其要素不同者。此所以社會之外。又有國家之名稱也。茲乃言其區別。

第二款　社會與國家之區別

以國家爲非社會不得也。以國家爲即社會亦不得也。二者之別。猶水之與茶。茶由水成。而既成爲茶。即不得復名爲水。是故舉水而煮之爲湯。舉湯而加之以葉。乃得別成一名。所以然者。以其茶爲別有一種要素在也。由社會而變爲國家。亦自有其要素存耳。

爲國家要素者法而已矣。雖國家自有種種活動。不必盡屬諸法之範圍。特以法者國家之特徵。此由普通社會。變成國家之第一要素也。雖普通社會。未嘗無種種紀律。苟無紀律。社會必不成立。惟國家之法律。則有一種强制力。爲國家所獨有。而普通社會所不能有。然則國家與社會之別。直可一言斷之曰。强制的法律之有無。即國家與社會之區別也。由此言之。無强制的法律者。即國家以外之社會。故凡慈善團體。宗教團體等。雖人皆視同一體。而就法之觀念明之。則國家與社會。顯然分明矣。且法之觀念不必究。先究國家與社會比較上的法之觀念。其要有三。

（甲）人類行爲之規定。　規定者何。表明人類行爲之秩序也。

（乙）外部强制之保障。　所爲外部者。非心理自然的也。譬諸盜賊。必待發覺。而後加之以法。未必能感動其心也。在盜賊自視。未必以爲不義。特爲法律所强制耳。故國家法律。以强制爲保障者也。

（丙）强制者。自一定之組織的權力來也（即國權）。 此權力爲極有秩序之强制力。夫輿論習慣。亦有阻力。亦能强制。然忽起忽落。毫無組織。國家則機關完備。有一定之秩序。載於法律。執行之者。自有一定之人。此乃國權之精神也。

法與國家發生之時期。或謂國家先而法較遲。此以法爲國家所造也。或謂法先而國家較後。此以法立而國家乃成也。竊謂法與國家。實同時並起。蓋由上三觀念而法成。法成而國家與社會。乃顯然有别矣。

第三款 國家與社會之關係

國家與社會二者關係。於事實上思想上皆非常密切。若思想上分而二之。而曰國家者强制之法律也。然則舍人類社會以外。則亦何所爲國家乎。故吾人思想。一及國家。即不能不及社會。特其區别在强制二字而已。夫所謂强制之紀律者。亦非國家之獨造。乃從各種社會之紀律中之有强制力者而選擇之。以爲其法律之强制力。故紀律與社會同時而起。特無强制力耳。（法之廣義即紀律）國家與法律。亦同時並起。而其强制之一部分。則後起也。

强制力何以後起。蓋起於保護國家之生存發達也。有妨害國家之生存發達者。不得已乃有一種强制力。此力既生。而國家之性質異矣。設一事也。甲國非之。於法當罰。乙國是之。於法不罰。蓋甲國視爲妨害。而乙國視爲不妨害也。同一事而視之不同者。二國之社會思想不同故也。各認其害與不害。於是設爲法律。以達其保護生存發達之目的。是社會爲主。而法律爲客也。故法律之完全。即社會之完全也。

法因社會而存。而國家又因法而存。欲完全其社會與國家。必完全其法。完全之道奈何思想而已。抄襲摹倣。未必效也。夫以如何之法。乃可達完全之目的。爲法學家難解之問題。惟有完全之法理思想。乃能解之。夫法所以達社會之目的。則法不啻一器械矣。然器械必有製造者。有使用者。法之爲法。孰製造之。孰使用之。求諸國家以外。不可得也。

社會者國家之基礎。而國家者社會之産物也。故欲明國家。不可不先明社會。就近世文化之國言。國家組織。與各種法制。類似甚多。局外觀之。輒云某國傚某國。實皮相也。夫彼之所以類似之故。以其社會之組織類似也。若社會之組織不同。即國家之要素不同。而徒恃法律模傚。有何益乎。是在乎變更社會之方向而已矣。特是社會現象之變遷。原因甚多。不獨國家之力。足以轉移社會也。蓋國家法律。僅能制人之外部。而内部之思想。法律所不能及。雖國家舉動。亦足聳動社會。然有時注意於此。而效見於彼者。影響所及。非其初意。故僅借國家觀念。欲變動其社會。未必可得。且社會變動。亦足影響於國家。今之社會。與經濟上極有關係。故國家與經濟亦極有關係。非若古之國家。與經濟無關也。近世經濟學者所説。以地位與勢力最爲重要。余亦就此二點而説明之。（一）爲國家在於社會上之地位（二）爲國家與個人對立之狀態是也。

第四款　國家在於社會上之地位

主張有機體説者。謂社會現象。與生物現象同。國家之在社會上。猶腦之在身體上。社會上事。全賴國家支配。猶之四肢百體。全賴腦之支配。夫代表國家機關者爲政府。政府欲使社會進步。則淘汰左右之權。悉政府操之。按諸法律。其説誠是。此即國家萬能之説也。而從政治學之事實上研究之。則此説未可據。何則。生物之智情意。惟腦有之。而四肢百體無之。故身體之服從於腦。由於自然。絶無反抗之理。若人類社會。則各具意思。而非毫無知覺運動全賴支配者可比。且腦與肢體。本屬二物。若政府中人。亦即人類社會中人耳。謂代表國家之個人。比之尋常個人。有各種卓絶之能力。故國家立於社會上。能維持社會。事或有之。特未必常能達此希望耳。

第五款　國家與個人對待①之狀態

學者有謂國家與個人。直接對立。中間無所謂團體。個人者孤立之個人。只有爲國家分子而已。國家與個人。相坿②甚密。此説本於契約。然按諸事實。則大不確。何則。個人既爲國家分子。同時兼爲社會中之分子。社會中云者。包容幾多之最狹義社會。與無數之家族而言也。夫家族者。從未有國家以前。已偕人類而存在。最狹義之社會。與文化之進步。共增其種類。如政治的、經濟的、學問的、宗教的、慈善的、娛樂的。及其他之種種團體之分子。皆即國家之分子也。文化愈進。團體愈多。即孤立之個人愈減。安得謂箇人以外僅有國家乎。國家對於分子。有拘束力。而各團體對於分子亦有拘束力。且其拘束力不僅及於外部形體上。而內部精神上之拘束力亦甚大。特外部之拘束力。惟國家最强耳。與其以性質上別之。不如以分量上別之也。

人生事業。有一人所不能爲者。乃合多人而爲之。於是有共同團體。國家以外。此種團體甚多。或謂國家以外之共同團體皆屬營利事業。國家則無營利事業。不知國家亦有時營利。他團體亦有不爲營利者。且今之文明進步。雖由國家發達。而他團體之助文明進步者。或較國家之力更大焉。

第三節　國家之定義

定義曰。國家者於一定之土地。有統治組織之繼續的人類社會也。

凡一事物。日進複雜。則對於此事物所下之定義。亦日複雜。欲其一致。勢所不能。國家現象。既極複雜。故下國家之定義。亦甚雜復。且有更甚於國家現象者。細究其故。以學者之對於國家有二方面。

（甲）觀念方面歸納的研究也。（乙）思想方面哲理的研究也。

① “對待”，此處義同“對立”。
② “坿”，同“附”。

學者有時專以此二方面爲定義。故不免於複雜。夫國家思想。於研究上雖非無用。而下定義時。不妨姑置之。專就國家觀念。已足説明。且國家觀念。亦不必研究其現象。因國家現象。古今變遷。萬有不齊。勢不能悉括於數語定義中。故不如姑置之。而下一極廣之定義。使凡有國家。皆屬此性質。方爲適當。設有一種國家。不合其定義。則其定義之範圍尚狹也。他之學者。有謂國家必有保存自己之力量。方爲國家。然今世尚有極弱之國。未嘗不成國家也。此其定義不完全也。又有謂能達其目的者。方爲國家。然政策者。國家所以達目的之具也。政策不遂。即不能達其目的。將謂之非國家乎。此其定義亦不完全也。今所下之定義。乃悉去狹小之見。而爲極廣之定義也。姑分釋之。

第一國家者社會之一也。

社會之最廣義。凡生物相聚。皆爲社會。如於社會二字之上。冠以限制字。乃屬確定。

第二國家者人類社會也。

社會而冠以人類。則非一切生物之團體矣。然究以幾何人爲社會。乃成國家。或謂與其人多。不如人少。此説未確。總之至少以統治組織爲限。而至多則無限。雖極之世界人類。合爲國家。亦無不可。

第三於一定之土地之人類社會也。

人類生活。不能離土地。雖有浮海之人。然不能不與陸上交通。況合多人爲國家乎。故學者稱國家土地曰領土。但必有一定。否則徙逐水草。僅可名部落而已。故定義必曰一定之土地。

第四有統治組織之人類社會也。

或謂國家爲不平等之社會。其他社會皆屬平等。不知他社會亦有不平等者。不得即視爲國家也。故不平等之性質。不足爲國家之特性。其爲國家之特性者。惟强制力耳。行其强制者爲統治者。受强制者爲被統治者。此種組織。謂之統治組織。爲國家所獨有。而爲他社會所無。統治組織之中心點。是謂統治權。亦即國法上之最高權。而論統治權之説有二。（甲）謂統治權不可分。（乙）謂統治權無限制。然此二説者。未必爲統治權必要之性質。何以言之。（甲）説謂不可分。證諸單獨國[1]。則有中央集權。其説固合。而證諸合衆聯邦[2]。則統治權。仍在於組織此合衆聯邦之各國。則不可分之説不切矣。（乙）説謂無限制。古時專制國則然。今則國家機關日多。必各機關合意。然后可行。是已不能無限制矣。雖從法律上視之。可稱無限制。而以事實上言。則不能無限制。況以政策言。則濫用國權。亦非所宜。故無限制之説亦不確。玆就政治學上所宜注意者言之。

（甲）於特定之地域。特定之時期。其統治權亦各不同。聯邦制度。各有其組織。即各有其統治權。單獨之國。有中央集權地方分權之別。然其分量之總額則一也。

（乙）統治權之可分不可分。及其分割之方法程度皆由各國之歷史而定。分合之故。無可强也。

（丙）統治權應歸何人應用。必視其社會發達之程度而定。或由君主。或由議會。皆無一定。其他於運用狀態。尚有種種關係。如外交關係。亦宜注意。民族不同。好惡亦異。國家以民族爲分子。運用狀態。亦不得不注意也。

---

① “單獨國”，今作“單一制國家”。
② “合衆聯邦”，今作“聯邦制”。

（丁）統治權於法律上占優勢。然法律以外。雖亦可行。則不得謂最高權。

（戊）統治者運用統治權。得以其意思自由活動。在法律上固無限制。而事實上則有限制。其最大者社會之習慣。雖專制之君。亦不能反社會之習慣也。

第五國家者繼續的人類社會也。

自人類全體觀之。既達於國家制度之下。則永久爲國家分子也無疑。雖有無政府之説。然此乃暫時之變態。而退化之思想也。若以常態言。則古今東西之歷史所紀。莫不以國家支配人民。以此例推之。雖悠悠千載。國家組織。必爲永久繼續可想。何以知其然也。因吾人有不可少。國家組織之性質有四。

（甲）人類有社交性。不能孤立存在也。

（乙）人類能力不同。故人類之地位。亦必不一。

（丙）人類相互生存競争（廣義的）之事永久不免。

（丁）人類每有短慮的利己性。

由此四點。可見國家殆將爲永久必要之社會矣。使人類而但有社交性。則不妨有社會。而無國家組織。又設僅有乙丙丁之性質。而無社交性。則亦可不必有國家。惟自古及今。人類性質。莫不具此四點。因知來者無窮。亦必有此四性。而國家組織。乃永不可少矣。

然所謂永久者。非謂一國家可自一世二世而至萬世永永無窮也。盛衰興亡。國家恒有。證諸實際。未嘗有數萬年之國家。是國家者。不過一時之事實上耳。然國家當存在之時。必有永久存在思想。决無豫劃期限之理。至或因國際競争。或因分子意思。忽焉消滅。忽焉改變。各種原因。皆不可定。故國家性質。謂爲一時的可。謂爲永久的亦無不可。而由人類社會言。則謂之永久也不可。謂之一時也更不當。故不曰一時。不曰永久。而曰繼續的人類社會也。

第二章　國家之發生

第一節　總説

論國家之發生。有三説焉。

（甲）哲理的。不論國家如何發生。而論世界何爲而發生國家。如神意説。勢力説[①]。契約説[②]之類。非本論所必要。

（乙）形式上的。即儀節宣言等事。表明國家之發生。雖亦爲事實論之材料。直不足以决國家發生之有無。故政治學上。亦無用研究。

按形式上者。如新國家於某年月日。須布國號。行即位禮。行文各國請求公認之類。

（丙）政治學上的。非法律論乃事實論也。要素備具。而繼續者。即爲國家發生之時。玆分爲二方面。（一）絶對的發生。（二）關係的發生。

栨在地球上之各部。從未有國家者。而成立一國家謂之絶對的發生。然而有史以前。邈焉難攷。直接求之。既無碻證。不得不間接參攷加以推測。其根據有三。

---

① “勢力説”，今作“暴力論”，産生於 19 世紀末 20 世紀初，主要代表人物爲奥地利的龔普洛維奇和德國的杜林。認爲國家是暴力征服的結果；暴力是不平等的起源；私有制的産生以及統治和被統治的關係必須從直接的政治暴力中去尋找，而不應從間接的經濟力量中去尋找。

② “契約説”，即社會契約説，認爲國家和法都源於人們訂立的契約。最先由古希臘伊壁鳩魯提出，17—18 世紀被歐洲自然法學派廣泛傳播。認爲人類原處在個人完全自由、不受任何拘束的“自然狀態”，後訂立契約，自願遵守各種規定，個人放弃自然自由，以獲得有序的生活和保障，國家和法由此形成。

（一）人類天性。有不可少國家之性質。（二）從國家關係上推測之。（三）從野蠻社會推測之。

此種推測。本非良法。何以言之。今之野蠻社會。雖未開化。亦未必與古之野蠻社會。若合一轍。蓋以進化之理言。必較勝古時。若夫主張退化者。謂古必勝今。前必勝後。中國謂唐虞至治。後世莫及。歐西亦有以古代爲黄金時代者。此種觀念。近世已無。惟進化之理。不過大體皆同。非一定之次第也。故就一國言。亦有由盛而衰者。此則本於各國之情勢。而不可概論者也。

國家之始。原於社會。社會之始。無以名之。名之曰原始社會。欲究國家絶對的發生。不得不究原始社會。特學説甚多。玆略舉之。

第一期徽章的結合。　譯意猶言記號也。未開時代。人多質樸。文身爲記。以相區别。衣服器用。亦多繪一物類。大半動物爲多。視其記號之同者。結爲一社會。其時雖亦有血統關係。然不甚分明。惟視其記號而已。

第二期血族的結合。　由徽章結合時代。進而爲血族結合時代。則以同一祖先爲重。惟説者不一。有以爲當時重男系。以父權中心者。故有族長家長之説。後人謂亦有母權中心者。惟母中心説不重要。玆論父中心説。以此種社會。亦别有一性質也。

族長時代。有大族小族之别。然大族之中。但曰同祖。年代遼遠。等諸傳聞。究自何代而同。何代而分。不可攷矣。惟小族之中。某與某同某代祖。較爲可信。此血族之分。大族不如小族之明確也。

惟大族小族。孰先孰後。有謂先有小族而後有大族者。蓋自一家一族。人口[①]繁殖。乃成大族。大族者合諸小族而成者也。近人則謂大族在先。愈進則愈分爲小族。蓋最初之時。僅别記號。漸進而以血統相别。是爲大族。

① 以上載 1906 年 11 月出版的《北洋法政學報》第 6 册。

然於此時代。名曰同祖。未必確有可憑。愈進則愈可攷知其同祖者。即由大族分爲小族之説也。血族結合時代。族長社會極盛。由族長制度而成之國家。與近之國家。由社會變成者。其性質不同有四。

(甲)人的結合。　族長時代。全屬人的關係。或確知其同祖。或不知而想像之。皆專以人爲主。無土地之關係也。

(乙)閉鎖的結合。　族長時代。專以血族爲重。故非其族者。不得結合。己族不得入他族者。他族亦不得入己族。若今之所謂移住。則全未有也。故其性質爲閉鏁[①]的。

(丙)重層的結合。　重層者。有階級相間。不能直接也。族長制度。大族之力。祇及於其次級。由次級遞及於小族。其中層次甚多。無直接者。今之聯邦制度。尚有此種遺意。

(丁)舊慣的結合。　族長時代。多主保守主意。相傳習慣。牢不可破。

其人於社會上之地位執業。亦皆永不變更。故其性質爲舊慣的結合。

第三期地域的結合。　此種結合。不問其血族之同否。而以共同一地。有同一之感情者。結爲一社會。漸漸起國家之性質矣。

社會結合。雖可如上分之。然血族時代。亦有地域的關係。地域時代。亦有血族的關係。即徽章時代。又何嘗無二者關係。此本非絶對之别也。不過當時以何者爲重耳。惟至地域結合時代。而徽章遺意。全歸烏有矣。由此言之。知有人類。即有社會。雖結合不同。而其爲人類生活所不可少則一也。乃契約説者。以爲古初時代。本無社會。因人類孤立。大爲可危。乃相契約而成社會。洵此説也。則社會之不由自然。乃感於外界而起此意也。由今思

① “鏁”,同“鎖”。

之。知此説之不塙[1]。夫共同生活。人類必要。自古已然。悉由自然。毫無勉强者也。不然。何以下等動物。尚有社會乎。試證其自然之原因有三。

（一）人口繁殖。　由一人之身而子而孫。日久日多。苟土地可容。必不分散於他處。於是共同生活。因之以起。

（二）對外之競争非共同不可。　我既有類。則人亦有類。類與類分。不能無衝突者勢也。既有衝突。苟其人少。不能抵抗。况孤立乎。於是必賴結合。乃有利益。無論何種幼稚時代。此種思想。莫不有之。

（三）人類有社交性。　一人不若多人。小社會不若大社會。此常情所同也。若夫孤寂自憙。雖間有之。特例外耳。憙交通者。適普通也。

由此言之。雖極古時代。必有共同生活也無疑。必有許多社會結合也無疑。惟其境遇不同。故盛衰興亡。亦不一致。何以言之。此社會與彼社會之競争。外部之境遇也。其地之水土物産氣候。内部之境遇也。盛衰興亡之機。不外此二端。其内部爲自然狀態。其外部爲人類争存而已。

設有千人之社會。其所處之地。氣候物産。無不合宜。不數年而萬人矣。數萬人矣。且因其自然狀態之合宜。他社會之不足以資生活者。亦因而移入焉。久之而俱化焉。此社會之日盛一日。内外之境遇兼優也。

若夫一社會中。氣候物産。不便生活。而人類之程度又低。既不能拒外侮。血族分散。無以持續生長。則不數年而衰矣微矣。又數年而滅矣亡矣。此境遇既劣。而争存之力又不足也。然使内部境遇。雖亦合宜。而外來者存侵略之心。亦足使土著之人。日即衰微。物競天擇。其酷如此。吁可危哉。

以上所言。皆社會最初之時。未成國家也。今欲進而究社會何以成國家之性質。可就國家定義中二要點研究之。（一）人類何以必要此强制的法規。（二）人類何以聚於一地而爲土著。

① “塙”，同“確”。

（一）社會何以要强制的法規。因一社會中必有一目的。而各人意思。不能一致皆向其目的也。任其衝突。則又不可。必有調和之法。故規律不可少。然使規律力薄弱。則對於内部尚不易整一。對於外部之競争。亦不足以抗拒。於是有强制力的法規。然既欲有强制的法規。又不可無統一之人。於是有酋長起。而剏立之。而執行之。然酋長之剏立此法規。亦不能由一己隨意爲之也。必采社會所必要者而後剏立焉。雖專制之君。亦不能全反社會之習慣焉。酋長必繼續。以社會上四圍之種種原因。有不可少此强制力者。此不可少强制力之原因永久。則發生此强制力之機關。亦必永久。酋長其機關也。故知其必繼續也。且同在一社會中。而得爲酋長者。其人必雄傑而占社會上之優勝地位焉。由是而其子孫憑藉餘勢。雄長一方。遂成世襲。則與君主政體最近焉。此强制之一點所由來也。

（二）古初社會。大半游牧。徙逐水草。以資生活。有不合宜者遷而之他。人少故也。及其人口繁殖。畜牧不足以資生。乃盡地力。於是進而爲農業時代。其借資於土地者。較奢於畜牧。故其遷移。於經濟上亦屬不便。此其一原因也。

就外部言。一處之人口增多。而他處之人口亦多。即欲移住。而他社會亦不讓其移入。故各處一社會。而安居之心由此生焉。此其二原因也。

由此二端。而人類漸成土著矣。於是地域的團體重。而血族關係不必復問。則國家要素中之土地一要素成矣。

有强制有土著此二要點而國家漸成。然不過推想得之。欲細究之。則遠不可攷矣。

第三節[①] 國家之關係的發生

國家之關係的發生。稽諸歷史。種與種争。一興一敗。此例最多。簡

① “第三節”，原文如此，未見第二節。

言之不過以强種族定弱種族而已。征服者。即强制之顯然者也。大致可分爲二類。

（一）集中的併合。以一强種併合其四圍弱種而成國家者也。

（二）移駐的征服。强種入弱種之地而征服之。即以其地成立國家也。

以上之二類。泛言强種制弱種之手段。有此二法也。其事實又可分爲二。

（一）於土地上無現存之國家。而發生新國家者又有二。

（甲）國家的發生

已有國家之機關。對於未有國家之土地。而有造一國家之意思。即其政府之意。欲向某地設一國家也。例如希臘古時。地小而文明極盛。乃往他處殖民。若地中海之西岸。小亞細亞諸地。使之成立國家。然希臘中亦各有國家。使其殖民之成立也。皆政府之意思。積極的經營也。至若羅馬之殖民。雖亦由政府意思。然盡屬於母國。未有新立之國家。是消極的經營也。故與國家發生之意無涉。

（乙）人民的發生

國家機關。於殖民事業。不甚注意。由人民意思。移駐他處而成國家。例如美之加利福尼（即舊金山）①之殖民。全係人民自己意思。於政府無涉。

（二）於已有國家之地發生新國家亦分爲二。（國體政體與國家發生無關學者謂變易國體政體即一新國家由今思之國體政體之改革不足與於國家發生也）

（甲）合同的發生

初有多國家。消滅其多國家。而合爲一國家。是爲合同的發生。然

① “加利福尼（即舊金山）”，“加利福尼”，即加利福尼亞州（State of California），位於美國西部太平洋沿岸。原屬墨西哥，1848 年美墨戰爭後爲美國領有，1850 年加入聯邦。“舊金山”，即聖弗朗西斯科（San Francisco），華僑稱“舊金山”或“三藩市”。

有似合同而非合同者。如以一大國併他國家。雖併合多國。而不得謂之發生。因此大國爲本來所有也。

又有國家與國家婚姻之故。遂主其國。或兼王焉。歐洲中世。此例甚多。亦不得謂爲發生。古時視土地爲君主私産。故君主亡而贈與其親戚者有之。兼併由戰争。婚姻贈與由和平。而皆不得謂之發生。以其非新國家也。

（乙）分裂的發生

或由國家之任意。或由他國之强迫。又或本國之一部人民。自行獨立。徵諸歷史。此種分裂尤多。蓋其原因。必由利害與感情不同之故。其始成競争團體。�轢既激。勢力平均。則彼此不足壓服。又以土地區域。便於分裂。經時既久。乃分裂其一部而成新國家。南美北美。此種國家甚多。

國家有發生。必有消滅。二者相關甚切。當參照下章。

第三章　國家之消滅

第一節　國家之消滅概論

國家之消滅者。三要素中缺其一時。即爲消滅。但土地人民。無消滅之理。除洪水地震外。不恒有也。故政治學上。但研究統治權之消滅可耳。或和平的消滅。或强制的消滅。皆基於事實上。若外觀形式上之消滅。國法及國際法所研究。兹皆無須言也。

統治組織之不可少。由於人類性質。既如上章所言。則統治權之消滅。决無限于壽命。如有機體之自然消滅矣。故論國家消滅。不外受外部之壓迫。及内部之改造二者而已。或謂一時大亂政府瓦解。亦可謂之消滅。非也。

統治組織之機關。可以復立。非另立一國家。不足謂之消滅也。

未有國家以前。社會與社會争。必歸於優勝劣敗。國家與國家。亦不外乎優劣二點之關係耳。優劣者何。即大小强弱之謂也。或弱小之國。被强大之國所併吞。或弱小之國。恐被强大國所併吞。乃合利害感情相共之多數弱小國爲一國。而對抗之。則其舊國家亦遂消滅。或以多數之强大國。而弱小國孤立其間幸免消滅者。非强大國之仁義也。因均勢也。或僅一强大國。而多數之弱小國。同時攻擊之。亦有時而消滅焉。

然則國家消滅之原因。全在大小强弱而已。所謂大小强弱者。即其競争力之優劣而已。優者併吞人。劣者被併吞於人。雖間有不遽消滅者。或以均勢。或因地遠。不可爲例。總之競争力弱者。必歸於消滅而已。

第二節　國家之競争力

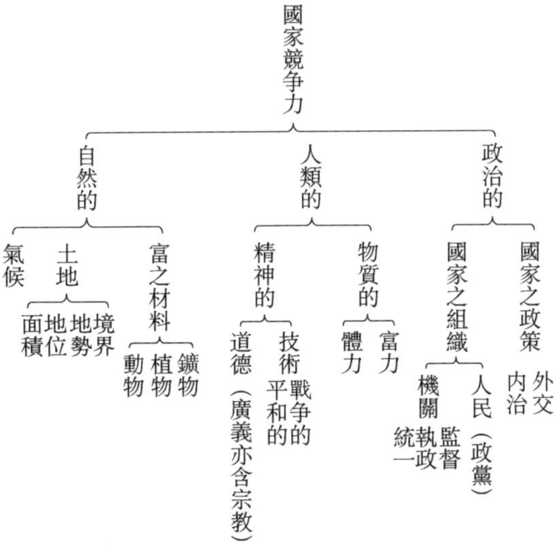

國家之競争力。在政治學並政治實際上。皆極要之大問題也。分類圖解如左。

國家競争力之全體。在廣義政治學。如希臘古時之所講。則皆包括之。今所講爲狹義政治學。不過及於國家政策耳。表中兼列三部者。便比較也。人類本屬自然。今以人類别有關係。故别列一部。非絶對的區别也。人類的與政治的之分。猶自然與人類之分也。政治亦不外人類。以根本言。自然的最廣。何也。人類的由自然中出。政治又從人類而出。今爲便利計。故平列之。

第一部自然的之最重大者爲土地。則以面積地位境界地勢。與國家競争力。大有影響。其次則富之材料。及其氣候。與國家競争力亦關緊要。

或謂此當在政治地理。但古時政治地理。亦包括於政治學。且政治地理之研究。不過記述的。且政治史亦屬記述的。政治學則爲説明的。其方面異也。譬諸言封建者。記述的但記某國某時之封建若何而已。政治學則以概括的方面論之。不論某國之封建若何。但論封建若何而已。政治地理。於某江某河皆詳言之。政治學則不過言有河流之國若何而已。於記述方面。皆不詳也。即如江海雖非土地。而與國家競争力甚關緊要。或另列一項。或併入土地而研究之。皆無不可。

第二部人類的。分爲精神物質兩方面。精神的莫如道德次爲技術。野蠻之競争。與道德無關。文明之競争。與道德之發達。皆有關係。物質的體力富力並重。體力者。人類體育是也。富力即以富之原料。加以人工也。僅以富之原料爲富。則當入自然的。但僅有原料。不足爲富。富力者。關於技術（和平的）之發達不發達耳。故往往一國之中。原料不甚多。而工藝發達。亦可謂富强之國。是以技術與原料。互相關係。而於國家之競争力。亦遂大有關係。　凡關於富力之技術。大半爲和平的技術。若戰争技術發達。而平和技術不發達。亦不足以競争也。

第三部政治的可分爲國家之組織。與國家之政策兩方面。而國家組織。一爲機關。一爲人民。機關者代表國家者也。機關又有種種。一爲統一機關。因政體不同。而統一機關亦不同。其次執行機關。即政府也。但政府有廣狹二義。最廣義併元首在内。稍狹義除統一機關而言。而各官職皆在其内。最狹義則專以内閣爲政府。又次監督機關。各國亦不同。大約指議會而言。然有並監督元首者。亦有不能監督元首者。監督機關。自古已然。未有議會之時。亦已有此機關。因官吏有執行之權。能善亦能惡。必期其盡心厥職。而人情私慾。終不能免。故國家設行政官。必別設監督官。但古時皆在内閣。其一部分爲行政。一部分爲監督。近則議會制度行。而以監督機關專屬之。人民之爲國家組織。以政治上觀之。即政黨是也。不從政治上觀。則與國家之組織無與焉。

以上三者。皆關於國家競争力者也。或謂論國家之文明進步。惟自然的不甚重。然其爲要素則一。不過其觀察之方面異耳。一主文明進步。一主競争力也。玆舉關於國家競争力當注意之要點如左。

（一）國家競争力之各要素。何者占重要。因各國之時代地位而異。當争戰時代。則以争戰技術爲重。而平和技術次之。太平時代則平和技術爲重。而戰争技術次之。凡此不過要素居若何地位。其視爲重要之程度。略有先後輕重耳。非可缺一也。何則。戰争時代。固以武力爲重。槍炮船舶。戰争之要素也。然國家之競争力。並不僅在此一端。又有種種關係焉。如體力也。道德也。皆不可少。若僅武力發達。何足制勝哉。古時則但有體力。已足制勝。今則未必也。又如普通教育。於國家競争力亦有影響。普之勝法[①]。謂爲小學校之功。非虚語也。

（二）各時代有一定之競争力。從前代來既受之前代。不免有所變化。以傳之後代。所爲變化者。或加發達。或漸衰微。增減之餘而其性質必仍流傳。

（三）國家競争力之要素。分量雖同而效力則因時代而異。進取時代。其作用之效力較大。守成時代。其作用之效力較小。

（四）古來政治學家。謂國家有盛衰之時。優劣之時。然其所謂盛衰優劣者。必由比較而來。如中國則昔盛而今衰。此就一國時代而比較也。如以多國相比較。不必論其時代。但指一事。如文學美術。皆可比較。今則專就

① “普之勝法”，1870—1871 年，法國和普魯士爆發戰争，普魯士獲勝，法國戰敗。

政治一方面研究也。

（五）國家競争力之各要素。不能一言括之。只可分科言之。因種種學問。日漸發達。不能簡言之也。

（六）人種者關於國家競争力最大。學者有謂國家之消長。全係人種之變化。此説未免極端。夫國家者。元來爲個人之集合。故國家之競争力。於各個人皆有影響。然當從性質求之。如國民之集合與孤立是也。因表中已列人類。故不另列人種。

（七）國家競争力。更分社會要素。與國家要素。此二者必相伴發達。國家要素。雖爲國家競争力之基礎。然社會之競争力微弱。則國家之競争力。不能獨充實也。

（八）社會要素。不外道德。學術經濟。技藝文學。美術之類。然必合國家要素法律政治等同臻發達。而後其國之文化程度乃高。

由文化程度之觀詧[①]。與由國家競争力之分量上觀詧。觀詧之方面不同。故内容之價值亦不同。蓋一主一般社會之發達。一專主國家團體之競争力也。如自然的者。於文明要素不甚重。若以競争力方面言。則自然的亦關重要。至於音樂文學。於文明發達。極爲重要。然就國家競争力方面言。則又不甚重要矣。

（九）社會文明。與國家競争力。非相背而馳。有競争力而社會日進文明。亦社會日進。而國家競争力亦日進。但當未開時代。國家競争力。不甚自知。洎乎文化時代。則由自知。國家知競争力之不可弱。於是欲使之强。又知競争力之與文明相關。并欲發達其社會。欲發達其社會。舍政策何由哉。

① “觀詧”，同“觀察”。

第三編　政策原論[①]

第一章　國家存在之理由

第一節　人類社會問題

人類社會之現象。與自然界之現象。其間必有大異。其在根本的差異者有一焉。如自然界中。發生一現象。及其繼續。毫不蒙人類意思之影響。矯然獨立。自能存在。人類社會之現象則不然。全賴人類意思。人苟無此意。則此事必不能成。雖人類社會之中。亦間有賴天然者。此其小部分也。故人類社會可分二部分。（甲）爲必然的部分。（乙）爲選擇的部分。由自然界而成者。是爲必然的。其餘社會上之制度。皆爲選擇的。選擇云者。人類可自由取捨變更者也。由此生二問題。（甲）起源問題。（乙）何爲要永續及永續之價值問題。（即存在問題）

國家三要素中。土地人類。皆屬自然現象。無庸研究。政治學上所當研究者。統治權而已。故研究國家之起源。即研究統治權之起源也。夫何爲而有統治權。何爲而當服從於統治權。學說甚多。有謂起於古時家長者。家長有强制一家之力。及家族繁盛。而爲之主者。仍家長之子孫。故必當服從之。有謂起於君主者。即酋長之説也。謂惟君主能統一之。有君主之勢力。而後人人服從也。有謂起於契約者。洛克[②]尤主張之。謂古時人類亦甚衆多。因孤立可危。乃共同契約。而公舉一人以爲之君。此皆解國家起源之説也。

---

① 根據後文出現的“第二部”以及1903年日本博文館初版的《政治學大綱》，該處標題下應該有“第一部”，第一部的標題應該是“政策前論”。

② “洛克”，即約翰・洛克（John Locke，1632—1704），英國哲學家、法學家、政治家，啓蒙思想家，著有《政府論》等。

第二節　問題之必要

統治權之問題。當十五六世。自然法家[①]已早研究。但研究之方。徒憑理想。不據事實。十八世紀。喆理派[②]起。對此問題。亦嘗研究之。十九世初。歷史派[③]起。乃反對之。謂昔之研究。皆屬空論。此一問題。當以歷史求之。於是理想研究者漸少。至近世學者。折衷二派。研究之方。兩無所偏。而最近趨勢。對此問題。更起絶大風潮者二。

（一）社會黨之議論發達。

（二）無政府黨之議論發達。

此二派皆於現在國家有所不足。而以爲不必存在者也。然則國家之爲國家。究有用乎。無用乎。當存在乎。不當存在乎。不加研究。不足以箝其口而服其心也。

古人性質。篤好習慣。昔之所無亦無之。昔之所有亦有之。其究竟應當有否。不暇研究也。名家如亞里士多[④]。尚不能免。當時奴隸制度。盛於希臘。即古時最文明國也。尚且安之若素。蓋其見解然。亦即其性質之安於習

① “自然法家”，即自然法學家。關於自然法的思想可追溯至古希臘時代，這種思想認爲，宇宙間有普遍適用、永恒不變的行爲規範，此即自然法。自然法不因時代、國度而異，爲一切人所共同遵守。近代以來的格勞秀斯、洛克、霍布斯、孟德斯鳩、盧梭等人，把自然法從神法體系中剥離出來，强調自然法源於人的理性，其中的自然權利、社會契約、有限政府、人民主權等思想對近代憲法產生了重要影響。

② “喆理派”，即哲理法學派。該學派試圖從人的理性和自由意志出發探討法律的本質和基礎，以康德和黑格爾的法哲學思想爲主要代表。康德認爲法是以自由爲依據的一般法則，可分爲自然法和實在法、公法和私法；黑格爾認爲法是自由意志的體現，市民社會的一個重要環節是通過司法保護所有權，爲此必須使法成爲一般的實在法。二者都將自由作爲法的中心問題，但在國家、法與個人的關係上，前者具有個人主義、自由主義色彩，後者則具有國家主義、絶對主義的特徵。

③ “歷史派”，即歷史法學派。19世紀初在德國興起，基本觀點由胡果提出，其學生薩維尼加以系統發展。該學派强調法律體現歷史傳統或民族精神，提倡繼承歷史傳統，重視習慣法，反對在條件不成熟時倉促制定普遍適用的法典等。英國的梅因和美國的卡特被認爲是歷史法學派的主要代表人物。從19世紀末20世紀初起，作爲一種研究方法，歷史法學已融入實證主義法學與社會法學中。

④ “亞里士多”，即亞里士多德（Aristotle，公元前384—前322），古希臘哲學家、思想家，著有《形而上學》《政治學》等。

慣然也。今人性質則大異。對於一事。不必問古來之有此事否。當先究今日之應有與否。古之所有。不妨廢之。奴隸制度是也。古之所無。不妨刱之。代議政體是也。（古皆人民直接）夫國家之事。忽無忽有。種種變化。皆有理由。其忽然而發生者。即其必不可少者也。其忽然而消滅者。必其無所用者也。國家之應存在與否。亦必有其理由在焉。

關於此問題之最要者。社會主義與無政府主義。不可不先明之。以根本上觀[①]之。此二主義。絶然相反。無政府主義。專以去國家强制力爲目的。使之反[②]於古初社會。是自由平等之極端也。社會主義。則欲以私人所有之事業。盡歸諸國家。是更擴張政府之勢力也。

雖然。以事實上觀之。則今之二黨。有反對者。亦有聯合者。其所以反對者。此黨盛則彼黨衰。故不得不起而反對之。亦均勢之意也。其所以聯合者。二派之人。對於今之制度。皆有不平之心。憤激而起。不入此黨。即入彼黨。原因同故宗旨亦同也。即同一社會黨中。亦有激烈者。有和平者。未嘗不少有參差也。與社會黨相反者。莫如政黨。英之政黨盛。故社會黨不發達。德國無大政黨。故社會黨極盛。此黨盛則彼黨無餘地。互相消長者。勢使然也。各國之議員中。社會黨有勢力者。爲德國。其更盛者爲法國。所選宰相往往出其黨中[③]。今其勢力。日益擴張。持之有故。言之成理。欲抵制之。必於根本上剖析理由。不能以强制之力也。欲强制之。反遭其陰險之手段。而於事無益。德相俾士麥費十年之力。不足以制之。是可鑒矣。

---

① 以上載1906年11月出版的《北洋法政學報》第7册。

② “反”，同“返”。

③ “社會黨有勢力者。爲德國。其更盛者爲法國。所選宰相往往出其黨中”，作者此處關於社會主義在德、法兩國具有較大影響的論述，符合事實，但所謂法國“所選宰相往往”出於社會黨的説法，則不符合事實。

東洋諸國。無此黨派[①]。故亦不甚注意。西洋則其勢力甚大。故大政治家。莫不視爲重要問題。大加研究者也。

第三節　國家存在理由解決之性質

國家存在之理由問題。其解決之性質有二。

（一）此解決乃概括的非特定的。

國家存在之理由。即人類不可少此强制力之存在也。不可少此强制力。故不可少此國家組織也。所謂人類者。泛言世界。凡有人類而言。非認定一種國家如是。亦即無一種人類社會不如是也。夫今之國家。皆沿歷史而來。參差不一。合於存在之理由者。固亦不少。而謂皆完全無缺。不必改良者。則不可也。蓋於現存國家。求諸實際。而考其國家之組織。若者宜聯邦制度。若者宜中央集權。種種不同。各有其宜。則必專指一種國家而後可。今則統論國家存在之際。不暇及也。但解决人類不可少此國家之問題而已。

（二）此解决乃關係的非絶對的。

此問題之解决。對於認定公共基礎者。始足令其首肯。若心中本無此基礎。如無政府黨者。則根本上已絶然反對。雖以國家存在之理由。百口解之。彼終不服。故曰此解决關係的而非絶對的也。

公共基礎者。人人有此思想也。然思想亦因時代而異。因各國而異。近以機關交通。日益暢達。故思想易通。所不同者惟古今之思想耳。由此之故。國家存在之理由。古之所云。於今不合。非其理論之不合也。公共基礎之不同也。宗教時代。謂人類悉由神造。國家亦由神造。人類之所以不可少此國家者。即所以對神也。神之有無。非精通神學者不能知。可勿深論。而國家

① “東洋諸國。無此黨派”，《政治學大綱》初版於1903年。事實上，社會主義學説在此時的日本，已有初步傳播，而且有了嘗試成立社會黨的努力。

之所以必不可少者。與今世界公共基礎不合矣。

十八九世紀契約説起。謂吾人祖先與國家契約而成。故子孫必世守之。然祖宗究有契約否。不可得而知矣。

又宗教家謂吾人皆同一祖先。世界人類。皆亞當之子孫。長子乃主一家。故宜服從於家長。故家長制度。與君主政體最近。然同祖之説。確否不可知。而今日之公共基礎。終不在是。

此種學説甚多。與今皆不合。然揣其説之所由起。則當時之共同基礎然也。自然法時代。人人心中。以爲人定法以外。確有一自然法。宗教時代。人人心中。有一天神。今則時代屢更。思想亦異。故不能以舊説解之。今思想基礎之最新者。爲進化説。國家存在之理由。亦當就此思想解决之。

進化之説。起於生物學家。英之達爾文。斯賓塞。德之華司漫[①]。皆張主之。此説初剏。宗教家最爲反對。宗教家謂世界萬物。皆由神造。而人類最爲高等。高下等級。神所造定。進化説謂世界動物。皆有進步。人類發達最早。故超於動物之上。初亦尋常動物而已。其後此説流行。反對漸少。然尚限於生物學。自斯賓塞起。謂不獨生物爲然。社會之理。亦不外此。於是人人崇尚一切學説。皆本此恉。故論國家存在之理由。亦當據以爲準也。

進化説之要義。曰適者生存。曰境遇應化。適者生存。謂物種適宜。乃能生存。社會亦然。適宜者生存。不適宜者滅亡也。此一定之理也。境遇應化者。即順乎境遇相應而化也。惟境遇之適。物類不能自主。而人類則能自主。故選擇其合宜者而爲之。(按達爾文謂動植物皆能自變以順應境遇而能選擇者亦甚多與此説稍異)生存競爭之理。誠不可易。世界公認即近日思想

① “華司漫”,即奥古斯特·魏斯曼(August Weismann,1834—1914),德國生物學家、社會學家。弗賴堡大學教授。反對拉馬克的獲得性狀遺傳學説,提出“種質連續學説”(種質論)。認爲生物體由種質和體質所組成,遺傳必須通過種質,與體質無關;獲得性狀屬於體質的變化,不能遺傳。又認爲自然選擇是進化的唯一機制,在社會學上自稱“新達爾文主義者”。著有《種質論》《進化論演講集》等。

中共同基礎也。政治學上亦宗此恉而已。

第四節 問題之解决

國家存在之理由從二方面觀察而解决之。

（一）從社會的方面定决國家之必要（甲）就外部觀察（乙）就内部觀察

生存競争者。生物之通則也。人類爲生物之一。今之解决。既宗生物學進化之恉。則競争之理。宜先明之。自古迄今。約分四類。

（一）人類與他生物競争。即人類與人類以外之動物競争也。

（二）個人與個人競争。個人互相競争甚多。平和激烈不同。

（三）階級與階級競争。古時有貴族階級。與平民互争。近又起貧富階級而互争。所謂階級者。包括個人與國家間種種階級也。

（四）地域與地域競争。即團體競争。國際競争。

第一類之競争時代已久。早歸人勝。所不及者。微生物耳。故自此以後。永無不勝之理。無庸研究也。

第二三類之競争。今古不同。古時所争。但爲生存。勝則生存。敗則滅亡。今則争生存安樂利益之程度矣。若謂真有滅亡之憂。固亦未確。不過同一生存。其安樂利益之間。大有高下耳。

第四之地域競争。即國家競争也。有時國家交通未便。接觸不易。故競争稍緩。十九世紀以來。交通日便。競争益烈。其競争之方法有四。

（一）武力的競争。以兵力相勝也。

（二）政治上的競争。以政治占優勢也。

（三）經濟上的競争。於經濟上占優勝地位也。

（四）文化的競争。以文明進化争勝也。亦曰精神的競争。

此四類者。非某時代有某種競争也。不過某時代以某種競争爲主耳。以發達之次第言。未進化時。專用武力。稍進而兼用政治之競争。再進而以經濟競争。更進而爲文化之競争。至此時代。最爲發達。經濟居重要。而政治武力亦兼重之。故今日文明各國。何嘗不重武備。特今之武備。以保護其政治經濟爲目的。而非若古之豪傑。以蹂躪世界爲快事也。

國際競争。日進日變。苟内部不一。自相水火。則對外必不能勝。必先國内之個人競争。與階級競争。和緩而後可。故今日文明各國欲調和其内部之競争者。所謂人道派之意也。

世有謂競争酷虐。甚可悲者。不知有競争而後有進步。若不競争。則苟安偷息。汶汶而没耳。故競争不可少。不獨個人然。即國家與國家亦然。惟個人之間。尚易有道德情誼。而國家與國家則無之。故競争之際。往往有不能行於個人之間者。而國與國之競争。反可行之。世界進步。必使國家與國家之間。亦有道德。然而大同之世。想像而已。豈易言哉。

社會對於外部。既有競争。固已。就其内部觀之何如乎。前言國家起於社會。夫社會必有共同之活動。欲保護其共同之活動。不得不稍抑個人之活動。然未必人人能自抑也。則不得不有强制力。有强制力而後内部之團體既堅。則對外之抗拒力。亦必雄厚矣。

或謂人性本善。聽其自然可矣。何用此强制爲。古時東西。皆主性善之説。但謂人性惡。固屬不可。然以空論斷之。謂爲性善。亦有何據。試設一喻以譬之。吾人游山林間。見夫草木則欣欣向榮。禽獸則飛鳴自得。自然界中。何其和樂可愛若是。然特未經考察耳。若以生物學家研究之。則禽獸草木之競争。激烈可悲。與人類同。亦何嘗和樂哉。吾人於人類未經考驗。混然言之曰善曰惡。可乎哉。可乎哉。

人類不能孤立而結社會。社會不可無强制力。古來社會中。國家制度之强制力發達。即其社會亦發達。使其强制力之薄弱。則社會之衰微也久矣。然則强制力與社會組織之關係。非偶然的。普通的。乃必然的。

所謂偶然普通必然者。凡學問中。皆有其説。茲坿解之。

水爲輕養二氣所成。無輕養則無此水。此爲必然的關係。凡水必略含鹽質。不獨海水也。此爲普通的關係。如以絶不相關之質加之。則爲偶然的關係。以政治上言。若曰國家必不可少議會。無議會即無國家。此必然意也。若云凡屬國家。皆有議會。此普通意也。若議會與國家絶不相關。即偶然之説也。今社會與强制力之關係。猶水與輕養之關係耳。

何以知其爲必然的關係也。因社會不可無人類。人類有不可少此强制力之性質也。使僅因外界之競争而然。則世界進步。合而爲一。對外之競争既免。或可無此强制力矣。然即使世界合一。而内部之競争。仍不能免。因地球合一。而部分仍在。部分與部分。競争結果。要可例推。欲調和之。舍强制其何道哉。無論從外部觀之。與從内部觀之。强制之力。終不可少。

又設社會主義。能達其目的。私有財産之制廢。而世界無競争。則可無須强制力。而國家可廢乎。無如競争之端。不獨財産。名譽也。嗜好也。身體也。介争之媒。不可勝數。强制之力。仍不可少。而國家存在之理由。仍不可易。

嗟乎。大同之世。談何容易。如上二説。乃近日之想像。能達與否。誠未敢必。而公産之説。尤恐終難。因私其財産人性最樂。殆根天性。賴此根性。世界人類。尚知自勉。苟廢此制。則終歲勤勞。與攸游怠廢者何異。進不足以奬勵。退無所以鞭策。或者天性全變。世盡聖人。而後可達此希望。不然終屬夢想而已。若夫世界合一之説。歐洲學者。頗極熱心。近有剏先改内部組織。合爲一大聯邦之議者。然而舉世方争。誰韙此議。無論不能達其目的也。即使姑作快心之論。假定大同之局。而國家仍須存在。况不能達其目的。則國家存在之理由。更可知矣。

社會由個人而成。欲社會之發達。則必使個人有秩序。而後社會得安甯。若無秩序。則社會内部。已先不安。如土耳其期鮮[1]等國。國家雖存。而失其秩序。人心已覺不安。由是言之。國家之秩序稍失。效已立見。況乎其無國家乎。

（二）從個人方面解决國家之必要

個人生活於國家組織之下。每苦不得自由。以爲苟無國家。則惟所欲爲。自由無限。且世界不平之事甚多。權力之高下也。貧富苦樂之不齊也。有國家而愈趨於不平。由此觀之。則國家誠不必存在矣。雖然。未有國家以前之自由。不過隨意爲之。非真自由也。有國家而後有真自由。如謂有國家即不自由。或專制國之苛制。有特别限制耳。夫自由二字。從西文譯來。原其字義。並無惡意在内。至謂有國家即不平等。此説尤謬。試思無國家即平等乎。恐無國家而不平等更甚。平等不平等。不在國家。而在人之天賦。與其境遇。各有不同。故智愚賢否强弱之差。隨遇而然。無可强也。設無國家。能盡除此。豈不甚善。惜乎其不能也。大抵爲此説者。視國家太重。即國家萬能之説。以謂真萬能也。推此説之自起。爲反對專制政體而發。世人誤解。遂并以反對國家。舉一切不如意事。悉歸罪於國家。此真可謂國家萬能之説矣。而國家實未必萬能也。

且國家之不平等。非由國家而起。實由社會之不平等而起。就事實言。同一人也。有入政府而操政權者。有平民而得參政權者。誠哉其不平等矣。然皆從本人之智愚賢否而起。亦即從社會上之推崇不推崇而起。是不平等者非國家使之也。或謂既有國家。則社會之不平等更甚。如賢智之人。生已勝人。加以國家勢力。是助長也。故曰不平更甚。此説非也。或又謂社會不平。有國家力量。乃使社會無不平。其説亦非。夫國家對於優等之人。與以權力勢位。雖近助長。而又一方面。對於劣等之人。則教育之。扶助之。使之稍劑於平。不使劣者更劣。是國家對於社會有二方面。一則任其不平等。一則期其平等也。

① “期鮮”，有誤，應爲“朝鮮”。

定義中之統治權者。有時亦可指代表國家之人。使代表之人。非其本國之人。則一國之利害。與己無關。誠爲危險。若非外人。不至若此。雖本國之人。一入政府。專重其私。不顧民情。以至於不平者。亦間有之。然非普通也。且政府中之不公者。必其所爲之一事。與政府有關係者耳。若於政府無關者。亦何樂而不公哉。故自來國家。每多不公。於私權相互之事。亦未嘗不公平立法也。

右所指者。爲未開時代也。已進步之國家。則人人認定有人格。自奴制既廢。而私權相互。皆歸平等。雖或有華族[①]貴族之分。然大體則皆平等。即在公法上。古時裁判。極不公平。今則人人對於法律。皆屬平等。是有國家而社會上之不平等。乃趨於平等一方面矣。

個人自由云者。使其僅有一人。則自由可無限制。若在社會。則不能無多人。而有不得不限制之勢。茲分二方面言之。

就積極的方面言。人欲自由。誰不如我。我欲自由。毫無限制。而他人亦欲自由無限。則必侵犯。侵犯必衝突。至於衝突。則必有一損傷其自由者矣。欲各得自由而不至損傷。則必設一界限而後可。既有界限。不得而過。勢必自行抑制。是爲消極的方面。二方面者。雖未有國家之時。亦已有之。特不過爲社會上之制裁而已。及有國家。或擴充之。或制裁之。皆以範圍爲準。範圍以外。不能侵犯他人。範圍以内。則益堅定。而不致爲人所侵犯。以其有强制力也。使無國家。則各人自由之界限無定。若人人自定其界限。則强者擴張其範圍。而弱者必縮小其範圍矣。即謂未有國家。而社會之上。亦有道德宗教輿論之制裁。然使其人既强且惡。悍然不顧。又將奈之何哉。

① “華族”，在漢語中，“華族”大致上等同於封建貴族。在日本，“華族”是明治維新後在“四民”（即皇族、華族、士族、平民）“平等”招牌下形成的新的社會階層。明治政府於 1869 年 6 月命令各藩“版籍俸還”，將舊公卿和舊大名一律改稱華族；又於 1884 年 7 月頒布《華族令》，除原有華族外，維新前後的“功臣”也被列入華族，均按門第和功勛分别授予公、侯、伯、子、男五種爵位；1907 年起，又增加了從皇族下降爲華族的成員。華族地位低於皇族，高於士族，享有許多特權。1947 年被廢除。

有國家之强制力。而定一範圍。則强者亦不能擴張而侵犯弱者。是國家一面限制人之自由。一面即所以保護人之自由也。

限制自由。即所以保護自由者。國家從全體著想。可謂至公平。盡善盡美矣。特此尚屬思想上之國家耳。若實際上之國家。未必絲毫悉合。果能若此也。限制自由。有時不免過分。欲使平等。有時不免過當。雖極進步之國家。亦不能盡合。此何以故。因自來執政。强者居多。强者之理想。必有所偏。故今之政治。尚不能合於理想之國家也。

然則理想上之國家。實際上既未能合。是國家終未盡善也。然較諸未有國家時。則社會上之公平也必多矣。使國家日有進步。則能達於理想之國家。亦未可知。就今而言。則弱者之處社會。已較未有國家時爲稍可矣。故無國家終不如有國家。

社會略有一進步。則不公平之事。減少一層。因操政權者必有實力之人。其德望智識。人所敬服。而後得此地位。則决不至有害公益。雖間有私心利己之人。而大體總屬公平。至於未進步之國家。亦必有實力者乃在上位。因凡一社會。必與外部競争。非有實力德望之人。不足當此。使庸碌無用之人。高執大權。則其國家競争。必不能勝。而社會亦無進步。因此之故。而人類之天然不平等者。國家亦無如之何。而事實上之國家。不得不留遺憾也。而就弱者觀之。則因此而保全者亦已多矣。

弱者賴國家保護而得其自由。則强者因裁制而失其自由。是國家利於弱者而不利於强者。宜强者皆視國家爲可廢矣。不知無國家之時。强者之利益。是事實上之利益。既非正當。則人心不服。皆不公認。有國家而後爲法律上之正當利益。雖稍抑制。而人無不服。况乎强弱云者。比較之詞也。設弱者合而抗之。則强者亦歸無用。况强者之外。更有强者。其何所恃乎。有國家秩序。强弱之間。無勞競争矣。非不競争也。其競争皆和平之手段耳。

所謂精神之競争。文明之競争也。

由上所言。知國家在社會上。爲有用爲必要。彰彰明矣。然主張破壞國家者。謂國家即使有用。即使必要。而終不願屬於國家組織之下。雖有利益。甯抛棄之。若兩人者。又將何辭以解之。此不可不研究者也。

合個人而成社會。使分子欲離社會。則有害全體。爲社會全體計。則禁其散去也亦宜。然古時尚鎖國主義。故界限極嚴。今則交通已極。但曰禁其散去。亦非絶對良策。凡事必有理由。個人之欲脱社會。亦必有其理由。此有所去。彼有所來。不可不先究其理由也。

個人之欲去社會。必其不甘受此强制組織而欲往一無强制組織之地也。然大地之上。有國家者居多。極小未開之地。或尚無國家組織。此外則皆已成立國家。皆有强制組織。或者彼善於此。寬嚴稍異耳。欲得一絶無强制之地。世界雖大。欲往無之矣。

人生必一有希望。改良進步者。希望之目的也。雖有自暴自棄之人。然必屬少數。惟既欲達此希望。則必盡義務。夫個人不獨對於社會有義務。即對於一己亦有義務。達此改良進步之目的。使自己之發達。即對於一己之義務也。然一人孤立。决不能發達。必共同生活而後可。共同生活者。社會是也。而凡開化之社會。莫不有强制權。是終不能脱離此强制組織也。

於此有人焉。不願爲國家之分子。且不願爲社會的生活。不但無發達一己之希望。且棄文化而却走。即退而與劣等生物爲伍。亦所不恥。此真自暴自棄之極端。并常識而缺之也。國家存在之理由。不足與語也已。

國家存在之理由。上既明言之矣。但今之各國。不免尚有缺點。與其數其缺點而太息之。毋寧企其著著改良。以達其目的乎。夫目的云者。圖事之方針也。如立法然。爲某事而立某法。决無無端立一法者。國家亦然。何爲而有此國家。即所謂目的問題也。即以强制權言。在法律上無限。就政治方面言。則不能無限。此不外因目的而限耳。故下章言目的。

第二章　國家之目的

第一節　問題之意義

國家之目的。論説甚多。根據不一。不先明其研究之方面。必致誤會。誤會則衝突。此學問之大患也。

坿論學問研究方面。

無論何種學問。研究之方面各異。則視爲重要之程度亦異。如道德爲倫理學所重。而在政治學上。不甚重要。法律固有關於政治。然亦不足爲重要之點。

前云學問愈發達則愈分離。必合各方面研究之。乃能周到。惟研究之方面既異。則所下之判斷亦異。譬諸觀人。從醫學方面言之。必以强壯者爲貴。然强壯之人。或爲盜賊。則於道德有虧。夫醫家所論。乃就其本質言之。他未及也。若以醫者爲獎盜。是大誤矣。學問上之衝突亦由於此。其各持一説者。乃各就一方面觀察之故。國家目的之説。古今異宜。亦其觀察之方面異也。

在昔古代。謂人類以上。別有一神。宙合之間。皆神所命。國家目的。亦不外乎天命。此可名之曰。最終目的主義。採此主義者。可分二派。

（甲）一般的　謂無論何種國家。有此目的也。

（乙）特定的　專指一種國家。有此目的也。

所謂一般之説。今已絶迹。而特定之説。尚有宗之者。亦由於其歷史地理民情。從特別之事來也。總之此二説者。皆起於宗教。今之國家目的。則不從宗教而從歷史。歷史何起。從人民心中而起。故今之所謂國家目的者。大異於古所云也。夫國家現象。從社會現象而來。舍社會無國家。在社會中行動之人。各有其行爲之目的。從其各行爲之目的。組織調和而成大目的。即非所謂國家目的乎。特社會所趨之方面。隨時而異。欲研究國家目的。先研究組成此目的之目的。①

粤②在古初。國家目的。甚不顯著。惟個人目的。各自知之。至個人之行動。合於國家目的否。亦不得而知之。世運漸進。則國家目的。亦稍明瞭。然於此時代。尚屬幼稚。國家目的。雖可得知。不過一二。且能知者。僅屬政界中人。甚且各知其所知。而大目的尚未能知。至於人民。安於習慣。無從而知國家目的也。今則國家目的。經學者之研究。而知何種目的爲最善。昭然共揭。甚至立憲各國。載諸明文。非若古之國家目的。杳不可知矣。

北米合衆國憲法③第一條載明目的所在德意志之憲法④法蘭西之第二次憲法⑤皆載之。(法國現行第三次憲法⑥)

---

① 以上載 1906 年 11 月出版的《北洋法政學報》第 8 册。

② “粤”，句首助詞，表審慎語氣。

③ “北米合衆國憲法”，即 1787 年 9 月 15 日由美國制憲會議通過，1789 年 3 月 4 日由美國第一屆聯邦國會宣布生效的美國憲法。該憲法由序言和七條正文組成。“序言”爲：“我們合衆國人民，爲建立更完善的聯邦，樹立正義，保障國内安寧，提供共同防務，促進公共福利，并使我們自己和後代得享自由的幸福，特爲美利堅合衆國制定本憲法。”第一條共十款，其中第一款規定：“本憲法授予的全部立法權，屬於由參議院和衆議院組成的合衆國國會。”第八款規定了國會的權力，如：規定和徵收直接稅、進口稅、捐稅和其他稅，以償付國債、提供合衆國共同防務和公共福利；以合衆國的信用借款；管制同外國的、各州之間的和同印第安部落的商業；制定合衆國全國統一的歸化條例和破産法；鑄造貨幣，厘定本國貨幣和外國貨幣的價值，并確定度量衡標準；規定有關僞造合衆國證券和通用貨幣的罰則；設立郵政局和修建郵政道路……宣戰、頒發捕獲敵船許可狀、制定關於陸上和水上捕獲的條例等。

④ “德意志之憲法”，即《德意志帝國憲法》，1871 年 4 月 16 日頒布，是由 1867 年的《北德意志聯邦憲法》稍作修改而成的。該憲法不是制憲會議或國民議會的成果，而是一系列戰争勝利的産物，因其内容集中體現了帝國宰相俾斯麥的意志，亦被稱爲“俾斯麥憲法”。1918 年被廢除。

⑤ “法蘭西之第二次憲法”，指拿破侖三世在 1852 年 1 月 14 日頒布的法國憲法，史稱 1852 年路易·波拿巴憲法，該憲法是以 1799 年憲法爲藍本制定的。1870 年 4 月 20 日，路易·波拿巴頒布了經過修訂的憲法，史稱 1870 年拿破侖三世憲法。

⑥ “法國現行第三次憲法”，指《法蘭西第三共和國憲法》，由國民議會於 1875 年 2—7 月先後通過的《參議院組織法》《政權組織法》《政權關係法》構成。1884 年有部分修改，規定不得改變共和體制，凡統治過法國的王室家族成員不得爲總統，取消終身參議員。該憲法實施至 1940 年，後被 1946 年憲法（即《法蘭西第四共和國憲法》）替代。

國家目的。因歷史之變遷而異。蓋國家之目的者。國家行動之標準也。標準所以定運動之方向。而國家運動之方向。即爲政策進行之道路。政策與政治本異。政治家經營之事業。視政策之方向而定其範圍者也。然國家目的論者。非就個個政策。直接而指導之。不過於政策之總體。與以概括之説明。授以概括之方針而已。

第二節 目的諸學説

國家目的。古説有二。

（一）國家目的者。在維持統治及統治權者也。

（二）國家爲神道所剏。故政治之目的。專在天命。

國家不可無統治權及統治者。維持之説誠是。但統治之人。各國不同。因其政體而異。若以爲國家目的。即在於此。則誤甚。蓋國家欲達其目的不可無統治者。是維持統治權者。乃達其目的之手段。而非即目的也。若如（一）説。則其結果必專爲一人之權力而設此目的矣。故今日國家目的。斷無如此。

至於二[①]説。純乎宗教思想。當宗教時代則然。今則思想變易。既無此種目的。其説之是非。不必辨矣。

二説之外。學説尚多。綜而約之。厥有二派。（甲）積極説（乙）消極説此二派者。近雖不甚重。然尚有宗其説者。

（甲）積極説者。以國家目的。從廣義言。其最著者曰國家之目的者。增進一般人民之幸福者也。近英人邊沁[②]曰。國家之目的者。實利也。

增進幸福之説。自其善果言之。誠爲幸福。自其流弊言之。亦屬可

① "二"，當爲"（二）"。
② "邊沁"，即耶利米·邊沁（Jeremy Bentham，1748—1832），英國哲學家、法學家，近代功利主義哲學鼻祖。著有《道德與立法原理導論》《政府片論》等。

危。蓋政府往往借此美名。事事干涉其民。不獨君主之國。有此流弊。即法國自大革命[①]後。其政府尚借此美名。大加干涉。以其憲法載有明文云。國家之目的。在增進一般人民之幸福。而弊不勝言矣。

夫增進幸福者。人民自爲之事。國家但保護之足矣。不妨害之足矣。謂事事必由國家爲之。勢所不能。即從經濟方面而言。有形貨物。與無形貨物。不能國家與之也。由人民自爲謀之而已。

幸福二字。驟觀之若甚簡單。細言之則各持一解。或云民富而後有幸福。或云富不足爲幸福。當在精神上發達。是幸福二字。各人之主觀不同。空言增進。究以何爲標準。是積極説之未妥也。

（乙）消極説者。適與積極説相反。以爲國家目的範圍甚狹。若個人主義[②]。放任主義[③]。法律維持主義。私權維持主義。此種歸宿。謂國家不過社會中一團體。故國家所應爲者。不過限於此數者。自此以外。皆當聽人自爲。此可爲積極説之反動。蓋積極説近於國家萬能之説。以國家爲單位。而分子不必問。故反對説起。謂社會種種。皆當讓於分子。國家不得爲之。實則皆極端之論也。

英人洛克。可爲消極説代表。日本亦有主張此派者。洛克之主義。可爲政治上之個人主義。其説雖非洛克所刱。而洛克提倡甚力。英之學

① “大革命”，指 1789 年至 1794 年在法國發生的資産階級革命。一説大革命至 1799 年霧月十八日政變結束。

② “個人主義”，與“集體主義”相對，是伴隨西方資本主義而出現的一種資産階級的思想和學説，强調個人本身就是目的，具有最高價值，社會只是達到個人目的的手段。在政治上强調個人的民主和自由，强調自我支配、自我控制、不受外來約束；在經濟上主張每個人都享有最大的機會去取得財産，維護私有制。

③ “放任主義”，即自由放任主義，本是適應 18 世紀資本主義經濟發展的需要而産生的近現代資産階級政治經濟學主張，由重農學派首先提出，亞當・斯密竭力倡導，19 世紀的英、法經濟學家繼續加以發揚。認爲聽任各人追求個人利益，即能達到社會的最大利益；聽任資本主義自發力量發揮作用，即能使經濟通過自然調節保持均衡，因而在國内主張自由競爭，在國際上主張自由貿易等。

者。當時極盛。英人立憲最早。各國學之。故英之政治。影響及於各國。而洛克之説。因之流傳於各國云。

又有主張經濟上個人主義者。斯密亞丹也。其説亦頗盛。

洛克所主張。謂個人生於國家之下。並非爲國家犧牲。個人亦當自立。故國家之目的。惟有爲人民保護生命財産自由而已。此外别無目的。人民有絶對之自由。國家之所以限制者。因個人文化尚未進步也。若進於極點。可絶不限制。

近有極贊成此説者。謂主積極説。國家必濫用國權。流弊極甚。不如此説之有限制。此乃就實際政策上言之。未始無益。若從學理上言。則其説尚未正當。何則。以國家目的。全爲個人。證諸古今事實。都不合也。例如國家。有海陸軍。甚至開戰。不得謂國家爲個人而開戰也。又有教育一事。不得謂國家爲個人而教育也。合諸洛克學説。則軍事教育。與個人絶不相關者也。即以事實言之。個人爲國家犧牲者甚多。軍人之戰死是也。將以爲其死也。爲個人之自由財産生命而死乎。不可也。由此言之。洛克之説未當也。

迄於今日。爲此派之代表者。斯賓塞也。其所著有個人之對於國家[①]一書。其中有一章。題曰將來之奴隸。謂人民事事賴國家則將來必成國家之奴隸云云。此亦近來之消極派也。

右之積極消極二派。古時極盛。而今已稍衰。若前二説。則今已絶無之矣。

---

① “個人之對於國家”，即斯賓塞 1884 年出版的 *The Man Versus the State*，今通譯作《個人對國家論》。

第三節　問題之解决

國家目的問題之解决。基於國家之性質。與國家之制度。而國家目的。可分爲四。

- 國家之目的
  - 原始目的
    - 力之組織及運用
    - 法之組織及運用
  - 終局目的
    - 個人身心之發達
    - 社會文化之進步

第一款　原始目的

國家以維持其存在繼續爲要圖。即對外必擁護其獨立。對内必保持其秩序。此原始目的之所以不可少也。茲分言之。

（一）力之組織及運用

就力言之。似與前之維持統治説爲近。然前説謂國家衹此一目的。此則謂國家目的中。力亦居其一耳。此其相異之點也。

四説之中。此説起原最古。自來居重要地位。夫力之云者。兵力之謂也。兵力不外海陸軍。其運用之時。對於外部之競争居多。對於内部。亦間用之。當國家之始期。殆視爲惟一之目的。蓋當時内外之事情然也。内之人心未定。不慣國家之組織。易生瓦解之患。外之國際。無平等觀念。即不以攻滅人國爲事。亦必防人之攻滅己國。古時内外情狀如此。則其視兵力爲惟一之目的。亦無足怪。且古之人心。喜併吞而不喜交通。故一主領國主義。一主世界統一主義。與今之國際觀念大異。（今雖亦有戰争不過破其所主張而已無併吞之心）及國家漸次發達。知兵力以外尚有種種目的。兵力固不可缺。然不過爲目的之一。當與他之目的相提並論。何以兵力不可缺。關於此問題。即國家應否維持其存在之問題也。故兵力可斷爲目的之一。

（二）法之組織及運用

法者不獨示國家分子。與國家間行爲之標準也。即國家之機關組織。及其運用之標準。亦包含之。然法所規定之事項。非萬古不易。乃因時代而異。且法與力同時觀之。可互爲手段。互爲目的。有時立一法必待力而後行。此力即爲法之手段也。然力亦不能徒行。必有一種秩序。是力爲目的而法爲手段矣。二者輕重。因其所在而異。對外之時。力爲重而法次之。蓋國際之間。雖亦有法。然非專以法理所能解決。故首重力。對内之時。法爲重而力爲輕。必至萬不得已。法所不能解。然後用力。

然亦非對外專用力。而對内專用法也。不過對外則以力爲主。對内則以法爲主耳。就普通國家言之。大抵如此。若夫未開化之國家。及當紛亂之際。對於内部。法亦居其小部分。漢高入關。約法三章[①]。不暇詳也。開化時代。海陸戰争。尚有規條。對外之時。法亦何嘗不重哉。

以法爲但定個人與個人之規則者。視法亦太狹。故欲謀個人之發達。以法爲不可少可也。以法爲即可達其目的。則誤。蓋尚有别種目的也。

玆以法與力合言之。二者爲原始目的之要。二者所居之地位。與下二目的比較。則此二目的。似專屬於國家。而下二目的。似專屬於人民。但專屬二字。不免語病。蓋中央集權。力與法固全屬國家。若聯邦制度。則力與法不能專屬於國家。封建時代。則力與法散在各諸侯。又有委任於地方自治者。則亦不能曰專屬於國家。故不如名曰原始目的之爲妥也。

或謂財政亦國家最初時重要之事。此亦可爲原始目的之一。然財政爲經營他事而設。不過達其目的之手段耳。而不得即以爲目的也。

---

① “漢高入關。約法三章”，“漢高”，即漢高祖劉邦（公元前 256—前 195，公元前 202—前 195 年在位）。《史記·高祖本紀》：“吾與諸侯約，先入關者王之，吾當王關中。與父老約，法三章耳：殺人者死，傷人及盗抵罪。”

第二款　終局目的

或謂前二者可名國家存在必要之目的。後二者可名國家發達必要之目的。其説雖是。然如此分別。終覺未安。因前二者之目的。於國家發達上。亦爲必要。後二者之目的。於國家存在。亦不可忽。

又有謂原始目的。不過達其終局目的之手段。是亦失諸極端。不如平列之。使無輕重。不得謂某目的屬於存在。某目的屬於發達。蓋國家之目的。既欲其存在。又欲其發達者也。

（一）個人身心之發達

個人之身心發達。古時國家。已有此目的。然當國家成立之初。不過以個人之發達。爲足助國家之發達耳。故先有欲謀國家發達之意。乃謀個人之發達。蓋認個人爲國家分子故也。至文明之代。則一面認個人爲分子。一面認個人爲獨立。故發達其個人。亦視爲重要。而並非坿屬於國家。推原其故。則洛克之説最有力焉。又有一種反抗專制之説盛行。而個人於國家之地位漸重。不獨爲國家之分子。且有獨立之資格矣。

有主個人自由之説者。謂國家目的。但在使個人自由而已。此因反抗壓制。而流於極端者也。矯枉過正。人情之常。就政策言。不妨取之。以學理言。則不可從。何則。個人自由。當有區別。但云自由。則混然莫辨。夫自由有政治上之自由。有私人之自由。且自由亦有範圍。若竭力提倡自由。則流弊正多。況夫個人自由。亦達他之目的之手段。而不得云即爲目的也。

國家謀個人身心發達。即所以爲個人謀自由也。然不可謂以此目的。國家於人民身心之事。無一事不可干涉也。國家亦但與人民以發達之境遇而已。至若何而可以發達其身心。任人自爲之可也。不然爲人民謀發達。而先侵害其應享之自由。可乎哉。可乎哉。

（二）社會文化之進步

國家由個人而成。個人既身心發達。則社會之進步。不言可知。何必别標出之。然亦有個人已文明。而社會組織未進步者。亦有社會組織。雖極完備。而個人未進文明者。故言全體。必舉社會文化言之。此文化二字。乃概括言之。非分晰言之也。

國家亦一社會。乃有强制組織之社會耳。此强制之組織。亦可云文化之一端。但國家謀維持其强制組織。不可不發達其社會。社會不發達。則國家亦不足維持。故既有國家。則謀社會文化發達。亦一最要之目的也。

雖然。國家謀社會之進步。不必國家自爲之也。不過與社會以進步之境遇耳。至當用若何手段。或主放任。或主干涉。各視其國家之情形。並無一定也。干涉主義。與放任主意。皆當善用之。不得是此而非彼。亦不得是彼而非此。當各就其事言之。

夫國家本由强制組織而成。其中本含有干涉性質。然古來國家因干涉而生流弊者。非干涉主義之弊。乃不善用其干涉也。何則。干涉之用心不同。而上之知識不足以干涉。下之知識不足以監督。故有好意之以干涉。而得惡[①]結果者。大可惜也。

且干涉之用心不同。而不自知其不善者人情也。亦有自以爲好意之干涉。而人不諒之。或始有好意之干涉。而不終其行爲。則事必不効。此國家機關不完備故也。機關者何。裁判所與議會是已。議會本由人民選出。必足以代表人民。必足以監督政府。雖以法律言之。議會無監督政府之權。而以政治言。則議會實足以監督政府。有此機關。則雖加干涉。而流弊自少。

雖然。使人民程度尚低。則雖有此機關。不過形式上之完備耳。未必效也。設國家立議會。雖由人民選出議員。或不助人民而大反其目的。或既有

① 以上載1906年12月出版的《北洋法政學報》第9册。

權力。借此以成專制之議會。而自行其惡意之干涉。亦未可知。故干涉二字。方面不同。總之以謀一般人民之知識爲要。正當干涉。國家本分。五十年來。政治史上。國家干涉而見效者甚多。是可思其故矣。

總論四目的。

夫四目的之爲用。皆相輔而行。一言蔽之。國家目的。在使國家之競争力。能維持發達而已。從他方面觀之。則可云國家之目的。使人類發達社會進化。其義亦通。惟未免將國家二字拋棄。故前説爲妥。

發達進化。不獨一國之内也。就大同主義言。則此國發達。彼國必受其影響。故與他國開戰等事。俱非上策。此於國家目的。可以不問。而以世界大勢觀。有日趨統一之機。他日有一國出。合地球各國爲一大聯邦。亦未可知。試借例證之。德國各聯邦中。或專制。或自由。政體不一。而普魯士竟能聯合之。且其關税同盟①。經濟界上已成統一。由此例推。則世界合一之説。或非幻想歟。且以世界合一聯邦。於人類亦大有利益。雖或於今之國家。亦當自抑。然爲人類進步起見。雖稍有所損。亦當勉爲之。況並無所損乎。

國家雖有至公之心。然必以己國爲本位。而後與世界合同。不必以他國爲本位。此政治學上所認也。以己國爲本位一語。一經誤會。即易生損人國而利己國之心。而世界合一之意。可變爲併吞主義。此大誤也。國家不能孤立。文化之進步。不能一國獨勝。夫文化猶水。水必趨於平。取長補短。天然之理。己國之不如人國者當如此。即己國獨文明。而他國皆不文

① “關税同盟”，指1871年德國統一前各邦爲掃除貿易障礙而組成的聯盟，普魯士在其中起主導作用。1818年，普魯士廢除内地關税，1826年組織北德意志關税同盟。1828年，中德和南德各邦亦分别組成兩個關税同盟。1834年組成包括18個邦的德意志關税同盟，此後繼續擴展爲全德關税同盟。同盟的主要内容包括：廢除内部關税，統一對外關税及提高工業品進口税率等。關税同盟的建立是德國走向經濟和政治統一的重要步驟，促進了德國工業革命的進程。1871年德意志帝國建立，同盟解體。

明。則己國亦必無進步。故必使他國亦進於文明而後可。特是解此義者。尚不能多。雖今之世界。各國競開民智。使一般人民。皆知國家關係。故能使皆有愛國心。然因愛國心。而欲害人國以利己國。是所見未廣也。此可爲偏狹之愛國心。因知識雖普及。而程度有不齊耳。故言愛國者。當具高遠之見識。

第三章　政治及政策

第一部[①]　政治

政治二字。人人習見。似無容解。然細爲求之。不獨常人所難。即大政治家。且不能決焉。

上言政治學之定義。謂關於國家之學問。故多以國家事實明之。以下所言。則不專以國家事實解之。故所用政治二字。較前更廣。必再下一確當之定義乃可。

政治與政策。究屬兩事。而西洋則政治學政治史政策皆用一字。（英文微有可別）東洋各國科學不發達。故科學字極少。然文學政治。則自昔稱盛。故政治政策。字極分明。此較勝之一端也。玆舉西洋古來通行之解。其義有四。

（一）政治者乃達國家目的之手段的一種行爲之總稱也

此說之未妥。在政治與政策相混。蓋政治中有不能達國家目的者。不得不謂之政治。又有一種政治。其初並無達其目的之心者。故以政治爲達目的之手段。不可謂不是。特失諸理想。今之政治。尚不能全爲達目的之用。

（二）政治者内國政權競爭現象之總稱而關於一切政治上之權利也

① “第一部”，按該文體例，當爲“第一節”。

此説較前稍確。以其非主觀之理想也。然尚不盡合。一國之權利競争。種類甚多。不獨政治上有權利競争。且云國内政權。則外交何嘗非政治。故亦不合。况夫政權之競争。表面必不明言。必自謂有一種政策可行。而起而争之。藉以達其争權之目的也。

（三）政治者人類間一切勢力競争現象之總稱也

此説較前三説稍廣。然太廣則與實際不合。蓋人類間之勢力競争甚多。如爲社會上之地位而争。與夫爲經濟方面。學問方面而争。不可勝言。都歸政治學。則研究不便。

（四）政治者國家機關與人民行爲影響及於國家者也

此説尚太廣。何則。影響及於國家之事甚多。不得謂爲政治。經濟上事。亦多影響於國家。亦不得謂爲政治。

至國家機關之事。有司法上行政上事。亦不能謂爲政治。故此説較前三説稍確。而尚不盡合。

今參酌四説而下一定義曰。

政治者國家機關及國民行爲直接關於國家根本之活動之總稱也。

此定義缺一字不可。國家機關。及國民行爲之活動。有時不關於國家根本。有時關於國家根本而非直接。則亦不得謂政治。或謂人民行爲。何能直接及於國家根本。不知古之人民。無直接及於國家之行爲。今則甚多。如民間輿論。經代議士[①]之發議。皆直接影響於國家。故單云國家機關。亦不完備。必兼言人民行爲。

所謂總稱者。總括之謂。非專指一人一事也。例如某政黨對於某國國家有某種運動。亦可爲及於國家。而不得爲政治。

然則何事可謂之政治乎。亦並非其事之性質。有關於國家根本也。

① “代議士”，日文中“議員”的譯名。

必當其時。則於國家根本有關。非其時則同一事也。毫不關於國家。即非政治矣。譬諸起一問題。互相議論。非政治也。及提議於議會。或國家機關。采其議而施行之。即爲政治。又如宗教與政治無關。西洋古時。有限制宗教者。人民亦有因宗教而反抗者。此時之宗教。乃爲政治。又如言語與政治無關。然一國之中。言語不一。則進步爲難。設國家定一國語而整齊之。此時之言語。亦爲政治。例如澳國[1]語言最雜。其困難之大者。有軍事時不便指揮。故定一軍中所用之語言。又澳國裁判官。亦有一定之語言。夫語言亦政治一大要事。不可忽也。又如清議輿論。非政治也。必國家機關。采擇施行。乃爲政治。外交亦然。有不關於政治者。有關於政治者。或因個人之事起大交涉。即可爲政治矣。總之政治上事。非專有一種性質關於國家也。

第二節　政策

上節既言政治與非政治之别矣。至於政策與政治。雖屬易混。亦尚可别。蓋政治云者。客觀方面爲多。政策云者。主觀方面爲多。如論政治者。舉古今及列國言之。論政策則多爲將來計。非一時所得限者。此政治與政策之略有别也。

兹舉政策之解有三義。

（一）最廣義　政策云者。人類欲達其種種目的之所用之手段。合之爲政策也。

此説首著人類二字。未免太廣。今政治學上所用政策二字之義。不能如此之廣。

① “澳國”，指奥匈帝國（1867—1918）。

（二）廣義　政策云者。國家欲達其種種目的所用之手段也。

此説固不可爲非。然易誤會。試問運此手段者何人。必曰國家。又試問國家以何爲主。勢必舉國家代表機關以應之。解至此。必偏於國家一邊。而於人民一邊必輕。故此説雖甚通行。實則尚嫌模糊。

（三）狹義　政策云者。國家欲達其目的之手段而司法以外者也。

此説但云司法以外。而不除行政。夫論政治。當除行政而言。何獨於政策。不除行政。故此説亦未妥。

以上三説皆未備第二主義不誤而於人民方面不全。茲更下一定義以補之曰

政策者。國家機關及國民將欲達其目的所採之手段也。

前論政治。故範圍甚狹。今論政策。故範圍甚廣。然在政治學上過於廣泛。不便研究。故祇就重要之根本言之。爲政策原論。其他政策各論。如農業政策。商業政策。工業政策。殖民政策之類。均在他方面。不暇及焉。然他之各政策。於社會亦關重要。不可忽也。

第二節[①]　政策之前提

政策之前提者。即言政策當以何者爲根本也。今之談政策者。每以自由爲前提。然人類行爲。至何等程度之下。可以自由。過此以往。勢所不能。欲細究此問題。先究政策從何而出。夫政策不外各個人之行爲集合而成。無論國家機關。及國民機關。析言之。皆人類所爲也。

政策既由各個人之行爲。使個人之行爲。可以預定。則政策亦可預定。無待研究。又使人類無選擇之能。則毫無知覺。一聽自然。而政策亦無待研究。惟人類行爲。於彼於此。非先天所定。而可以自由選擇。故政策亦起

① “第二節”，有誤，應爲“第三節”。

問題。究竟人類至何種程度而可自由乎。不可不研究也。關於此問題。有二説焉。

（一）自由意思論　人心有絶對的自由。苟其意思决定。無論何事。皆可自由爲之。

（二）行爲既定論　個人行爲。不能自主。皆由先天所定。出於所定之範圍。事决無成。

此二説者。關於哲學及他種學問所重。政治學上。不過舉其有此二説耳。不暇辨其是非。然言及政策。人類到如何程度可以自由之問題。不得不解决之。欲解次[①]此問題。不得不假定一程度。作爲人類自由之界限。

社會之上。原因結果之説。本不可破。欲任己之意。打破因果。勢必不能。譬諸墨水。非墨不成。如云無墨可成。或可作爲類似之品耳。非真墨水也。

就（一）説言。幾乎世界凡事。任意可爲。此亦誤也。夫原因結果。本屬相關。欲以一己之意。打破因果之説。謂不必造因。可以得果。勢所不能。例如土耳其甚不進步，慕立憲之名。屢頒憲法。卒不能行。此其故。即不信因果之證也。欲行憲法。固其自由之意思。何嘗不謂一頒憲法。其國立振。不知其程度之不合。即其不能成功之原因也。或者立一與土國相宜之憲法。尚可實行。故曰自由。必有一定之程度。不能云絶對自由也。

就（二）説言。謂事事皆有一定。此亦誤也。吾人行爲。固有受天然之支配者。然不得謂絶無可以自由之行爲。若幼童及未開化之人。悉聽天然。至成人及已開化者。往往可以人力抵抗天然。世界日進。則受天然之拘束日少。

① “解次”，有誤，應爲“解决”。

就常事言。吾人將爲一事。未爲之先。必有審議。既爲之後。必有責任。所以然者。因已認定人類有自由撰擇故也。若悉由先天所定。則亦無用審議。無有責任矣。就政治言。政治家可自由撰擇。然其自由。亦有限制。或本國之歷史。或人民之特質。或當時之外交。及其國法。皆可限制其政治。苟不受限制。欲與之相反。必不能成。例如國民。或尚武。或重工商。苟政策與之相反。民必不從。又如國中憲法。斷不可違。法律雖可改正。然事苟出乎範圍。必無善果。雖有至善之政策。亦必先變通其國法。而後可以施行。此一定之理也。尚得謂有絶對自由乎。雖然。種種限制。亦非絶對之限制也。或因時勢變遷。漸更其方向。亦未可知。何則。今日所受之限制。即昔日政治家所行政策之結果。既由人爲。則非一成不變可知。

總而言之。人類意思。可以自由。而不能無限制。政策之前提。即以人類之意思爲前提者也。但其限制。果以何種程度爲範圍。勢不能合萬有不齊之政治。而一一定之。然則政策原論可不講。但講政策各論可矣。不知政策必先有原論。原論者大方針也。各論當就各國論之。原論則據近日之潮流。自有一般之趨勢。世界趨勢。不可不明。故政策原論之價值自在也。

第四節　理想政策與現實政策

政策有理想政策。與現實政策。二者必互相調和。乃能完全。互相攻訐。均之誤也。

所謂理想者。雖非現在之事實。而人心中之思想。及於將來。即期其將來事實之希望也。所謂現實者。恐思想空遠。不如以現在事實爲確。而將來姑付之不必究也。

此二説者。各有所見。然政策者。必逆想[①]將來之情狀。而又計現在之

① “逆想”，預想、料想。

事實。方可爲完全之政策。故理想與現實。必一以貫之。有時二派互相反對。非真反對也。理想派所斥者。非斥現實政策。乃斥敷衍政策。但圖目前苟安者也。現實派所斥者。非斥理想政策。乃斥空言高論。毫不知事勢者也。苟爲真理想真現實。二者必合。其可斥者乃似是而非者也。徒恃理想者。不知現在。安能知將來。徒泥現在者。不思及將來。必無久遠之計。何足爲政策哉。

譬諸在日本東京。欲往中國北京。觀地圖則當向東北行[①]。此理想未誤也。然就事實言。則當先至横濱而後可達。横濱在東京之南。是於理想稍反。而終達其目的。若向東北而行。無路可通。終必不達。則徒恃理想之過也。

或謂現實政策。較有憑藉。似勝空想。不知有利必有害。無兩全之政策。但當比較其利多害少而定之。比較之法。以何爲標準。曰以理想。必計將來得若何結果。若無善果。必不可行。理想既合。乃求諸現在若何下手。若有絶妙之理想。而無著手之處。則亦不可行。故論政策之性質。當先注意理想。

設有欲行專制政策者。則必先愚民。由理想言。則斷不可。然於事實或反相宜。何則。在人民程度甚低之國。不能使一般國民。皆知國家政策。則不如愚民之術。可無阻碍。而於事有濟。理想家處此。必先高其人民之程度。决不以愚民政策謂然者也。

又設欲行自由政策。於理想甚合。然欲行極端自由政策。必觀其人民之程度如何而後可行。未可輕言自由也。[②]

兩言以决之。論政策之性質。當由理想决之。論其政策之程度可行與否。必察現實之事情而後可定。二者不兼。不足爲政治大家也。

德相俾士麥。世皆稱爲用現實政策者也。觀其事迹。多用武斷主義。幾近貴族政體。然謂其與民主政治相反則可。謂其不知將來則未也。彼正欲使

---

① “向東北行”，當爲“向西北行”。

② 以上載1906年12月出版的《北洋法政學報》第10册。

德國占將來之地位。故大用其手段耳。由今日觀之。俾相所爲。大有效果。即在當日。俾相亦早自知之矣。當其退居之時。曾著一書曰“思想及回想”①。書中有一章題曰。俄國之將來政策②。按諸事後。不出所料。非理想而何。俾相及身。三次大戰。似乎徒逞武力。無甚深意。不知彼固大有所爲也。彼欲使德意志統一聯邦。而又覺聯邦中有勢力者。非去之不可。故一戰而去丁抹③。再戰而去奧大利④。又以法之對德。勢力頗張。必去其勢力而後可獨立。故卒爲普法之戰。其爲將來計。至周且遠。當時亦有同此思想者。不過其手段不同耳。不以武力而欲以人民之合意。俾相知非武力不可。故其著手之時。早比較情形而逆料將來。世乃謂其專務現實。不料將來者。淺之乎視俾相矣。

政策由理想而決。然政策之理想。當以何爲依據。自來學者。謂世間萬事。合乎自然者爲至善。譬諸人生幼時。天真未漓。及漸年長。天真漸薄。已非至善。此自然法家之説也。然惟文明進步。抵抗自然之事甚多。未開時代。則多受天然拘束。此碻證也。故於政策合乎天然者。未必果爲善策。但亦不敢謂必反乎天然。乃爲善策。夫政策原爲達其目的之手段。則政策之理想。合乎天然與否不必究。但求足以達其目的而已。思想存乎腦中。並非別有一物。亦何用有所依據哉。

① “思想及回想”，俾斯麥的回憶録，德文原書名爲 *Gedanken und Erinnerungen*，共 3 卷。該書前兩卷出版於 1898 年，後一卷出版於 1922 年；1924 年出版了 3 卷本新版。中譯本今譯作《思考與回憶》，由山西大學外語系依據莫斯科 1940 年的俄譯本、斯圖加特和柏林 1924 年的德文新版，并參照英譯本翻譯的，東方出版社於 1985 年 12 月出版。

② “俄國之將來政策”，當指《思考與回憶》的第 30 章，今譯作“俄國未來的政策”，在第 2 卷。

③ “丁抹”，即丹麥。

④ “奧大利”，即奧地利。

第二部　政策本論①

國家原論。與政策原論之當分。前已言之。而政策原論中。又當分本論及各論。凡講政策者。不可不分類。但本論之理由。已於政策原論詳之。政策由機關而成。玆徑言國家機關。

第一章　國家機關

第一節　國家機關之權力

社會之上。有種種勢力。國家權力。不過社會上勢力之一種。且在社會上未必最高。從國家觀之。似在一國之中。勢力最大。若從廣義社會視之。則國家權力。尚不如他種勢力之大。例如大資本家。在經濟界上占大勢力。自來資本家與企業家不分。有大資本即可營大事業。其影響於社會者。勢力甚大。又如大學問家。在學界上之勢力。無所憑藉。即其學問。自足見重於世。又如宗教之勢力。感動人心。在於無形。若國家權力。誠不若是其廣且深也。

社會上有各勢力。孰爲最高。則不能定。因社會勢力。時有變遷。隨時隨地而異。例如美國實業家之勢力最高。因美國社會上。不重政治家而重實業家。且有知識之人。大半皆向實業。故其勢力日高也。英雖實業亦盛。然不如政治家之盛。故政治家人才亦較多。而勢力較盛。德國則重政治家。且政府中之勢力尤勝於學者之勢力。實業之勢力更次之。近亦漸趨於實業。日本昔日。惟官吏研究政治。今則學者亦研究之。故學者於政治界中。亦漸有勢力。

由是言之。勢力之高下。本無一定。何種優勝。社會上即推崇之。而勢力乃高。而優勝之原因。在有知識之人。多趨之耳。然使一種勢力既高。而

① 底本如此，無“第一部”的内容，疑爲底本漏排所致。

必壓倒一切勢力。於國家亦爲無益。必使之調和平均方可。至何種勢力爲最高。不可得而定之。惟國之勢力。與他種勢力有不同者四。故名曰國家權力之特徵。舉之如左。

（一）國家勢力活動之範圍明確。

（二）國家勢力活動之迅速。

（三）國家勢力活動之强硬。

（四）國家勢力活動不得左右精神。

右之（一）（二）（三）者國家權力之勝於他勢力者也。其（四）則國家權力之不及他勢力者也。何則。國家勢力之活動。不過外部之强制。若他之勢力。如前所舉之宗教學問等。皆能束縛人之精神。蓋感於内部者也。

然非謂國家但求外部之强制。不必求精神之感動也。使一國家但有强制而人心不服。則亦不可保其存在。故精神上之感動。亦言政策者急宜注意也。但國家勢力。欲及人之精神。只可間接而不能直接耳。

由上所言。可爲國家權力。而非國家機關之權力。但國家權力。不能憑空。必經機關發出。不經機關所運用。不得認爲國家特有之意思。故國家權力者。存於國家機關之掌中。國家機關全部所有之權力。即國家特有權力之全部。從此點觀之。國家之權力。即國家機關之權力矣。（若專制國家本無多機關魯伊十四[①]所謂朕即國家也此語可謂酷肖立憲國家則機關複雜雖統一機關尚不能隨意獨斷必經一機關方可爲國家意思耳）

更以搆成國家之方面觀之。則國家以人類爲分子。國家者人類之集合而已。從人類社會有一定組織之點。指其社會。呼爲國家。指其人類。呼爲國民。即掌國家機關的人類。亦同是人也。以國家機關資格行動時。即爲國家機關。論機關之資格。猶是個人。於此意義。機關的人類。亦國民之一部分。

① “魯伊十四”，即路易十四（Louis XIV，1638—1715），法國國王（1643—1715）。

從此方面論。國民以外無國家。故亦可謂國民即國家也。

如前所述。若異其觀察之點。國民亦國家。而國家機關亦國家。非各爲國家之一部。乃各爲全部。然國家欲達其目的之手段。所可利用之勢力。必兼國家機關之權力。與國民之勢力。二者相合。始成立國家勢力之全部。

國家勢力既在二勢力之並行。而二者之種類異。如憲法乃慣例上國家機關的强制力。皆屬公法。而國民勢力。如輿論政黨皆不關法理。故國法學所不論。政治學則研究之目的物爲勢力。不問有無法律之規定。應政策研究之必要。各種勢力。皆縱論及之。

第二節　國家機關之分科的發達

達國家之目的。可利用之勢力甚多。約之不外國家機關之權力。與國民之勢力。二者而已。而此兩者每互相軋轢。濫費無益之力。自忘其欲達目的。宜善爲維特[1]調和之。不但此也。即一者亦必先各自調和。機關與機關相互之間。亦必一致。國民中黨派甚多。亦必無相衝突。非欲消其黨派也。無黨派則無進步。但黨派可有。而以調和爲貴。以各具調和之意也。獨至互相調和。實際上每不能。蓋國家機關之權力。與國民之勢力。恒有衝突。甚至謂欲伸張其一勢力者。必縮小其一勢力。由是産出政治的迷信者二。

（一）使萎縮國民之勢力。單膨脹國家機關之計。

（二）壓國家機關之勢力。單放任國民之勢力。

（一）者即專制政治。（二）者即個人主義。或自由主義。自來行專制者甚多。而極端自由極端個人之政治。尚未有行之者。間有之或在革命之際。暫有此現象。不能持續也。故（一）者可名政治。（二）者僅可呼爲主義。且此主義。實近無政府主義。

① “維特”，有誤，應爲“維持”。

專制政治。陷於第一之謬誤。是自忘其國家基本在於國民也。反對主義。又惑於第二之謬誤。是不知國家之特別性質。在强制力也。此等一偏之方針。大爲失計。於對外競争激烈之時。乃顯見之。譬諸二球相離。不知孰堅。及其相擊。乃無遁情。設一球之内容。如團沙。則外圍强堅。一經相擊。外圍稍破。内容不可復聚矣。又設一球。内容膠漆。而外圍脆弱。則亦不足以包容之。相擊之際。亦易破裂。明乎此理。而知國家機關之權力。與國民之勢力。不可偏廢。有一不競。均之敗矣。

政治上之競争。不外二端。一争自由。一争秩序。從正當言。必須調和。然事實上往往衝突。少年喜自由。老人喜秩序。富者喜秩序。貧者喜自由。有權力者思保其權力。故言秩序。無權力者苦束縛。則言自由。平心論之。言秩序必自由的秩序乃可。言自由必秩序的自由乃可。否則各執一偏。必不能免衝突也。

國家之發達。可分性質上分量上之二種。二者必相互關連。單於分量上言。則土地擴張。人口增多。未足以爲發達之國家。必究其土地之性質若何。人民之性質若何。而後可知。單於性質上言。而土地不闢。人口不增。亦不足以爲發達之國家。國家機關之發達亦然。國家機關以分科爲發達。此分量上也。若其性質不相統一。則又不可。故言國家機關之發達。必統一的分科。方爲發達。而實際每不能。其故何歟。譬諸力學。凡物必有墮力。既落於地。復能躍動。此墮力也。社會上亦有墮力。習慣是也。習慣何起。於當時認爲必要之事。及已成習慣。雖此事毫無所用。而一時不能驟改。猶物之墮地。一時不能遽定也。不獨社會上有習慣。國家機關亦有之。舊機關之無用而廢之。新機關之必要而設之。於此之際。每生困難。蓋其中必有利害關係之人。起而反對。不獨直接之利害關係也。且有想像其利害者。其反對之力亦同。觀各國制度之沿革。可知習慣之不易除矣。

政治上之改革。有利害關係人反對。學問上亦然。如地動之説。教皇反對之。亦以利害關係之故也。但研究學問。與社會上不同。學問者但求心之所安。社會上之信否不必問。故社會習慣。不足阻其研究。政治則不然。政治家得一政策。自爲至善。而一般社會。不能理解。則事必無成。不能如學問家之不顧社會也。故首宜使知政策之方針。雖不能使了澈全局。亦必使曉其大意。不致因誤會而反抗。所謂民可使由。不可使知[①]者。是爲秘密政策。今之所不能行者也。

如右所論。則國家機關之改革。非易事矣。然機關分科。如何爲發達。並無先後一定之規則。而古來國家境遇。類似甚多。以近世國家取其境遇之同者而决之。則如何分科。如何布置。政治學上。可得言其大體焉。

古之國家。政務甚少。故組織亦簡。只有統一機關。已足統轄政務。即元首是。自古國家。早具存在之必要。及政務之膨脹。伴國家發達。元首一人。不能親視諸政。於是有執政務之官吏。但此種官吏。不過補助元首之事務。於分業上亦不明瞭。其他位兼公私兩方面。雖亦理公法上事。而對於君主。若主僕之關係。故不成爲機關。漸次分科。乃有宫中府中之别。古時宫府不分。皇室家事。與國家政事相合。後乃漸分。今日本宫内大臣。不列内閣。即此意也。

其次又分司法機關與行政機關。而司法又獨立於行政之外。又其次則政務官與事務官分爲二。政務者關於國家根本上之活動者也。事務不過司其事而已。此二官者。初亦不分。由漸次區别。二者區别之理由。因政務關國家政策。而議院與政府。恒有衝突。若不區别。則一經衝突。全國官吏。勢必全易。夫政策必合民心。而事務貴乎經驗。與政策無關。全易其人於事不利。

① “民可使由。不可使知”，語出《論語·泰伯》。

故有議院制之國家。尤宜區别。不致内閣一更。而全國官吏相隨變易。能實行此意者。惟英國。政務官不過數十人。内閣易人。而百事無廢。法國則不能。内閣一變。而全國人員。隨之更改。美國尤甚。内閣一變。下至郵官。亦易其人。近大統領有鑒此弊。故分别官制①。俾不致因内閣而易及全國人員。然尚不及英之分明也。

右所言從政府中區别之。至於民選議員。性質與他機關不同。然從其作用觀之。實足以監督政府。當未有議院之時。亦有監機關②。如古所謂巡按按察之類。顧名思義。亦即監督之意。但古時由官吏爲之。即政府中之一。後乃改爲民選議院。古之議員。亦由政府來。後漸發達。乃獨立耳。故亦可云國家機關分科之一。

孟德司鳩。著萬法精理。言三權之説甚詳。然不免小誤。孟謂三權當分是已。不知三當分立。仍當統一。孟謂英國三權分故發達。不知英雖三權分立。而仍統一於國會。幾乎君主亦歸國會統一。此則其未見到處也。然孟氏之根本思想。則不誤。孟謂三權分立。足以豫防統一機關之專横而監督之。立憲各國。蒙其利益者甚多。皆此説之影響。其功可爲大矣。但統一機關之專横。議院監督之。議院之專横。又誰監督之。或謂可以法律制度限之。但僅恃法律制度。尚不足以監督議院。必使一般人民。皆有政事上之知識。乃足以監督議院。

所謂政治的知識者。與他知識不同。各種知識。法德人民。頗極發達。而政治上③之知識。則英爲最。英之中等人民。雖極愚魯。而問以機關若何。

① "近大統領有鑒此弊。故分别官制",當指美國國會於 1883 年 1 月通過的在文官制度中實行功績制的聯邦文官法,因由參議員 G. H. 彭德爾頓負責起草,亦稱《彭德爾頓法》。

② "監機關",當爲"監督機關"。

③ 以上載 1906 年 12 月出版的《北洋法政學報》第 11 册。

政黨若何。尚能歷歷言之。即勞働之人。亦知政治。試問之日英同盟[①]之理由。皆能言之。次或萬國人民。尚有政治上之知識。餘皆不及也。

國家機關。政治止言其大體。如元首内閣及議會三大機關。皆爲國家高等機關。然此外亦非無高等者。如裁判所及會計檢查院亦屬高等。因此二者限於法律範圍内居多。而根本上之關係極少。故廣義政治。可包括之。今不及焉。

第三節　統一機關

國家機關。伴國家之發達而各獨立。然無中樞機關統一之。則有重複之弊。有衝突之患。重複尚無損。衝突則失其分立之効力。此統一機關。所以不可少也。或謂古時但有中樞機關。凡事皆由一機關出。故不可少。厥後既各分立。則各司其事。而統一機關。似可無用。然國家機關愈複雜。則統一機關愈不可少。蓋機關發[②]分科。而統一機關本來之性質未變也。

統一機關。既不可少。而究當如何組織。則必以自然人。然究何人可以當之。則亦無一定。隨時隨地不同。未可從空斷言也。所可斷言者。不宜用合議制耳。蓋統一機關之意。本爲各機關分立而總其大綱。若此機關而爲合議。則此機關自身先不統一。何能統一各機關乎。

統一必一人矣。然當用世襲制乎。抑用選舉制乎。政治家各有所偏。在君主國者。以世襲爲是。在共和國者。以選舉爲是。夫吾人拘於一己所處之境遇。與相沿之歷史。而主張學説。未有能公者。今欲解此問題。當就各國歷史上事實上言。不可但憑空想也。試以實例證之。將以共和爲是。而君主

---

① “日英同盟”，亦作“英日同盟”。日本和英國在 1902 年 1 月爲同俄國爭奪中國和朝鮮而締結的軍事政治同盟。雙方互相承認各自在中國的特殊利益，承認彼此有權干預中國和朝鮮的內政；一方如對第三國作戰，另一方應守中立；而一方如對兩個或兩個以上國家作戰時，另一方則應予以軍事援助。1921 年，該同盟廢止。

② “機關發”，當爲“機關發達”。

爲非。使盡改爲共和可乎。然俄國之君主必不能改。以俄國之人類複雜。而希臘教之教皇。爲俄王所兼[①]。苟欲改爲共和。勢必不能。將以共和爲非。而使盡改爲君主可乎。然法國必不能。蓋法國自大革命後。人民心中。久已安於民主志。欲改君主。勢必不願。雖其中亦有王黨主張君主者。然問以究當何人爲君主。王黨中亦各主一説。有以爲當以派而路子孫[②]爲君主者。有以爲當以魯伊第一之子孫[③]爲君主者。有以爲當以拿破崙第一之子孫[④]爲君主者。同一主張君主。而難定其人。今則王統已衰。主張其説者漸少。夫當世襲之時。君主不必英雄。但憑餘烈足矣。若由民主改爲君主。則非常人所能。法國雖欲改爲君主。恐亦無克當其任者。

右所言者。組織統一機關之人。不能空斷耳。其機關之不可少則可斷言。蓋其由來已久也。蓋最初時期。國家與社會不分。而統一機關。則早獨立。蓋起於社會之競争。當時有何種能力。即占何種地位。能爲統一機關者。其人必富武力而又有知識。苟無此能力。即不能居其地位。逮至後世。漸成世襲。蓋元首愛其子孫。乃傳之子孫。故其子孫不必英雄。但能憑襲餘威。亦何[⑤]相傳勿替。而當時人心。服從其先代。自覺競争之不安。不如奉一人

① “希臘教之教皇。爲俄王所兼”，“希臘教”，即東正教。莫斯科大公伊凡三世 1469 年迎娶拜占庭帝國末代公主後，以拜占庭帝國繼承人自居，兼領東正教牧首。1589 年莫斯科都主教升格爲莫斯科和全俄羅斯牧首，俄羅斯東正教宣布脱離君士坦丁堡牧首管轄而自立。

② “派而路子孫”，“派而路”，即貝里公爵（Duc de Berry），法國大革命前波旁王朝長系的最後一代君主路易十六初爲貝里公爵。波旁王朝長系的最後一個繼承人是復辟王朝時期的國王查理十世（1824—1830 年在位）的孫子尚博爾伯爵（1820—1883），被稱爲亨利五世，是 1830 年後法國王位的覬覦者。

③ “魯伊第一之子孫”，“魯伊第一”，指波旁王朝幼系的奥爾良公爵路易·菲力浦（Louis Philippe，1773—1850），在他統治的“七月王朝”（1830—1848）時期，奥爾良派的權力達到頂峰。在 19 世紀後半葉的復辟運動中，奥爾良派一直擁立路易·菲力浦的孫子即巴黎伯爵路易·阿爾貝（Louis Albert，1838—1894）。

④ “拿破崙第一之子孫”，即拿破侖一世的子孫。事實上，在 1870 年第二帝國垮臺後，波拿巴主義者擁立的是拿破侖三世路易·波拿巴的獨子歐仁·波拿巴（Eugène Bonaparte，1856—1879），稱其爲拿破侖四世。

⑤ “亦何”，有誤，應爲“亦可”。

爲之主也。

其在東洋。則起於崇拜祖先之風。以爲君主者。即家長之流傳也。又以我之祖先。與君主之祖先。有密切之關係焉。故當服從於一人之子孫也。

又若一部落中。服從於酋長。亦以爲酋長者。祖宗之長子。而餘皆支庶也。此世襲制度之所由來也。

世襲制度。其來已久。故易之也難。且選舉制度。亦非盡善。因選舉必有黨派。黨派必自私。如德國之帝。古時由七選舉候選者[①]。甚至互争。因而相戰者。各國亦然。凡選舉制度。欲得第一等人物。亦非易事。大致必在第二等人物。因第一等人物。反對必多。而選舉之際。往往有以賄賂得之者。故選舉制之不盡善可知。統一機關之始。必爲專制。國君之家事。與國家之政事。法律不認明。及其後漸分宫中府中。而勢力分於左右大臣。元首亦不能絶對專制。後又以經濟上社會上之變動。中等人民。知識漸開。乃要求参政權。而中樞機關之權限乃定。此立憲之根本也。故既成立憲。必不能返乎專制。惟土其[②]之立憲或可耳。以其有名無實也。若真立憲國。則人民皆有政治上之知識。一旦欲改爲專制。必違民心。夫民心者。國家之基本也。反乎國家之基本。上下不能一致。欲立於列國紛争之際。勢不可得。

統一機關。專制國與立憲國不同。而價值則同。機關愈發達。則統一作用。愈不可少。惟其活動。必在憲法範圍内。其活動有二式。

（一）有形的。發見於表面者。如德國之君主。親爲演説之類。人人見其作用也。

① “德國之帝。古時由七選舉候選者”，“七選舉候”，有誤，應爲“七選舉侯”。13 世紀時，神聖羅馬帝國中參與選舉德意志國王的諸侯共有 7 名，其中世俗諸侯 4 人，教會諸侯 3 人。1356 年，查理四世（Karl Ⅳ，1316—1378，1355—1378 年在位）頒布《黄金詔書》，對此正式予以確認。後數目有所增加。此制削弱了皇權，加深了德意志的政治分裂。1806 年神聖羅馬帝國滅亡後，隨之取消。

② “土其”，有誤，應爲“土耳其”。

（二）無形的。統一機關之作用。皆由他機關代之。其活動之形。不見於表面者。如英國日本皆然。但近日英國君主。亦時與人民演説矣。此立憲國統一機關。皆有重用作用之證也。不獨君主也。即米國之大統領。亦自有其作用。故統一機關。無論在何種國家。皆爲政治上之重要。

第四節　執政機關

執政機關。與普通稱行政機關有別。執政云者。不但限於法律内之事。有關於國家發達目的根本上之事。行政者不過法律所認之事而已。

執政機關。以廣義言。則國務大臣。及其所屬官吏皆是。但官吏不過聽從命令。故今以國務大臣當之。即内閣及總理大臣是也。

内閣制度。發達於近今。皆從事實上發達。並非訂明於憲法也。内閣制度之最要者。連帶責任。惟其有連帶責任。故必謀和衷共濟。而又必有總理大臣統一之。此制未發達時。衹自擔其一部之責任。故爲大臣者。但得君主之信用而已。故往往自謀一部分之事。而不顧其他。甚至衝突者。古時君主。亦不願大臣之一致。恐其結黨而有勢力也。當其時之各大臣。對於君主則有責任。對其人民。事實上亦間有之。如因輿論之是非。而辭職者。雖君主不能阿其所私。是亦有責任也。然而此時之責任無連帶也。連帶責任之起。自内閣制度既發達而起。因内閣制與議會制。同時發達。執政機關。與議會對立。各大臣各自與議會議之。則國家機關之勢力減。故必先自互議其事。既互相議。則必互負責任。此連帶責任之事實所由起也。古時雖對於人民。亦有責任。然有議會而成爲監督機關。其所以使之不能不負責任者。議會之勢力。比輿論清議爲大也。

立憲發達。而大臣對於君主責任更重。古時君主自負責任。專制之君。則全係君主所爲。故人民心中。易怨君主。而大臣反無責任。立憲則全移於大臣。故立憲國君主之地位。責任較爲安全。此乃政治上所謂責任。非法律之責任也。

大臣亦人耳。失策與專横。皆所不免。故監督機關不可少。有監督機關。而大臣之責任。不能推諉。此亦近世所發達也。蓋防執政之專横。正以保人民政治上之自由。夫自由有二。一爲政治的自由。一爲私人的自由。立憲國人民有參政權。故政治的自由無甚拘束。而私人的自由反多。□東專制國反之。政治上事。人民極受拘束。而私人的自由。漫無規則。故私人自由之範圍較寬。此各因其國體而異也。

議會之興。大半對於執政機關而起。惟英國則對於統一機關而起。而兩院之制。又各不同。大致上院之人材較多。而下院之勢力較大。因下院爲人民之代表。其起而與執政衝突者。必下院也。執政對於人民之責任。即於此見之。

大臣之負責任。其最顯者。莫如辭職。然亦非稍有不合。即令辭職也。必有重大關係。方可以責任加之。但同一事也。至何種程度。乃可問大臣責任。各國亦不同。英國之内閣。小事不負責任。法國則小事亦負責任。故内閣與議會。時相衝突。而内閣易解。然於國計實無裨益也。夫内閣之易解者。莫如政黨内閣。入内閣者。必與議會同黨。議會改選。内閣苟非其黨。勢不能久。或謂如此最妙。必能合於多數之人心。此亦極端之論也。况各國情形。各不相同。政黨内閣。亦有不相宜者。未可一概論也。

或謂大臣責任。當定於憲法。然大臣責任者。乃政治上調和之手段。非法律所能預訂。爲此説者。不知政治方面者也。試觀英之内閣。多屬政黨。米國即不能。蓋米之憲法。於三權平列之意。極爲周密。蓋偏於法律方面者也。其選大統領也。爲複選舉制。實操於内閣之手。此其所以不能也。

第五節 監督機關

組織國家機關者。亦人類也。人情不能無私。入機關者未必盡爲公正。況處最高地位。濫用勢力。最屬易事。非有以監督之不可。但監督之法。古時以官吏爲之。故止能監督其下。不能監督其上。自民選議院制度起。而監督之權。屬諸人民。較之古昔爲確矣。

或謂當未有議會之時。亦不能絶對放任。如良心之發見。輿論之制裁。皆足以限制之。然執政之人。苟昧其良心。而不顧輿論。將奈之何。自有議會。則爲秩序之監督。且既成機關。則有一定之權限。而非輿論之漫無勢力矣。

普通稱議會爲立法機關。政治學上不然。何則。就事實上言。立法不專屬諸議會。惟重大者必經議會協賛耳。此外亦有屬諸他機關者。且立法之外。議會亦有所事。預算决算是也。預算雖有名爲每年法者。然究不能爲法律。況夫上奏也。建議也。批評也。關於政治者甚多。故專稱立法。不足括議會全體之性質也。且議會之爲人注重者。不在立法之點。以英與美較。議會立法之權。美多於英。而世界之稱議會者。首推重英。美次之。英人西來[①]云。英國之議會。製造政府者也。所謂製造者。大抵由於政黨内閣。英之議會。真足當之。他國皆不及也。

又有學者云。議會非製造政府之機關。乃破壞政府之機關。蓋謂無製造政府之力。而但有反對之力也。然此説未免過甚。若德國則政府勢力。遠勝議會。按之此説。亦屬不確。故言製造政府。惟英足當之。而他國不能賅。言破壞則亦不盡然。惟監督之力。則凡有議會普通之性質也。雖世界議會。亦有爲政府聯絡者。亦有行賄賂者。用恐喝者。以爵位誘者。然政府之所以

① “西來”，當爲約翰·羅伯特·西利（John Robert Seeley，1834—1895），英國歷史學家、散文作家，曾任教於劍橋大學、倫敦大學。著有《自然宗教》《英國的擴張》《英國政策的發展》等。

出於此種種手段者。無非畏其監督故也。監督爲議會之特質。故政治學上。即稱爲監督機關。

人有恒言曰。時代之思潮。謂某時代内。人人有一共同之思想也。但其範圍之廣狹。因時代而異。其在鎖國時代。則思潮共限於一方。中國有中國之思潮。歐洲有歐洲之思潮。十五世紀之思潮。宗教改革之際。不出新舊二教之範圍。近來之時代。則有世界之思潮。在政治方面。則世界之思潮。皆趨於立憲是也。

近代思潮之所以趨重於立憲者。不外民撰議院之足以監督政府而已。雖然。豈易言哉。設一國家。慕立憲之虚名。頒憲法。設議院。形式徒備。而不予以實權。或設種種之法以限制之。或用爵位以引誘之。恐議會方且迎合之。畏懼之。而不能盡監督之責。則於一般之思潮。仍不能達其目的。此就政府言之也。就人民言之。亦有難焉者。夫人民之所以有立憲思潮者。因政府所爲不能合其需要耳。然社會不富。則衣食不足。求生活之不暇。必不暇及政治思想。故首當發達經濟。使人多自立。乃可及之。然徒有思想。而無政治上之智識。不足以明政治之得失。故次謀知識之普及。不獨學校爲重。即新聞及各社會之機關。亦不可少。知識發達。而又不可無公德心。蓋專制時代私德發達。而公德缺乏。如是者雖立憲無益。所謂公德者。即對於公共之事。不畏反對。不顧私利。雖犧牲一己而不惜。方足爲有議會之精神。而立憲庶幾無愧。不然雖知識亦能見到。而公德不充。則必稍存顧忌。稍存顧忌。而議會不能爲人民負擔。且代表之。雖曰立憲。安望收良結果哉。

立憲之効。在議會之監督政府。人民之所以要求立憲者。亦不外此點。然試問能爲此要求者。果全國人民乎。程度不齊。世界皆然。大抵能起而要求者。必始於中等人士。上等人本有政權。下等人則知識不足也。英國當十八世間。尚屬貴族議會。因人民知識未發達也。嗣此漸起要求。乃有民撰制度。特其順序而進。無甚風潮。故不見形迹。法國則經一進步。起一風潮。故顯然易見。當第一次革命時。與貴族教會争權者。惟市民。市民在平民之上。而較有知識者也。世謂要求立憲者。必在第三級人民。漸次知識普及。而後第四級人民亦知政治。當其初决不能全國人民。皆見及此。雖然。先知覺後知。先覺覺後覺。首悟者宜善開之耳。

民知開矣。乃能要求立憲。而政治上欲應其要求。莫如採用輿論之一法。夫輿論者國民愛國心所發表者也。古之人民。鑿井而飲。耕田而食。與國家無甚關係。故愛國心不甚切。立憲國人民。知國由分子所成。不肯自破其已成之局。故愛國之情真。古人之對法律。不過畏人之心。不敢犯而已。立憲國人民。因法皆自我而立。其不肯破法亂紀也。出於保愛之心。有以愛國愛法之心。則内部之團結益堅。即對於外交。亦有所恃。故立憲國之民心。大可用也。

立憲首重議會。議會莫善於兩院制。其理由如左。

（一）預防議會之專横。　一院制勢必貴族占多數。即不然。參用民撰。而祇有監督權力。自成專横之議會。有兩院則無此弊。

（二）調和議會與他機關之牴觸。　議會與他機關。最易衝突。衝突之結果。未必無益。然亦未必衝突即爲有益。况動輒衝突，亦非極好之現象。有兩院則衝突偶起。稍有轉圜之術。

（三）監督機關中亦以分科得各盡所長。　兩院中性質不同。而各有所長。上院多知大體。下院善達民情。兩無所偏。正如經濟家分功之義。

（四）可抑制議會之輕躁行動。　議會固不嫌反對。然不自揣度。動輒反對。過於輕躁。於事無益。有兩院則先自斟酌。此弊少免。

（五）使國民中優等人才皆可入議會。　一院人數有限。入議院者。不能全係優等。蓋一國之中。必有素占上等地位之人。如門閥貴族。宗教信徒。皆從歷史沿革而來。其占此地位。非其人能力之優也。如英國之上議院。即不能全屬優等。惟美國無遺憾。故一院制之路狹。不如兩院制之路寬。夫社會之優等能力。如大學問大資本大德望者。皆宜使得發揮其能力於政治上。故以兩院制與以便宜之途。則法之善者也。

至其組織之法。上院則或以門閥宗教。或加大功勅撰之員。各因其宜。下院皆民撰。各國亦略異。總以普通選舉[①]爲善。然或人民程度不一。則普通選舉。亦不免有弊。是宜斟酌情形也。又有比例選舉法[②]。比較政黨人數之多寡而定撰舉額。似較普通選舉爲優。然實際上甚難辦到。因各黨人數。調查不易也。若其國黨派不多易於調查。則此法亦佳。

監督機關。與他機關之關係。各國憲法。隱定其大體。認監督機關。爲獨立機關。其餘皆規定於憲法之外。因時事每多變遷。而憲法不宜屢改。訂於憲法則多不便。且有種種事實。存於習慣。而非法律所能詳者。即於政黨内閣。惟英獨宜。習慣然也。政黨内閣之外。可名曰超然内閣。言其超出於議論之外。不必與之一政黨也。或名之曰君主大權之内閣。此名稱亦屬不塙。無論何國。君主之大權作用。總不能無。政黨内閣。亦由君主任命之。惟選用向何方面耳。政黨内閣。則選於政黨。超然政黨。則不必拘。或選之官吏。俱無不可。然亦不能違國民之意也。故超然云者。言其獨立之意。非超然内閣君主一人之私意也。總之皆事實上之習慣而已。

---

① “普通選舉”，指多數當選制，即在選區内獲得多數選票的代表候選人或者政黨，可當選或獨占該選區議員席位的制度，又稱多數代表制、領先者當選制或得勝者囊括制等，一般分爲相對多數當選制和絶對多數當選制。

② “比例選舉法”，指比例代表制，即按各政黨所獲選票數在總票數中所占比例分配議員席位的制度。此制與名單提名相結合，以大選區制爲基礎，一輪投票即可得出結果。但由於選民是投各政黨所提候選人的票，所以必須先統計各政黨所得選票總數，再按比例分配議員席位。比例代表制分配議席的方法較爲複雜，但可使各政黨所得選票和所得席位成正比，較多數當選制更爲公平。

第二章　國民

前言國家勢力分爲二部。一爲國家機關。一即國民也。國民於政治上可分爲二。曰輿論。曰政黨。德儒伯倫知理。於二者之外。又有出版與集會。然出版不過輿論所表示之意思。而集會又製造輿論政黨之方法。是皆可包括於二者之中。不必别列名目也。

第二節[①]　輿論之性質[②]

輿論二字。不如公論之確。當明治初年。誓文中亦有公論之語[③]。因現在一般慣用輿論二字。故仍之。學者當知輿論之中。含有公論之意。政治學之用語。各國皆譯自英文。猶之他科學皆譯自德文。各取其最發達之文字。以爲標準也。輿論二字。雖略與英異。而意義皆近於公論。故曰不如公論之碻當也。

輿論之性質可分廣狹二義。

廣義　輿論者關於公共問題。自由發表於社會。爲優勢之意見也。

狹義　輿論者關於政治問題。自由發表於社會。爲優勢之意見也。

兹就二義分析説明之。[④]

（一）輿論者意見也。　意見云者。謂個人關於事務之判斷力也。既有判斷。必先有理由存於腦中。而後發表於外。雖然。人之判斷。未必皆合於正理。其蒙感情之影響亦甚大。不過不經思想者。則决不成立其意見。且輿論之意見。尤必與大衆相合。德儒曰。人之所以爲人。以其有模仿性也。然則人之思慮。固不必全然爲獨立的。而自由取捨之意

---

① “第二節”，有誤，應爲“第一節”，該節標題當爲“輿論”。

② “輿論之性質”，當爲“第一款 輿論之性質”。

③ “當明治初年。誓文中亦有公論之語”，1868 年 4 月 6 日日本明治政府發布的《五條誓文》的第一條爲“廣興會議，萬機决於公論”。

④ 以上載 1907 年 1 月出版的《北洋法政學報》第 12 册。

思。則决不能無。例如軍隊聽隊長之指揮。呼左則左。呼右則右。是全無意思之行動。故一雜以上下之關係。即非輿論之意見。輿論之意見。必自由的。而非機械的也。

（二）輿論者關於公共政治問題之意見也。　政治問題。亦公共問題之一部。公共問題。則非一私人之意見可知。惟一私人之意見。若有關於政治。則亦輿論矣。

（三）輿論者自由發表之意見也。　謂發表不出於自由。而出於威迫。非輿論也。發表之時。不顧一切之反對。夫是之謂自由。

例如選舉議員。各人意見。羣注於甲。而或因政府之干涉。或因賄賂之聳動。別舉他人。則雖有意見。非其意見矣。又如農家對於地主。畏其不利於己。而揣摩其意。以爲發表。亦非其意見也。

輿論非發表不成。其發表之方法無一定。或以口舌。或以筆墨。且消極之狀態。亦可爲發表之方法。例如政府欲求人民之贊成。而以沈墨静止爲不贊成之舉動。不得謂非發表也。

（四）輿論者於社會爲優勢之意見也。　優勢云者。最有勢力之謂。此社會甚廣。則社會之優勢。自包含各種之意義。參照國家原論第一章節二節[①]。故所謂優勢非無反對之意見。特比較之下。爲其最占優勢者耳。且社會本由個人而成。無個人即無社會。合搆成社會各個人之意見而爲輿論。必全然合致。實稀有之例外。故優勢之意見云者。非搆成各個人之見解。毫無所異。特根本的思想。不可無同一或類似之點。英文所謂普通。譯爲中心。即根本之義。

意見至若何分量。方得爲優勢乎。此非必爲社會之過半數。而反居

① “節二節”，有誤，應爲“第二節”。

社會之少數。其故何也。社會分子中。幼子婦女。去其若干人。專謀衣食。冷淡公共問題者。又去其若干人。雖有意見。而不發表者。又去其若干人。除此種外。而僅就社會積極的分子之過半數之意見。則由社會全體觀之。必爲少數無疑矣。且過半之語。往往有甚難言者。以數學的計算。人少而能占優勢者有之。人多而不能占優勢者亦有之。故不必論其全數。即同一意思之發表。而占優勢者。並非多數也。

至於狹義的輿論。雖以政治爲根。然政治與社會。並無大差。不過範圍稍狹耳。論者謂政治有國家之意。遂欲以國家優劣之意見。代社會之語。然余不用國家而必用社會者。不獨表示社會廣於國家之意。亦以與國家機關。有混同之恐也。夫政治之輿論。實與國家機關之意見。反對而獨立。

前言國家機關。爲元首政府議會之總稱。故政治的輿論。不特對於元首政府。每多反抗。即對於議會。亦往往有之。此何以故。議會雖似代表輿論。然既登政府之劇場。則與元首政府。同爲當局之人。輿論爲公衆之意見。對當局而發表。則當局之意思。非即輿論之意思可知。且輿論不但不可與議會相混。并不可與政黨相混。政黨雖非當局者。亦未必與公衆之意見合致也。

第二節[①] 輿論之成立

輿論之成立。受社會各種狀况之影響。其至大者。則立憲制之發達。夫立憲本爲輿論所造成。既成之後。並覺其不可少。其他若教育之普及。交通通信機關之整頓。出版術之進步。皆足以使之成立者也。例如新聞。最爲輿論成立所必要。若出版時無進步。則一仍木版之舊。費時既多。發行又少。

① “第二節”，當爲“第二款”。

自活版機械發明。而一小時間。雖數十萬可立待矣。然交通通信機關不整頓。則材料之採訪。與報紙之傳播。遲之數月。人已厭觀。日本小國。從前有此弊。况中國之大。其困難尤甚。自汽車電信徧設。而効力益大矣。以上二者。僅就物質言之也。苟精神上之教育不普及。即物質發達。而讀者寥寥。與不發達等耳。故三者互相爲用也。

以上種種。不過使輿論容易而已。至其成立。則各個人獨立。而費其思慮。乃得收其結果。然此甚難之事。普通則意見之模仿。於輿論之成立。亦大占地位。何則。爲自動的思慮。於社會爲比較的少數。其占多數者。往往採用他之意見。而爲受動的也。夫此受動的民衆。與輿論亦有關係。其理由有二。

一間接的　必有智識者而後能自動固也。然此有知識者。亦爲社會之一分子。既吸同一社會之空氣。則其發表之意見。必不能離羣獨立。而有共通之元素可知也。

二直接的　自動者之意見。其發表之時。必欲爲造成輿論之基礎。則雖有甚高之論。亦將略爲變通。以接近大衆之意見。

又輿論之成立。非成立於一時。當其始亦與反對者同時發生。經時既久。其能占多數者。即羣推爲輿論。若突然成立者。雖亦有之。然必爲簡單之問題。以簡單則一般知識。皆能見到。而立决其可否也。

至於成立之時期。卻難確指。必就議會、新聞、出版、演説、集會、逐一探之。演説談話。凡三五朋友聚而談話者。就是等而知其進行之方向。然此就立憲國言之耳。若專制國。則祇談話一事。或可露其真意。若新聞結社集會等事。不敢公然爲之。亦不能探其真相也。

第三節[①] 輿論之價值

輿論之價值。當從勢力及真理兩方面觀察之。蓋有勢力之輿論。未必爲真理之輿論也。

（一）輿論之勢力的價值　勢力不以人數之多少爲標準。故當分爲分量上及性質上。

（甲）分量上　爲輿論吐氣燄。而論其勢力之大者。學者間與政治家。古今不少其人。拿破崙曰。輿論者一强國也。當時歐洲稱强國者五。拿翁乃併輿論而爲六[②]。可見其勢力之大矣。羅馬以來之格言曰。民之聲即神之聲。其意蓋包含真理之輿論。然以之形容勢力之輿論。亦頗不誣也。法之宰相立蓋兒[③]曰。輿論之勢力。雖目力所不能見。而較之金錢與軍隊。其勢力爲尤大。不惟能支配都市。并入於帝王之宫殿。而亦支配之。其所謂都市者。因羅馬以前。歐洲各市皆獨立。其勢力猶之一國。蓋歐人常用之語也。

輿論勢力之大小。與其分量之大小。爲正比例。分量大則勢力亦大。分量小則勢力亦小。專制治下之人民。既無公然批評當局者之行爲。又無公然談論政治之權利。故於輿論之成立。有不利之狀況。雖然專制君主。不問有何如之力。當輿論之發生。欲全行杜絶。或永爲抑壓。必不能也。壓力過度。則激起反動。至成慘劇。由此觀之。則無論國體如何。政體如何。輿論之有力。彰彰然也。其最著者。則於民主國體。與立憲政體之趨勢而見之。世界漸少專制政體者。亦不得不歸之輿論之力。蓋

① “第三節”，當爲“第三款”。

② “當時歐洲稱强國者五。拿翁乃併輿論而爲六”，當時的歐洲强國，通常認爲是英國、法國、俄國、普魯士和奥地利五國。20世紀初，關於拿破侖看重輿論特別是報紙輿論的説法從日本傳入，版本衆多。

③ “立蓋兒”，當爲黎塞留（Richelieu，1585—1642），法國國務活動家，樞機主教。原爲王室顧問，後受路易十三（1610—1643年在位）重用，任法國首相（1624—1642，1629年之前稱首席大臣）期間，大權獨攬，推行專制統治。

凡政體之最終地盤也。關係於政治之學理。與實際者雖陷於謬誤之輿論。尚不可輕忽視之。則其勢力之大。能不明認之耶。

又輿論之勢力。消極的大於積極的。消極的者。對於當局之政策。止示反對或贊成之意向。積極的則反是。自示一定之政綱。而要求其實行。夫自進而提出政綱。與但表贊成與否。一困難而一容易。民衆之意見。寗就其容易者爲之耳。故曰消極之勢力大也。

（乙）性質上　輿論勢力之大。雖如前述。而其勢力之性質。非法律的。故不若國法上之直接。有命令權。有强制權。但爲心理的。社會的。政治的。其制裁比國權之作用。雖不能使人之生命身體自由等。生其變動。而於人之名聲地位思想等。大有影響。若以輿論勢力。無法律權利之故。而蔑視之。則爲淺見者流。乏經世家之資格者也。若夫政治家。則甯受國法之制裁。不受輿論之制裁。以不爲輿論所容。即於社會上。不能自立也。

一輿論之真理的價值　有勢力者。不必有真理。其不合於定義之輿論。往往於真理外有他之分子。混合於其中。例如輿論。以公共問題爲一要素。而個人之利害關係。亦人情所不能免。以利害關係之故。而其發表之意見。或與其本來之意見相左。則必不可謂爲真理。是故以勢力言。則人多爲貴。以真理言。則僅僅人多。不足爲憑。必觀察其內容。凡公之程度。高於私之程度者。真理必大。而私之程度。高於公之程度者。真理必小。其區别必要之標準有六。

（甲）輿論與其爲創造的。毋甯爲批評的。與其爲經營的。毋甯爲監督的。故輿論之真價。亦於創造經營之方面小。而於批評監督之方面大也。

（乙）輿論之真價。其思慮必自由緻密。其發表必自由正確。且所發表者。必即其所思慮者。故真價之大小。亦以其緻密與正確之程度爲比例。愈緻密正確。則真價亦愈大也。

（丙）輿論之真價。以人民所下之判斷。依於理性之程度爲正比例。而流於感情之程度爲反比例。即理性之程度大。則真價亦大。小則亦小。而感情之程度大。則真價反小。小則反大也。

（丁）輿論有最大之同化力。同化力之强弱。與輿論之真價無比例。所與同化力中心人物有識者。或政治家與一般民衆之勢力關係有比例。與勢力關係無比例。而與同化力中心人物之真價有比例。

（戊）輿論之真價。與解决其目的問題之難易爲比例。即解决問題。要專門的智識者。其輿論之真價。小於簡易的政治道德問題之真價也。

（己）輿論之真價。與人民智德發達之程度爲比例。即程度高則真價大。程度低則真價小也。

第四款　關於輿論之政策

由前款觀之。則輿論勢力之大如彼。而真價之不同又如此。故對於輿論者。不可不注意。且注意應採之方針。極關緊要。今分爲國家機關。對之之態度。與人民對之之態度。列舉如下。

（一）國家機關對輿論　可分爲五。

（甲）國家機關於輿論成立。必要於有形交通通信機關無形教育諸要素。應使之發達。

（乙）國家機關。務公其行動。輿論必洞明實際。方爲有用。否則甚危險。宜去萬事秘密之陋習。但事前有宜秘密者。事後不可不公布。以上二項。指輿論未成立前。應採用之態度。

（丙）國家機關。不可壓迫輿論。又不可冷眼視之。

（丁）輿論有缺點。不當盲從。當矯正之。以上二項。指輿論已成立後。應採用之態度。

（戊）當實行內治外交之政策。務得輿論爲後援。此項爲利用輿論應採之態度。

（二）人民對輿論　亦分爲五。

（甲）人民應磨礪智德。注意公事。以期健全輿論之發達。

（乙）對於智德人士。尊重其意見。同時戒附和雷同。應爲自己之判斷。

（丙）戒爲感情所奔馳。須仰決於理論。

（丁）敬重輿論。同時抱持反對之意見者。堂堂正正。主張自說。此項指對於少數而言。

（戊）搆成輿論之多數人民。容忍其反對之少數意見。不可掣肘其言動之自由。此項指對於多數而言。

第二節　政黨

第一款　政黨研究之必要

政黨者自古以來。爲政治上之事實勢力。而其特著明者。實在十九世紀。自撰舉制度備。則立憲國之議員。共和國之大統領。莫不出於政黨。撰舉之始。未嘗非各個人自爲之。然以勢力之小。而每多失敗也。則務爲聯結。以增植其勢力。反對者又恐爲其獨占也。則亦別樹一幟。遥爲抵抗。政黨之發達。靡不由此。故政黨與撰舉制度。不啻同時并生。徵諸列國。勢力之大。莫如美之政黨。人或呼爲第二政府。政黨之善否。不關於勢力之大小。各國雖不及美。然苟爲立憲制。則政黨之勢力。未有不大者。在法律上雖未認定。而政治上頗居重要。是不可不研究之焉。

第二款　政黨之意義

余欲述政黨之爲何。乃先述黨派之定義。何則。政黨者黨派之一也。

黨派之定義曰。黨派者爲於社會得優勢之地位。又繼續之有一定之意見。爲共同之活動。人類之任意的繼續的結合也。

黨派有二種。以其所根據而分意見。出於個人的利害的。是爲私黨。亦稱朋黨。出於公共之利害時。是爲公黨。而政黨則爲公黨之一種。即政治上之公黨也。故政黨之定義曰。政黨者爲於政治社會得優勢之地位。又繼續之基於公共之利害。有一定之意見。爲共同之活動。人類之任意的繼續的結合也。

今更就定義分析説明之。

一[①]政黨者人類之結合也。　政黨爲人類集合而成。固無俟言。然余不云集合而云結合者。因集合有無意識者。亦有一時者。若政黨則有共同生活而爲組織之一體。故曰結合也。　爲政黨分子之個人。有新陳代謝。即政黨自身。亦有變形消滅。故茲所謂繼續者。乃别於一時的集合而言。至其他有條件期限之結合。及事實上存在時間甚短之結合。非悉排斥於政黨外也。

（三）[②]政黨者任意的結合也。　社會上個人間之關係。以複雜而有從屬。是個人之加入特定黨派。固出於自己獨立之意思。亦非無歸於心理社會之强制。然關於個人之黨派。而以國權之命令强制其去就者。是絶無之事也。故曰任意也。

（四）政黨者爲共同活動之結合也。　共同活動云者。謂欲達同一之目的。以多數人協力爲種種之言動也。故但有思想之一致。未至於活動之結合者非政黨也。例如學者思想。非不一致。而未見其活動。則不得謂爲政黨。

① “一”，當爲“（一）”。
② “（三）”，原文如此，未見“（二）”。

（五）政黨者有一定意見之結合也。　意見云者。於輿論節已述之。即關於事物之判斷。而其判斷之基礎。非必爲事實。其判斷之論理。非必爲正當。其判斷之論决。非必合於真理。特主觀的完全無缺。而客觀的未必同一也。一定之意見云者。謂關於事物判斷之重要部分。確定而一致。其枝葉不問也。普通言之。所謂一定之意見。即政黨之主義。亦即達其目的之方針。惟主義不過以簡單之語言。表明重大之條件。一切細目。概不之及。設内容變遷。猶拘於主義。則因而憒事者。所不免也。例如自由一主義也。在標此主義者。非無種種意義。潛伏於其裏面。不知者以耳爲目。一切以自由行之。以爲與其主義相合。而不知實際上正與相背。則誤解之主義。爲害不淺也。

政黨爲示其主義於名國之外。又多提示政綱。亦以簡單語句。表白大要而已。其足以致人誤會者。與誤會主義正同。例如進步一黨也。保守一黨也。而進步亦有保守之時。保守亦有進步之時。英之政治。自古以來。無大改革。故政黨當亦無大變遷。然按之歷史。正不盡然。進步黨[①]以改革爲其政綱。保守黨[②]以守舊爲其政綱。乃英之改革。保守黨之力。多於進步黨。故以其外狀。而遂信其内容。未有不致誤者。何則。保守與進步。乃對待之稱。論其大體。則進步必喜改革。保守則否。而實際上亦復時有轉移。當少數執政之時。進步黨欲移少數於多數。保守黨則欲維持此少數。故反有進步之意。及多數持政之時。保守黨欲移多於少數。進步黨則欲維持此多數。而反有保守之心。一彼一此。其心同也。又或政治上普通之事。則無論進步保守。其目的無甚差别。特手段

① “進步黨”，指英國的自由黨，19 世紀 30 年代由輝格黨轉化而來，曾和保守黨同爲英國的兩大政黨，第一次世界大戰後，其地位逐漸被英國工黨所取代。

② “保守黨”，前身爲 1679 年成立的托利黨，1833 年改稱現名。第一次世界大戰前與自由黨輪流組閣，戰後與工黨輪流執政。强調“法律”和“秩序”，主張自由市場經濟，限制工會的權利。

不同。而有激進漸進之分。此尤當研究其内容而知之者也。

（六）政黨之意見。基於公共之利害。　利害之意。包括有形無形而言。不特直接關人痛癢者也。即間接觸人感情者。亦利害也。譬如一事之發生。非必有害也。而心中不甚贊成之。即利害所由來。故其義甚廣。公共云者。乃一般所共同之謂。實際上或有以黨派所關。而自謀其少數者。然當其表示於外之時。皆援公共爲詞。或謂既以公共爲詞。則黨派之争。何以亘古今不絶乎。曰是實際同而理想不同之故。將來政黨發達。即造乎極點。有形之儀文。或可齊一。而無形之理想。則必不能齊一耳。

或謂政黨者。將以代表各種階級。或團體。例如貴族則代表貴族。平民則代表平民。以致勞働人。學者。商人。莫不有政黨以爲其代表。故必不用普通選舉。而後各研究其一階級。或一團體之公共利害。此説頗不當於事實。事實上雖有主張一階級一團體之利害者。而其發表意見也。必曰如是則利於國家。决不以一階級一團體爲表示也。由此觀之。則與其以政黨代表各階級各團體。何如以各種之代表之意見。組成政黨無偏重之弊乎。德之政黨。雖各有所主。然謂某種人必入某黨。則未之有也。英有保守進步二黨。然加入者未必一種人也。蓋政黨所包含。一國之人。無不爲其分子。若必分割部分。何能爲公共之利害乎。惟羅馬古時。有貴族時代。有平民時代。

（七）政黨者以於政治社會有優勢地位爲目的也。　政黨爲黨派之一。故黨派而在政治社會占優勢者。是爲政黨。苟非然者。其或對於學問之考察。雖亦以意見一致。而結合。非政黨也。然政黨既占優勢。則必有不占優勢者。存在於對面。故反對者。與中立者亦同時發生。政黨之有競争心。即基於此。政黨二字。本有一部分之意。東洋用語。意已明瞭。而西洋原來之字。亦復相同。其皆部分之意可證也。

所謂政治社會之優勢地位。其目的何在乎。曰是必掌握國家之强制權而後達其目的。其在共和國。大統領由於選舉。則以大統領之地位爲其目的。其在君主國。以執政之地位爲目的。夫苟執政機關。而歸政黨掌握。則所謂政黨内閣之制。最適於政黨之目的。雖然。各國有以程度不足而不能行此制者。則政黨之優勢地位。將遂不可期乎。不知政黨運轉政權。以局外而刺擊當局。使政府援己之政見而實行之。則雖不直接而爲間接。是即比他之政黨已得優勢之地位矣。

以政黨之目的論。則間接而得優勢地位。其目的不可謂不達。乃按之實際。既得之後。必謀繼續。甚且務施自身實行之手段。苟爲他黨所奪。則生不平之心。而其政見之行否。反若可有可無。公平言之。此種政黨。實不得謂爲至善。然當今之世。皆有所不免。而所謂至善之政黨。不過爲一時之理想。故解釋政黨者。亦惟就現有者研究之。不可混理想而一之也。

第三款　政黨之得失

政黨之得失。不能一一論列之。若所論在概括的也。非凡政黨所同有。亦無程度多少之差。故就利害兩方。列舉於左。

政黨之利有七。

（甲）使人民對政治有興味。　有政黨而後有政治之問題。有問題而後有發表之意見。有意見而後人民對之有贊成有反對。是不問黨内黨外。而促其政治之興味也。

（乙）由共同活動而使各種智德發達。　政黨有共同活動之一定意見。必不能以一人之私意。而妨其活動。故多數既共同。少數者當然放棄。此智德之所以養成也。使人人皆主張己意。而不甘服從於多數。則何有共同之活動。既無共同之活動。更何有政黨。惟其有政黨。則黨内之智德固增進於無形。即黨外亦因而觀感矣。

（丙）有爲之人士。給以事業與地位。　一國之中。有爲者非必缺乏也。　特無政黨則欲投身於政治事業。與其地位。官吏而外。別無他途。然官吏之範圍甚狹。斯有才者未必盡用。且官吏有政務事務之分。（見前）其政務官固足以發表其意見。事務官則不能。有政黨而後官吏所不能容者。政黨足以容之。況普及教育既興。研究政治者益多。組織政黨。尤爲切要也矣。

（丁）擁護立憲制抵抗少數者之專制。　立憲固善。欲永久繼續則甚難。官吏惡其不便。務恢復其權利。使仍於少數者之專制。或以事實之發見。以立憲不如專制而有復古之思。此皆事實所不能免。於此而有政黨。則一面爲擁護。一面爲抵抗。而基礎自不可動摇矣。

（戊）與當局者以批評與監督又爲其後援。　廣義之當局者。議會亦在内。此則專指政府。是爲狹義。蓋雖政黨内閣。組織政府者即出於政黨。然此外必更有政黨之存在可知也。政黨對政府之行爲。其不當者批評之。其不公者監督之。且其不能設施者。又援助之。其利莫大焉。

（乙）①使政治素養豐富。以供當局者之階梯。　政治的素養。即政治之教育。他教育皆在學校。惟政治不僅在學校。而在練習。故無政黨則政府必事事守秘密。一般人民。毫無素養。既有政黨。事事皆恃其贊否。勢不能仍出於秘密。足習練其政治之能力也。所謂階梯者。謂對於政治既習練於平日。一旦選爲議員。則爲廣義之當局者。或入於内閣。則爲狹義之當局者。以經驗之多而爲公平之判斷。蓋可決也。

---

① “（乙）”，有誤，應爲“（己）”。

（丙）[①]於國家之政策供多少之繼續性。　國家政策。固非一成而不變者。然使易一人而一變。亦有一人而時變者。於國家亦大不利。故必使之稍有繼續性。則政黨爲最宜。雖政黨未嘗無變更。其大體必仍爲繼續。無論政黨内閣制。當然維持其政策。即非政黨内閣制。政府亦不能不採其意見。或謂内閣爲政黨所組織。則反對起。而代之者即不能繼續矣。不如無論如何反對。而國家之大方針。未有不歸於一轍者。非如無政黨時之以統治爲名義。而執政機關。紛更無已也。

政黨之害亦有七。

（甲）黨派心之增長。對於真理正義。使感覺遲鈍。使品性墮落。　有黨派則必有本黨運動。而忘却真理正義。故其感覺易遲鈍。甚或以運動之故。而近於劣等之行動。則并品性而墮落矣。

（乙）爲得多數用不正之手段。　政黨欲得多數之贊成。使競争而出於正當。固未爲不善。然或以威脅。或以賄誘。而種種不正之手段以起。美國至有因是而變更選舉區域者[②]。（此項指本爲少數者）

（丙）顧多數而墮反對者及外局者。　政黨而得多數。必於議院中占勢力。利用其勢力。而於立法時。往往長以損害反對者。至影響及於一般人民。（此項指本多數者）

---

① “（丙）”，有誤，應爲“（庚）”。

② “美國至有因是而變更選舉區域者”，這種做法通常被貶稱爲“選舉地理學”或“選舉幾何學”，其方法一般是，執政黨通過重新劃分選區，把不支持自己的選民分散在若干選區，使他們難以形成一個選區中的多數；或者將不支持自己的選民集中在少數幾個選區，然後使本黨的支持者集中在其他大多數選區，并確保在這些選區獲得多數。1812 年，由民主共和黨人埃爾布里奇·格里（Elbridge Gerry）擔任州長的美國馬薩諸塞州政府通過一項法律，在該州重新劃分議會選區，將敵對的聯邦黨的票源僅集中在少數選區，從而使民主共和黨在州議會選舉中贏得更多議席。該州重新劃分後的選區，嚴重背離了自然和傳統邊界，其中一個選區的形狀奇特，類似蠑螈（salamander），於是政敵便將州長埃爾布里奇的姓氏格里（Gerry）與蠑螈的詞尾（mander）組合成 Gerrymander（格里蠑螈，通譯作“格里曼德爾”）一詞，用以影射其爲照顧本黨派利益，不公平劃分選區的做法。

（丁）於表面上衆民政名義之下爲少數者逞專横之器械。　專制之代。少數者專權。表裏如一。故其結果。或招反抗之舉動。立憲而政黨逞其專横。則利用議院議决之名義。政府不負其責任。其力足以强制他人之屈服。故專制時代。所不能行者。政黨可以行之。

（戊）濫用公職。　政黨内閣更迭時。事務官不隨而更迭。若政府甚激烈者。則[1]一旦掌握國權。不盡易舊人而登進其同黨不止。

（己）分割公共生活使增紛争。　人民在同一區域。必有公共生活。各相安於無事。政黨以政治之紛争。則分割公共生活之力。以從事紛争。日本今日。即有此現象。法國尤甚。

（庚）具高尚之品性者使遠於政治。　政黨競争。過於劇烈。高尚之人。至遠而避之。英國尚少此弊。美法議員。品性高尚之人。往往不以被選爲榮。大統領亦無真第一等人物也。

政黨之利害。若爲私之政黨。則害多而利少。若爲公之政黨。則害少而利多。此可斷言者。然以上所舉。衹於近世國家。爲諸政黨之概括。若欲論特定國家之政黨。則當研究其特定之事實。調查其運轉政黨之人。是不但觀其政黨之組織。而更探求其實際之原動力所由來。國家尚在幼穉。無政黨之可言。國家而已非常發達。又不待有政黨。以程度相同。各不相争。故惟此幼穉已過。發達未甚之間。如今世諸國家。則不得不有政黨。惟古之視政黨與朋黨無異。故歷史上横遭排斥者。不少其例。雖以華盛頓[2]之賢。其第二次退位後。所呈演説。猶不以政黨爲然。由今觀之。政黨非無益於國家。特取其利而去其害。則至善之道也。

① 以上載 1907 年 1 月出版的《北洋法政學報》第 13 册。
② “華盛頓”，即喬治・華盛頓（George Washington，1732—1799），美國獨立戰爭的領導人，美利堅合衆國的奠基人，第一任總統（1789—1797）。

第四款　關於政黨之政策

國家對於政黨。應用何種政策。苟其利多。固可採用。即或不然。摧殘之。與仇之。皆非策之得者。道在有以改良而扶植之。至何點宜改。則各政黨互異。茲就普通政黨言之。約有四端。

（一）政黨競争之目的　目的善者扶植之。不善者防閉之。此其一。

（二）政黨競争之方法　有目的而後有方法。然目的善而方法不善者。亦往往有之。是不可不使之改良。此其二。

（三）政黨對於他政黨。及局外者之觀念　政黨對外之觀念。亦關緊要。而於局外之加入。尤不可出以强制。此其三。

（四）對於局外者之政黨之觀念　局外者。不願加入。則引導之。使皆知本黨之性質。此其四。

一國政黨之數。將以多爲貴乎。抑以少爲貴乎。由來學説不一。主張少之説者。欲使國内併存兩政黨。主張多之説者。謂不必限於兩政黨。而以多增意見爲本。則意見多而政黨因之增多。理之必至者。雖然。政黨之意見。必期實行。能實行則政黨宜少。何則。政黨少則既入内閣。勢力必大。英美是也。不能實行。則政黨宜多。多則發表意見。毫無牽制。墺[①]德是也。簡言之。即政黨内閣之國。必爲二個之大政黨。非政黨内閣之國。必爲多數之小政黨。

二大政黨之分界線。學者及政治家之大問題也。普通皆用進步與保守。爲其分界線。實則未可拘其名稱。如中央集權。與地方分權。如外交與内地。如自由與干涉。如資本與勞働。皆可適用其名稱。而實際則未必然也。

凡有二大政黨。必傾向於政黨内閣制。此制之善否。仍以其政黨之善否爲斷。但欲奏善良之結果。有必要之條件三。

---

① “墺”，指奥匈帝國。

（一）元首之超然　元首立於超然之地位。則政黨與元首。無牽制之關係。内閣變動。元首不因之變動。即不然者。以元首之意思。任用内閣。苟不合其意思。而致政黨與元首。先有衝突。尤爲危險之象。故元首必超然於内閣之外。斯甲黨登進。無德於元首。乙黨排斥。無怨於元首。美國之不能爲政黨内閣者。因大統領由於選舉。被選舉後。在任期之中。組織内閣。亦必爲其政黨。是統一機關。亦在政黨之中。故雖非政黨内閣制。無害其善良也。

（二）人民之發達　分爲三。

（甲）無反對憲法之極端思想。或無其勢力。　若極端反對憲法。或有其勢力。則雖一旦立憲。苟有企慕專制者。即可紊亂其政體。

（乙）政治的智識普及。　苟無智識。則眼界不寬。不能辨别政黨之優劣。其結果。贊成不得其當。貽害及於内閣。

（丙）政治的道德。宜爲忍容耐忍之風氣。及積極的活動之風氣普及。　有智識而無道德。不可也。無忍容耐忍性。則輕於贊成否決。無積極的活動。則事無始終。亦不可也。故以普及爲貴。

（三）政黨之發達　分爲七。

（甲）政黨上之原動力。政黨以外。更無大者之存。　原動力即大勢力。設大政黨以外。尚有勢力者存。則政黨内閣。決難成立。

（乙）政黨以二個大政黨爲主而分割之。　政黨若在二個以上。則無大勢力者組織内閣。

（丙）兩大政黨發達。由於歷史。其基礎鞏固。　發達不由於歷史。則偶然的。非繼續的。基礎决不鞏固。

（丁）多網羅政治人才。於二大政黨之内。　此即第一項之原因。蓋不能多所網羅。則政治人才。使立於政黨以外。而原動力亦將移於政黨以外。

（戊）二大政黨之意見穩和。且有多少共通之基礎。　非然者。甲黨新入内閣。盡改舊之方針。非計之得也。

（己）二大政黨有訓練而富於責任之念。　無訓練者。必無責任之念。

（庚）二政黨之内閣更迭問題。其所争有限於重要事件之慣習。　若以細微事件。而遽爲更迭。不可也。

第三章　内治政策

前言國家重要之勢力。所以左右國家目的與政策者也。今依是等勢力。概論近世國家。爲達其目的。應以如何之方針。而决定其政策。特從便宜上分爲内治外交。先言内治政策。重要之點有七。

第一節　内治政策應爲改良的

改良有二意。其一方爲不甘保守而求進步。但必經着實之階梯。若急激的進步。則近於革命。故其又一方當力除革命之禍。

社會狀態。無日不變遷。時代新則形式亦新。國家爲社會之一。則其不能無變遷。亦自然之勢也。新勢力之發生。國家不承認而抵抗之。非徒無益。反招大患。何則。變化者始終必至之問題。抵抗力大。一旦破裂。遂釀大禍。此可見國家之對新勢力。不在抵抗而在利用。觀於近世歷史。蓋可知矣。夫今日之狀態。非復古代之狀態。古者僅有貴族。後則中等社會之智識增。最後則下等社會之智識又增。處今日之社會。仍執最古之方策。以對待之。寗有濟乎。近世變革至甚者。莫如法國。德儒所著法國社會之變遷[①]。法人所著權力之變遷[②]。皆謂社會時有變遷。國家因之亦有變遷。誠哉言也。

① “德儒所著法國社會之變遷”，不詳。小野塚喜平次原著中亦未見此内容。
② “法人所著權力之變遷”，不詳。小野塚喜平次原著中亦未見此内容。

第二節　内治政策衆民的

衆民的云者。即多數人之意。君主固少數人。而共和亦必多數人也。日本有時譯爲共和。有時譯爲平民。余以爲共和。則不免有貴族之存在。平民又不免有階級之觀念。故皆不用。而譯爲衆民的。

衆民的云者。不但政策結果之歸着點。在於衆民。關於政策之决定。亦認衆民之勢力。在專制時代。君主亦不能全然蔑視。故結果未嘗不在衆民。特决定時尚無發表意見之認定。近世文化國。則不論君主共和。階級特權。盡已打破。於法律上以萬人平等爲原則。民事刑事。上下相同。除未成年者。與能力淺薄者外。無不參與政權矣。

近世國家。既向衆民的方面而行。則衆民之意思。於政策决定上。增加其勢力。又不免生濫用其權之弊。而使衆民萬能論者失望。因疑衆民的政策之失計。是不過過重衆民政策之反動。天下事有利必有弊。豈獨在於衆民的政策哉。百般之政策皆然。欲減殺此危機。在乎教育普及。以利導之於正當之途。不得以初時之弊害。而遂長此廢棄也。

國家最終之地盤。在於多數民衆。故國家之運命。結局歸其掌中。當彼等自覺之初。即要求政權之秋。少數人士。欲蔑視此要求不能也。況多數之積極的協力。比其消極的服從。於國家經營上。多良好之結果乎。且衆民的政策。謂僅以主權在民爲主義。而但能稱覇於共和者非也。即在君主國。君主之地位。亦益增其堅牢。而無少數衝突之患者。衆民的政策爲之也。

第三節　内治政策自由的

自由有兩種意義。一爲私人的自由。一爲政治的自由。私人的自由云者。謂各個人由其意思。而爲各種之活動。不容他人之干涉。有時亦包括政治在内。茲所言者。則除去政治之謂也。政治的自由云者。謂國家機關之行動。必在法律範圍之内。亦可分爲一國之政治。與一人之政治。茲所言者。則一國全體之謂也。

私人自由之發達安全。必以政治自由爲保障。蓋侵害私人自由者。不僅爲他人。而國家機關之侵害。其危險爲尤甚。於此之際。欲以强大之力。排除此侵害。自不得不與以政治之自由。所謂普通參政權。出現於立憲制國者是也。

二者之自由。常不能同時進步。社會日益複雜。法規即不得不繁重。例如衛生上之行政。古時所無。而傳染病豫防。今日覺其必要。於私人自由。不免束縛。又如多數壓制少數。尤爲束縛自由之甚者。欲去此弊。非特法制改良爲必要。而謀智識之普及。尤要之要者也。

私人自由。亦非絶對無限。何則。個人之獨立地位。非無條件。故國家於必要上。當加以制限。制限之外。則尊重之。保障之。近世立憲國之法律。國家機關。亦必行動於範圍之中。古時國家機關。與國家。國家機關之全部。與其各部。皆無區别。至立憲制而始明瞭。凡此皆所以供私人自由根本的保證也。

論者謂國家以强制組織之故。其活動常侵入個人之私人的自由。兩者互相抵觸。決無兩立之理。然此特就專制言之耳。若立憲國之所謂强制組織。則非以侵犯之。且正以豫防他之私人。與國家機關之襲擊。故有種種巧妙之制度。運用其善後策。而爲不斷之注意也。

政策以自由的爲要。其理何在。因個人皆有厭惡干涉之恆性。但必與身心發達相伴。而後自由可期。夫分子之發達。即全體之發達。國家政策之必用自由的者以此。

第四節　内治政策應爲合理的差别的

前節言内治政策爲衆民的。則必爲平等而無差别乎。非也。優勝劣敗。爲天演之理。而國家政策。即不能無差别。但所謂差别者。仍視其能力之如何。故曰合理的差别。占優勝之地位於社會上。則從而保護之。奬勵之。勿爲一般人民所壓倒。若歷史上之階級制度。非合理的也。蓋天爵[①]較人爵[②]爲優勝。乃社會自然之効力。因勢而利導之。不得謂非國家之責任。英之貴族。智識優於平民。故英之占優勝地位。貴族爲多。法國異是。有貴族平民之争。以是知差别在天爵不在人爵也。

社會上優勝者。其種類不同。有以技術者。有以文學者。國家之待遇。亦因而不同。苟非具政治上之智識者。不得與以政治上優勝之地位。

或者謂社會進步。與四圍之境遇。及衆民之發達有關係。而與一二人優勝之地位無關係。此理非不合於真理。蓋雖有優者之卓見。而衆民不能理解。或境遇不能採用。亦不能奏一毫之効。近來衆民的時代。輿論勢力之强大。優者地位。似無著明之外觀。雖然。經營國家。爲社會之先導。常屬於優者之所獨任其思想事業爲積極的。而衆民對之。則爲消極的。如輿論爲衆民的産物。而輿論之中心點。則仍圍繞於優者也。

或者又謂人才輩出。必在平等時代。而不在階級時代。此亦非完全之論。何則。人才不限於時代。古者教育不及於平民。故人才聚於貴族。自教育普及。則視用之何如矣。且階級時代。有能力者。而不見用於世。則以爲無人才。不知發起點雖同。而歸着點不同。惟對於優勝者。與以特别之地位。乃足以相勸。苟無特别地位。以爲報酬。欲求人才之輩出難矣。拿

① “天爵”，即天然的爵位，指高尚的道德修養。

② “人爵”，即爵禄，指人所授予的爵位。《孟子・告子上》：“孟子曰：有天爵者，有人爵者。仁義忠信，樂善不倦，此天爵也。公卿大夫，此人爵也。古之人，修其天爵，而人爵從之。今之人，修其天爵，以要人爵。既得人爵而弃天爵。則惑之甚者也。”

破侖起家微賤。引用寒畯。蔚爲人豪。非拿氏之世人才特多也。拿氏能用之之故耳。

第五節　内治政策應爲社會的

第一款　社會的政策與勞働問題

社會的政策。與社會主義。不可相混。社會的云者公共之意。社會主義。則専以均富爲主義者也。

（一）目的　以國民全部爲目的。不能注重一部。如古之貴族然。

（二）方法　反於國家萬能之思想。政策之實行。不假國家之强制組織。任個人及組合之自治。

社會主義則不然。其謬誤有二點。

（一）欲破壞少數之有財産者。使悉歸於平等。不知貴族之階級可去。若并能力之階級而亦去之。其結果必犧牲優勝者之地位。而與劣者爲同等。

（二）視國家太重。社會改良。全恃國家之手段。土地資本。歸之國家。經濟之經營。一任之官吏。其結果使人人依賴國家。不能自由行動。

所謂社會的政策。不獨就勞働問題之解决爲然。蓋通於一切政策之原則也。雖然。勞働問題。於現今文明國。爲重要之問題。屢與社會主義。同一重視。社會政策。指對於勞働問題之政策。實有必要之感。故於本節辨其大要。以此問題不特爲經濟問題。實政治上之一大問題也。

抑社會進步。文化發達。則各部分科。從而增其數量。其間即不免生軋轢。調和此軋轢。以完分科之利。而避其害。是爲社會問題之廣義。若勞働問題。則資本家與勞働者之衝突。於現今爲社會特重之事。是爲社會問題之狹義。

第二款　勞働問題發生之原因

勞働問題。普通與他之社會現象無殊。而各國異其特色。此關係於其歷史、政治、法律、經濟、教育、宗教等、種種國民之狀態。又關係於個人之性格。有熱心有不熱心者。故特殊之原因。遂各有異點。文化國共通之原因。則根本殆皆相同。西洋固然。日本亦漸露萌芽。中國數十年後。恐亦不免。此共同之主原因有二。

（一）物質的原因　指經濟組織之變遷。如生産、分配、消費、經濟學中論之詳矣。茲特簡單言之。當十八世紀之後半。英之生産事業。盛趨發達。所謂産業的革新[①]者。實起於是時。蓋學問應用於生産技術。則家族的工業。一變而爲工場之組織。例如紡紗。古時家家据爲生業。今則大起工場。資本大而成貨多。其價日趨於低廉。小資本以不能競爭之故。而不得不失業。以失業之故。而不得不見傭於大商。勞働者日益加多。且對於資本家。漸生不平之心。加以學理發明。交通便利。市場擴大。一地發達。則各地皆蒙其影響。大勢所趨。産業的革新。幾與專制之變爲立憲。同時達於最高點。雖然。經濟組織既如是其變遷。設無他之原因相伴。而資本家略示優待之意。勞働者滿足於心。而此問題。或亦隨起隨滅。何則。大事業既告成功。欲仍返之於家族的工業。勢固有所不能。經濟學者。嘗謂欲返於古時之事業。必家家置汽機。人人操利械而後可。此而不能。則惟有避其十分之激烈而已。欲撲滅之。蓋必無之事也。

（二）精神的原因　但有物質的原因。勞働問題。尚未必至今日之趨勢。今日貧富之差。固已懸絶。然以今日勞働者之生活。比之百年以

① “産業的革新”，即工業革命。

前。亦復高出數倍。無如物質之外。又有精神的原因。助其不平之心。即勞働者之智識。知自己之地位。較之資本家。太不平等。此觀念亦起於十八世紀後半。蓋自教育之普及。又加以政治上之風潮。口自由而心博愛。法國已事[①]。印於人人之腦中。欲變不平等爲平等。而終不能得。此勞働問題亦遂奔流而不可止。夫平等非惡。平等而施之經濟界。且流於極端主義則惡矣。然而此極端主義之不能免者。猶之人當幼時。蜷伏於壓制之下。一旦長大。決不甘受。以勞働者知識之日進。而不爲之所。宜其有此必然之結果也。

第三款　勞働問題解決之要件

解決勞働問題。極困難之事也。但於其解決之時。所不可不注意者。則社會主義是。彼之主義。謂人類不平等。全由於個人經濟。自由競爭。欲去此弊。則土地資本。當盡歸之國家。而由國家再分配之於各人。如是則人之地位。悉底於同。此蓋有感於天演之酷烈。不歸於人類發達之程度。而歸之於自由競爭制之不善。不知競爭乃進步之動機。自由亦人性之渴望。欲以國家萬能主義求平等。則其主義之謬。自不能掩。然彼之主義。雖於世界毫無利益。而使世人因而注意於勞働問題。欲急謀解決之法。則亦未始無功。以吾人所見。則解決勞働問題之要件。大約有左之十點。

（一）凡欲解決一問題。當知其真原因。故以可解勞働問題發生之真原因爲第一。

（二）當研究社會之全局面。而以物質的精神的爲雙方之解決。均富主義。但解決其物質的。而於精神的毫不之及。故均富之外。尤當與以人格之權利。

① “法國已事”，指18世紀末發生的法國大革命。

（三）現今之立憲制。私有經濟制。及自由競争制。此三者雖不無弊害。然止能謀改良。不能創新法。社會主義。尚未有破壞立憲制之意。而其餘三者。則盡欲破壞之。故必求改良之策以維持也。

（四）勞働者之自覺。不可壓制。但當發達其責任觀念。俾知權利與義務。必爲對等。苟其能力發達。則政治上經濟上。亦當與以相當之地位。如勞働團體。勞働組合。必宜承認之也。

（五）私有經濟制。及自由競争制。既須維持。則競争之形式。不可不整理。使之容易爲平等之競争。

（六）優勝劣敗。必然有之。故以競争而生社會之貧富分科。不可不干涉但以正當而失敗者。或至無可立身。當救濟之。如老者病者是。

（七）競争中有偶然之要素。例如甲乙有同一之土地。甲以繁盛之故。如近於鐵道等而價值增。乙以衰落之故而價值減。欲使之趨於平。則惟有加甲之租税而減乙之租税。日本東京内之負擔。亦重於市外。如是則偶然之要素減少矣。

（八）解决勞働問題。以勞働者之自助自治共同等爲主。國家非萬不可已。不干涉之。

（九）當知此問題。非一經解决。即可躋於黄金世界。如社會主義所希望者然。譬之在立憲者。謂立憲之後。萬弊悉去。不知立憲不過改良之基礎。其反對之者。不能盡免也。

（十）關於勞働問題。而有積極施法之必要。當委之私人。私人不能達其目的時。則委之地方自治體。小則事易辦也。如勞働保險問題。德國以國家經營之。但終不周密。故中央政府。但當爲監督補助。若直接經營。必限於真正之例外。

第四章　外交政策

外交政策。非指國際事件之處理。乃廣義之對外改策①也。茲分爲五項説明之。

第一節　外交政策國民的②

國家之行動。以自國爲統一的單位。此吾人所甚明白者。然古今不無異論。是不得不研究焉。

其一則萬國一致説。其所主張爲世界。而犧牲自國之利益。此爲必無之事。不待辨矣。其二則極端國家主義。其所主張自國以外。皆視爲野蠻。此亦不能行於進步之世界。余所謂國家的者。不以世界而犧牲自國。亦不以自國而排斥他國。蓋折衷於二者之間也。

十八世紀以來。有博愛主義。其結果生出萬國平和協會③。欲使世界盡弭其兵。然現今人性發達之程度。未能實行。不過於世界戰争。略有効力而已。

歐洲中古。意大利人亦主張國家本位説。以自國爲本。而棄置他國於不問。其説流於極端。但他之著書中。更未主張及此。蓋當時意之文化雖發達。而各邦分裂。奉戴西班牙④。欲使分者爲合。故有此極端之持論也。

---

① “改策”，有誤，應爲“政策”。

② “外交政策國民的”，與該章第二節標題同，根據該章内容，此處應爲“外交政策國家的”。

③ “萬國平和協會”，近代以來，隨着資本主義的不斷發展，國際交往越來越頻繁，與此同時，摩擦和衝突亦日益加劇。1815 年，在美國紐約誕生了世界上第一個和平協會；次年，在英國倫敦也成立了和平協會。但這些和平協會主要關心人類道德的拯救，很少有積極影響現實政治的自覺意識。19 世紀 40 年代後，資本主義自由貿易運動的興起和發展推動了西方和平運動的進一步發展。自由貿易主義者相信，自由貿易與和平之間具有互爲因果的内在聯繫，他們幻想在和平條件下，各國的利益完全可以通過自由貿易來實現。

④ “當時意之文化雖發達。而各邦分裂。奉戴西班牙”，意大利很早就是西歐同東方貿易的樞紐，工商業比較發達。10—12 世紀，形成了以威尼斯、熱那亞、佛羅倫薩和比薩等城市爲中心的城邦國家。這些城邦國家主要是靠對外貿易發展起來的，彼此經常爲争奪國外市場發生戰争，而歷代教皇都竭力在各邦國之間製造戰端，不斷挑起糾紛，甚至多次招來外國侵略者，以便從中漁利。因此，從中世紀開始，意大利即成爲歐洲列强争奪的對象和厮殺的戰場，陷入分裂的境地。到 18 世紀中期，奥地利控制了意大利北部和中部地區，西班牙則控制了意大利南部地區，意大利被分割爲大小不等的十幾個邦國。維也納會議後，意大利被分割爲 8 個邦國和地區，除撒丁王國由意大利薩伏伊王朝統治外，其餘則由奥地利和西班牙統治。

第二節 外交政策國民的

國民的外交政策有二意。

（一）外交政策之原動力。　外交不僅恃當局者之裁量。當以一般國民。爲其原動力。若秘不與聞。而僅仰諸二三外交官之行動。則國民冷淡於外交。徒袖手而旁觀。不特當局者運少數之意見。未必達於完全。即自外國視之。知其基礎不免於薄弱。而來外交之困難。故以原動力歸之國民。而後外交官之對付。是永遠之勝利可期矣。

（二）外交政策之著眼點。　古者專制之世。外交政策。其著眼點但存於元首及政府之利害。於專制思想排斥之現代。則著眼點全移於國民。且國民云者。以國民全部爲主。非以一部爲主。一階級。一黨派。雖勢力甚大。不能偏重也。又國家若只有一民族。則問題簡單。若民族複雜。則其利害關係。或各有不同。然既以國民爲外交政策之着眼點。則不問其民族之異同。而平等視之可也。

第三節 外交政策膨脹的

國家知保守而不知擴張。則無進步。是膨脹的。外交政策所由來也。

一領土之擴張

二經濟範圍之擴張

三文化範圍之擴張

欲行膨脹政策。必先整理内治。内治錯亂。必招失敗。所行政策。亦難繼續。失敗則影響於國家之存亡。不繼續則爲無益之舉動。二者皆失之。

又欲行膨脹政策。個人與政府。當協力爲之。單出於政府之意。而人民不知。不能收其効果。最善則個人先爲經營。而國家從而引導之。蓋國民之離故土而至異鄉也。非爲國家。直爲私利耳。故國家欲啓其動機。亦當以經濟學爲主。即以最少勞働。得最大結果。而後人民知他國之利益。較本國爲易。斯不激而自動。特國家之方針。又易與人民相左。南轅而北其轍者。比比然也。於此之時。莫如誘導而奬勸。使其方向容易。而用力不多。其方法有四。

（一）蒐集海外事情正確之報告。而頒布之。

（二）監督移民會社。　移民會社。多係私人所設。頗便於行旅。然欺罔之事。所在多有。故國家當監督之。

（三）奬勵造船航海事業。

（四）海軍。　保護在外移民。不能不設置海軍。

膨脹的政策。殖民其一也。殖民事業。與其國家經營之。不如個人自爲之。法人某著書。論法國殖民。不如撒遜人[①]之故。其第一節爲法與英在學校之比較。第二節爲私之生活之比較。第三節爲公之生活之比較。語繁不具引。其大意謂英之殖民事業。皆由其國民之向外心。與冒險心。法則不然。其殖民皆由國家迫之。英之人民。皆有獨立之志。法則醉心官吏而已。英之資本家。好經營冒險事業。法則預金於銀行。月收其利息而已。二者相較。優劣自見。彼又見德國之殖民而批詳之。德之殖民。今日不可謂不發達。而彼則鄙夷之。謂其好用武斷主義。不如英之足爲法也。余按。氏之所論。或有馳於極端者。而於外交政策之膨脹。則思過半矣。

關於移民之制度。有問題焉。即移住之地。宜於未開化者乎。抑於已開化者乎。且移住之人。宜爲中等人民乎。抑爲下等人民乎。余謂此四者。無乎不可。而說者往往各有所偏。其主張未開化地者。則謂於未開化地。易占優勢。不知已開化地。亦未嘗無利益。初時不能與之競争。而吸其文化。以改良本國。則利莫大也。其主張下等人民者。謂下等人民。在内國無所用。

① “撒遜人”，即盎格魯-撒克遜人（Anglo-Saxons），此處當特指英國人。

使移住外國則便甚。不知下等人民。雖不及中等人民。然下等而加以教育。即莫非中等矣。其主張中等人民者。謂移出之人。必保持其地位。使無失國體。故宜於中等。不知既有不能保持地位之人。雖不移住。外人亦知其形狀。則惟有改良之。或限制之。任其流於劣等。非計也。

殖民與移住。亦有關係。二者意頗不同。前者移自國一部之人民於外國。而自治於其地。後者不過使之暫住。是移住固不如殖民之得計。然今日世界。無主之地。已盡爲先進國所占領。已無後進國之餘地。無已。則爲經濟上之殖民。庶乎其可。欲真確經營殖民之事。殆有所不能耳。

第四節　外交政策應爲和平的

上言膨脹之外交政策。或恐與外國有抵觸戰争。不知國家膨脹。不僅在土地。而更有經濟及文化。不必浪費國力。而出於戰争也。雖衝突之極。戰勢已成。猶當豫想戰後之利益。果能得乎。得之果能保乎。設猶非萬不得已。無甯不動而静。主戰者謂無論如何。戰争之結果。必有利益。不知凡戰争可得之利益。他方法亦可以得之。故平和爲外交至要之政策。然希望平和之氣愈高。而列國軍備之擴張亦愈勵。其一般之原因有四。

（一）國際關係。足以支配感情。往往不及詳審。現今爲衆民的時代。則輿論所傾向。政府不能堅持。而戰争起矣。

（二）列國互不詳其事情。有視之太輕者。有疑之太甚者。因疑成忌。往往有之。且交通便而競争國增加。使戰争之傾向益大。

（三）列國不甘自然之膨脹。務以人爲相搏鬥。故衝突易生。若使個人徐爲經營。然後政府爲之後援。則國相讓而解。今則各擴其名義上勢力圈。其故因未開地日少。各欲早自劃定也。

（四）於國際事件之解决。每以戰争爲解决之手段。今雖風氣漸變。

而餘力尚存。猶之古時無裁判所。故私人自爲決鬥。迄裁判所設立。而此風尚存。

原因既如上述。則平和方法。若何而可。其應注意者亦有四。

（一）常求詳知列國之事情。且以自國狀態。介紹於列國。俾勿誤解。

（二）須布一定秩序。使自國有形無形之平和的勢力。扶植於國外之住民。而堅其信賴。又使列國知我之平和的基礎鞏固。而不可動摇。

（三）各國平時互相協議。一有争議。則以平和方法。付之仲裁裁判。

（四）一旦盡平和手段。而尚不能處決。不可走於極端。勿爲小抵觸。供大犧牲。必緻密計算戰後之利害。

内治政策。以改良爲主。外交政策。以平和爲主。其義一也。但無完善之仲裁裁判。故最後之手段。亦勢所不能終免。亦猶内治政策之認變革爲例外也。

附論研究戰争之故。莫詳於波蘭人某氏所著戰争論①。氏本富豪。出巨金。募材料。經六年而得書六册。其第六册。論近世戰争。日本民友社②。已刋行③於世。其所言雖於東洋或有未當。而於西洋則言之甚詳。可以供參攷焉。

① “波蘭人某氏所著戰争論”，當指卡爾·馮·克勞塞維茨（Carl von Clausewitz，1780—1831）的《戰争論》。克勞塞維茨是普魯士軍事理論家、軍事歷史學家，但傳説其祖上爲上西里西亞（大部分地區屬於波蘭）的馮·克勞塞維茨男爵，而且克勞塞維茨的軍事生涯中有較長一段時間是在西里西亞度過的，最後又是在西里西亞的布勒斯勞（今名弗羅茨瓦夫，爲波蘭下西里西亞省首府）去世的。不過，小野塚喜平次的《政治學大綱》日文原版中并没有提到克勞塞維茨的《戰争論》。當時日本已將該著翻譯爲《大戰學理》出版，但我們未見過民友社的譯本。

② “民友社”，1887年2月成立於東京，主要創辦人爲德富蘇峰（1863—1957），先後出版了機關刊物《國民之友》和機關報《國民新聞》，起初宣傳平民主義和社會主義思想，甲午戰争爆發後，逐漸鼓吹擴張主義和帝國主義。

③ “刋行”，有誤，應爲“刊行”。

第五節　外交政策世界的

前言外交政策。爲國民的。爲國家的。茲復云世界的。似屬予盾①。但世界的云者。非一視同仁的世界主義。彼一般人之理想。往往設萬國一致之論。政治學上。未見其可行。因程度不足。即不能驟見諸實際。故政治學上所謂世界的者。乃以世界爲自國之對面。不可限於局部而已。夫自全地球交通之後。均勢之現象。日趨重要。列强互相牽制。不使勢力有所偏重。一國發難。則聯合同盟以抵抗之。歐洲中世。行之於意大利。中國古時。亦有行之者。但意大利之均勢。不過維持其國内分裂之各小邦。一變而爲歐洲之均勢。再變而爲世界之均勢。然尚非全部的。而局部的。且非希望的。而競争的。故破壞易而發生亦易。此均勢之變遷。則現今國家所應注意也。②

① “予盾”，有誤，應爲“矛盾”。

② 以上載 1907 年 2 月出版的《北洋法政學報》第 14 和第 15 册合刊。

《政治學大綱》編者説明

《政治學大綱》一文，連載於光緒三十二年八月下旬（1906 年 10 月）至光緒三十二年十二月下旬（1907 年 2 月）出版的《北洋法政學報》第 3—15 册（其中第 14、15 册爲合刊）的“譯匯”欄，署名“日本法學博士小野塚喜平次講授 吴縣吴興讓筆述”。由於小野塚喜平次的《政治學大綱》在晚清時期産生過多種譯本、版本，爲方便起見，我們將該文稱作“《北洋法政學報》版《政治學大綱》”。

1. 小野塚喜平次

小野塚喜平次（1871—1944），出生於日本柏崎縣古志郡長岡城下上田町（今新潟縣長崗市上田町）。1895 年畢業於東京帝國大學法科大學政治學科，并進入大學院（相當於研究生院）學習。1897 年 6 月，受日本文部省資助，留學歐洲，先赴德國海德堡一年，其時海德堡群賢薈萃，馬克斯・韋伯（Max Weber）、庫諾・費舍（Kuno Fischer）、吉歐・耶林内克（Georg Jellinek）等學界巨擘俱爲所聘。後小野塚喜平次赴柏林及巴黎深造，在學術上受法國政治學家、歷史學家埃米爾・布特米（Émile Boutmy）影響尤深。1901 年 9 月回到日本，任教於東京帝國大學法科大學，并擔任政治學講座教授，是日本第一位擔任政治學專任教授的日本人。1902 年，獲法學博士學位。

小野塚喜平次被稱爲日本“科學的政治學的創始人”，開啓了日本政治學的體系化建設，是日本政治學獨立於德國國家學的重要推手。主要著作包括《政治學大綱》《歐洲現代立憲政治一斑》《現代歐洲之憲政》《歐洲現代政治及學説論集》《現代政治の諸研究》《政治學》等。1917 年當選日本帝國學士院會員（院士），與其弟子吉野作造、南原繁、河合栄治郎、矢部貞治等人作爲“官學系”政治學的中堅力量，以東京帝國大學爲基礎，在與以早稻田大學、慶應義塾大學爲代表的“私學系”政治學的對話與交鋒中，共同促進了日本政治學的發展。

小野塚喜平次也是日本近現代史上著名的社會活動家、教育家。1903 年 6 月，日本發生“七博士事件”。小野塚喜平次和東京帝國大學的户水寬人、富井政章、高橋作衛、金井延、寺尾亨，以及學習院的教授中村進午，聯名向日本首相桂太郎和外務大臣小村壽太郎上書，主張對俄國采取强硬的外交政策。當七博士中的户水寬人被政府停職處分時，小野塚喜平次即與同仁行動起來，表示抗議，呼籲“學術獨立與研究自由”，最後迫使政府取消了對户水寬人的處分，并使教育大臣久保田讓引咎辭職。1925 年，小野塚喜平次以帝國學士院會員的身份出任貴族院議員，1928—1934 年擔任東京帝國大學校長。

小野塚喜平次早年曾在同志社大學的德懷特·惠特尼·利恩德（Dwight Whitney Learned）處接觸過社會主義思想，并曾於 1894 年發表了譯自威廉·格拉漢姆（William Graham）的 *Socialism：New and Old* 的《社會主義批評兩三片》。但他對社會主義的態度較爲負面，這一點在該文中亦有體現。隨着昭和時期日本政府的政策逐漸向法西斯主義傾斜，作爲東京帝國大學校長的小野塚喜平次極力維護大學的自治權，并主張學者擁有學術討論的自由權，政府不得加以干涉。他的學生吉野作造及河合栄治郎都曾在課堂上以民本主義立場講授社會主義知識，李大釗曾對吉野作造傳播平民主義的貢獻表示過贊賞。

小野塚喜平次在清末民初的中國社會尤其是在知識界有較大影響。其政治學講義在清末有近十種漢文譯本，孫宏雲認爲："這些譯本主要被用作清末法政學堂的教科書，其編譯者基本上都是日本法政大學法政速成科的中國留學生。强調國家穩健進步且擔當了强化日本明治政體任務的小野塚政治學，正好契合清廷仿行明治憲政的變革意旨，從而被作爲檢定合格的官方知識來傳播。依托學堂教科體制，小野塚政治學成爲清末'政治學'之典範，爲中國現代政治學的形成提供了階段性的理論框架與概念工具。"[①] 小野塚喜平次曾任清國留學生法政速成科教員，學生衆多。這些學生回國後遍布朝野，對其學説亦多有宣傳。因其政治主張繼承并發展了德國的"國家學"，在"國家"的基礎上又同時强調"民族"意識，其學説曾爲清末立憲派及革命派雙方所贊賞。如，楊度的"金鐵主義"理論與其關係頗大；而梁啓超亦在《新民叢報》第74、75號上刊登過其譯注的《政治學大綱》中有關"國家原論"的内容，其他文章中也多處引用其言論；汪兆銘等人也多次引用小野塚喜平次的觀點，在《民報》上發表自己的革命主張。小野塚喜平次的弟子吉野作造曾於1906年受袁世凱之邀，出任其長子袁克定的家庭教師，并於次年任教於北洋法政學堂，可見其思想在當時爲部分晚清政治精英所青睞。

2. 吴興讓

吴興讓（1872—？），字竹林、再伯，號祝齡，室名城隱廬。江蘇吴縣（今蘇州）人，洞涇吴氏之後。少孤貧，力學。光緒十六年（1890）入泮，

① 孫宏雲. 小野塚喜平次與中國現代政治學的形成[J]. 歷史研究，2009（4）：85.

二十年中甲午科鄉試舉人。曾被袁世凱招爲幕下，課督諸子。1904 年入選日本法政大學清國留學生法政速成科第二班，1906 年畢業後被袁世凱延攬至天津自治局任法制課員，主導起草以日本地方自治條例爲藍本的《天津縣地方自治章程》。1907 年擢升爲直隸調查局法制課課長，奉直隸總督楊士驤令，“編訂章程及一切辦法”。與此同時，吴興讓還負責《北洋官報》附刊《北洋學報》的編輯工作。《北洋學報》與《法政雜誌》於 1906 年 9 月合并爲《北洋法政學報》後，任學報主編。1910 年《北洋法政學報》改名《北洋政學旬報》後，仍任主編。

吴興讓爲留日法政速成科畢業學員，藉助其主導的雜誌，翻譯、發表了大量政法類文章。除剛擔任《北洋法政學報》主編後筆述的小野塚喜平次所著的《政治學大綱》外，他還曾於 1907 年在《北洋法政學報》第 57 册上發表了《述商法制定之由來及各國編定商法之沿革》，以促進清廷的立法進程；於 1908 年在《北洋法政學報》第 67 册上發表了《國會與憲法》一文以支持立憲觀念。1911 年又在《北洋政學旬報》上發表了《論中國家族制度》一文，宣稱“中國之社會，有一根深蒂固之制度，足以阻礙國家之進步者，則家族之制是也”；“在家族制度之下，一家之中，惟家長得獨立，而其餘皆爲附從，亦惟家長得自由，而其餘皆受束縛，一家之權利義務，以家長獨當之，而其餘皆立於無責任之地位，故一家之中，雖有若干人，而常僅得一人之用”①。這些論述，頗具進步思想。1910 年，他還在《申報》上發表了《官制精義》，簡述自己對官制的看法。除政治問題外，吴興讓對貨幣財政亦頗感興趣，曾於 1910 年著《貨幣學》一書，由北洋官書局出版，并在民國初年的《北洋政學旬報》上發表了《劃分財政管見》等文章，抒發自己對晚清以來財政困局的看法。辛亥革命後，久居京津地區。

① 吴興讓. 論中國家族制度[J]. 北洋政學旬報，1911（20）：1-2.

吴興讓著述頗豐，除上述著譯外，還有《光緒外交史》《科學提要》《憲法平議》《虚金本位議》《客津文存》等，另有《城隱廬詩鈔》傳世。

3. 《北洋法政學報》

《北洋法政學報》創刊於光緒三十二年八月（1906 年 9 月），由袁世凱任直隸總督時的“北洋官報總局”主辦，主編爲吴興讓。旬刊。主要欄目有“譯匯”“編輯類”“論叢”“法令一斑”“附録”等。《北洋法政學報》由《北洋官報》附刊《北洋學報》和中國留學生在日發行的《法政雜誌》合刊而來，其創辦背景，一爲清末新政改革與立憲運動，二爲國人赴日留學熱潮。

作爲清末新政的産物，《北洋官報》由袁世凱在 1901 年一手策劃，其目的主要有三：一是以“官報”抵禦“民報”“外報”，占領輿論高地；二是“啓發民智”，以適應變法與新政的要求；三是希望通過引介西洋知識來“消弭教案”。其附刊《學報》於 1903 年開始發行，1906 年改名爲《北洋學報》，隨着當時新政的重點轉爲地方自治及立憲，發表了如《論地方自治之大義》《論地方自治之古義》《論列國憲法之大義》《義國立憲之近狀》等文章。作爲《北洋學報》的繼承者，擁護立憲、提倡自治的立場在《北洋法政學報》中也得以繼續體現，如在《法政學報序》中，吴興讓明確提出：“本報編輯，略具斯願。苟使法政兩學從此萌芽，人民之程度漸高，國家之基礎愈固，於以成法治國，於以成立憲國，進而與世界文明各國相提并論，是則本報所馨香禱祝者也。”爲了貫徹這一主張，《北洋法政學報》的創刊號上發表了主編吴興讓翻譯的日本福岡康郎所著的《憲法研究書》及松浦鎮次郎所著的《市町村制講義》。

與此同時，清末興起的赴日留學浪潮，則使自日本而來的知識及人才構成了《北洋法政學報》的主體和主流。清末留學，本有視法政爲“空理”，不及“實學”有益於國家之論調[①]，而甲午戰敗、戊戌變法、庚子國難的連續衝擊，則使朝野看法發生轉變。《申報》1908年2月12日刊載的《論外學隨時勢變遷》一文，對此變化有詳細論述。文中將明朝末年至同治末年稱爲“算學時代”，以利用傳教士所傳算學爲主；而同治末年至20世紀初則爲“製造時代”，以學習歐美的科學知識爲主；“甲午戰敗，士夫瞠目，乃討論彼中立國之根柢，在乎政法，不再製造。變法變法之聲，應時而起。中經庚子拳教之禍，外侮益亟，改革機動，則哄然大呼曰‘必習政法，必習政法’。而朝廷亦於其間謀教育、廢科舉、改法律、講立憲，駸駸然有追步法治國之勢。學人鑒此大勢，相率東渡求學者，大都趨重法政一科”[②]，遂進入“法政時代”。而《北洋法政學報》的另一前身《法政雜誌》，正是由吴興讓的法政速成科同班同學張一鵬於1906年3月14日在東京創辦，“專門刊載中外法政論著、講義、規章，宣傳君主立憲國家社會政治制度”[③]。張一鵬回國後，自然成爲《北洋法政學報》的編輯。其他編輯，如王叔鑫、齊樹措、王琴堂、徐永榮、閻鳳閣等，亦爲吴興讓、張一鵬的同班同學。因此，從日本學者的著述，如小野塚喜平次的《政治學大綱》、林田龜太郎的《日本議院法講義》、穗積陳重的《法典論》、望月小太郎的《歐洲外交之新形勢（以德國爲中心）》等，到日本具體的法律法條，如《日本貴族院令》《日本會計法》《日本府縣縣官制》《日本所得税法》等，《北洋法政學報》刊有大量與日本相關的內容。吴興讓在《法政學報序》中明言：“今起而視我國

① 孫家紅. 客向東風：晚清法政速成教育三題[M]. 北京：九州出版社，2021：10-11.
② 佚名. 論外學隨時勢變遷[N]. 申報，1908-02-12.
③ 張鵬. 清末留日學生刊物——《法政雜誌》（東京）研究[D]. 徐州：江蘇師範大學，2021：23-27.

人民之程度何如耶？欲其自進於法律思想，自具此政治知識。坐以待之，吾知其百年而不能達也。自非有以提倡之啓迪之不可。今者法政學堂，各省漸次設立，然而爲額有限，難期普及。欲期家喻户曉，又非文告號令，所能奏效，自非藉報章之力，不足以灌輸全國。日本自變法之初以迄今日，關於法政各雜誌，汗牛充棟，日出不窮，明效大驗。”以此觀之，《北洋法政學報》就是一本希望藉日本經驗，以日本知識，“灌輸全國”以助立憲强國的雜誌。

《北洋法政學報》的稿件，初期主要靠吴興讓、徐家駒等人撰寫，第 5 册之後，投稿日漸增多，學報的影響力日漸擴大，成爲全國知名刊物。所刊文章常被《東方雜誌》《政藝通報》《四川官報》《山東官報》《北洋官報》《南洋官報》《商務官報》《國風報》等轉録，與其他“官報”共同構成輿論場中代表官方立場的重要力量。①

從光緒三十二年八月（1906 年 9 月）創刊至宣統二年十月（1910 年 12 月）改名爲《北洋政學旬報》，《北洋法政學報》共刊出 156 册。《北洋政學旬報》至宣統三年十二月（1912 年 1 月）停刊，共刊出 43 册。

4. 該文版本依據及與日文原書篇章結構的差異

《政治學大綱》的原文爲小野塚喜平次所著，1903 年分上、下兩卷由日本博文館出版。作爲日本政治學的開山之作，該書在 20 世紀初被多次重印。據孫宏雲考證，其上卷歷經 6 次重印，下卷歷經 5 次重印，但在大正八年（1919）版之前，内容上較爲統一，此後版本在“國家原論”中融入了“政策原論”的部分，并取消了“政策本論”的第三章與第四章。其上、下卷各

① 楊蓮霞. 呈現、互動與輿論——《北洋官報》之副産品與文獻傳播[J]. 中國社會歷史評論，2020（1）.

版的出版時間，如表 1 所示[①]。

表 1 小野塚喜平次的《政治學大綱》上、下卷各版的出版時間

版本	上卷出版時間	下卷出版時間
初版	明治三十六年（1903）	明治三十六年（1903）
再版	明治三十八年（1905）	明治三十九年（1906）
三版	明治四十年（1907）	明治四十一年（1908）
四版	明治四十一年（1908）	明治四十二年（1909）
五版	明治四十三年（1910）	明治四十四年（1911）
六版	大正二年（1913）	

如上所述，小野塚喜平次的《政治學大綱》爲清末熱門的法政類教材，故而翻譯、筆述版本衆多。經孫宏雲考證，以《政治學大綱》或《政治學》爲名流傳的至少有 7 個中文版本[②]，如表 2 所示。

表 2 《政治學大綱》的中文版本

版本	發行/印刷機構	初版發行時間	編輯/翻譯/筆述人	備注
“法政叢編”版	湖北法政編輯社發行	光緒三十一年（1905 ）	江夏杜光佑編輯	《例言》：“是編據日本法學博士小野塚喜平次先生口義，復參考《政治學大綱》及諸大家學説，務期與口義吻合。”
“法政粹編”版	印刷所：東京并木活版所	光緒三十二年二月廿四日（1906 年 3 月 18 日）	湖南黄可權編輯	未標明原作者，但據内容可確定爲小野塚喜平次的《政治學大綱》的完整翻譯。
《北洋法政學報》版	《北洋法政學報》	光緒三十二年八月至十二月（1906 年 10 月至 1907 年 2 月）	吴縣吴興讓筆述	日本法學博士小野塚喜平次講授，吴縣吴興讓筆述。
“法政講義”版	刊行：東京丙午社	光緒三十三年（1907）	浙江仁和陳敬第編輯	《凡例》：“兹編爲日本法學博士小野塚喜平次口授之講義，更據同氏所著《政治學大綱》參證之。其他之增補，悉依同氏《帝國大學講義》。”

① 孫宏雲. 小野塚喜平次與中國現代政治學的形成[J]. 歷史研究，2009（4）：87.
② 孫宏雲. 小野塚喜平次與中國現代政治學的形成[J]. 歷史研究，2009（4）：88-89.

續表

版本	發行/印刷機構	初版發行時間	編輯/翻譯/筆述人	備注
商務印書館版	上海商務印書館	丁未年三月（1907 年 4—5 月）	侯官鄭篪編輯	封面上印有“日本法學博士小野塚喜平次講述，侯官鄭篪編輯”。
江蘇法政學堂講義	江蘇法政學堂		程起鵬編譯	《凡例》：“是編爲日本法學博士小野塚喜平次所講授，但博士講授之時以時間短促，故於國家之分類一章略之，今依博士原刻講義補譯以求完備。”
廣東法政學堂講義	廣東法政學堂	宣統二年（1910）		未刊完。

由於《北洋法政學報》版爲最早在國内印刷的版本，且吴興讓本人自 1904 年起在日本留學時曾受教於小野塚喜平次的經歷，《北洋法政學報》版《政治學大綱》應爲吴興讓根據其法政速成科之講義、課堂筆記及《政治學大綱》初版内容整合而成。對比《北洋法政學報》版與日本國立國會圖書館所藏 1903 年博文館初版《政治學大綱》，可知二者結構有明顯不同，現列舉如下（表 3）。

表 3 《北洋法政學報》版與 1903 年博文館初版的結構異同

<table>
<tr><th colspan="4">《政治學大綱》</th><th>1903 年博文館初版</th><th>《北洋法政學報》版</th></tr>
<tr><td rowspan="6">上卷</td><td colspan="2" rowspan="3">第一編 緒論</td><td>第一章</td><td>學</td><td>論學</td></tr>
<tr><td>第二章</td><td>政治學</td><td>學與廣義政治學之關係</td></tr>
<tr><td>第三章</td><td></td><td>政治學</td></tr>
<tr><td colspan="2" rowspan="3">第二編 國家原論</td><td>第一章</td><td>國家ノ性質</td><td>國家之性質</td></tr>
<tr><td>第二章</td><td>國家ノ分類</td><td>國家之發生</td></tr>
<tr><td>第三章</td><td>國家ノ發生盛衰及消滅</td><td>國家之消滅</td></tr>
<tr><td rowspan="3">下卷</td><td rowspan="3">第三編 政策原論</td><td rowspan="3">第一部 政策前論</td><td>第一章</td><td>國家存在ノ理由</td><td>國家存在之理由</td></tr>
<tr><td>第二章</td><td>國家ノ目的</td><td>國家之目的</td></tr>
<tr><td>第三章</td><td>政治及ビ政策</td><td>政治及政策</td></tr>
</table>

續表

《政治學大綱》				1903 年博文館初版	《北洋法政學報》版
下卷	第三編 政策原論	第二部 政策 本論	第一章	國家機關	國家機關
			第二章	國民	國民
			第三章	内治政策	内治政策
			第四章	外交政策	外交政策

注：《北洋法政學報》版并未分卷，僅下卷分爲兩部

相較於日文原版，在第一編中，《北洋法政學報》版增加了“學與廣義政治學之關係”一章。在第二編中，《北洋法政學報》版省略了原版的第二章“國家ノ分類”，而將第三章“國家ノ發生盛衰及消滅”分爲“國家之發生”及“國家之消滅”兩章。在第三編中，原版第一部爲“政策前論”，包括三章内容，而《北洋法政學報》版雖然有這三章内容，但却無“第一部”的字樣以及第一部的標題，我們懷疑是漏排所致。

除章節結構與原版不同外，在具體内容上，《北洋法政學報》版也與原版有明顯區别。以《北洋法政學報》版的開篇爲例：

> 政治既成一學，當先究學字之義。茲簡言之有三理由：
>
> （甲）學之名稱，久已熟習。而學究何義，迄未能定。日本種種學問，大半以穆勒名學爲基礎，獨至“學”字之義，穆氏尚歎爲種種問題之最難解决者。然苟不能决，則所習何事乎？故不得不勉著言詮，冀明真諦。此政治學所以首論學也。
>
> （乙）無論何學，均非單純。研究一學，必貫通各科，乃能了解。政治一學，亦有種種相關之學，非一一融會不可。
>
> （丙）普通各學，名之爲學，聞者耳習。獨至政治，是學非學，界説難定。俾士麥云：“政治乃術，不可名學。”然名之爲術，研究困難，不如强名爲學，姑以鄙意解之。

這段内容即與原版相去甚遠，原版原文爲：

學トハ何ソ是古今ノ一大疑問ナリ予ハ今政治學ヲ説クニ當リテ先ツ此大疑問ニ一應ノ解釋ヲ試ムルノ必要ヲ感ス固ヨリ此問題ハ政治學特有ノモノニアラスサレト又他ノ一學ノ特有ノモノニアラスシテ諸學ノ共有ナリ諸學ニ共有ナル問題ハ諸學ニ共通ナル根本的解釋ヲ要ス此根本的解釋ハ各學ノ等シク包含スル要素ヲ悉ク擧ケテ學ノ要素以外ノ條件又ハ或學特有ノ要素ヲ毫モ追加ス可ラサルナリ政治學ノ成立。性質。範圍。研究方法。等ハ學ノ解釋ニ關聯スルコト大ナリ。

日文原版的主要意思是，政治學研究，應先就學科定義進行必要的討論，其中并未提及《穆勒名學》與俾斯麥。吴興讓可能是爲了讓中國讀者更易理解，才添加了這些内容。當然，這些内容也可能是小野塚喜平次在課堂上提到的。

同時，《北洋法政學報》版獨有的“學與廣義政治學之關係”一章的内容及如下的示意圖（圖 1）亦未見於日文原版之中，也應該是吴興讓爲幫助中國讀者理解，特意添加的。

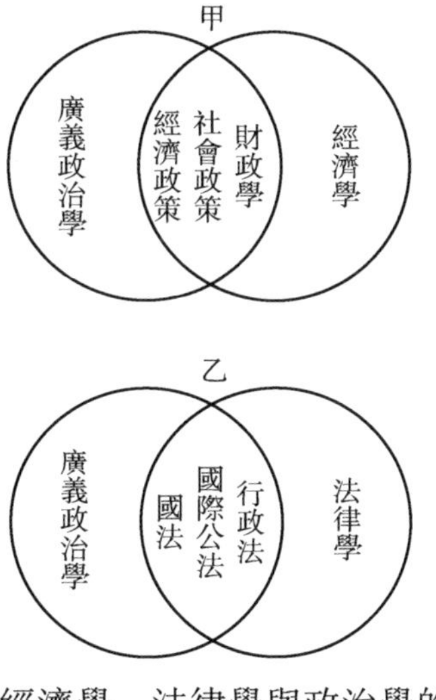

圖 1　經濟學、法律學與政治學的關係

類似情況在該文中可以説比比皆是。因此，該文署名“日本法學博士小野塚喜平次講授，吴縣吴興讓筆述”——“筆述”二字，應該意在表明其并非對日文原版的直譯，强調其中包含了諸多譯者添加或改寫等情況；而且相較於日文原版，小野塚喜平次的講義與課堂内容對該文本形成的影響，亦不可小覷。

在晚清，類似的翻譯方式其實較爲常見。因梁啓超與羅孝高以此種方式譯成了《十五小豪傑》一書，故而此種翻譯方式也被稱爲“豪傑譯”。《十五小豪傑》轉譯自法國科幻作家凡爾納的《兩年假期》的日文譯本《十五少年》，與法文原文已有較大差異，同時因爲梁啓超認爲應該翻譯爲“白話”，而清末的“白話”又脱胎於話本、章回體小説等民間文藝載體，故而不得不對内容做進一步的本土化改造，甚或對小説的結構也進行了章回體式的改編，從而貼近中國讀者的閲讀習慣。此外，當時不管是梁啓超翻譯的小説，還是諸如《政治學大綱》一類的學術著作，大都以連載的形式發表於報紙、雜誌上，而章回體恰好可以滿足保證每期内容的完整性的需求，這也爲“豪傑譯”的大行其道提供了便利。

“豪傑譯”的方式雖有利於晚清時的中國讀者對文本産生興趣，促進文本的傳播，但其對翻譯對象的改編及重述，使得讀者只能通過譯者强行裝備的“有色眼鏡”去認知文本，無法一窺原作的本意。以《政治學大綱》爲例，吴興讓在加入大量與中國有關的評論時，省去了原文中不少的學理性討論，致使讀者只能站在吴興讓的角度理解原文，而不能詳細掌握小野塚喜平次原文的内容。①

① 王志松. 析《十五小豪傑》的“豪傑譯”——兼論章回白話小説體與晚清翻譯小説的連載問題[J]. 中國比較文學，2000（3）.

5. 内容簡介

該文，即《北洋法政學報》版《政治學大綱》，是20世紀初出現的較爲系統的一本政治學著作，全文分三編，共十三章。

第一編“緒論”，包括“論學”、“學與廣義政治學之關係”和“政治學”三章。主要是對政治學的範疇及其定義進行界定，在區分政治學與其他學科的基礎上，提出了“廣義政治學”與“狹義政治學”之分。文章認爲，所謂“廣義政治學者，合關於國家之種種學而成者也。狹義之政治學者，以國家事實之説明，及其政策基礎之學也”。其中還就古希臘、古羅馬，以及近代日本、土耳其、英國、法國等國家的政治問題進行了簡要分析，如評論英、法兩國的政治進程時説：“法國鋭進，屢肇禍亂；英順自然，毫無阻碍。前車可鑒。”事實上，對法國近代激烈政治變革的批評，至少是委婉的否定，是小野塚喜平次的基本政治立場，他認爲政治的近現代化，就應以英爲師。這一基本態度，在文中多處都有體現。

第二編“國家原論”，共三章。第一章爲“國家之性質”，介紹了“事實説”“狀態説”“土地説”“人民説”“統治者説”“有機説”“人格説”等多種關於國家性質的觀點，探討了國家與社會的關係，將國家定義爲“國家者，於一定之土地，有統治組織之繼續的人類社會也”。第二章爲“國家之發生”，通過對人類早期歷史的考察，推導出“有强制、有土著，此二要點而國家漸成”的結論，并進一步討論了在“已有國家之土地”上産生新國家及在“未有國家之土地”上産生新國家的進程與途徑。第三章爲“國家之消滅”，認爲“國家消滅之原因，全在大小强弱而已。所謂大小强弱者，即其競争力之優劣而已。優者併吞人，劣者被併吞於人，雖間有不遽消滅者，或以均勢，或因地遠，不可爲例。總之，競争力弱者，必歸於消滅而已”；同時嘗試歸納“國家競争力”的來源和構成，并進一步提出“社會文明，與國家競争力，非相背而馳。有競争力而社會日進文明；亦社會日進，而國家競争力亦日進。但當未開時代，國家競争力，不甚自知。洎乎文化時代，則由自知。國家知競争力之不可弱，於是欲使之强；又知競争力之與文明相關，并欲發達其社會；欲發達其社會，舍政策何由哉？”爲下編討論政策問題作了鋪墊。

第三編“政策原論”，篇幅最大，分爲一、二兩部。

第一部共三章。如前所述，《北洋法政學報》在刊出這三章時，無“第一部”的字樣及標題，可能是漏排了。查1903年日本博文館初版的《政治學大綱》，該標題爲“政策前論”，可以作爲參考。該部第一章爲“國家存在之理由”，從國際競争、個體利益等方面論證了國家存在的必要性。第二章爲“國家之目的”，介紹了不同時期不同的思想家，如洛克、斯賓塞等人在“國家目的”問題上的論述，同時結合作者自己的“國家競争力”學説，提出了“國家目的，在使國家之競争力，能維持發達而已”的觀點。第三章爲“政治及政策”，討論了“政治”與“政策”二者之間的關係，認爲“政治者，國家機關及國民行爲直接關於國家根本之活動之總稱也”；“政策者，國家機關及國民將欲達其目的所採之手段也”。

第二部爲“政策本論”，共四章。第一章爲“國家機關”，主要討論了國家機關的分類、職能、權力邊界等問題。第二章爲“國民”，主要討論了輿論與政黨的作用及各自的利弊。第三章爲“内治政策”，提出了内政的五個原則，即“改良的”“衆民的”“自由的”“合理的差别的”“社會的”，并特别關注了勞工問題，從“物質”和“精神”兩方面分析了勞工問題發生的原因，并提出了自己的解决思路。第四章爲“外交政策”，提出了外交的五個原則，即“國家的”“國民的”“膨脹的”“平和的”“世界的”。

如前所述，小野塚喜平次的《政治學大綱》在清末民初的中國社會産生過較大影響，而該文又是該著最早的漢譯本，因此，它在小野塚喜平次《政治學大綱》的漢譯史和出版史上，無疑具有“初創”意義，其文本價值自然值得重視。就内容而言，該文的進步性主要體現在以下兩點。

一是爲國人較爲系統地介紹了當時先進的政治學知識，而且特别强調了“政治教育”的重要性：“夫教育者，以人類能力，開發他人之能力者也。……今欲求政治上智識，必重政治教育也無疑。不但此也，政治教育中尚有輕重緩急之别，例如法律經濟之學，亦政治學中所不可少。然此爲政治教育之側面，而言政治教育者，當以直接之政治學爲重要。”二是在有關論述（或吴興讓的“筆述”）中，對勞工問題和個人權利給予了較多關注。比如，提到了資本主義社會的階級矛盾和當時歐洲國家的工人運動，有時甚至對工人運動表現出同情態度；雖然從總體上看，著、譯者都不甚贊成各國社會黨的主張，不認可社會主義的價值取向，但也不支持俾斯麥鎮壓社會黨的“陰險之手段”，認爲這“於事無益”。

6. 關於該文著譯者的國家觀和社會主義觀

該文認爲，政治學就是“關於國家之種種學問”；第二編“國家原論”則分爲三章進行論述，標題分别爲“國家之性質”“國家之發生”“國家之消滅”——表面看起來，這些提法與内容安排，與我們今天常見的馬克思主義政治學特别是有關馬克思主義國家學説的教科書或論著非常相似，但仔細分析起來，其具體觀點，却與馬克思主義的國家學説，有着本質的區别，是不可同日而語的。以下試作一簡要分析。

其一，關於“國家之發生”和“國家之性質”。雖然著譯者也承認“國家之始，原於社會。……欲究國家絶對的發生，不得不究原始社會”，并將國家形成的歷史進程分爲“徽章的結合”“血族的結合”“地域的結合”三個階段，甚至認爲“國家之特性者，惟强制力耳。行其强制者爲統治者，受强制者爲被統治者。此種組織，謂之統治組織，爲國家所獨有”，但是，著譯者并未看到這種“强制力”的“特殊性”，更没有回答或解釋清楚一個問題，即這種“强制力”是如何産生的。雖然著譯者在該文某些地方也提到了“階級”，但是他們都没有把“國家之發生”與“階級”的産生聯繫起來，更看不到“國家是階級矛盾不可調和的産物和表現。在階級矛盾客觀上不能調和的地方、時候和條件下，便産生國家。反過來説，國家的存在證明階級矛盾不可調和”①。

其二，關於“國家之消滅”。雖然著譯者認爲，所謂“國家之消滅”，在政治學上是“研究統治權之消滅”，但實際上指的是某一具體“國家”在某一階段的“統治權之消滅”，而“國家消滅之原因，全在大小强弱而已。所謂大小强弱者，即其競争力之優劣而已。優者併吞人，劣者被併吞於人。雖間有不遽消滅者，或以均勢，或因地遠，不可爲例。總之，競争力弱者，必歸於消滅而已”。這種觀點，顯然屬於社會達爾文主義，與馬克思主義國家學説中的“國家消亡”論，是風馬牛不相及的。事實上，在著譯者心中，國家不僅不會“消亡”，反而會永遠存在下去：“自人類全體觀之，既達於國家制度之下，則永久爲國家分子也無疑。雖有無政府之説，然此乃暫時之變態，而退化之思想也。若以常態言，則古今東西之歷史所紀，莫不以國家支配人民。以此例推之，雖悠悠千載，國家組織，必爲永久繼續可想。”爲了論證國家存在的“永久性”，著譯者還不厭其煩地列舉了種種理由。

該文雖然也否定和反對無政府主義，將無政府主義貶斥爲“暫時之變態”和“退化之思想”，但這與馬克思主義對無政府主義的否定和反對存在原則區别，馬克思在駁斥無政府主義者時，“完全不是反對國家將隨階級的

① 列寧. 列寧選集：第 3 卷[M]. 北京：人民出版社，2012：114.

消失而消失，或國家將隨階級的廢除而廢除，而是反對要工人拒絶使用武器，拒絶使用有組織的暴力，即拒絶使用應爲‘粉碎資産階級的反抗’這一目的服務的國家”①。事實上，“在廢除國家是目的這個問題上”，馬克思主義恰恰“和無政府主義者完全沒有分歧”②。

該文雖然在一定程度上，表現出了著譯者對資本主義制度下勞資矛盾的關注，甚至還對工人階級表現出了某種關心和同情，但由此所表達的社會主義觀，却是非常保守的，甚至是反動的。

> 解决勞働問題，極困難之事也。但於其解决之時，所不可不注意者，則社會主義是。彼之主義，謂人類不平等，全由於個人經濟、自由競争。欲去此弊，則土地資本，當盡歸之國家，而由國家再分配之於各人。如是，則人之地位，悉底於同。此蓋有感於天演之酷烈，不歸於人類發達之程度，而歸之於自由競争制之不善。不知競争乃進步之動機，自由亦人性之渴望。欲以國家萬能主義求平等，則其主義之謬，自不能掩。

同時，他們還狹隘地將社會主義與平均主義一概而論，認爲社會主義的實施“必犧牲優勝者之地位，而與劣者爲同等”，認爲社會主義“視國家太重”，必然導致“人人依賴國家，不能自由行動”的局面。

由此可以看出，就國家觀和社會主義觀而言，該文著譯者所持的，仍然是一種資産階級和小資産階級的觀點。亦因此，雖然小野塚喜平次的《政治學大綱》在清末民初的中國社會中曾經産生過較大影響，但隨着十月革命的勝利和中國共産黨的誕生，它對廣大中國民衆的吸引力，就越來越微乎其微了。

---

① 列寧. 列寧選集：第 3 卷[M]. 北京：人民出版社，2012：164.

② 列寧. 列寧選集：第 3 卷[M]. 北京：人民出版社，2012：164.

7. 研究綜述

《政治學大綱》是一本在中日學術史上都具有廣泛影響的政治學著作，學術界對其有較多研究，主要集中於其在中日學術史上的地位及其對重要政治人物的影響兩個方面。

關於《政治學大綱》的學術地位，孫宏雲參考日本學者的研究指出，小野塚喜平次的弟子及其他“官學系”學者認爲此書爲近代日本政治學的基石，因其將政治學從國家學中解放了出來，但來自“私學系”的早稻田大學的吉村正則認爲此書并未實現這一目標，認爲小野塚喜平次并未完全擺脱德國國家學的影響。雖然《政治學大綱》是否爲日本現代政治學的起點尚有争議，但其極大地推進了日本政治學的發展，則是不争的事實。[①]王昆認爲，《政治學大綱》對近代中國政治學的發展亦有重要作用，一方面是其代替伯倫知理的《國家論》，成爲20世紀初在中國流行的政治學教材，進而降低了伯倫知理的“國家有機體”論的影響；另一方面《政治學大綱》通過“宇宙—常識—精密智識—學”的知識論體系，定義了“廣義政治學”和“狹義政治學”，幫助國人建立了更爲系統化的學科分類系統，進一步明確了“政治學”與中國傳統學術語境及西方社會語境中“政治”含義的區别。[②]如商務印書館版《政治學》的編輯鄭篪就曾表示：“政治學於世界諸學科内成立最後，吾儒則以爲道德之支流也，西國政家則以爲術而非學也。”[③]吴興讓則認爲：“政治二字，我國所稱者，若錢穀兵刑鹽漕河工之類，與各國所稱者大異。各國之稱政治，必關係於國家根本者，方足當之。我國經史子集所散

① 孫宏雲. 小野塚喜平次與中國現代政治學的形成[J]. 歷史研究，2009（4）.

② 王昆. 晚清時期西方政治學引入的兩種學術體系——以伯倫知理與小野塚喜平次爲中心的討論[J]. 湖南師範大學社會科學學報，2016（2）.

③ 轉引自：王昆. 從“國家學”到“政治學”：清末西方政治學的引入與學術體系轉型[J]. 江漢論壇，2015（12）：57.

見，合乎各國政治範圍者雖多，然未嘗別樹一幟，名爲政治專學而加以研究，即如言經濟家，取經世濟民之義，而範圍亦屬狹隘，所謂關於國家根本者則寥寥焉。”①可見此書問世前，國内并無“政治學”的專門討論。

除對學術界的影響外，《政治學大綱》及其作者小野塚喜平次對清末民初重要政治人物的影響亦不可小覷。川尻文彦指出，《政治學大綱》與梁啓超的立憲思想聯繫密切②；孫宏雲指出，梁啓超曾在《新民叢報》上發表了大量引用小野塚喜平次的言論，以及《政治學大綱》内容的文章③。除梁啓超外，當時的立憲派幹將，曾親赴日本求學於小野塚喜平次的楊度更是受到了他的諸多影響。陳健認爲，楊度關於政黨與國會關係的論述，就受到了《政治學大綱》的極大影響：“楊度在上文中强調的‘必有一政黨，始可謀開國會’，其所述理由即小野塚喜平次在《政治學大綱》所講政黨在十九世紀發達之原因：‘自選舉制度備，則立憲國之議員，共和國之大統領，莫不出於政黨。選舉之始，未嘗非各個人自爲之，然以勢力之小，而每多失敗也。則務爲連結，以增值其勢力。’”④

《政治學大綱》對革命派知識分子的影響也很明顯，如法政速成科第二期畢業，也曾受教於小野塚喜平次的汪兆銘就曾多次引用其相關論點，參與到《民報》與《新民叢報》的論戰中。如在《民報》第5號上發表的《希望滿洲立憲者盍聽諸》中說：“一國家由一民族而成，則國家之利害與民族之利害常保一致而無虞其相背。一國家由二種以上之民族而成者，欲其國家之利害與各民族之利害能相一致不可得矣。於此之際，若其各民族其自覺之度

---

① 吴興讓. 法政學報序[J]. 北洋法政學報，1906（1）：1.
② 川尻文彦. 梁啓超的政治學——以明治日本的國家學和伯倫知理的受容爲中心[J]. 洛陽師範學院學報，2011（1）.
③ 孫宏雲. 汪精衛、梁啓超“革命”論戰的政治學背景[J]. 歷史研究，2004（5）.
④ 陳健. 楊度君主立憲思想論解——以日本法政大學速成科教育影響爲中心[J]. 史林，2014（2）：85.

高且勢力之差異少，而利害互不一致，則吾民族必先以本族之觀察點而判斷政治，而以國家全部之利害置於第二位，此傾向固不可免也，而所謂國家之行動亦不能平等以視各民族，此亦不可免之傾向也。何則？國權之掌握者亦屬於國內之一種民族，其不能超然於民族之見解之上固也。”[①]這一論述與《政治學大綱》中“國家原論”部分的思路基本一致，可見此書對他的影響。

最後需要指出的是，如前所述，中文學界引用《政治學大綱》時，多參照《北洋法政學報》版，但此譯本與日文原版區別較大，并不是對原版的直譯，而是融合了吴興讓本人的諸多創見。

（編校者：單嗣平、郭源、孔令珂、桑英軒、張春鵬）

① 轉引自：孫宏雲. 汪精衛、梁啓超“革命”論戰的政治學背景[J]. 歷史研究，2004（5）：73.

近世最近世經濟學派别略説

（附人名表）

楊志洵

上古之世。無經濟學。希老達德[①]白拉圖[②]之倫。合政治宗教而一之。偶作經濟談。未足以成學科也。中世[③]間有論貨幣者。亦未足當經濟之目。斯學之興。自近世始。東羅馬[④]既亡。印度美洲新航路發見[⑤]。火藥刷印之術。已開其奥。古文學再興[⑥]。宗教大改革[⑦]。事事與經濟攸關。收舊教[⑧]之産。以與平民。廢封建之侯。而起專制。美洲金鑛[⑨]。促貨幣之進行。而新舊兩大陸[⑩]之通商。亦滋交易之發達者也。

於是十五六世紀。有實驗派之經濟學[⑪]。討究富之現象。及交易之現象。而所論大都涉於貨幣。間有共産主義。不過理想之談。未爲社會所重。

---

① “希老達德”，即希羅多德（Herodotos，約公元前 484—約前 425），古希臘歷史學家，著有 9 卷本《希臘波斯戰争史》（即《歷史》）等。

② “白拉圖”，即柏拉圖（Plato，公元前 427—前 347），古希臘哲學家，著有《理想國》等。

③ “中世”，即中世紀。

④ “東羅馬”，即拜占庭帝國（395—1453）。

⑤ “新航路發見”，亦稱“地理大發現”，西方史學對 15—17 世紀歐洲航海者開闢新航路和“發現”新大陸等事件的通稱。

⑥ “古文學再興”，即文藝復興（Renaissance）。

⑦ “宗教大改革”，即宗教改革（Protestant Reformation）。

⑧ “舊教”，指天主教。

⑨ “美洲金鑛”，此處指 16 世紀葡萄牙和西班牙在拉丁美洲發現并大量開采的金銀礦。

⑩ “新舊兩大陸”，15 世紀末以前，亞、歐、非三洲與美洲處於相隔離的狀態。哥倫布抵達美洲後不久，意大利探險家亞美利哥確認哥倫布所到之處是歐洲人所未知的“新大陸”，此後，人們即把歐、亞、非三洲稱爲“舊大陸”。18 世紀後，大洋洲亦被稱爲“新大陸”。

⑪ “實驗派之經濟學”，今通常稱作早期重商主義經濟學。

實驗派
- 張伯敦（Jean Bodin）[1]
- 御瓦尼白對洛（Giovauui-Botero）[2]
- 麥黎拉（Ma-riana）[3]
- 涂魯斯（Tonlonse）[4]
- 額賚哥尼（Gregory）[5]
- 尤拜尼加斯（Upernicas）[6]

共産派
- 壽多馬斯沐爾（Sr taomas wore）[7]

政治之方針。將移於通商政策。經濟界乃先有重商主義之學派。謂一國經濟界之優劣與其貨幣之分量爲比例。蓋其時西班牙葡萄牙均發見本國鑛山。以大利[8]荷蘭英吉利亦藉商業吸收世界之金錢。一時學士覩此奇景。創爲新説。大概主於奬勵輸出。制限輸入。是以佛國[9]有谷爾巴之政策。

① “張伯敦（Jean Bodin）”，即讓・博丹（1530—1596），亦譯作“讓・布丹”，法國政治思想家、法學家、經濟學家，近代資産階級主權學説的創始人。曾任皇室律師、檢察官、等級會議代表。著有《國家六論》《物價上漲和貨幣減少問題言論集》等。

② “御瓦尼白對洛（Giovauui-Botero）”，即焦萬尼・博塔羅（Giovanni Botero，1544—1617），意大利哲學家、經濟學家，著有《國家理由論》《世界關係》等。“Giovauui”，有誤，應爲“Giovanni”。

③ “麥黎拉（Ma-riana）”，即胡安・德・馬里亞納（Juan de Mariana，1573—1624），西班牙歷史學家、哲學家、經濟學家，著有《論國王與皇家制度》《論貨幣的變更》等。

④ “涂魯斯（Tonlonse）”，當爲貝納迪諾・泰萊西奥（Bernardino Telesio，1509—1588），意大利哲學家、自然科學家，著有《論事務的本質》等。“Tonlonse”，有誤，應爲“Telesio”。

⑤ “額賚哥尼（Gregory）”，疑爲教皇格列高利十三世（Gregory XIII，1502—1585，1572—1585年在位）。1582年改正儒略曆長期積累的誤差，頒行“格列高利曆”，即今世界通用的公曆。這一改革提高了曆法的精確性，爲農業生産和商業活動的計劃與安排帶來了極大的便利。

⑥ “尤拜尼加斯（Upernicas）”，即尼古拉・哥白尼（Nicolaus Copernicus，1473—1543），波蘭天文學家、數學家，著有《天體運行論》等。哥白尼也是世界上較早研究貿易和貨幣問題的學者，著有《貨幣的一般理論》。“Upernicas”，有誤，應爲“Copernicus”。

⑦ “壽多馬斯沐爾（Sr taomas wore）”，即托馬斯・莫爾（Thomas More，1478—1535），英國政治家、法學家、作家，近代早期空想社會主義學説的創始人，著有《烏托邦》等。1935年，教皇庇護十一世（Pius XI）册封莫爾爲殉道者。“Sr taomas wore”，有誤，應爲“St. Thomas More”。

⑧ “以大利”，即意大利。

⑨ “佛國”，即法國。

商務官報

光緒三十二年九月廿五日

第二十一期

《商務官報》第21期扉頁

近世最近世經濟學派別略說 附人名表

楊志洵

上古之世。無經濟學。希老達德白拉圖之倫。合政治宗教而一之。偶作經濟談。未足以成學科也。中世間有論貨幣者。亦未足當經濟之目。斯學之興。自近世始。東羅馬既亡。印度美洲新航路發見。火藥刷印之術已開。其與古文學再興。宗教大改革。事事與經濟攸關。收舊教之產。以與平民。廢封建之侯。而起專制。美洲金鑛。促貨幣之進行。而新舊兩大陸之通商。亦滋交易之發達者也。於是十五六世紀。有實驗派之經濟學。討究富之現象。及交易之現象。而所論大都涉於貨幣。間有共產主義。不過理想之談。未爲社會所重。

張伯敦（Jean Bodin）

御瓦尼白對洛（Giovauui-Botero）

（Golbertism）[①]英國有格龍威爾（Cromwell）[②]之航海律。（Navigation act）[③]經濟學上謂之重商派。

重商派
- 恩脱虐瑟拉（Antonio Serra）[④]
- 恩道特孟格來興（Antoine De Motshretien）[⑤]
- 陶麥司孟（Tho-mas）[⑥]

重商主義固利於一時。而弊亦往往隨之以起。故十七世紀之後半期。有反對重商之不重商主義。謂貨幣不過貨物之左券。太多則物價轉受其損。且貨幣於物之盈絀無干。所關於物者。其流通之速度耳。佛國保御勃脱[⑦]。謂穀物不出口而價低之時。貧民轉多。穀物出口而價漲之時。貧民反少。故農産物不當禁止出口。尤屬一時名論。

① “谷爾巴之政策。（Golbertism）”，“谷爾巴”，即讓·巴蒂斯特·柯爾培爾（Jean Baptiste Colbert，1619—1683），亦譯作“讓·巴蒂斯特·柯爾伯”，法國路易十四時期的財政大臣。“谷爾巴之政策”，即柯爾培爾主義，主要内容爲發展工業，擴大輸出，减少輸入，争取貿易順差，增加國庫收入；并興辦皇家手工工場，發展商業和運輸業，創立專利特許公司；加强掠奪殖民地，如兩次同尼德蘭進行商業戰争。柯爾培爾主義在一定程度上促進了法國資本主義的發展。“Golbertism”，有誤，應爲“Colbertism”。

② “格龍威爾（Cromwell）”，即奥利弗·克倫威爾（Oliver Cromwell，1599—1658），英國資産階級革命時期獨立派領袖，資産階級-新貴族集團的代表人物。1642、1648年兩次内戰中，先後統率“鐵騎軍”和“新模範軍”戰勝王黨軍。1649年處死國王查理一世，成立共和國。1653年建立軍事獨裁統治，自任“護國主”（1653—1658）。先後同荷蘭、西班牙和葡萄牙作戰，并取得勝利，確立了英國的海上霸權地位。

③ “航海律。（Navigation act）”，指克倫威爾1651年頒布的航海條例，規定進口産品只准英國船隻或原生産國船隻運送，出口産品只准英國船隻運送，旨在削弱荷蘭在轉口貿易中的地位，因而引起了1652年的英荷戰争。荷蘭在戰敗後被迫承認了這一條例。1849年，由於實行自由貿易政策，該條例被廢除。

④ “恩脱虐瑟拉（Antonio Serra）”，即安東尼奥·塞拉（1550—1623），意大利經濟學家，著有《政治經濟學評論》《略論無貴金屬礦藏國家使金銀充足的原因》等。

⑤ “恩道特孟格來興（Antoine De Motshretien）”，即安東尼·德·蒙克萊田（Antoine de Montchretien，約1575—1621），法國經濟學家，軍人、劇作家。著有《獻給國王和王后的政治經濟學概論》等，被認爲是第一個提出“政治經濟學”這一術語的學者。“Motshretien”，有誤，應爲“Montchretien”。

⑥ “陶麥司孟（Tho-mas）”，即托馬斯·孟（Thomas Mun，1571—1641），英國經濟學家、商人，貿易差額論的主要倡導者，英國晚期重商主義代表人物。所著的《英國得自對外貿易的財富》被馬克思稱爲“重商主義的福音書”。

⑦ “保御勃脱”，即皮埃爾·布阿吉爾貝爾（Pierre Boisguillebert，1646—1714），法國經濟學家、統計學家，重農學派先驅，法國古典政治經濟學創始人。著有《法國詳情》《論財富、貨幣和賦税的性質》等。

不重商派
- 洛克（Locke）①
- 霍布斯（Hobbes）②
- 威廉勃戴（W.petty）③
- 大多里淖斯（D.Knows）④
- 巴克賚（Ber Keley）⑤
- 李太特迦因鐵倫（R.Cantillan）⑥
- 福芳（Vanvan）⑦
- 保御勃脱（Boisguillebert）
- 尤斯脱（Justi）⑧
- 蘇冷弗士（Sonuen-fels）⑨

---

① “洛克（Locke）”，即約翰・洛克（John Locke，1632—1704），英國哲學家、經濟學家、政治思想家，曾任國家貿易和殖民地事務大臣。認爲利息是對别人剩餘勞動的占有；税收是人民因其財産得到保護而向政府付出的代價。主要經濟學論著有《論降低利息和提高貨幣價值的理論基礎》《再論提高貨幣價值》等。

② “霍布斯（Hobbes）”，即托馬斯・霍布斯（Thomas Hobbes，1588—1679），英國政治學家、哲學家，著有《利維坦》等。《利維坦》一書在討論某些經濟問題時，表現出了對資本主義經濟關係的一定認識，馬克思在《剩餘價值理論》中曾有過摘要和評述。

③ “威廉勃戴（W.petty）”，即威廉・配第（William Petty，1623—1687），英國古典政治經濟學創始人、統計學家，著有《賦税論》《政治算術》《貨幣略論》等。

④ “大多里淖斯（D.Knows）”，即達德利・諾思（Dudley North，1641—1691），英國經濟學家，商人，曾在查理二世（1660—1685 年在位）時任關税顧問和財政顧問。主張貨幣是有内在價值的商品，具有世界貨幣和貯藏手段等功能；認爲利息是資本的租金，利率應由借貸雙方協商决定。著有《貿易論》等。“Knows”，有誤，應爲“North”。

⑤ “巴克賚（Ber Keley）”，即喬治・貝克萊（George Berkeley，1685—1753），英國哲學家、神學家和社會活動家，唯心主義的代表人物。著有《視覺新論》《人類知識原理》等。在政治經濟學上批評重商主義；認爲勞動是財富的主要源泉；主張貨幣國定論。

⑥ “李太特迦因鐵倫（R.Cantillan）”，即理查・康替龍（Richard Cantillon，1680—1734），英國經濟學家、商人，重農學派的先驅。著有《試論一般商業的性質》等。“Cantillan”，有誤，應爲“Cantillon”。

⑦ “福芳（Vanvan）”，疑爲弗朗索瓦・福爾邦奈（François Forbonnais，1722—1800），法國資産階級經濟學家、金融家，著有《農業、商業和金融雜誌》等。

⑧ “尤斯脱（Justi）”，即約翰・海因里希・尤斯蒂（Johann Heinrich Justi，1717—1771），德國經濟學家、政治哲學家，德國官房學派代表人物。著有《財政學體系》《國家經濟》等。

⑨ “蘇冷弗士（Sonuen-fels）”，即約瑟夫・馮・索南費爾斯（Joseph von Sonnenfels，1732—1817），奥地利經濟學家、法學家，著有《警察，行動和公共財政原則》等。“Sonuen-fels”，有誤，應爲“Sonnenfels”。

經濟學自重商派發揮於前。不重商派補正於後。是爲重農主義及亞丹斯密斯派①之基礎。然此種學術。盛於英佛。若德國之官立學校。則另闢財政學②門徑。世界財政學實始於此。此學科於凡農業森林鑛山諸學、及個人經濟學、行政學、法律學、靡不包舉。時獨逸③官制。非通此學不得爲吏。是以謂之官吏學（Ca-meralist）④。

官吏派⑤
- 加塞爾（Gasser）⑥
- 戴托馬（Dithomar）⑦
- 巴托遜（　　）⑧

重商主義。務以國家强力吸收他國之貨幣。其弊失之干涉。於是反對之説起。是謂重農主義。又謂之天理主義。佛國開賚⑨氏實爲之魁。其説謂惟農爲生産之業。工與商也皆不足以言生産。其説近已爲獨逸學者所排斥。蓋生産者。非必爲天地間創作一物。乃足當此美名。但取天然物而加之以勞働。使有効用。且使其効用倍增。即屬生産。以此而言。工商亦何慚於農耶。

---

① “亞丹斯密斯派”，“亞丹斯密斯”，即亞當・斯密（Adam Smith，1723—1790），英國經濟學家、哲學家和作家，著有《國富論》《道德情操論》等。“亞丹斯密斯派”，指以亞當・斯密爲代表的18世紀中葉到19世紀中葉的資産階級經濟學派，亦稱古典政治經濟學派。

② “財政學”，德國官房學派（Cameralism）以國庫行政爲中心，討論租税徵收和費用管理的方法，逐漸形成了財政學的原始形式。德國的大學設有官房學，專門培養經濟、行政和財政人才。

③ “獨逸”，日文中“德意志”（Deutsch）的音譯，即德國。

④ “官吏學（Ca-meralist）”，即官房學，又稱“計臣學”或“府庫學”。“Camera”（德文爲“Kamera”），即國王貯藏私産之所，後又用以指國庫或國王的會計室。官房學是17—18世紀重商主義在德國的特殊表現形式，主要流行於封建諸侯内部，在堅持重商主義的同時，傾向於加强財政管理，更注重謀求普遍的福祉。

⑤ “官吏派”，即官房學派。

⑥ “加塞爾（Gasser）”，即西蒙・加塞（Simon Gasser，1676—1745），普魯士經濟學家，著有《經濟、政治和相機科學導論》等。

⑦ “戴托馬（Dithomar）”，即尤斯圖斯・迪特馬爾（Justus Dithmar，1678—1737），普魯士經濟學家，著有《經濟名望》等。“Dithomar”，有誤，應爲“Dithmar”。

⑧ “巴托遜（　　）”，底本如此。疑爲約翰・約阿希姆・貝歇爾（Johann Joachim Becher，1635—1682），普魯士經濟學家，著有《通用語言文字》等。

⑨ “開賚”，即弗朗索瓦・魁奈（François Quesnay，1694—1774），法國經濟學家，重農學派創始人，著有《穀物論》《經濟表》等。

重農派
- 開賚（Framcois Quesney①）
- 辜賚（Gonrney）②
- 斐克獨米拉彭（Vietor mirabean）③
- 偷哥（Turgo）④

承重農學派之後而號爲經濟學之大成者。英之亞丹斯密斯氏也。世謂之英國學派。又謂之正統學派。蓋其時曾推爲經濟學之祖。然非後世所肯公認也。氏之所長。在以其前之學説混合爲一。以定後世經濟學之方針。其學説大都淵源於重農學派。以自由放任爲得策。但又謂國家可以干涉。視時勢如何爲主。且謂工商亦屬生産之業。但稍遜於農耳。故氏非一意主張放任自由者也。惟其論分業。祗言其利而未言其害。論生産。祗注意於加多。而藐視其分配之方。由此遂生數派。曰斯密斯派之厭世派。斯密斯派之樂天派。斯密斯派之自由貿易派。厭世派者。謂食物之滋生有限。人類之繁殖無窮。故防早婚。廢救貧。且不妨聽諸兵戎疾疫而無庸施其救濟。樂天派者。謂凡生物。其等級愈下。其滋生愈易。故草必足以供牛。而牛必足以供人。自由貿易派。曾創立廢穀法同盟⑤。以實行其主義。謂自由貿易。爲英國商工發達

① “Framcois Quesney”，有誤，應爲“François Quesnay”。

② “辜賚（Gonrney）”，即樊尚・德・古爾奈（Vincent de Gournay，1712—1759），法國經濟學家、商人、官吏。著有《關於商業自由的思考》等。“Gonrney”，有誤，應爲“Gournay”。

③ “斐克獨米拉彭（Vietor mirabean）”，即維克托・德・米拉波（Victor de Mirabeau，1715—1789），法國政治經濟學家，政治活動家，重農學派先驅，著有《農業百科全書》等。其子小米拉波（Honoré Gabriel Mirabeau，1749—1791）爲法國大革命時期立憲派領袖之一。“Vietor mirabean”，有誤，應爲“Victor Mirabeau”。

④ “偷哥（Turgo）”，即安・羅伯特・雅克・杜爾哥（Anne Robert Jacques Turgot，1727—1781），法國政治家、經濟學家，重農學派代表人物之一，著有《關於財富的形成和分配的考察》等。“Turgo”，有誤，應爲“Turgot”。

⑤ “廢穀法同盟”，即反穀物法同盟。英國工業革命後，穀物自給困難，進口逐漸增加。1815年，執政的土地貴族爲維護本階級利益，制定了限制或禁止穀物進口的《穀物法》。該法實行後，穀物價格昂貴，并導致原料和消費品價格增長，以及糧食輸出國對英國工業品關税的提高。利益受到損害的英國工業資産階級遂在自由貿易的口號下，與土地貴族展開了反穀物法的鬥爭。1838年，曼徹斯特的工廠主科布頓和布萊特發起創立反穀物法同盟，除要求廢除《穀物法》外，還要求貿易完全自由，降低工人工資，以減少成本，增强英國商品在世界市場上的競爭力，削弱土地貴族的經濟和政治地位。1846年，英國政府廢除了《穀物法》，開始實行自由貿易政策。

之基礎。後此派遂成英國經濟學之中心。世目之爲英國經濟學派。

- 英國經濟學派
  - 亞丹斯密斯（Adamsmith）
    - 厭世派
      - 馬爾塞斯（Malthus）[1]
      - 李家篤（Ricardo）[2]
    - 樂天派
      - 亨利開里（H.Carey）[3]
      - 巴斯太（Bastiat）[4]
    - 自由貿易派
      - 谷勃敦[5]
      - 弗力脱[6]
      - 柏靈斯斯密斯（Princesmith）[7]
      - 福查爾（Faucher）[8]
      - 分拜梅（V.Baemer）[9]
      - 威爾士（Wirth）[10]
      - 沙脱拜爾（Soctbeer）[11]
    - 折衷派
      - 約翰斯條脱密勒（J.S.Mill）[12]

---

① “馬爾塞斯（Malthus）”，即托馬斯·羅伯特·馬爾薩斯（Thomas Robert Malthus，1766—1834），英國人口學家、經濟學家，著有《人口原理》《政治經濟學原理》等。

② “李家篤（Ricardo）”，即大衛·李嘉圖（David Ricardo，1772—1823），英國經濟學家，資産階級古典政治經濟學的完成者，著有《政治經濟學及賦税原理》等。

③ “亨利開里（H. Carey）”，即亨利·查爾斯·凱里（Henry Charles Carey，1793—1879），美國經濟學家、社會學家，階級調和論的創始人之一。著有《論工資率》等。

④ “巴斯太（Bastiat）”，即弗雷德里克·巴師夏（Frédéric Bastiat，1801—1850），法國自由貿易派經濟學家，階級調和論的主要代表人之一。著有《經濟謬誤》等。

⑤ “谷勃敦”，即理查·科布頓（Richard Cobden，1804—1865），英國工廠主，自由黨政治家，反穀物法同盟的創始人之一，英國自由貿易政策的主要推動者。著有《英格蘭、愛爾蘭和美國》等。

⑥ “弗力脱”，當爲約翰·布萊特（John Bright，1811—1889），英國政治家、演説家，棉紡廠廠主，自由貿易派領袖和反穀物法同盟創始人之一，19 世紀 60 年代初起爲自由黨左翼領袖，多次出任自由黨内閣大臣。

⑦ “柏靈斯斯密斯（Princesmith）”，即約翰·普林斯-史密斯（John Prince-Smith，1809—1874），德國政治家、自由貿易派經濟學家。

⑧ “福查爾（Faucher）”，即尤利烏斯·法赫爾（Julius Faucher，1820—1878），德國政治家、自由貿易派經濟學家。

⑨ “分拜梅（V.Baemer）”，即維克多·伯默特（Victor Böhmert，1829—1918），德國經濟學家、統計學家，著有《德國硬幣改革中的金幣問題》等。“Baemer”，有誤，應爲“Böhmert”。

⑩ “威爾士（Wirth）”，即馬克斯·維爾思（Max Wirth，1822—1900），德國經濟學家，著有《貿易危機的歷史》等。

⑪ “沙脱拜爾（Soctbeer）”，即阿道夫·索特貝爾（Adolf Soetbeer，1814—1892），德國經濟學家，1843 年任德國漢堡商會秘書長。“Soctbeer”，有誤，應爲“Soetbeer”。

⑫ “約翰斯條脱密勒（J.S.Mill）”，即約翰·斯圖亞特·穆勒（John Stuart Mill，1806—1873），英國哲學家、心理學家和經濟學家，著有《邏輯體系》《論自由》《功利主義》《政治經濟學原理》等。

斯密斯之盛時。如旭日然。歐洲經濟界。無弗被其輝者。顧不能無與反對者。反對之者曰復古派。保護貿易派。共産主義派。社會主義派。復古派。反對經濟上之自由。思復封建時之經濟形式。此派以私利爲先。公益爲後。以實質爲重。理論爲輕。保護貿易派者。其持論基於國家主義。專主保護政策。共産主義派者。欲廢私有之財産。行共有之理想。顧此派者。於古已有之矣。如古之白拉圖土馬斯毛爾[①]。近之巴保夫[②]及波那洛脱[③]皆是也。社會主義派者。與共産主義不同。共産主義。欲取總財産而均分之。社會主義。則僅欲取土地及資本而均分之耳。非欲奪人所已得之私産而以私有爲禁也。此四派者。總名曰非斯密斯派。

自有亞丹謬來尼斯脱兩派而後。歷史派[④]接踵而起於十九世紀之初。此派之義。謂法制非一定不可動之物。當視時代爲轉移。此派實經濟上之世界主義。又謂之永遠主義者。（Cosmonolitanism[⑤] □ernetnalism[⑥]）誠大有賜於經濟學者也。

① “土馬斯毛爾”，即托馬斯・莫爾。

② “巴保夫”，即格拉古・巴貝夫（Gracchus Babeuf，1760—1797），原名弗朗索瓦-諾埃爾（François-Noël），法國革命家，空想平均共産主義的代表人物。著有《永久地籍册》等。

③ “波那洛脱”，即菲利浦・邦納羅蒂（Filippo Buonarrotti，1761—1837），意大利革命家，法國革命運動活動家，巴貝夫的戰友，空想共産主義者。著有《爲平等而密謀》等。

④ “歷史派”，即19世紀初在德國興起的歷史法學派。受該學派關於法律體現歷史傳統或民族精神、提倡繼承歷史傳統的主張的影響，19世紀40年代至20世紀初，在德國出現了經濟學中的歷史學派，以對抗英國古典政治經濟學。

⑤ “Cosmonolitanism”，有誤，應爲“Cosmopolitanism”。

⑥ “□ernetnalism”，有誤，應爲“Perennialism”。

- 非斯密斯派
  - Romantiker復古派
    - 亞丹謬來（A.Muller）①
  - Proteetionit保護派
    - 弗勒特力尼斯脱（Friedrich List）②
  - Commnnism共産派
    - 巴保夫（Baboeuf③）
    - 波那洛脱（Buonarrotti）
    - 洛巴脱屋渾（R.Owen）④
    - 愛太斯加拜（Cabet）⑤
    - 惠脱林（Weitling）⑥
  - Socialism社會派
    - 聖西門（Saint Simon）⑦
    - 傅利埃（Fourier）⑧
    - 柏路登（Prondhon）⑨
    - 路易白朗（L.Blane）⑩
    - 陸德白爾塞（Rodbertns）⑪
    - 加爾馬爾克斯（Karlmarx）⑫
    - 弗勒德烈拉薩爾（F.Lassalle）⑬

---

① "亞丹謬來（A.Muller）"，即亞當・穆勒（Adam Muller，1779—1829），德國政論家、文學批評家、政治經濟學家，經濟浪漫主義先驅。

② "弗勒特力尼斯脱（Friedrich List）"，即弗里德里希・李斯特（Friedrich List，1789—1846），德國經濟學家，德國歷史學派先驅，著有《政治經濟學的國民體系》《政治經濟學的自然體系》等。

③ "Baboeuf"，有誤，應爲"Babeuf"。

④ "洛巴脱屋渾（R.Owen）"，即羅伯特・歐文（Robert Owen，1771—1858），英國空想社會主義者，著有《新社會觀》《新道德世界書》等。

⑤ "愛太斯加拜（Cabet）"，即埃蒂耶納・卡貝（Etienne Cabet，1788—1856），法國法學家、政論家，和平空想共産主義的代表人物，著有《1830 年法國革命史》《1789 年法國革命時期的平民史》等。

⑥ "惠脱林（Weitling）"，即克利斯蒂安・威廉・魏特林（Christian Wilhelm Weitling，1808—1871），德國工人運動活動家，正義者同盟的領導人，空想平均共産主義理論家和鼓動家，著有《現實的人類和理想的人類》《和諧與自由的保證》等。

⑦ "聖西門（Saint Simon）"，即昂利・聖西門（Henri Saint-Simon，1760—1825），法國空想社會主義者，著有《一個日内瓦居民給當代人的信》《人類科學概論》·《論實業制度》《新基督教》等。

⑧ "傅利埃（Fourier）"，即沙爾・傅立葉（Charles Fourier，1772—1837），法國空想社會主義者，著有《關於四種運動和普遍命運的理論》《新的工業世界和協作的世界》《論商業》等。

⑨ "柏路登（Prondhon）"，即皮埃爾-約瑟夫・蒲魯東（Pierre-Joseph Proudhon，1809—1865），法國政論家、經濟學家，小資産階級社會主義者，無政府主義奠基人之一，著有《貧困的哲學》等。"Prondhon"，有誤，應爲"Proudhon"。

⑩ "路易白朗（L.Blane）"，即路易・勃朗（Louis Blanc，1811—1882），法國小資産階級社會主義者、新聞工作者和歷史學家，著有《1830—1840 年十年革命史》《法國革命史》《勞動組織》《社會主義問答》等。"Blane"，有誤，應爲"Blanc"。

⑪ "陸德白爾塞（Rodbertns）"，即約翰・卡爾・洛貝爾圖斯-亞格措夫（Johann Karl Rodbertus-Jagetzow，1805—1875），德國庸俗經濟學家、政治活動家，普魯士容克的"國家社會主義"理論家，著有《關於我國國家經濟狀况的認識》《給馮・基爾希曼的社會問題書簡》《資本》《工人階級的要求》等。"Rodbertns"，有誤，應爲"Rodbertus"。

⑫ "加爾馬爾克斯（Karlmarx）"，即卡爾・馬克思（Karl Marx，1818—1883）。

⑬ "弗勒德烈拉薩爾（F.Lassalle）"，即斐迪南・拉薩爾（Ferdinand Lassalle，1825—1864），德國工人運動活動家，1848—1849 年革命的參與者，全德工人聯合會的創始人。著有《工人綱領》等。

歷史派
- 塞惟賚（Savigny）①
- 希德白蘭脱（Hildebrand）②
- 加克尼斯（KarlKnies）③
- 威廉洛懈爾（W.Roscher）④

自有歷史派。而經濟學之最新主義以起。即國家之社會主義是也。此主義。以社會之幸福爲重。而藉國家之力以成之。此主義非謂個人可以白由⑤。而削弱國家之職務也。亦非謂社會主義之事業。全恃國家爲之經營也。蓋以事有個人之力所不能及。有個人爲之之不若國家之易於得策者。即國家之所當任也。國家當以法律之力。抑强扶弱。保障社會之平衡。彼其意實以最大多數之最大幸福⑥爲目的。故曰社會位於個人之上。私益當爲公益所屈。抑國家社會主義之名號所由起。實始於卑斯馬克⑦。卑斯馬克爲此主義之泰斗。以其嘗實行之也。自千八百七十三年以來。卑斯馬克實施勞働者之保險法⑧。此一舉也。模範彰於天下矣。故此派非植於獨逸也。東西各國靡弗步趨之者。

① “塞惟賚（Savigny）”，即弗里德里希·卡爾·薩維尼（Friedrich Carl Savigny，1779—1861），德國法學家，歷史法學派的主要代表。1842—1848 年任修訂法律大臣，著有《現代羅馬法體系》等。

② “希德白蘭脱（Hildebrand）”，即布魯諾·希爾德布蘭德（Bruno Hildebrand，1812—1878），德國經濟學家，著有《現在與將來的國民經濟學》等。

③ “加克尼斯（KarlKnies）”，即卡爾·克尼斯（Karl Knies，1821—1898），德國經濟學家、社會統計學家，社會統計學派的先驅，著有《歷史方法的政治經濟學》等。

④ “威廉洛懈爾（W. Roscher）”，即威廉·羅雪爾（Wilhelm Roscher，1817—1894），德國經濟學家，著有《歷史方法的國民經濟學講義大綱》等。

⑤ “白由”，有誤，應爲“自由”。

⑥ “最大多數之最大幸福”，英國哲學家、法學家、資産階级功利主義學説的主要代表耶利米·邊沁（Jeremy Bentham，1748—1832）把行爲的動機歸結爲快樂和痛苦，而把道德的標準歸結爲功利，主張個人利益的滿足（“利己主義原則”）是保證“最大多數的最大幸福”（“利他主義原則”）的手段。

⑦ “卑斯馬克”，即奥托·馮·俾斯麥（Otto von Bismarck，1815—1898），普魯士和德國國務活動家、外交家，普魯士王國首相（1862—1872、1873—1890），德意志帝國宰相（1871—1890），史稱“鐵血宰相”。

⑧ “自千八百七十三年以來。卑斯馬克實施勞働者之保險法”，“千八百七十三年”，有誤，應爲“千八百八十三年”。俾斯麥政府最初於 1881 年提出工傷保險法案，但被議會否决。1883 年 6 月 15 日，德意志帝國議會才通過《醫療保險法》（又稱《疾病保險法》），規定爲所有患病的産業工人提供免費治療，條件是他們必須交納 2/3 的保險金，其餘 1/3 的保險金由企業主負責解决。1884 年和 1889 年，帝國議會又先後通過了《工傷保險法》和《殘疾及老年保險法》。

th□der Socialisten 國家之社會派

- 壹勃林大（J.Brentano）①
- 阿脱夫海德（A.Held）②
- 愛文那賽（Erwin Nasse）③
- 額斯太夫倏沐爾（G.Schmoller）④
- 亨利洛愛斯勒（H.Boesler）⑤
- 阿拜爾懈弗乃（A.Schaffle）⑥
- 亨斯芬懈爾（Hans.V.Scheel）⑦
- 額斯太夫胸拜格（G.Schonbery）⑧
- 阿土弗瓦格來（W.wagner）⑨

① “壹勃林大（J.Brentano）”，即路德維希·約瑟夫·布倫坦諾（Ludwig Joseph Brentano，1844—1931），德國經濟學家，新歷史學派和講壇社會主義的代表人物，著有《歷史中的倫理和經濟》等。

② “阿脱夫海德（A.Held）”，即阿道夫·赫爾德（Adolf Held，1844—1880），德國經濟學家，新歷史學派和講壇社會主義的代表人物，著有《國民經濟學講座綱要》等。

③ “愛文那賽（Erwin Nasse）”，即歐文·納斯（Erwin Nasse，1829—1890），德國政治家、新歷史學派經濟學家。

④ “額斯太夫倏沐爾（G.Schmoller）”，即古斯塔夫·施穆勒（Gustav Schmoller，1838—1917），德國經濟學家，新歷史學派創始人之一，社會政策學會創立人。著有《一般國民經濟學原理》等。

⑤ “亨利洛愛斯勒（H.Boesler）”，即赫爾曼·羅斯勒（Hermann Roesler，1834—1894），德國法學者、經濟學者。1878年赴日本，任日本外務省公法顧問。“Boesler”，有誤，應爲“Roesler”。

⑥ “阿拜爾懈弗乃（A.Schaffle）”，即阿爾伯特·謝夫萊（Albert Schäffle，1831—1903），德國經濟學家、社會學家，曾任奥地利商業和農業部長，著有《賦税政策原理》等。針對馬克思的《資本論》第一卷的出版，提出放弃階級鬥争，鼓吹資産階級和無産階級合作。

⑦ “亨斯芬懈爾（Hans.V.Scheel）”，即漢斯·馮·謝爾（Hans von Scheel，1839—1901），德國國家主義經濟學家、統計學家。

⑧ “額斯太夫胸拜格（G.Schonbery）”，即古斯塔夫·舍恩貝格（Gustav Schönberg，1839—1908），德國經濟學家，著有《政治經濟學手册》等。“Schonbery”，有誤，應爲“Schönberg”。

⑨ “阿土弗瓦格來（W.wagner）”，即阿道夫·瓦格納（Adolf Wagner，1835—1917），德國經濟學家、財税學家，新歷史學派和講壇社會主義的主要代表，基督教社會黨首領。著有《政治經濟學教科書》《財政學原理》等。

《近世最近世經濟學派别略説》編者説明

《近世最近世經濟學派别略説》一文，原載於光緒三十二年九月二十五日（1906 年 11 月 11 日）出版的《商務官報》第 21 期“論叢”欄，作者爲楊志洵。

1. 楊志洵

楊志洵，生年不詳，卒於 1939 年。字景蘇，亦作勁蘇、勁素，江蘇金匱（今無錫）人。一生致力於教育事業和翻譯工作。

1896 年，南洋公學在上海開辦，初僅設師範學院，楊志洵爲最早招收的師範生之一，同學中有楊蔭杭、章宗祥和陳景韓等人。1898 年冬，楊志洵被南洋公學選派赴日留學。1899 年南洋公學設譯書院後，先是擔任校訂員，後被提拔爲譯員。此後至辛亥革命前，先後在諸多新式學堂任教，如上海澄衷學堂、安徽大學堂、清華學堂、江蘇省立第一師範學校以及廣東大學堂等，還參與創辦了上海中等商業學堂。任教期間著有《中等修身教科書》《中等國文教科書》等。作爲《商務官報》的撰稿人，在該報上發表了大量文章，除該文外，還有《立憲與實業之關係》（載 1906 年 9 月 22 日丙午第 16 期）、《經濟社會述》（載 1907 年 1 月 9 日丙午第 27 期）、《生産與消費相關説》（載 1907 年 7 月 24 日丁未第 15 期）等。楊志洵勤於譯事，樂於譯事，且涉獵面較廣。1911 年 10 月，與孟森、孟昭常、楊恩湛、孟憲承、湯一鶚、湯中等同仁組成民友編譯社，主要編譯政治法律類著作。

辛亥革命後定居北京。起初任京師第一蒙養院教員、第二蒙養院經理員，兼任國立北京女子大學等校文科教員。1914 年章宗祥任司法總長後，楊志洵成爲其班底一員，擔任司法部秘書，此後總長屢有更换，他也時而辭職，時而復任。1928 年北京改爲北平，實行大學區制度，北京女子大學與北京女子師範大學合并爲北平大學第二師範學院，楊志洵一時失去教職。不久，即受邀前往遼寧北票煤礦創辦小學校，專門教育工人子弟。1931 年“九一八事變”爆發，東北淪陷，楊志洵再次失去教職。此後輾轉到上海，成爲上海私立大同大學國文教授，所寫文章常發表於校刊《大同友聲》上。“七七事變”後，身體狀態每况愈下，1939 年 10 月去世。

2.《商務官報》

參見本卷“《論各國經濟競争之大勢》編者説明”中的“2.《商務官報》”。

3. 内容簡介

《近世最近世經濟學派別略説》一文，概述了西方經濟學的發展歷史，介紹了從古代到 20 世紀初西方經濟學在不同歷史時期的演變，以及近代經濟學的主要流派及其主要代表人物。

文章開篇指出，在公元前，學者們更多關注的是哲學、政治和宗教等領域，他們雖然偶爾也會討論經濟問題，但并未能形成經濟學。到了中世紀，雖然有學者開始探討貨幣等經濟議題，但這種探討亦不足以構成完整的經濟學體系。經濟學的興起始於近代，與東羅馬帝國的衰落、新航路的開闢、火藥和印刷術等傳入歐洲，以及文藝復興、宗教改革等事件密切相關。隨着天主教教權不斷受到限制、封建制度被廢除和專制政權的出現，以及美洲金礦的開采對貨幣流通的推動，新、舊大陸之間的貿易日益發達，經濟學才真正地興起并得以較快發展。

15—16世紀，出現了“實驗派之經濟學”，也就是早期重商主義，學者們開始研究財富和交易現象，主要關注貨幣問題。這一時期也出現了空想社會主義，但并没有得到社會的廣泛關注。進入17世紀後，西班牙和葡萄牙在殖民地發現了金礦，從而擁有了大量金、銀；意大利、荷蘭和英國等國則通過商業活動，從世界各地賺得了大量金錢，此時重商主義開始盛行。從理論上看，重商主義認爲一個國家經濟的優劣與其貨幣的數量成正比，主張通過獎勵輸出和限制輸入來增加國家的財富；從實踐上看，法國實行柯爾培爾主義，加强對外貿易和對製造業的支持，英國則頒布航海條例，旨在促進其海上貿易的發展。

17世紀下半葉，一些學者開始反思、批評重商主義，於是出現了“不重商主義”，認爲貨幣只是貨物交换的一種形式，如果貨幣過多，就會導致物價上漲，對經濟造成損害；認爲貨幣對商品的豐缺并無實質影響，關鍵問題在於商品的流通速度。法國的布阿吉爾貝爾認爲，當穀物出口受到限制時，價格會降低，貧民數量會增多；如果穀物較易出口，價格即會上漲，隨着農民收入的提高，貧民數量便會减少。因此，不應該禁止農産品出口。重商主義在英國和法國盛行時，德國的官立學校則開闢了相對獨立的財政學，涵蓋農業、林業、礦業，以及“個人經濟學”、行政和法律等領域，幾乎無所不包。在德國，當時想要成爲官員就必須通曉這門學科，因此，它被稱爲“官吏學”，亦即我們現在通常所説的“官房經濟學”。

17世紀下半葉至18世紀上半葉，重商主義的弊端逐步顯露出來，因此出現了被稱爲“天理主義”的重農主義。法國重農學派創始人弗朗索瓦·魁奈認爲，工業和商業談不上是真正的生産活動，只有農業才是唯一真正的生産活動。但這一觀點後來遭到德國學者的詬病，德國學者認爲，所謂“生産”，即“爲天地間創作一物”，“但取天然物而加之以勞働，使有効用，且使其効用倍增，即屬生産”，因此，作爲“生産”活動，工商業并不亞於農業。

18 世紀下半葉至 19 世紀初，古典經濟學興起，英國的亞當・斯密是其集大成者。斯密的理論多源於重農學派，他主張自由放任，但認爲國家也可以在必要時干預經濟，也就是説，應該根據時勢，靈活運用自由放任政策；他還認爲，工商業的重要性雖稍遜於農業，但也是生産活動。斯密更注重於生産的增加，而忽視了分配，這導致後來斯密派内部出現了多種派别，如厭世派、樂天派和自由貿易派等。厭世派認爲，食物等資源是有限的，但人口是無限增長的，因此主張防止早婚，禁止救貧，以儘量減少人口數量；樂天派認爲，人的等級越低，其維持生存所需要的資源就越少，因此認爲不必擔心資源的有限性問題；自由貿易派要求取消糧食進口税，主張實行自由貿易政策，爲此還組織成立了反穀物法同盟。自由貿易派在後來一段較長的時期裏成爲英國經濟學的中心，被視爲英國經濟學派的代表。

雖然亞當・斯密學説的影響深遠且廣泛，但亦不乏反對派對其理論提出不同程度的質疑和批評，主要有復古派、保護貿易派、共産主義派及社會主義派，統稱爲“非斯密斯派”。復古派反對經濟上的自由，希望恢復封建時代的經濟形式；保護貿易派基於國家主義，倡導保護主義政策；共産主義派主張廢除私有制，實現共有制的理想；社會主義派與共産主義派有所不同，它主張對土地和資本進行均分，但不廢除個人的私有財産。

19 世紀初期，德國歷史學派嶄露頭角。這一學派認爲，經濟行爲取決於歷史、社會和制度的變遷，并不遵循什麼普遍的理論體系。文章指出，歷史學派實際上代表了經濟學上的世界主義。歷史學派發展的結果，是出現了

“國家社會主義”。文章列舉了大量的“國家社會主義”派的代表學者，并將俾斯麥贊譽爲實施“此主義之泰斗”；認爲該主義在當時具有較大的影響，“東西各國靡弗步趨之者”。

該文篇幅不大，但叙述的西方經濟學説史，從古希臘至20世紀初，綿延兩千四五百年；文章的重點是介紹近代以來的西方經濟學説，綫索比較清楚，材料比較豐富；文章還提到了衆多的經濟學派，所涉經濟學家六七十位，内容充實，通俗易懂，在對國人普及經濟學知識方面，無疑起到了積極作用；這些知識儲備，當然也是國人後來能够較快地理解和接受馬克思主義政治經濟學、科學社會主義學説的一個重要因素。

4. 關於該文提到的“社會主義”和“共産主義”

該文并不是爲了介紹當時西方的社會主義思潮，更没有涉及當時西方國家的社會主義和共産主義運動；從頭至尾，文章都是在客觀介紹西方歷史上特别是近代以來的各種經濟學説，并無隻言片語的臧否。因此，我們也幾乎看不出作者的任何價值取向甚至個人喜好。但如上所述，該文在對國人普及經濟學知識方面是起到了積極作用的；而這些知識儲備，則是國人後來能够較快地理解和接受馬克思主義政治經濟學、科學社會主義學説的一個重要因素。以下僅就該文多處提到的“社會主義”和“共産主義”，作一簡要分析。

該文主要提到這麽幾種“社會主義”和“共産主義”：

一是提到了15—16世紀的“共産主義”，其代表人物是托馬斯·莫爾。文章認爲此時的“共産主義”不過是“理想之談，未爲社會所重”。

二是在介紹“非斯密斯派”時，提到其中的共産主義派和社會主義派，認爲前者主張廢除私有制，其理想是實現“共有制”；而後者則主張均分土地和資本，并不廢除個人的私有財産。關於共産主義派，文章列舉的主要代表人物是法國的巴貝夫，意大利的邦納羅蒂，英國的羅伯特·歐文，德國的魏特林等人；關於社會主義派，文章列舉的主要代表人物是法國的聖西門、傅立葉、蒲魯東、路易·勃朗，德國的洛貝爾圖斯-亞格措夫、馬克思和拉薩爾等人。

關於社會主義和共産主義的區分，首先應該指出的是，作者是從對“私有制”的態度上來比較一般意義上的“社會主義”和“共産主義”的，這一指向是基本到位的。的確，正是在廢除私有制的問題上，與共産主義者相比，所有的社會主義者都是不徹底的；因此，就文章列舉的各派主要代表人物來看，絶大多數的定位也都是比較準確的。其次也應該看到，作者并不瞭解、更不懂得從19世紀中葉馬克思主義誕生起，“社會主義”和“共産主義”就有了“科學”與“空想”之别，而“科學”的“社會主義”，也就是“科學”的“共産主義”，在本質上是一致的。再次文章之所以把馬克思也列入“社會主義”一派，正是因爲作者不懂得“社會主義”和“共産主義”的“科學”與“空想”之分，作者儘管知道“私有制”和“私有財産”一類的名詞或概念，但對作爲社會生産關係的“私有制”，其理解是比較膚淺的。這一點，從文章對“私有制”和“私有財産”的混用中亦可看出。

三是介紹和分析了“國家社會主義”。文章介紹道，“國家社會主義”主張“社會位於個人之上，私益當爲公益所屈”，是“以社會之幸福爲重，而藉國家之力以成之”。作者强調，“國家社會主義”并不是將“社會主義之事業，全恃國家爲之經營”，而是因爲“事有個人之力所不能及，有個人爲之之不若國家之易於得策者”，因此，“國家社會主義”就是主張國家承擔起自己應當承擔的責任，“以法律之力，抑强扶弱，保障社會之平衡”，“以最大多數之最大幸福爲目的”。但遺憾的是，作者并没有具體解釋國家應當承擔的責任究竟是什麽，而僅以德國在 19 世紀 80 年代開始推行的勞動保險爲依據，就人云亦云地給俾斯麥戴上了"國家社會主義"之"泰斗"的桂冠。事實上，俾斯麥當年實施的勞動保險制度，範圍極爲有限，是極不徹底的；而且即便如此，在實施過程中還是遇到了較大的阻力。

在介紹和分析"國家社會主義"時，文章列舉了大量的代表人物，如布倫坦諾、赫爾德、施穆勒、瓦格納等，這些新歷史學派的知識分子一方面對無産階級的苦難有一定的同情，另一方面又不希望實行過於激烈的社會變革，他們主張政府通過各種法令實行自上而下的改良，要求政府修改關於自由、權利、財産和契約等的法律，加强國家對勞資關係的干預，制定改善勞資關係的"社會經濟政策"；他們所提倡的"社會經濟政策"涉及工廠立法、勞動保險、工廠監督、勞資糾紛仲裁、孤寡救濟、干預勞動合同，甚至還要求實行河流、森林、礦産、鐵路、銀行等方面的國有化，要求限制城市土地的私有權，實行財政賦税改革等，并爲此在 1872 年成立了所謂的"社會政策協會"。1871 年，瓦格納在一次演講中呼籲政府出面解决勞資關係等問題，這一主張被資産階級自由派記者嘲笑爲"講壇社會主義"，意思是這種主張不過是書齋裏的空想，是紙上談兵。但詭異的是，"社會政策協會"的骨幹們却欣然接受了這一名號。新歷史學派的歷史觀，是超階級的和超倫理主義的，他們發起的"社會政策協會"以及所鼓吹的"國家社會主義"，其本質是爲資本主義制度辯護。歷史事實是，"國家社會主義"或"講壇社會主義"流行之時，正是帝國政府鎮壓社會民主黨人的"非常法"實施之日。説到底，"講壇社會主義"不過是德國容克資産階級鎮壓工人運動的幫凶罷了。其實，早在"社會政策協會"成立的那一年，布倫坦諾就匿名發起論戰，瘋狂攻擊馬克思和科學社會主義學説。恩格斯後來一針見血地指出，"講壇社會主義"就是"想把雇傭奴隸變成心滿意足的雇傭奴隸"，所以布倫坦諾"不得不大大地誇大勞工保護、工會的抵抗、補綴性的社會立法等等的良好作用；而由於我們用簡單的事實就能駁倒這些誇大之詞，所以他就大發雷霆”[①]。

20 世紀初，對於廣大國人來説，“社會主義”和“共産主義”都還是新名詞、新概念，該文能在一定程度上指出兩者的區别，是值得肯定的；至於作者難以從“空想”與“科學”的角度給予深刻辨析，對於今天的讀者來説，當然也是可以理解的。

5. 研究綜述

談敏將包括該文在内的大批相關文章，作爲 1905—1907 年革命派與改良派論戰期間“馬克思經濟學説傳入中國的經濟學背景”進行了較爲詳細的介紹和分析，認爲“論戰時期傳入中國的各種經濟學論著，經歷了此前特别是 1902—1903 年間帶有跳躍式發展的高潮期後，在這個新的起點上，進入一個相對平穩的發展時期”，“它們依然保持 20 世紀初以來所形成的各種特徵。諸如來自日本的經濟學論著和譯作或以日文作品爲其藍本的中文經濟學著述，在當時國人發表的具有近代經濟科學意味的著譯作和文章中，占據壓倒性優勢；一些帶有普及性而又自成體系的經濟學著作”，“逐漸引起國人的興趣；引入中國的經濟學著述從一般原理向各種分支經濟學科如財政學（含租税、公債等）、貨幣銀行學、統計學、國際貿易、世界各國經濟等領域延展的趨勢，仍在繼續；國人相繼嘗試運用近代經濟學理論，如發表專題論著或在刊物上開闢經濟專欄，分析中國歷史上和現實中的經濟問題，乃至世界經濟事務；等等。這些特徵，既是當時舶來經濟學傳入中國的獨特歷史條件與環境的客觀寫照，也是舶來經濟學傳入中國以後，開始沿着中國自身需要的軌道向前發展的真實反映”。談敏指出，馬克思經濟學説傳入中國的經

① 馬克思，恩格斯. 馬克思恩格斯全集：第 29 卷[M]. 北京：人民出版社，2020：114.

濟學背景，表現在論戰時期國人的經濟學水準方面，應當辯證地去看："一方面，與以往相比，國人對於舶來經濟學的接觸和理解，經過20世紀初以來的顯著變化，已非同日而語。特别是國人中的留學海外人士或對外國新生事物頗爲敏感者，越來越多地拋弃傳統的經濟思維方式，轉而從舶來經濟學中吸取滋養，在不同程度上受到近代經濟科學的邏輯體系與分析方法的熏陶和鍛煉，進而也爲他們接觸和理解馬克思經濟學説，奠立了初步的基礎。""另一方面，與真正理解馬克思學説所要求的經濟學基礎相比，國人那時的經濟學知識，差距甚遠。此所以在論戰時期，國人通過自撰或轉譯方式評介馬克思及其學説的内容，儘管時有所見，却很少觸及其經濟學原理，即便有所觸及，也是簡單帶過，難以深入，或者想當然地解釋，不免與原作本意有出入，以致扭曲其原意。"①

在2009年發表的《論清末"商務報"與近代"商學"興起》一文中，楊豔萍較爲深入地研究了清末"商務報"所傳播的"商學"知識，以及清末"商務報"的特點與影響，其中特别提到楊志洵及其《近世最近世經濟學派别略説》一文，指出楊志洵等人均有海外商科、經濟學學習背景，學識宏富，視野廣闊，能够從學理的角度引介現代商業知識和制度，能够對國外的經濟思想發展歷程作出詳盡的介紹，并認爲"如此廣泛深入的商業知識和制度介紹，通過國家專門管理機構官方報刊的發行，無疑更有成效地對國人和全社會進行了商業普及教育，可謂影響深遠"②。

魏鈺娟在《清末新政語境下〈商務官報〉與晚清商人的近代化啓蒙探究》一文中指出，晚清商業環境劇烈動蕩，新事物和新情况層出不窮，傳統

① 談敏. 回溯歷史——馬克思主義經濟學在中國的傳播前史：上册[M]. 上海：上海財經大學出版社，2008：649-650.

② 楊豔萍. 論清末"商務報"與近代"商學"興起[J]. 北京科技大學學報（社會科學版），2009，25（1）：138.

商人的經商手段和經驗已經無法應對這一嶄新狀況，中國人仍處於商智未開階段；此時中國商人要想保住本國市場，與外人争利，必須學習西方的經濟學理論和商業知識，而《近世最近世經濟學派别略説》一文，系統講述了西方經濟學的發展歷程，并講解了實驗派、共産派、重商派、“不重商派”、重農派、亞當·斯密派和非亞當·斯密派等學派的代表理論，較爲清晰地指出了各派代表人物和彼此之間的對立、歸屬關係，以此“希望中國商人改變以往重經驗輕理論的經營習慣，除了學習西方經營手段外，也能學習西方商業理論并加以化用”①。

（編校者：郭源）

① 魏鈺娟. 清末新政語境下《商務官報》與晚清商人的近代化啓蒙探究[J]. 新聞研究導刊，2022，13（24）：117.

論中國現在之黨派及將來之政黨

與之[1]

今者中國之存亡。一繫于政黨之發生與否。是政黨問題者。實今日最重要之問題也。而現在各黨之地位。及將來政黨發生時之態度。尤此問題中最主要之部分。今略分爲三段論之。竊願與同志者。一研究其前途也。

一、革命黨與立憲之地位

數年以來。革命論盛行于國中。今則得法理論政治論以爲之羽翼。其旗幟益鮮明。其壁壘益森嚴。其勢力益旁薄而欝積。下至販夫走卒。莫不口談革命。而身行破壞。此固由于數千年來專制之淫威。有以激之使然。而滿漢兩族。並棲於一國之下。其互相猜忌者。二百餘年如一日。一旦有人焉刺激其腦蒂。其排滿性之伏於其中者。遂不期而自發。此革命黨之勢力。所以如決江河。沛然而莫之能禦也。至於立憲政體者。在今日文明諸國中。必流無量之血。擲無數之頭顱。乃始得此君民衝突之結果。而在於吾國。似爲一極穢惡之名詞。數年以前。民間無敢倡言之者。近則政府宣布預備立憲[2]。民間公然鼓吹立憲。然革命黨指政府爲集權。詈立憲爲賣國。而人士之懷疑不

① “與之”，即黄可權，詳見本篇“編者説明”。

② “近則政府宣布預備立憲”，1905 年 7 月，清政府決定派鎮國公載澤、湖南巡撫端方等五大臣出國考察憲政，又命政務處籌訂憲法大綱。五大臣於年底出國，次年 8 月回國。1906 年 9 月 1 日，清政府正式宣布“預備仿行憲政”，提出立憲原則是“大權統於朝廷，庶政公諸輿論”。1908 年 9 月，清政府頒布《欽定憲法大綱》《議院法選舉法要領》《逐年籌備憲政事宜清單》，以是年至 1916 年共 9 年爲預備立憲期。1910 年，在立憲派的要求下，清政府宣布提前於 1913 年召開國會。1911 年 5 月，載灃頒布新的内閣官制，組成“皇族内閣”，清政府的“預備立憲”被證明只是一場騙局而已。

决者。不敢黨於立憲。遂致革命黨者。公然爲事實上之進行。立憲黨者。不過爲名義上之鼓吹。氣爲所懾。而口爲所箝。即明知今日中國之時勢。宜於立憲。而不宜於革命。亦姑模棱於兩可之間。而不欲以鋒鋩自見。此亦極意慮之不自由。輕天下而羞當世之士矣。夫立憲之果爲何物。立憲之後。而果有何影響。使不立憲。而果受何弊害。恐中國雖大。其能理解之者。寥寥無幾。即彼革命黨者。亦弟謂滿人假立憲之名。以行排漢之實。凡政策之出自滿人者。無論其爲利爲害。而皆以爲排漢。凡漢人之贊助滿人政策者。無論其爲公爲私。而皆以爲黨滿。自陽假立憲陰行排漢之説出。一夫唱之。百夫和之。即令政府而果真正立憲。滿漢有可以調和之道。國家有可以救亡之途。亦絶對的不承認之。且希冀政府之不真正立憲。日流於腐敗。以促新政府之出現焉。嗚呼。感情所蔽。真理爲蒙。當舉國人喪失辨理心之日。而忽以如火如荼之學説。以煽起其蓄積已久之惡感。其勢力之偉大也亦宜。盖革命主動性。而立憲主静性。革命主感情。而立憲主辨理。凡人性情之弱點。莫不富于動性。而缺於静性。流于感情。而疏於辨理。是革命黨之在今日者。雖非必要之黨派。而實必發生之黨派。宜其泱泱哉。爲國中唯一之黨派也。

凡一國黨派之成立也。必有激烈温和二派。激烈派對於社會一切之事務。主去敝生新。用猛烈之手段。以達其急進之目的。温和派對于社會一切之事物。主因勢利導。用穩當之手段。以達其漸進之目的。此二泒[①]者。貌似相反。而實相成。使一國之中。無激烈派而僅有温和派。則事物之進步。必流於緩慢。又使一國之中。無温和派而僅有激烈派。則事物之秩序。必即於紊亂。故曰相成也。即以日本明治十五六年間[②]言之。其自由改進兩

① “泒”，有誤，應爲“派”，即“派”。

② “日本明治十五六年間”，即1882—1883年。19世紀70年代中後葉起，日本社會掀起自由民權運動。明治政府内部出現以大隈重信爲代表的“激進派”和以伊藤博文爲代表的“漸進派”兩派，到80年代初，雙方在立憲問題上的矛盾日益加劇。

新民叢報第肆年第貳拾號目錄（原第九十二號）

論中國現在之黨派及將來之政黨

與之

今者中國之存亡一繫于政黨之發生與否是政黨問題者實今日最重要之問題也而現在各黨之地位及將來政黨發生時之態度尤此問題中最主要之部分今略分爲三段論之。竊願與同志者一研究其前途也。

一　革命黨與立憲之地位

數年以來革命論盛行于國中今則得法理論政治論以爲之羽翼其旗幟益鮮明其壁壘益森嚴其勢力益旁薄而鬱積下至販夫走卒莫不口談革命而身行破壞此固由于數千年來專制之淫威有以激之使然而滿漢兩族並棲於一國之下其互相猜忌者二百餘年如一日一旦有人焉刺激其腦蒂其排滿性之伏於其中者遂不期而自發此革命黨之勢力所以如決江河沛然而莫之能禦也至於立憲政體者在今日

黨①。即一主急進。而一主漸進者。自由黨沈醉于天賦人權之學説。其一部分之人士。往往抱革命之思想。而有過激之舉動。改進黨則知以腕力抵抗政府之無益。主張平和之改革。而不贊成危激之革命。然其後兩黨卒能互相提携。屢與藩閥政府相血戰。民黨之壁壘。森然而不可侵犯。政府亦隱然認識政黨之勢力者。由於兩黨者。不破壞日本國家之根本的組織。而同以建設完全之立憲政體爲主義。不過其氣象感情。互有不同之點而已。設使當日者。自由黨主張改造共和之國家。改進黨主張擁護天皇之大權。兩黨之根本主義。絶對的不能相容。則兩黨之行動。勢必互相妨害。彼此既無共同之利害。即不能生。息于一國家之下。非至於一黨撲而一黨興不止。内潰者外必踣。然則日本之國家。即不亡于幕府柄政之日。亦必亡于外力侵入之時矣。今吾中國之革命立憲兩黨。可以當日本之自由改進兩黨乎。曰不能。盖國家之黨派。無論激烈温和。必活動于國家範圍以内。而非活動于國家範圍以外者。今革命黨不認有中國政府。即不認有中國國家。而自稱曰亡國之民。其革命之目的。非以改造現國家之政府。而以發生將來之新政府。是其活動之本旨。不在現在國家範圍之内。而在未來之理想國家矣。且一黨派必有一黨派之主義政見。及其監督政府指導國民之天職。革命黨之黨綱。曰顛覆現政

---

① “自由改進兩黨”，即自由黨和立憲改進黨。1881 年 10 月，板垣退助等人爲推進自由民權運動，在國會期成同盟的基礎上於東京成立了自由黨，主要目的是限制少數藩閥壟斷明治政權，擴大上層士族和資産階級的參政權。該黨成立不久即吸引了大量城市中小資産階級和下層農民。由於成分複雜，主張不一，很快發生分裂。1884 年 10 月 29 日，自由黨被解散。1889 年 2 月明治政府頒布了《大日本帝國憲法》，允諾開設國會，實行立憲。此後，板垣退助等人組建愛國公黨，中江兆民等人重建自由黨。1890 年 9 月，愛國公黨和重建後的自由黨聯合其他資産階級政治團體成立了立憲自由黨。1881 年 10 月，主張立即制定憲法并實行選舉的“激進派”代表大隈重信被政府以“操縱言論機關、指使民間政客陰謀打倒政府”爲由免職，次年 2 月，大隈重信同河野敏鐮、矢野文雄等人組建立憲改進黨，主要支持者爲城市商業資本家、工業資本家和知識分子等。大隈重信任該黨總裁。不久，在政府的壓力下，大隈重信、河野敏鐮等人在名義上脱離該黨。1892 年 2 月，大隈重信再度加入立憲改進黨，倡導責任内閣制。1896 年 3 月，改進黨與其他團體合并成進步黨，大隈重信任黨首。自由黨和改進黨的相繼組建，標志着日本歷史上真正具有現代意義的政黨的産生。

府。曰建設共和國。是破壞中國國家之根本組織。而不承認君主立憲。故其對于現政府也。猶秦越人之視肥瘠①。且唯恐現政府之不腐敗。以阻己黨勢力之擴張。其對于國民也。不教以秩序之進行。而唯鼓其一瞥之感情。以國家爲孤注之一擲。究其結果。不外於吾所謂絶對的不能相容。而非國家範圍内相對的之黨派也。昧者不察。援各國激烈温和二派之例。及日本自由改進兩黨之情形。謂中國新舊過渡之時代。立憲革命激戰之時期。兩黨之競爭。勢所不免。亦勢所必要。夫革命黨之必發生者。吾既已言之矣。若謂爲必要。則吾所絶對的不承認者也。

夫使革命黨而果活動於中國國家範圍之内。抱其急進之主義。以爲積極之進行。凡有害於國家之公益者。不問其爲滿人。爲漢人。吾得而誅鋤之。凡有合於救國之前提者。不問其爲革命。爲立憲。吾得而承認之。以其磊磊落落之志。出之以公明正大之行爲。則其與立憲黨之地位。爲相對的。而非絶對的。聯軍以肉薄政府之堅壘。而有致死之决心。相携以立於政治之舞臺。而爲共同之行動。以之改造政府。何專制之不摧。以之指導國民。何民愚之足慮。内力不消。而對外自競。彼日本自由改進兩黨。所以能盡其監督政府指導國民之天職者。無他。即共同生活於一範圍之内。而無利害相反互相妨害之事。其對于國家前途之目的同。其所不同者。唯其進行之方法而已。雖然。論者必謂日本之國體與中國異。日本擁戴萬世一系之天皇。故即不革命。亦能得平和之改革。若吾中國者。以客族而入主中土。兩族嫉忌之勢已成。不革命無以得完全之改革。故必由民族問題。以解决政治問題。此亦論者所常言也。夫歐洲自中古以後至于十九世紀之半。其以民

① “秦越人之視肥瘠”，比喻冷淡而不關心，語本唐代韓愈的《争臣論》：“政之得失，若越人視秦人之肥瘠，忽焉不加喜戚於其心。”

族主義強國者。所在而有。德意志之被蹂躪于拿破侖[①]也。知其不統一之害。於是俾士麥[②]首唱民族主義。使各聯邦集合於德意志帝國之下。而德以強。意大利之被壓制於澳大利[③]也。知其不統一之害。於是加富爾[④]諸人。首唱民族主義。使四分五裂之羅馬帝國。復歸於一。而意以興。此皆民族主義之明效大驗也。顧其與中國之民族主義。有差異之點者。則各國皆自民族主義。以成統一之事業。中國則以言民族主義。而得分裂之結果也。夫使由國家主義。而仍不足以解决民族之問題。則亦已矣。由國家主義。而滿漢各民族。皆統一於國家主義之下。則民族主義。可以不唱。唱之亦徒以禍國家而已矣。今世立憲各國。無不包孕各種之民族。以結合於一國家之下。而不聞發生種族問題。夫以種族之利害爲本位。以解决政治上之問題者。此在古時之國家爲然。今日則以國家之利害爲本位。而不以種族之利害爲本位。故國際間有發生種族問題者。如白種人對于黄種人之觀念。其對于中國人及日本人。但以爲東亞人。而不聞有中國日本之別。其對于滿漢蒙回藏各種民族。皆以爲中國人。而不聞有滿漢蒙回藏之別。其所以不區別之者。即其認識日本與中國同種。滿漢蒙回藏。皆同一種。而自居於非黄種人之列。如美人

---

① "拿破侖",即拿破侖一世(Napoléon Ⅰ,1769—1821),法國政治家、軍事家,法蘭西第一共和國第一執政(1799—1804)、法蘭西第一帝國皇帝(1804—1814、1815)。1806年,萊茵地區的德意志諸邦在拿破侖一世的"保護"下結成"萊茵聯盟"。參加聯盟的邦國,至1811年爲36個,均宣布脱離神聖羅馬帝國,支持拿破侖的各項政策。1813年拿破侖在萊比錫戰役失敗後,聯盟瓦解。

② "俾士麥",即奥托·馮·俾斯麥(Otto von Bismarck,1815—1898),普魯士和德國國務活動家和外交家。普魯士王國首相(1862—1872、1873—1890),北德意志聯邦首相(1867—1871)和德意志帝國宰相(1871—1890)。

③ "意大利之被壓制於澳大利","澳大利",即奥地利。從中世紀開始,意大利即成爲歐洲列強争奪的對象,陷入分裂境地。到18世紀中期,奥地利控制了意大利北部和中部地區,西班牙則控制了意大利南部地區,意大利被分割爲大小不等的十幾個邦國。維也納會議後,意大利被分割爲8個邦國和地區,除撒丁王國由意大利薩伏伊王朝統治外,其餘則由奥地利和西班牙統治。

④ "加富爾",即卡米洛·本索·加富爾(Camillo Benso Cavour,1810—1861),意大利政治家,意大利統一運動的領導人之一。撒丁王國首相(1852—1859、1860—1861),意大利王國第一任首相(1861)。

之排斥華工①。及近日桑港之學童學件②。皆自國際之種族觀念所發生。而國内之種族觀念。漸以薄弱矣。况近世各國。所謂帝國主義者勃興。民族主義。已爲前世紀之遺物。今持分裂的民族主義。(謂論者所唱之民族主義)以與各國之帝國主義相競。幾何而不爲其帝國主義所蠶食也。使果由論者所持之民族主義行之。則政治問題。終無解决之一日。故謂論者僅知有民族主義。而不知有政治問題者。非誣之也。頗聞論者所持之民族主義。不惜以生死性命護惜之。有國可亡民族主義不可詆毀之概。嗚呼。使論者而果如此言也。明知民族主義。與救國不相容。而偏殉於其主義。是徒負氣耳。非真救國也。吾黨亦唯殉於吾黨所信之國家主義。以與民族主義戰。使民族主義而勝也。則國家主義消滅。使國家主義而勝也。則民族主義消滅。二者之孰勝孰敗。中國之存亡繫焉耳矣。

二、政府對於政黨之態度

凡一國由專制之時期。以入於立憲之時期也。政府與民間。必有激烈之争鬥。政府必竭其死力。以抵抗國民之要求。而最後之勝利卒歸于國民。此固各國歷史所明示。而我中國亦不能免此者也。夫專制之流毒。達於極點。則人民之反動力。亦達于極點。方民權自由之學説。灌輸于其國中也。人民之思想。日以發達。政府之壓制民權也愈甚。而人民之欲得民權也亦愈甚。政府之壓制力。終不敵國民之抵抗力。故倒專制而代以立憲者。不外于自由與專制激戰之一結果物而已。中國夙以專制國聞于天下。近數年來。自由民

① “美人之排斥華工”,19 世紀 50 年代美國開發西部時,有 10 餘萬華工入境,在修建鐵路和開礦等方面發揮了重要作用。19 世紀 70 年代後期,西部開發初具規模,美國政府開始限制移民入境。1882—1913 年,美國政府頒布多種移民條例,對在美的亞洲移民(其中華工最多)限制尤苛,并不時發生排華事件。

② “桑港之學童學件”,“桑港”,即聖弗朗西斯科(San Francisco),美國加利福尼亞州太平洋沿岸的港市。華僑稱“舊金山”或“三藩市”,日文稱“桑港”。1906 年 10 月,舊金山學校董事會裁定,日本和朝鮮的所有學生將與中國學生一起到種族隔離性質的“東方學校”(Oriental School)上學。

權之學説。膨脹于國民之腦中。莫不憤慨于國權之衰弱。而切齒于政府之腐敗者。盖方在政府與國民激戰之初期。使我國民奮其再接再厲之精神。以與政府鬥。則政府之壓制漲一度者。吾民之抵抗亦漲一度。吾民之抵抗漲一度者。政府之壓制不得不縮一度。持之既久。終必出于讓步之一途。至政府以交讓的精神。而許吾民有參政上之權利。則中國者非政府諸公之所私有。而爲吾民所共有之中國。欲其不强得乎。夫今世民權自由之大義。如日中天。使其國而不與各國相交通。則其學説無由輸入。其民亦自安于專制。若其學説既傳布于國中。其民復久困于專制。奮而思起。則其學説深入於人之腦中。回顧昔日專制之慘狀。有傀焉不可以終日者。於斯時也。無論如何頑强之政府。奮其極猛烈之手段以壓制國民。而國民無以爲有一顧之價值者。何則。盖國民對于權利之請願。自由之許容。如飢之思食。不得食則餓死。渴之思飲。不得飲則涸死。使不得權利與自由。則亦死于專制而已矣。故國民無論經如何之困鬥。必達其目的而後已。知其不可抗。而與以政治上之自由。以遂其天然之發達者。英國是也。始思抵抗民權。繼而知其不可抗。而發布憲法。以確定臣民之權利者。日本是也。擁護官僚的政治。以抵抗代議的政治。其國中之紛擾騷動。迄無甯歲。至今日尚沉淪于黑闇之中者。俄國是也。稽之理論既如彼。証之事實又如此。然則當民黨初生之日。其所以待之之道。孰得孰失。一任中國政府之自擇焉。

雖然。今政府之所以待革命黨者。則步俄國之後塵。淫刑重戮。無所不至。不足則請求外人。以引渡國事犯。營營以撲滅革命黨爲事。而革命黨卒不可得而撲滅。匪獨不得而撲滅。且有增殖之勢焉。夫革命黨之發生也。由于政治之腐敗。然則欲禁遏革命黨使不發生者。無外于改良政治。今不悟改良政治之足以禁遏革命黨。而徒以誅鋤殺戮爲事。夫誅鋤殺戮者。適以使革命之人。益堅其革命之志。不革命之人。亦憤而投身其間。充其所至。將遍國中之人。無一而非革命黨。政府安得盡人而誅鋤殺戮之與。即使革命黨而果畏誅鋤殺戮。而即不革命。然政治之腐敗。日甚一日。今日之不革命者。不保異日之不革命。然則無時而不可以革命。無人而不可以革命。革命之心理。今已普及于一般。特怯懦者有所畏而不敢爲。吾人知其不可爲而不爲。乃政府必欲以誅鋤殺戮爲撲滅革命黨唯一之手段。是唯恐革命黨之不蕃殖。而以誅鋤殺戮者。推其波而助其瀾也。夫吾人之所以不革命者。豈其有所愛于現政府。亦豈其有所顧惜于己身。毋亦重視國家之事實。而不欲以孤注者輕于一擲。今人徒恨現政府之腐敗。而不知現政府之腐敗者。現政府任其咎。現政府之腐敗。而無人改造現政府者。則現政府不任其咎。故夫吾人之目的。將以改造現政府。而不欲動摇國家之根本。因現政府危及國家之生存。故改造現政府。革命黨則因現政府之腐敗。並欲變更國家之根本組織。其主義既不同。其着手之方法復不同。然其對于現政府之决心。則無不同。使現政府而翻然大悟也。實行改革。以與天下更新。則革命黨不期弭而自弭。若徒以誅鋤殺戮。威嚇天下。則豈唯革命黨致死于現政府。即革命黨以外之人。無不致死於現政府。現政府又豈得高枕而臥耶。

夫政府之誅鋤殺戮革命黨者。無俄國政府之能力。而欲效俄國政府之舉動者也。俄國奮其世界唯一之專制。以與虛無黨[①]激戰。虛無黨固爲世界最可驚之黨派。而俄政府亦爲世界最頑强之政府。二者之抵力。畧相平均。自前歲開國會[②]以來。民氣爲之一舒。然保守家怙其專制之餘習。以與新進之

① “虛無黨”，由虛無主義（Nihilism）而來，在概念上常與“無政府黨”“革命黨”等混用，泛指當時俄國的各革命黨派，在多數場合指民粹派和民意黨。

② “前歲開國會”，指 1906 年 5 月 10 日（俄曆 4 月 27 日）開幕的俄國第一屆國家杜馬。1906 年 7 月 21 日（俄曆 8 日），沙皇簽署了《關於解散國家杜馬和規定新選出的杜馬的召集時間的詔令》，解散杜馬的理由是杜馬代表進入了“不屬於他們的領域”。當天深夜，沙皇政府封閉了塔夫利達宫。

黨派相抵抗。不旋踵而議會被解散。去歲之總選舉[①]。民間黨又占優勢。今則立於議會之地位。發揮其歷年所蓄不平之氣。以對于政府宣戰。解散之風説頻傳。國内之騷動屢起。説者對于俄國之前途。分爲兩派。一主樂觀的。謂俄國自戰後之覺悟。立憲之利益。已爲一般所認識。國民之思潮。勃不可遏。終必底於完全立憲之域。一主悲觀的。謂俄國前途之慘憺。其禍變正不可測。國内之争鬥。終無已時。俄國之國力。或且從此萎縮。而無雄飛于世界之日。此二派之觀察。未知孰爲正確。要之其不出是二者之外。則無疑也。夫其君主斷行獨裁之政體。其大臣佐以官僚之政治。其以專制立國者。與我無異。然其行政之敏活齊整。豈我政治之腐敗者所能及。其政治家能力之偉厚。手腕之敏捷。又豈我政府所能望其肩背。然猶且全國爲之糜爛。生民爲之塗炭。殺人盈野。流血成渠者。則以其抵抗近世之思潮。妄思壓制各黨。其民之仇視政府者深。其思顛覆政黨者亦甚。國力潛消于内。而不能外競也。今中國國民。目覩政治之腐敗。欲起而改良政治。見現府之不足與有爲。於是乃起而革命。以顛覆現政府爲目的。政府之待之者。又專以誅鋤殺戮爲事。而不悟其受病之源。則腐敗者無窮期。革命者亦無窮期。兩者之力交相疲。則亦交相斃而已矣。夫至於兩者之皆斃。欲求如俄國之現狀。不可得也。何則。俄之國内。雖極其紛擾。而其對於國外也。則足以自支持。故日俄戰[②]後。猶不失爲六七强國之一。不過其野心的經營。生一頓挫耳。若今日之中國者。處于列强對峙之中。一舉手一投足。而無不牽動世界之全局。以此脆弱之政府立於上。而又以無訓練無秩序之革命團體。鼎沸於下。則二者交鬨之日。即中國亡國之時。政府哉。政府哉。其忍蹈俄國之覆轍。以爲亡國之

① “去歲之總選舉”，指1907年前兩個月進行的俄國第二届國家杜馬選舉。在這次選舉中，各政黨間的界限比第一届國家杜馬時期更爲明顯，群衆的階級覺悟較前提高，再加上布爾什維克的參加，因此所選杜馬代表中左派力量有所加强。1907年3月5日，第二届國家杜馬開幕，同年6月16日（俄曆3日），沙皇政府發動政變，解散杜馬，史稱“六三政變”。這一政變標志着俄國歷史上斯托雷平反動時期的開始。

② “日俄戰”，即日俄戰争（1904年2月—1905年9月）。

罪魁哉。若其忍之。我國民亦安能坐視之。

當政黨發生之日。政府之所以待之者。有唯一之方法焉。曰承認政黨是已。日本自發布立憲詔勅①以來。自由黨改進黨及帝國憲政黨②。鼎立於國中。其政府對于政黨之政策。初亦主嚴重之干涉。凡關于言論集會。使警察爲嚴密之取締。有涉于攻擊政府之演説者。即命停止。或解散之。報紙之文字。稍過于激烈者。即停止其發行。至於政黨員之集會。必有警官臨監。其與警官衝突者。往往而有。且偵探黨人之行動。妨害私立學校之發達。凡有可以阻礙政黨之進步者。無所不至。其時伊藤博文③。以調查憲法。自德國歸。去開設國會之期不遠。於是賫其所謂鐵血主義者。以施于警察行政。而羅織黨人。倣其所謂超然内閣④者。以政府置于政黨以外。而不相干涉。於斯時也。政黨向于衰運。而政府之勢力日張。自由黨中之壯士。由憤激而絶望。由絶望而開始革命的運動。雖不久即行誅夷。然政府亦漸知其不可過于壓迫。徐圖改換其方針。及其國會既開。民黨以歷年之停辛佇苦。今始得依據立法之機關。公然與政府相對抗。乃聯合以與政府苦戰。政府亦屢受其創

① “立憲詔勅”，1874年4月，日本明治天皇頒布敕書，决定“設元老院以定立法之源，置大審院以鞏司法之權，又召集地方官以通民情，圖公益，漸建立憲政體”。敕書奠定了日本籌建立憲政體的維新基調。

② “帝國憲政黨”，即憲政黨，1898年6月由自由黨和進步黨合并而成，其綱領是奉戴天皇，擁護憲法；建立政黨内閣，嚴明閣臣責任；振興産業，發展經濟；保護國權，擴大通商；適當建設海陸軍；普及教育，奬勵實業和科學等。1898年6月30日，由大隈重信任首相、板垣退助任内相的憲政黨“隈板内閣”成立，這是日本歷史上第一屆政黨内閣。四個多月後，“隈板内閣”匆匆下臺，憲政黨亦分裂爲憲政本黨（主要成員爲原進步黨黨員）和憲政黨（主要成員爲原自由黨黨員）。1900年9月，立憲政友會召開成立大會，大多數憲政黨黨員加入立憲政友會，憲政黨同時宣布解散。

③ “伊藤博文”，伊藤博文（1841—1909），日本長州（今山口縣西北部）藩士出身。早年參加尊王攘夷運動和明治維新運動。明治初年任參與、外國事務局判事、兵庫縣知事，後任參議兼工部卿、内務卿。1885年起四次出任首相（1885—1888、1892—1896、1898、1900—1901）。1888年起三任樞密院議長。1900年創立立憲政友會并任總裁。執政期間發動中日甲午戰争，强迫清政府接受《馬關條約》，并將朝鮮置於日本的統治之下。後在哈爾濱被韓國愛國志士安重根擊斃。

④ “超然内閣”，1889年2月21日，即《大日本帝國憲法》（亦稱“明治憲法”）頒布的次日，日本第二任首相黑田清隆發表《超然主義演説》，主張内閣不受國會和政黨制約。1890年日本開設國會，此後至大正時代（1913—1926）初期，由藩閥官僚組成的内閣聲稱堅持“超然主義”，因之被稱爲“超然内閣”。

痍。雖屢次解散議會。然由是漸知政黨之勢力。爲不可侮。而政府與政黨。亦有密切之關係。不可純然置政府于政黨以外。其後第三次伊藤内閣。見迫于民黨以潰。于是伊藤深感組織政黨之必要。自爲政友會[①]之組織。而率之以組織第四次之伊藤内閣。夫伊藤者。其始極不喜政黨。且極主張官僚政治。而排斥政黨政治者也。然時移勢轉。由屢次内閣之經驗。而卒不得不承認政黨。且至身爲其總裁焉。由是知日本民黨之價值。而日本政治家之所以能運用其憲政。而强大其國家者。亦不外于承認政黨之勢力而已矣。夫各國之政府。其始未有欲承認政黨者也。何則。自專自恣之既久。一旦忽有人焉以監督之。其不便于專恣也孰甚。故必欲置政府於政黨以外。使政黨之勢力。不得及于政府。凡初立憲之國家。未有不如是者也。雖然。憲政之運用。所以能完全者。恃有議會。而議會之職務。所以能進行者。恃有政黨。故憲政與議會之關係。猶之議會與政黨之關係也。中國之政府。而不欲真正立憲則已。苟欲真正立憲。其必自承認政黨始矣。

三、政黨自身之態度

有在朝之政治家。有在野之政治家。以日本言之。伊藤[②]山縣[③]西園寺[④]

① “政友會”，即立憲政友會，1900 年 9 月由伊藤博文領導創立。代表地主及財閥的利益，得到了三井財閥的支持。先後組織第四次伊藤博文内閣（1900—1901），第一、第二次西園寺公望内閣（1906—1908、1911—1912），原敬内閣（1918—1921），高橋是清内閣（1921—1922），田中義一内閣（1927—1929）和犬養毅内閣（1931—1932）。1940 年 7 月被解散。

② “伊藤”，即伊藤博文。

③ “山縣”，即山縣有朋（1838—1922）。長州藩士出身。明治初年任兵部大輔、陸軍卿、内務卿等職。1889 年組閣（至 1891 年），積極策劃對外擴張。次年升陸軍大將。中日甲午戰争時任第一軍司令官、大本營監軍，兼任陸相。1898 年獲元帥銜，再度組閣（至 1900 年），任内日本參加八國聯軍侵華。日俄戰争中任參謀總長兼兵站總監。

④ “西園寺”，即西園寺公望（1849—1940）。貴族出身。早年參加明治維新運動，曾赴歐洲考察憲政，并任文相、樞密院議長。1903 年起任政友會總裁。此後兩次組閣（1906—1908、1911—1912），均因同軍部勢力發生衝突而辭職。1919 年以日本首席全權代表的身份出席巴黎和會，同年封公爵。

輩。在朝之政治家也。大隈[①]板垣[②]輩。在野之政治家也。大隈及板垣。昔嘗爲政黨之首領。而在野之時多。在朝之時少。皆利用其在野之地位。以爲積極之活動。凡屬于政治之方面者。無不爲輿論之先鋒。以監督在位當局者。故其勢力之偉大。有時反過于在朝之政治家者。大隈之因官有物拂下事件[③]而下野也。不久即産出一改進黨。其黨員步趨之齊整。紀律之謹嚴。爲日本政黨中所未有。用能與政府相激戰。而不以成敗利鈍渝其節。去歲其黨中内訌。有所謂改革派者。陽標戰後積極經營之名。而隱謀接近政權之實。因是見棄於大隈。然大隈者决非能一日離于政治生活者也。退職以來。不入元老之羣。而開始民間的運動。今則見推爲早稻田大學總長。養成政黨之人材。演説於各地方。唤起國中之輿論。其以政治爲生涯者。數十年如一日。老而彌篤。洵不媿[④]爲日本第一流政治家焉。至于板垣者。當明治初年。西

① “大隈”，即大隈重信（1838—1922）。佐賀藩士出身。明治初年任民部大輔、大藏大輔。後任參議、大藏卿。1882年創建立憲改進黨，并創辦東京專門學校（早稻田大學前身）。1888—1889年和1896年任外相。1898年與板垣退助聯合組閣，任首相兼外相。1900年組建憲政本黨。1914年，再任首相時，日本參加第一次世界大戰，并出兵中國山東，向袁世凱政府提出了旨在并吞中國的“二十一條”。

② “板垣”，即板垣退助（1837—1919）。土佐藩士出身。明治維新運動的參與者。明治初年任參議，因主張征服朝鮮的言論未被采納而辭職。曾建議設立“民選議院”，後組織立志社、愛國社，成爲自由民權運動的領袖。1881年組建自由黨，後任立憲自由黨總理。1896年任内相。1898年與大隈重信聯合組閣，再任内相。晚年退出政界。

③ “官有物拂下事件”，即1881年發生在日本北海道的開拓使廉價出售公産一事。1869年，明治政府在北海道設開拓使，并决定每年撥款大約40萬元用於企業投資。從1872年起，政府每年的撥款提高到大約100萬元。1881年，明治政府决定北海道“廢使設縣”，當時的開拓使長官、薩摩藩武士出身的黑田清隆將中央政府歷十餘年之久投資1400萬元建立的公産（官有物），以38萬餘元的超低價格和無息、30年分期付清的優惠條件，賣給了以自己的同鄉五代友厚爲首的關西貿易商會。此事遭到大隈重信等人的堅决反對和自由民權派的攻擊，一時輿論嘩然。同年11月，明治天皇召集伊藤博文，以及有栖川宫、岩倉具視、井上毅等政府高官舉行御前會議，宣布暫停北海道開拓使的公産出售，同時罷免大隈重信的參議職務，凡被認爲屬大隈黨羽和部下的大批官員亦被排擠出政府機構，從而建立起薩（摩）長（州）派專權的藩閥政府。由“官有物拂下事件”引發的這次政治劇變，史稱“明治十四年政變”。

④ “媿”，同“愧”。

鄉[①]江藤[②]拂衣下野憤然倡亂之日。獨不效其所爲。而着手于國民的運動。指揮國民。以與藩閥之政府戰。日本人之知有民權自由者。實自彼始。其後卒執自由黨之牛耳。盡力于黨中者十餘年。盖彼者實富於理想的之人物也。其所懷抱之理想。往往行於數年數十年之後。如近者彼之請奉還族籍。（即請廢華族[③]之名稱）亦其理想所表見之一端也。要之二人之人格經歷。皆宜于爲在野之政治家。而不宜于爲在朝之政治家。雖屢次入閣。卒不安其位以去。即二人者。亦善用其性行之長點。知其在民間運動之勢力。較優勝于立朝之時。故窘窮[④]老於民間而不悔也。中國人士。夙懍思不出位之誡。以故數千年來。無發生在野之政治家者。歷代以來之黨派。雖有近於各國政黨之性質。然大抵不出兩派。一則藉黨勢爲聲援。以爲擠排異己之地者。一則召黨徒以講學。而間言及朝政之得失者。然黨錮之禍。相沿不絶。後世至以黨派懸爲厲禁。是由於不解在野政治家之趣旨。前派以爲舍在朝無可以行其道者。故結黨爲後援。而决不出于下野之舉。後派則深嘅朝政之腐敗。然禁網既密。不得不假講學之名。而隱以攻擊朝政。從未有以改良政治爲目的。結一有秩序之團體。樹立旗幟。申明約束。堂堂正正。以與政府宣戰者。故政府有所恃而敢于自恣。此數千年以來之政治社會。所以有退化而無進化也。

---

① “西鄉”，即西鄉隆盛（1828—1877），號南洲。薩摩藩士出身。1866年代表薩摩藩與長州藩建立倒幕聯盟，1868年參與策劃推翻幕府、建立維新政權的“王政復古”政變。明治政府成立後任參議、近衛都督、陸軍大將等職。因主張征服朝鮮的言論未被采納，1873年辭職回鄉。1877年被舊薩摩藩不滿政府的士族推爲首領，舉行叛亂（西南戰爭），圍攻熊本城。兵敗後自殺。

② “江藤”，即江藤新平（1834—1874），佐賀藩士出身，早年參加倒幕運動。1871年被任命爲左院副議長，次年轉任司法卿。積極推動自由民權運動。因主張征服朝鮮的言論未被采納，1873年辭職回鄉。次年2月在佐賀起兵叛亂，失敗後被處死。

③ “華族”，日本明治維新後在“四民”（即皇族、華族、士族、平民）“平等”的招牌下形成的新社會階層。明治政府於1869年6月命令各藩“版籍奉還”，將舊公卿和舊大名一律改稱華族；又於1884年7月頒布《華族令》，除原有華族外，維新前後的“功臣”也被列入華族，均按門第和功勛分別授予公、侯、伯、子、男五種爵位；1907年起，又增加了從皇族下降爲華族的成員。華族地位低於皇族，高於士族，享有許多特權。1947年被廢除。

④ “窮”，同“窮”。

今者立憲之風潮。已澎湃于國中。而政黨之組織。國民亦深感其必要。盖有二方面之必要焉。其一對于政府。夫近日政府之從事改革。非不汲引一二有新智識之人。然上者不過以備顧問。下者羈縻[①]之以利禄而已。未聞有稍能展布者。然則立于受動之地位。而非立于主動之地位。雖政府求賢若渴。人材之趨之者日衆。未見其於中國之前途。稍有裨益也。使不立于朝而立于野。公然有政黨之組織。以爲政府之監督。吾信其勢力必偉大。而其影響必較之在朝時爲著。其一對于國民。自宣布預備立憲以來。人民之應之者卒鮮。此固由于政府之不以誠求。然人民不知立憲爲何物。即與以民權自由。又豈知所以行使民權自由之道乎。夫一國之政治思想。其始非即普及於全國。必恃有先覺者以爲之提倡。而後自覺的國民。乃始興起。其培養此政治思想。網羅此先覺之士者。莫政黨若。故政黨者實社會初開明之曙星。而立憲政治之先河也。本是二者。安得不希望在野之政治家發生。而依據政黨以爲活動之基礎邪。

雖然。組織政黨者。必非容易之業也。各國學者。論政黨之得失利害。言人人殊。要之概括各政黨。言之者多。而對于特定之政黨。下論斷者少。中國組織伊始。關係至大。今對勘吾國人之性質。而擧其有可注意之點。凡分爲四。

（一）道德　道德一語。最爲廣漠。有個人之道德。有社會之道德。有政治之道德。玆所論者。政治道德也。雖然。自其觀察之點不同。故所見爲道德者亦異。要之支配各種方面之道德。皆出于同一之源。而中國政治道德之所以腐敗者。毋亦由于一般道德之腐敗而來乎。故欲匡救政治道德之腐敗者。先不可不匡救一般道德之腐敗也。中國舊政治家。固不識有所謂政治道德者。今日之欲新登政治舞臺者。吾恐因一般道德

① “羈縻”，同“羈縻”。

之腐敗。遂致政治道德。亦因之而腐敗。其爲中國政界前途之蟊賊者。正未有限。故吾先以政治道德箴砭之也。夫有政治道德之人。其發于責任心。而擔當政治者。即其爲公益之心。足以克制爲己之心。無政治道德之人。其發于好名心。而擔當政治者。即其爲己之心。壓倒其爲公益之心。夫至于爲己之心。壓倒爲公益之心。則其源已誤。弊害亦百出而不窮。明明有公益于此。而因其足以犧牲自己之名譽。甯棄而不爲。明知其于公益有損。而因其足以造成自己之名譽。則汲汲爲之。在一黨則爭黨魁之地位。而奴隸他人。在各黨中則妨害他黨之行動。而不擇手段。其爲好名心所驅迫。而以他人之無限的精力。供其野心的犧牲者。實政治道德中之最腐敗者也。嗚呼。吾黨而有此也。庶幾改之。吾黨而無此也。其益勉之。

（二）智識　智識之範圍。亦極無一定矣。自其廣義言之。則凡宇宙之事物。爲吾人腦力之所得知者。皆智識也。然狹義之智識。則由教育而來之智識。教育之種類不一。故其所得之智識亦不同。今欲活動于政治方面。則法政教育者。其不可忽者也。夫政治上之智識者。亦至難言矣。各種之教育麗於實。循其順序以求之。終必有智識完滿之一日。法政之教育麗於虛。非善用其腦以受之。則智識不獨不進化。反益形其閼塞。故法政教育者。活的學問也。政治智識者。亦活的智識也。政治之變化。瞬息萬狀而不可端倪。使執一定之政策以待之。而不知變通盡利之道者。則其失敗也無疑矣。中國今日當輸入法政教育之時代。各國之學說及其政策。果可一一適用于中國乎。夫各國之學說及政策。皆應其社會之狀態以發生者也。中國之社會狀態。既不同於各國。則不能不分別採用之矣。雖然。吾觀今之修法政學者。其剖解力之不强。其辨別心之不有。徒墨守一先生之言。而不知所以活用之者。比比皆是。以此種人而組織政黨。不過多一盲從之分子而已。故吾以爲智識者。不可不求其活潑。而政治能力之厚薄。即由之以爲差等者也。

（三）感情　天下之能成事者。恃有感情而已。雖然。天下之最可畏者亦莫如感情。方寸之地。戈矛生焉。立于黨派之中者。感情尤易走於極端。對於異黨之人。必極力攻擊。而不爲之稍留餘地。問其何以如此。則曰我爲增進黨力計。不得不如此也。姑無論其主義之正當否。政見之確定否。而即此黨派心之增長感情上之衝突。已足以禍國家而有餘矣。今日之革命黨與立憲黨。其立于絶對的之地位者。已如吾前所言。雖然。彼此既同認爲救國。則各抱其主義政見。以進行于國中。任彼此之自由競争。而不互相妨害。斯亦足以張一軍之旗幟。而訴于民最國後之同情[1]矣。乃革命黨者。必不認立憲黨爲救國。且不許其同時生存。凡有可以傾陷誣衊之者。不惜用種種卑劣之手段。以撲滅立憲黨。爲唯一之方針。嗚呼。抑何酷也。革命黨無論矣。今後以中國之大。凡立憲黨之發生者。不知凡幾。主義政見。既有不能悉同之點。則於立憲主義之範圍内或主張急進。或主張漸進。各任其自由之競争。而爲分機之發達。慎勿爲感情之奴隸。以戕賊國家於無形也。

（四）手段　夫所謂手段者。即以權濟經之意也。故手段者。可用之於既正之目的。而不可用之於不正之目的。可用之於一時的。而不可用之於永久的。政治之事情。變化莫測。有時不得不以手段濟其窮者。固無害于正當之目的也。雖然。政黨之競争最易流于不正之手段。如各國黨派之間。或以賄買。或以威脅。其種種卑劣之狀態。實足使有高尚之品性者。日遠於政治。今返觀中國之有政治思想者。若以手段爲組織黨派唯一之要素。無時而不用手段。無人而不用手段。遂至纖細之事。亦呈風雲變幻之

① “民最國後之同情”，有誤，應爲“國民最後之同情”。

觀。親密之交。亦有同室戈矛之嘆。卒之其手段無不破露。而其事亦歸于失敗。夫以善用手段而論。宜莫如日本之星亨①者。其破壞大隈板垣聯有之内閣。及離間自由改進兩黨之親交。可謂收手段之效矣。然其於憲法上之功罪。果何如邪。吾願今之組織政黨者。其毋輕于用手段也。

結論

夫吾人今日之組織政黨者。所以爲國家計也。爲國家計。則凡於國家之前途有利益者。不獨可以犧牲個人之身體及名譽。即一黨之主義政見。無不可以犧牲之。何則。以國家爲主體。而個人及黨派。皆國家之客體也。吾讀日本政黨史。吾有最感心之事一焉。即中日日俄。兩大戰開始之時。正政府與政黨相持最急之日。而開戰之詔勅一下。但聞擧國一致之聲。黨争忽至于絶迹。竭全國之力以對外。凡平日之甲黨與乙黨相攻擊者。黨派與政府相激戰者。至是而烟消雲散。渺不知其何往。盖一黨之主義政見。不敵其國家之危急存亡也。於是而嘆日本之能張大其國威者在此。而我中國歷代亡國之歷史。强隣壓境。而朝局水火者。往往有之。此國力之所以不充。對外之所以不競也。今者政府腐敗于上。人民沈酣於下。其所以有一綫之生機者。唯有組織政黨之一法。顧吾之所重以爲慮者。當此道德滅絶人慾横流之日。其出而任天下事也。不發于責任心。而發于好名心。其在一國之中。則以本黨爲主體。其在一黨之中。則以自己爲主體。充其所至。仍不外於個人主義。個人主義發達之至極。而國家亦隨以亡。然則亡國之咎。實政黨尸之。又豈吾人初衷所忍出邪。組織政黨者。可以深長思矣。

① “星亨”，星亨（1850—1901），日本政治活動家，自由黨領袖。1898年憲政黨“隈板内閣”組閣時帶頭從事分裂活動，1900年與伊藤博文共同組織立憲政友會。第四次伊藤内閣（1900—1901）的郵政大臣。1901年在東京市議會議長任上被劍客伊庭想太郎（1851—1903）刺死。

《論中國現在之黨派及將來之政黨》編者説明

《論中國現在之黨派及將來之政黨》一文，發表於《新民叢報》第四年第20號（總第92號）的“論著”欄，署名“與之”，即黄可權。該號《新民叢報》封面上標示的出版時間爲“光緒三十二年十月十五日”，即1906年11月30日，但當時《新民叢報》拖期現象嚴重，而且從該文提到的俄國第二届國家杜馬選舉是在“去歲”即1907年進行的情况看，該號的實際出版時間，最早應該在1908年春。

1. 與之

本名黄可權，生卒年不詳，字與之，湖南長沙人。清末民初報人、資産階級改良派政治活動家。長期協助梁啓超辦報，是《新民叢報》主要撰稿人。後任《國民公報》編輯，《大公報》主筆。在清末立憲運動中，積極參與政聞社的發起工作，1907年10月政聞社在日本成立時，任書記科長并兼編纂科工作。之後回國聯繫同志，發展社員，鼓吹組織國會期成會。1908年在《時報》上發表了《論國民皆宜加入國會期成會》，呼籲國民投入國會請願運動中[①]。1911年11月30日，作爲河南省代表赴武昌參加各省都督府代表聯合會，商議組織臨時政府。1912年1月在上海和湯化龍、林長民、孫洪伊、

① 侯宜傑. 逝去的風流：清末立憲精英傳稿[M]. 北京：北京師範大學出版社，2013：224-225.

向瑞琨、張嘉森等發起共和建設討論會[①]。

2.《新民叢報》

參見本卷“《最近世界大勢論》編者説明”中的“3.《新民叢報》”。

3. 内容簡介

該文題爲“論中國現在之黨派及將來之政黨”。文章認爲，當時中國的存亡繫於政黨，而政黨問題則取決於“現在各黨之地位，及將來政黨發生時之態度”。文章一方面不得不承認，在與革命派的論戰中，改良派顯然已敵不過“革命黨之勢力”，另一方面又警告革命黨，面對當時中國的“危急存亡”，“不獨可以犧牲個人之身體及名譽，即一黨之主義政見，無不可以犧牲之”。文章甚至批評革命黨“不發于責任心，而發于好名心，其在一國之中，則以本黨爲主體；其在一黨之中，則以自己爲主體”，認爲這一説法到底“仍不外於個人主義”，但“個人主義發達之至極，而國家亦隨以亡”。

文章分爲三個部分。

第一部分，“革命黨與立憲之地位”。文章首先回顧了革命派與改良派各自的發展及其在當時的地位，認爲中國滿漢共處的狀況，導致主張排滿的革命派相較於改良派的勢力，已“如決江河”，革命派已“爲國中唯一之黨派也”；接着藉日本明治維新時期自由黨、改進黨雖然立場不同，但“卒能互相提携”，終於“建設完全之立憲政體”的例子，説明雖然在中國新舊過渡的時代改良派和革命派的激烈鬥争是不可避免的，但兩黨應當以國家公益爲出發點，“相携以立於政治之舞臺，而爲共同之行動，以之改造政府”；最後表達了自己的觀點，認爲革命派主張的民族主義“已爲前世紀之遺物”，

① 丁文江，趙豐田. 梁啓超年譜長編：上[M]. 上海：上海人民出版社，1983：613.

在近代中國被帝國主義蠶食的狀况下，執着於民族革命不過是負氣之舉，應以國家主義超越狹隘的民族觀念。

第二部分，“政府對於政黨之態度”。作者認爲，一個國家從封建專制向立憲民主變遷，政府和民間必然會爆發激烈争鬥，中國也不例外，但民權自由終歸是大勢所趨，中國要考慮的是該采取何種方式走上這一道路。可是當時的清政府在面對革命派時，“淫刑重戮，無所不至”，反而使革命浪潮愈演愈烈。作者到此話鋒一轉，説即便這樣，他依然不支持革命，因爲革命終究是孤注一擲，只有漸進改革，才可以在不動摇“國本”的基礎上達到民主自由的目標。接着，作者又以俄國和日本爲正反兩例説明其觀點：在俄國，沙皇專制政府嚴厲鎮壓國内的虚無黨，同時嚴禁國内其他黨派發展，以致人民對政府的仇恨日益加深，而雙方又毫無妥協餘地，其結果則是“腐敗者無窮期，革命者亦無窮期”；在日本，明治維新後，由於政府和民間政黨在相互鬥争的同時能够相互妥協，政黨及政黨政治逐漸發展，最終確立了立憲政體，并“運用其憲政，而强大其國家”。總之，“中國之政府，而不欲真正立憲則已，苟欲真正立憲，其必自承認政黨始矣”。

第三部分，“政黨自身之態度”。作者再次以日本明治維新爲例，認爲日本之所以成功，就是因爲在過渡時期，政黨政治家能以國家大局爲重，不計個人得失，即使在野也能發揮作用，長久耕耘，最終實現變革的理想。但中國數千年的封建專制雖有黨派之分，却没有“以改良政治爲目的”、能够監督政府的近代政黨。作者認爲，既然清政府已經宣布預備立憲，不論是改良派還是革命派，都應當藉機組織起自己的政黨，積極發展中國的政黨政治。進一步説，作者認爲組建政黨應當滿足以下四點要求：一是在道德上應當大公無私；二是在智識上應當變通盡利；三是在感情上應相互包容；四是在“手段上”應當堂堂正正。

《論中國現在之黨派及將來之政黨》一文發表時，革命派和改良派圍繞“中國的前途命運”問題的論戰已趨於尾聲，改良派的頹勢已經顯現，該文在一定程度上，可以説就是這一頹勢的證明。文章同時也展現了資産階級改良派的總體思路，即試圖借鑒日本明治維新的歷史經驗，沿着君主立憲——開設議會——政黨政治的路綫，使近代中國向現代國家轉型。這一點，本無太大新意，與改良派領袖梁啓超的主張并無二致。但該文的特殊之處在於，相較於此前論戰中梁氏的咄咄逼人，作者的語氣似乎温和了許多，雖然表達的仍然是“知今日中國之時勢，宜於立憲，而不宜於革命”的觀點，但開篇則言“數年以來，革命論盛行于國中”，“下至販夫走卒，莫不口談革命”，這實際上等於對革命派與改良派論戰的勢態，即革命派實際上取得上風這一事實的委婉承認。文章希望革命派以大局爲重，放下民族仇恨與偏見，加入立憲運動中。

該文介紹了西方近現代政治學中有關政黨政治的一些知識和史料，但作爲極力宣傳君主立憲政治方案的一篇代表作，文章在批評革命黨時，某些地方明顯是在强詞奪理，已經違背了政治學中的基本邏輯，如説“今革命黨不認有中國政府，即不認有中國國家”;“革命黨之黨綱，曰顛覆現政府，曰建設共和國，是破壞中國國家之根本組織，而不承認君主立憲”等，這顯然是把“國家”與“政府”、“國體”與“政體”混爲一談了。

4. 研究綜述

作爲中國近代資産階級革命派與改良派論戰中的標志性文獻，該文曾收入《辛亥革命前十年間時論選集》第二卷下册、《孫中山思想政見各方論争資料集》第 1 輯第 3 册、《中國政黨學説文獻彙編》第一卷、《清末立憲運動史料叢刊 2：立憲派與革命派的論戰》等文集中。

學界對《論中國現在之黨派及將來之政黨》一文的關注，亦多集中於其在資産階級革命派與改良派論戰中的標志性意義，即認爲其標志着改良派在論戰中的“頹勢”甚或“一落千丈”。[①]當然，也有少數學者在較早時候就已指出，不能認爲改良派在當時“被革命派所徹底戰敗”，否則，將很難解釋《新民叢報》“停刊後立即出現的改良派創辦的《政論》以及稍後的《國風報》等宣傳陣地”[②]。除此之外，有爲數不多的學者主要從以下兩方面切入，進行研究。

第一，從清末滿漢關係的角度，考察該文作者及改良派對於滿漢關係的認識。朱英認爲，該文反映了清末滿漢矛盾錯綜複雜的形勢，“在當時的滿族和漢族之間都帶來了無法抹去的陰影”[③]；李良玉認爲，反滿民族主義使得“排滿”思潮在近代中國有着巨大的政治動員作用，這導致了該文所提到的革命風潮的盛行[④]；鄭大華也提到了“排滿”宣傳對動員人民群衆參加革命的巨大作用，“在當時民族危機與社會危機都非常嚴重的歷史條件下，革命派的‘排滿’宣傳，對於動員‘上流社會’中那些深受儒家‘夷夏之辨’思想影響的漢族官僚、知識分子和‘下流社會’中那些具有反清復明思想傳統的會黨群衆結成最廣泛的反清革命統一戰綫，最大限度地孤立少數滿族

---

① 參見：孟祥才. 梁啓超傳[M]. 北京：北京出版社，1980：115；張錫勤. 中國近代哲學簡史[M]. 哈爾濱：黑龍江人民出版社，1980：183-184；張江明. 孫中山哲學研究[M]. 廣州：廣東人民出版社，1986：18-19；朱義禄，張勁. 中國近現代政治思潮研究[M]. 上海：上海社會科學院出版社，1998：153；談敏. 回溯歷史——馬克思主義經濟學在中國的傳播前史：上册[M]. 上海：上海財經大學出版社，2008：528；林家有，張磊. 孫中山評傳（上）[M]. 廣州：廣東人民出版社，2014：243；劉大年. 劉大年全集：中國近代史研究 2[M]. 武漢：湖北人民出版社，2019：253.

② 張瑛.《新民叢報》停刊考析[J]. 近代史研究，1985（5）：236.

③ 朱英. 晚清經濟政策與改革措施[M]. 武漢：華中師範大學出版社，1996：278.

④ 李良玉. 李良玉史學文選[M]. 合肥：合肥工業大學出版社，2007：33-34.

統治者，其作用不可低估”[①]；李世榮指出，該文批判了革命黨人的“排滿革命”主張，以爲一旦清廷實行立憲政治，則滿漢之畛域就可以完全得到調適，救亡圖存之道亦可以實行。雖然改良派“刻意淡化清代時期滿漢民族之間存在的不平等的歷史事實”是十分牽强的，但“堅持認爲滿漢同爲中華民族不可分割的組成部分這一觀點無疑是正確的”[②]。

第二，從西方政治學説在中國傳播的角度，考察該文對西方政治理論的介紹及其影響。具體而言，學界對此的關注指向兩個方面，其一是有關西方政黨的政治理論。劉健清提出，改良派接受并稱頌英、美的議會制和兩黨制，“在理論上爲中國現代政黨的出生準備了輿論”[③]；張世保認爲，在20世紀前50年西化論者對中國政治現代化的設計中，政黨政治問題具有相當重要的地位，他們希望在中國建立英、美式的兩黨政治或多黨政治，該文即是如此[④]；李招忠和石玉平則指出，該文提到的“人民不知立憲爲何物”的現象反映了近代中國一般民衆在内外交困下成爲舊制度“野性的、盲目的、放縱的破壞力量”，他們的政治意識本能地傾向革命[⑤]；姜義華認爲，這一時期熱心宣傳并積極組織政黨者多爲黄可權這樣的改良派，“他們視立憲政治爲國會政治，又視國會政治爲政黨政治，所以以政黨爲國會政治及立憲政治的根本”[⑥]。其二是有關西方個人主義的政治思想。黄嶺峻認爲，近代中國知識分子遵循一種“强調集體利益、强調國家本位的思想傾向”，包括該文

① 鄭大華. 中國近代思想史學術前沿諸問題[M]. 長沙：湖南師範大學出版社，2012：171.

② 李世榮. 滿與漢：清代民族思想及其實踐的歷史考察[M]. 銀川：陽光出版社，2015：318.

③ 劉健清. 公民意識、政黨與近代中國社會[M]//南開大學近代中國研究中心，南開大學歷史學院. 近代中國社會、政治與思潮. 天津：天津人民出版社，2000：321.

④ 張世保. 從西化到全球化——20世紀前50年西化思潮研究[M]. 北京：東方出版社，2004：64.

⑤ 李招忠，石玉平. 論辛亥革命前十年中國國民的憲政意識[J]. 唐都學刊，2006（4）.

⑥ 姜義華. 中華文明的根柢[M]. 上海：上海人民出版社，2021：61.

作者在內，“在大多數人眼裏，‘個人主義’與‘自私自利’是合二爲一的”①；胡金平也提到，20 世紀初期由日本定名後傳入我國的“個人主義”概念的最初用法具有較多的負面釋義，正如該文所顯示的，個人主義被視爲極端爲我主義，其後果是導致國家敗亡②。

（編校者：汪越、王保賢）

① 黄嶺峻. 激情與迷思——中國現代自由派民主思想的三個誤區[M]. 武漢：華中科技大學出版社，2001：114.

② 胡金平. 民國時期“個性教育”理論的演進：知識社會學的視角[J]. 基礎教育，2017（6）.

法國政界近時之趨勢

（日本法學博士小野塚喜平次講演）

孟揚

第一　法國下院政界上之勢力

十九世紀間。英法兩國政治之變遷。實研究近世史者。最有價值之材料也。然以此兩者相比較。則英國之政治的沿革。雖非無多少之波瀾。若干之曲折。要之如不斷之長江。洋洋乎隨一定之方向而朝宗於海。若法國政界之變遷則不然。忽而激湍奔流。忽而飛瀑南下。卒乃以北流而成爲奔河者近是。雖然。最近二三十年間。法國政界之趨勢。可作爲一大潮流觀。此潮流。乃包括幾多政治的勢力之動機與及反動軋轢與融化而貫通之者也。“國家即朕”一語。出於路易十六世之口①。誠足以形容擁無限權力之專制君主之用語也。今試易朕之一字。爲議院之二字。其亦可以想見法國政界之近狀而得其妙乎。

法國大統領②之權力。其憲法固已早成爲制限的矣。一八七五年制定之

① “‘國家即朕’一語。出於路易十六世之口”，“路易十六世”，即路易十六（Louis XVI，1754—1793），法國國王（1774—1792）。1789 年法國大革命爆發後，於 1793 年 1 月以叛國罪被處死。“國家即朕”或“朕即國家”，通常被認爲是法國國王路易十四（Louis XIV，1638—1715，1643—1715 年在位）所說。路易十四幼年即位，親政後實行絕對君主專制統治，人稱“太陽王”。

② “大統領”，今通譯作“總統”。

現行法國憲法[①]。對於大統領專横之危險。加以緻密之注意。然當其制定之初。王黨[②]之氣焰。尚極隆盛。頗有唱導新定共和國體之半君主制之勢。憲法制定時之大統領 Me mahon[③]及前大統領 Jhiers[④]之箇人勢力。一時之間。偶使此唱導。頓呈極有根據之觀。比來經 greuy[⑤]；Carnot[⑥]；

① "一八七五年制定之現行法國憲法"，即《法蘭西第三共和國憲法》，由國民議會於 1875 年 2—7 月先後通過的《參議院組織法》《政權組織法》《政權關係法》構成。1884 年有部分修改，規定不得改變共和體制，凡統治過法國的王室家族成員不得爲總統，取消終身參議員。該憲法實施至 1940 年，後被 1946 年憲法（即《法蘭西第四共和國憲法》）替代。

② "王黨"，即"保王派"或"君主派"。當時法國的保王派主要來自三個方面：一是正統派，仇視大革命以來政治、經濟和社會等方面發生的重大變化，主張恢復君主制和天主教統治，其中的右翼擁立被 1830 年七月革命推翻的查理十世的孫子尚博爾伯爵，企圖建立以其爲首的君主專制。二是奥爾良派，其中的中右翼强調國家對教會的尊重和優惠，擁路易・菲力浦的孫子巴黎伯爵爲其政治領袖，企圖恢復七月王朝時的金融貴族統治。三是波拿巴主義者，企圖恢復波拿巴家族的統治，也稱帝制派。

③ "Me mahon"，有誤，應爲"Mac-Mahon"，即馬里・艾德姆・帕特里斯・莫里斯・麥克馬洪（Marie Edme Patrice Maurice Mac-Mahon，1808—1893），法國將軍和政治家，波拿巴主義者。曾任阿爾及利亞總督。1870 年普法戰爭初期任第一軍軍長，後任夏龍軍團司令，同年 9 月在色當戰役中被俘。關押半年獲釋回國後，任凡爾賽梯也爾政府軍司令，鎮壓巴黎公社革命。1873 年 5 月接替梯也爾成爲第三共和國第二任總統，1879 年辭職。

④ "Jhiers"，有誤，應爲"Thiers"，即阿道夫・梯也爾（Adolphe Thiers，1797—1877），法國政治家、歷史學家。早年從事過律師和新聞工作，19 世紀 30 年代起從事政治活動。曾爲保王派"秩序黨"領導人之一。1851 年 12 月政變中被路易・波拿巴放逐到國外。1863 年重返政壇。1871 年 2 月被波爾多國民議會任命爲"法蘭西共和國行政權力的首腦"。3 月巴黎公社革命爆發後，率政府逃往凡爾賽，向德國求援，調軍隊鎮壓了巴黎公社革命。8 月，被議會授予"共和國總統"的職務，成爲第三共和國首任總統，1873 年 5 月辭職。著有 10 卷本《法國大革命史》和 20 卷本《執政府和帝國時代的歷史》等。

⑤ "greuy"，有誤，應爲"Grévy"，即弗朗索瓦・保羅・格雷維（Francois Paul Grévy，1807—1891），法國政治家。律師出身，1839 年曾爲工人革命家布朗基辯護。1848 年革命中當選制憲議會議員。1851 年因反對路易・波拿巴政變被捕。1868 年當選立法團議員，屬自由主義反對派。1871—1873 年任國民議會議長，1876—1877 年任衆議院議長。1879 年麥克馬洪辭職後當選第三共和國第三任總統，法國的共和政體從此得以確立。1887 年因女婿鬻賣榮譽軍團勛章的醜聞被揭露而辭職。

⑥ "Carnot"，即馬里・弗朗索瓦・薩迪・卡諾（Marie Francois Sadi Carnot，1837—1894），法國政治家。參加過普法戰爭。1871—1886 年爲議員，屬温和共和派。1880—1886 年先後擔任公共工程部長和財政部長。1887 年格雷維辭職後，被選爲第四任總統。主持 1889 年法國大革命 100 周年紀念儀式，支持舉辦 1889 年巴黎世界博覽會。1894 年 6 月被意大利無政府主義者卡塞里奥（Caserio，1873—1894）刺死。

目錄

新民叢報第肆年第貳拾肆號

（原第九十六號）

譯述三

法國政界近時之趨勢（日本法學博士小野塚喜平次講演）

孟揚

第一　法國下院政界上之勢力

十九世紀間。英法兩國政治之變遷。實研究近世史者。最有價值之材料也。然以此兩者相比較。則英國之政治的沿革。雖非無多少之波瀾。若干之曲折。要之如不斷之長江。洋洋乎隨一定之方向而朝宗於海。若法國政界之變遷則不然。忽而激湍奔流。忽而飛瀑南下。卒乃以北流而成爲奔河者近是。雖然。最近二三十年間。法國政界之趨勢。可作爲一大潮流觀。此潮流。乃包括幾多政治的勢力之動機。與及反動軋轢與融化而貫通之者也。「國家即朕」一語。出於路易十六世之口。誠足以形容擁無限權力之專制君主之用語也。今試易朕之一字。爲議院之二字。其亦可以想見法國政界之

Perier[①]；Faure[②]以至現大統領 Falliere[③]。其間雖可見關於大統領之權力之種種之經過。然近時之趨勢。乃使大統領超然於政界紛争之外。而安固其地位。同時即縮小其政治的權力。若以之爲左右政界之權衡之要素。則大統領之爲大統領。其價值固有限也。

法國元老院。Lesenat[④]即上院之憲法的權限。與代議士院 Lachambre[⑤]即下院。初非顯然有異也。其就任亦以民選爲最終之基礎。故將不遠而適於衆民的風潮之要求矣。至其政治的勢力。亦决非可置之於不議不論之列者。立法權無論矣。即豫算審查權。亦非與之無關係也。惟事若關於國家之大問題。兩院意見相反之時。結局勝利歸於下院。内閣人員對於議院之責任亦係對於下院之多數而負擔者。與英國流之憲法上之解釋相同。内閣員之多數。恒以下院議員爲之之實況。微特易於動法國政界觀察者之目已也。在大體上。上院内政争之傾向。恒以追隨於下院内政争之跡者爲多。但較爲平穩而已。故欲研究法國政界近時之趨勢。必以下院爲中心者。盖實有相當之理由也。余不敏。請先就下院近時政黨政派消長之傾向而尋繹之。

① “Perier”，即讓・保羅・皮埃爾・卡西米爾-佩里耶（Jean Paul Pierre Casimir-Périer，1847—1907），法國政治家。1876 年當選爲衆議院議員，屬温和共和派。1891—1893 年任預算委員會主席，1893 年任衆議院議長。1894 年 6 月卡諾被刺後被選爲第五任總統。上任後與内閣總理關係緊張，因德雷福斯案件受到左翼黨派攻擊，被迫於 1895 年 1 月辭職。辭職後任昂贊（Anzin）礦業公司經理。

② “Faure”，即菲利克斯・富爾（Félix Faure，1841—1899），法國政治家。1881 年進入衆議院，屬温和共和派。1883—1885 年任衆議院副議長。1894 年任海軍部長。卡西米爾-佩里耶辭職後被選爲第六任總統。任内締結法俄同盟，批准建立對馬達加斯加的殖民統治，反對重審德雷福斯案件。1899 年卒於任内。

③ “Falliere”，有誤，應爲“Fallières”，即阿爾芒・法利埃（Armand Fallières，1841—1931），法國政治家。1876 年進入衆議院，屬温和共和派左翼。曾任内政部長、教育和藝術部長、司法和宗教部長等職。1883 年擔任過不足一月的内閣總理。1890 年任參議員，1899 年任參議院議長。1906 年當選第八任總統，1913 年任滿卸職。

④ “元老院。Lesenat”，今通譯作參議院（Le Sénat），法國兩院制議會中的上院。

⑤ “代議士院 Lachambre”，今通譯作衆議院（La Chambre），法國兩院制議會中的下院。

第二　法國下院政派消長之傾向

凡研究事物之傾向者。可分爲性質的與分量的之二端。欲知其進行之屬於若何之方向者。性質的研究也。欲知其進行之達於若何之程度者。分量的研究也。不徒以性質的研究爲滿足。更欲進而求分量的智識者。研究者之常情也。即從事於政治之學術的研究如吾輩。亦不能禁此渴望。特常乏足以充此渴望之機會。不免爲憾事耳。政黨政派之消長。雖得以算數而測定之。然其消長榮枯。恒隨觀察者之所見。而各有不同。或誇大而計算之。或過小其範圍而計算之。其結果之不能一致者比比矣。彼政治界中。恒有數多之小政派。而富於動摇者。法國政界則尤甚。况法國政府所公刊之選舉統計報告。不明揭議員候補者及投票之政黨所屬别乎。研究者之徒竭精神。而卒不能得正確之結果也。宜也。吾人於此。亦惟有對於一切之材料。而力求其爲公平之判定已耳。法德之戰[①]。拿破崙三世[②]。爲俘虜於 Sedan[③]。帝國幾於瓦解。於是因媾和可否之决定。兼負戰後經營之大任。於一八七一年在法國

① “法德之戰”，通稱普法戰争（1870—1871）。1866 年普奥戰争結束後，法、普矛盾加深。1870 年 7 月 19 日，拿破侖三世在俾斯麥的挑動下對普魯士宣戰，最終法國戰敗。1871 年 1 月，法國被迫同普魯士簽訂停戰協定，普魯士國王威廉一世在凡爾賽宫的鏡廳加冕成爲德意志帝國皇帝。同年 5 月，法、德締結《法蘭克福和約》，法國割讓阿爾薩斯全省和洛林東部給德國，并賠款 50 億法郎。普法戰争改變了歐陸國家的力量對比，普魯士由此完成了德意志的統一。

② “拿破崙三世”，拿破侖三世（Napoléon III），即路易-拿破侖 •波拿巴（Louis-Napoléon Bonaparte，1808—1873）。法蘭西第二共和國總統（1848—1852），法蘭西第二帝國皇帝（1852—1870），拿破侖一世的侄子。

③ “Sedan”，即色當，法國北部邊境默兹河畔一城鎮，近比利時，爲國防要塞。1870 年 7 月普法戰争爆發後，法軍接連失利，部分主力退至色當。9 月 2 日，被困在色當的約 10 萬法軍在拿破侖三世的率領下投降。9 月 4 日，巴黎爆發革命，推翻了第二帝國，新的共和國（史稱“第三共和國”）建立。

構成之一院制國民議會之總選擧[①]。及現行憲法發布後之二院制議會之下院議員總選擧。迄今合計其數。共有十三次之多。其間隨政界狀況之變遷推移。而政派之分合興廢盛衰。以及名稱之變化。雖有多端。然概括之。要不外保守派之衰退也。革新派之勃興也。革新派中急進派之隆起也。若以法國政界之語表之。第三共和制下之政黨界之傾向。乃左進的也。（Mouvement ondéplacement Uers la gauche[②]）盖法國議院中議席之排列。異於英國。而與他之歐洲大陸諸國相同。在議長席右側之議席者。普通皆爲保守派。而在其左側者。爲革新派。且其最左側之議員。非僅在院内爲極端之革新論者已也。法國於此。有與意國[③]相似者。即政派之名稱。從來亦嘗分爲右黨、中央黨[④]、中央右黨、中央左黨、左黨、極左黨等。故所謂左進的傾向者。即指因左席方面諸黨之膨脹。而致右席方面諸黨縮小之傾向而言也。

一九〇六年五月（五月六日爲第一投票日二十日爲决選投票日）所擧行之法國下院議員總選擧。乃使此左進的傾向。愈形顯著。以下所揭之諸統計表。實足以爲有力之參考材料也。

---

① “一八七一年在法國構成之一院制國民議會之總選擧”，即波爾多國民議會選擧。1870 年 9 月 4 日革命後，成立了以特羅胥將軍爲首的“國防政府”。該政府奉行對外投降、對内鎮壓的政策。1871 年 1 月 5 日，“國防政府”不戰而降。1 月 28 日，法、普訂立停戰協定，規定停火時間爲三周，法國須於 2 月 15 日之前選擧新的國民議會批准和約。2 月 8 日，法國擧行選擧，産生了一院制的國民議會。2 月 13 日，國民議會在波爾多召開（該國民議會因此被稱爲“波爾多國民議會”），特羅胥政府解散；17 日，國民議會任命梯也爾爲“法蘭西共和國行政權力的首腦”。梯也爾繼續執行特羅胥政府時的内外政策，於 2 月 26 日與俾斯麥在凡爾賽簽訂預備和約。

② “Mouvement ondéplacement Uers la gauche”，法文，向左邊移動的意思。

③ “意國”，即意大利。

④ “中央黨”，即中派政黨，其政見和主張介於左派政黨和右派政黨之間。在法國和意大利等多黨制國家，中派政黨的座席通常居於議會大廳中央。

第一表（此乃法國内務省[①]之調查簿 Revue Pollitipne et Parlementaire 一九〇六年六月份第六五三頁内所揭載者）

以一九〇六年總選舉前後下院政黨所屬別議員而比較之。議員總數五百九十一人中。現所可知者。五百八十五人之所屬別如左。

	新議會	前議會
復舊諸黨（Reactionnaires）[②]	七八	八四
國民黨（Nationalistes）[③]	三〇	五三
進步黨（Progressistes）[④]	六六	九五
左席共和黨（Republicains de gauche）[⑤]	九〇	八三
急進黨（Radicaux）[⑥]	一一五	九六

① “内務省”，日本稱内政部爲内務省。法國内政部的主要任務是管理全國警察和公安事務，亦辦理選民登記和監督選舉等民政事務。

② “復舊諸黨（Reactionnaires）”，指當時法國的各種保王派或君主派，參見前文對“王黨”的注釋。

③ “國民黨（Nationalistes）”，指民族主義者，包括沙文主義者、軍國主義者、反猶太主義者等，以戴魯萊德（1846—1914）1882 年創建的愛國者聯盟和巴雷斯（1862—1923）1898 年創建的法蘭西祖國同盟爲主要代表，攻擊議會共和政體，極力煽動對德復仇情緒，堅决反對重審德雷福斯案件。

④ “進步黨（Progressistes）”，指温和共和派。第三共和國時期的資産階級共和派主要分爲温和與激進兩派。在 1879—1899 年中，國家政權基本上由温和派掌握。温和派主要包括格雷維、費里（1832—1893）領導的“共和派左翼”和萊昂・甘必大（1838—1882）領導的“共和聯盟”，前者在議會中屬左派中間派，主要代表大資産階級的利益，後者主要代表小學教師、公證人、醫生、小企業家、小商人等所謂“新階層”的利益。温和共和派以共和國的保衛者自居，主張必須慎重選擇進行一切民主改革的最“合宜的時機”，并自詡其政策爲“機會主義”。其中一些活動家因在德雷福斯案件中以維護國家榮譽爲由，踐踏民主、自由和正義原則，在公衆中失去威信。1899 年後，激進派開始在法國政權中占據主導地位。

⑤ “左席共和黨（Republicains de gauche）”，即左翼共和派（有别於温和派中的“共和派左翼”），主要由温和共和派中分裂出的左翼反對派人士和部分支持米勒蘭入閣的社會主義者組成。

⑥ “急進黨（Radicaux）”，指激進共和派。第三共和國初期，資産階級激進共和派的領袖是萊昂・甘必大。早在 1869 年，甘必大就提出《貝爾維爾綱領》，要求徹底實施共和主義學説，如取消參議院、取消總統職位，實行政教分離，主張徵收累進所得税，鐵路和礦山國有化等，主要代表中小資産階級的利益。第三共和國建立後，甘必大逐漸轉向“機會主義”，成爲温和共和派之一“共和聯盟”的領袖。此後，原甘必大陣營中堅持全面履行《貝爾維爾綱領》的部分成員和以若爾日・克列孟梭爲首的其他共和派人士，則成爲激進共和派的主力。

續表

	新議會	前議會
急進社會黨（Radicaux-Socialistes）①	一三二	一一九
合同社會黨（Socialistes unifies）②	五四	四一
獨立社會黨（Socialistesindépendents）③	二〇	一四

第二表（一九〇六年五月二十二日 Le Temps④揭載）

一九〇六年總選擧。當選者五百八十六名之屬別如左。

急進黨及急進社會黨（Radicaux ou Radicanx-Socialistes）	二四六
左席共和黨（Républicains de gauche）	七七
别派急進黨（Badicaux dissidents）⑤	七
獨立社會黨（Socialistes indépendents）	二二
合同社會黨（Socialistes umfies）	五三
進步黨（progressistes）	六四

① “急進社會黨（Radicaux-Socialistes）”，今通譯作“激進社會黨”（Parti Radicaux-Socialiste）。德雷福斯案件發生後，法國激進共和派分裂，一部分以克列孟梭爲領袖，於 1901 年 6 月組成激進社會黨。該黨信奉資産階級自由主義原則，主要代表中小資産階級的利益。1902 年大選後，激進社會黨人茹斯坦·孔布（1835—1921）出任總理（1902—1905），此後，該黨一直爲第三共和國的主要執政黨之一。1907 年通過正式綱領，主張政教分離，實行世俗化教育，保障普選權以及實施累進所得税等。1924 年和社會黨等組成左翼聯盟；1935—1938 年又和共産黨、社會黨組成人民陣綫，制止法西斯奪取政權。1938 年 4 月至 1940 年 6 月，該黨領袖達拉第任總理。第四共和國時期（1946—1958）仍爲執政黨之一。1947 年重建，同年與社會黨和人民共和黨組成“第三勢力”政府，既反對戴高樂主義，又反對共産主義。

② “合同社會黨（Socialistes unifies）”，即法國統一社會黨（工人國際法國支部）。1905 年根據第二國際阿姆斯特丹代表大會决議，由蓋得派的法蘭西社會黨、饒勒斯派的法國社會黨和阿列曼派的法國革命社會主義工人黨以及其他工人組織合并而成。目的是把法國的工人隊伍建成無産階級政黨，以奪取政權，進而實行生産資料和交换資料的社會化。饒勒斯派掌握實際領導權。第一次世界大戰中黨的領導人持社會沙文主義立場。1920 年 12 月在圖爾代表大會上發生分裂，以馬·加香（1869—1958）爲代表的多數派組成法國共産黨，以讓·龍格（1876—1938）爲代表的少數派另組新社會黨，繼續沿用工人國際法國支部的名稱。

③ “獨立社會黨（Socialistesindépendents）”，即獨立社會黨人聯盟，法國社會主義派别之一。1898 年由饒勒斯、米勒蘭、阿·白里安和勒·維維安尼（1863—1925）等人領導成立，主要社會基礎是知識分子、手工業者和小企業主，主張社會改良主義，試圖通過普選獲得國家政權，通過國家干預實行自上而下的改革和生産資料國有化。1899 年支持米勒蘭加入資産階級政府。1902 年與可能派社會主義工人聯合會等組成法國社會黨（饒勒斯派）。

④ “Le Temps”，即《時報》，法國資産階級報紙，日報。1861—1942 年在巴黎出版。

⑤ “别派急進黨（Badicaux dissidents）”，此處指從進步黨（温和共和派）中分裂出來的一部分左翼分子。

以上大同團結（Le Bloc[①]）

王黨 Bonapart 黨[②]自由行動派[③]及國民黨（Royalistes[④]；Bonapartistes Action Liberales[⑤]；et nationalistes）	一一七

以上反對黨（L'opposition）

大同團結所屬議員數較前議會增加五十六名。

“註”大同團結 Bloc 一語。自 Cremanso 倡法國革命。乃一體而不可分之説[⑥]以來。法國政界中。輒以此爲常用語。其意盖即謂共和國體主義各黨派之聯合也。雖然。如進步黨者。苟内閣與極左黨不相分離。即不與以繼續的援助。故恒出於大同團結之外。而加算於反對黨中也。

第三表（與第二表同一出處）

一九〇六年。總選舉前後各黨派之消長。就百五十五席中。比較新舊兩派議會。而計算其變動之數如左。

① “Le Bloc”，“Bloc”，法語詞，本意爲“團”“塊”，引申爲“整體”和政治上的“集團”“聯盟”等。1871 年 3 月 28 日巴黎公社政權建立後，克列孟梭堅决反對梯也爾政府的投降政策，同時力求緩和巴黎公社戰士與凡爾賽分子的關係。1871 年 4 月 5 日，巴黎第十八區區長克列孟梭和巴黎第三區區長崩瓦勒一起創建了“巴黎權利共和團結聯盟”，該聯盟以“進行强有力的調解活動，重建和平和維持共和國”爲宗旨，提出了“承認共和國，承認巴黎的權利，把巴黎交給能拿起武器的全體選民所組成的國民自衛軍”的綱領。

② “Bonapart 黨”，“Bonapart”，有誤，應爲“Bonaparte”，即波拿巴，此處指波拿巴主義者，當時法國保王派之一。

③ “自由行動派”，即全民自由行動派（L'Action Libérale Populaire），1898 年選舉時由天主教“歸順者”（Ralliés）改組而成的保守主義黨派。

④ “Royalistes”，即王黨或保王黨。

⑤ “Action Liberales”，有誤，應爲“Action Libérale”，即自由行動派。

⑥ “Cremanso 倡法國革命。乃一體而不可分之説”，“Cremanso”，有誤，應爲“Clemenceau”，即若爾日・克列孟梭（Georges Clemenceau，1841—1929），法國政治家。第二帝國時期屬左翼共和派。第三共和國成立後任巴黎第十八區區長。1876 年進入衆議院，成爲激進派領袖，贊成大赦巴黎公社社員。1902 年起進入參議院。1906 年 3 月入閣任内政部長後，開始右傾；1906 年 10 月—1909 年 7 月任總理時，維護大資産階級利益，鎮壓民主運動和工人運動。第一次世界大戰期間成爲沙文主義者。1917—1920 年再度出任總理，積極策劃對蘇俄的經濟封鎖和武裝干涉，并主持巴黎和會，參與炮製《凡爾賽和約》。克列孟梭代表的激進共和派經常標榜他們是法國大革命時雅各賓派的繼承者，克列孟梭自稱“法蘭西大革命的子孫”。

	新被選於新議會者	爲前議會之議員而不出於新議會者
急進黨及急進社會黨	八一	二六
別派急進黨	五	一〇
左席共和黨	一〇	一二
合同社會黨	二〇	四
獨立社會黨	九	四
進步黨	一二	四五
反對諸黨	一八	四四

第四表（一九〇六年五月二十二日 Jourual des lebats①揭載）

據 Avas②通信社之通信。一九〇六年總選舉後之新議會及前議會各黨所屬議員數之判然可知者如左。

	新議會	前議會
保守黨（Conservateurs）③	七八	七七
國民黨	二四	四四
進步黨	七七	一一二
左席共和黨	七七	六六
急進黨	一一〇	一一八
急進社會黨	一四三	一一六
合同社會黨	五六	四〇
獨立社會黨	一九	一七
社會黨反對者（Antisocialiste）	一	……
合計④	五九〇	五八五

① “Jourual des lebats”，有誤，應爲“Journal des débats”，即《辯論日報》，全稱《政治和文學辯論日報》(*Journal des Débats politiques et littéraires*)。1789—1944 年在巴黎出版的資産階級日報，最初主要報道議會的辯論情況，刊登政府的法律命令；波旁王朝復辟時期成爲自由派報紙；七月王朝時期基本代表奥爾良派的主張；1848 年革命中具有反革命傾向；第二帝國時期代表自由主義反對派的觀點；第三共和國成立後代表共和主義保守派的觀點。

② “Avas”，當爲“Havas”，即哈瓦斯通訊社（Agence Havas）。1835 年由法國籍匈牙利人查理・哈瓦斯（Charles Havas，1785—1858）在巴黎創辦，是世界上最早的新聞通訊社。1940 年 6 月德國入侵法國後，曾附庸於納粹官方通訊社。第二次世界大戰結束後由法國政府接收，改組成法國新聞社，簡稱法新社。

③ “保守黨（Conservateurs）”，當時主要包括殘餘的保王黨分子、教權主義者等反共和主義的保守勢力。

④ 原文如此，疑此欄數據“五九〇”“五八五”有誤。

以上所列之諸統計。比較的差爲信而有據。然其間猶不免有多少之差異者。論者或歸咎於統計者之偏頗或怠慢。抑知其統計之目的物。乃動摇的之物。而且不免於曖昧。實有以致之乎。所幸者。以上諸統計之間。所存之小差。不足以掩所示一般傾向之點之一致耳。夫所謂一致者何哉。其一在大同團結之優勝。其二則大同團結中進步黨之減少是也。以此相湊合之。即所謂左進的傾向之發現也。對於此總選擧而鳴其不平者。或以現行選擧法[①]爲不完全者有之。或以當選擧之時。政府及左黨諸派之處置爲不當或不法者有之。是等之議論。雖亦不無多少之理由。然至欲以此爲左進的傾向發現之主因。則究非局外者所能首肯也。盖選擧法之規定。要必以使議會之多數。代表選擧民之多數爲主眼。此當然之事也。因欲達此目的。而採用比例選擧者。尤屬有力之論據。而毫無容疑者也。在今日已經實行比例選擧之白耳義國[②]。國民中各黨派之勢力。與議會内各黨派所屬議員之數。亦有不必爲正比例者矣。法國保守派。於現行選擧法之下。所蒙之不利。正與德國社會衆民黨[③]。於現行選擧法[④]之下。所遭之不利相類。選擧法之改正。雖可減少

① "現行選擧法"，指1889—1919年衆議院選擧采取的小選區制(亦稱單選區制)。這種制度曾在1875—1884年實施，即將全國劃爲數百個選區，每個選區産生1名議員。采用這種選擧制的結果是，由於選擧區域較小，選區内有權勢的人比較容易通過操縱選擧獲勝，這往往使小政客占優勢地位；同時由於各選區大小不一、選民人數不等，選擧失去了平等。甘必大批評這時的衆議院議員只代表法國各地區的利益，而不代表整個法國的利益。

② "白耳義國"，即比利時，是世界上最早采用比例選擧制産生衆議院的國家(1899年)。

③ "德國社會衆民黨"，即德國社會民主黨。前身爲1863年和1869年先後建立的全德工人聯合會和德國社會民主工黨，1875年5月兩黨合并爲德國社會主義工人黨，1890年10月改稱德國社會民主黨。

④ "現行選擧法"，當時德國仍按照1849年普魯士憲法的規定，通過三級選擧制産生議會下院的議員，即除婦女、25歲以下的男子、破産者、受救濟者和現役軍人無選擧權外，每個選區的選民以所納直接税的多少爲標準，分爲三個等級；各等級選民分别擁有本選區三分之一的選票。這樣，廣大無産階級和人民群衆所屬的第三等級選民，往往要幾十倍甚至幾百倍於第一等級選民，才能選出同等數量的議員。德國社會民主黨曾領導人民群衆爲廢除三級選擧制進行了長期鬥争。1918年，該制度被廢除。

其若干不利之處。而使是等黨派。於議會内之勢力上。亦得受有好影響。然要不能因此而致法國下院左席諸派之優勢。全行遮斷者。盖因左席諸派。在選舉民中。實有如下表所示之根據。此根據處於不能顛覆之勢。即能顛覆之。亦决非一朝一夕所能成就之事故也。

第五表（此乃從一九〇六年八月一日發行之 Revne des deuxmondes[①]内所載之 Mitt-guizont 氏論文中摘録者也）

一九〇六年總選舉第一投票期内。各黨派所屬候補者之得票合計如左。（無所屬之得票數。有可以信爲不正確之理由。）

黨派名	候補者數	得票數合計
急進社會黨	二二七	一、四八四、〇六六
急進黨	二三四	一、二八八、四八三
合同社會黨及獨立社會黨	三九一	一、一九八、九五九
進步黨	一七七	一、一一八、〇四三
左席共和黨	一六二	一、〇五三、八二三
保守黨	一二六	九八六、九六一
國民黨	八八	五三九、三一三
其他無所屬	八八	七四、〇二一

若夫法國政府及左黨諸派。當總選舉時之行動。雖非必一一有辨護之價值。然以一九〇六年之總選舉。其前數週間。雖因政教之分離[②]。現出種種不穩之意外事。卒仍能以静穩平和。而施行此選舉之事實。（較之法國從來

① “Revne des deuxmondes”，即《兩大陸評論》（*La Revue des deux Mondes*），月刊。法國資産階級自由派的雜誌，1829—1940年在巴黎出版。起初爲文藝雜誌，後來成爲以哲學和政治問題爲主要内容的綜合性評論刊物。維克多・雨果、喬治・桑、巴爾扎克等都曾爲該雜誌撰稿。“Revne”，有誤，應爲“Revue”。

② “政教之分離”，1905年7月，法國衆議院通過了由阿・白里安主持起草的《政教分離法》草案。同年12月，該草案在參議院獲得通過後公布實施。《政教分離法》承認公民的信仰自由，規定各宗教組織均應以“文化團體”的形式從事活動，國家對任何宗教活動不予以資助和承認。因羅馬教皇起初拒不承認法國的“單方面决定”，不允許法國天主教會接受“文化團體”形式，并支持一些地區的天主教徒騷亂，法國政府對拒絶服從《政教分離法》的天主教團體的財産在進行登記後予以没收，將其轉爲社會慈善資金，并派軍警平息了有關地區的騷亂。

之總選擧。爲未曾有之静穩。即較之一九〇六年英國之總選擧①。及一九〇七年德國之總選擧②。亦爲平穩也。）與左表所記關於法國總選擧之事實而觀察之。可知一九〇六年之總選擧。自法國之選擧人觀之。决不以此爲選擧場内非常特殊之擧動矣。

第六表（此表乃從一九〇二年八月十五日刊行之 Revue des deux mondes 内所載 Darcy 氏論文中摘録者至一九〇六年份則由第五表之論文中而追加之者也）

一八七七年以後之總選擧③。其選擧權行使之狀態。設選擧權所有者之數爲百。則如左表。但此祇就關於法國本國而統計之者。殖民地不在此限。

年	當選者之得票	落選者之得票	棄權者及無効票
一八七七	四九	三二	一九
一八八一	四五	二四	三一
一八八五	四三	三四	二三
一八八九	四五	三二	二三
一八九三	四四	二六	三〇
一八九八	四六	三〇	二四
一九〇二	四六、九	二九、九	二三、二
一九〇六	四六、八	三〇、七	二二、五

① “一九〇六年英國之總選擧”，1905 年 12 月，英國保守黨貝爾福政府集體辭職，班那曼領導的自由黨組成新一届政府。在 1906 年 1 月舉行的下院選舉中，自由黨大獲全勝；同時，有 54 名工人代表當選爲議員，勞工代表委員會第一次在議會中組成單獨的議會黨團，改稱工黨。

② “一九〇七年德國之總選擧”，1907 年 1 月，德國舉行第 12 届帝國議會選舉。保守黨、民族自由黨和左派自由黨等組成反對中央黨和社會民主黨的選舉聯盟，依靠對大城市不利的選區劃分，在所得選票數低於對手的情况下，仍取得了議會中的多數席位。在 1903 年 6 月舉行的帝國議會選舉中，社會民主黨獲得 81 個席位，而在這次選舉中僅獲得 43 個席位。

③ “一八七七年以後之總選擧”，1877 年 5 月 16 日，麥克馬洪總統致函總理茹爾・西蒙（1814—1896），譴責其在衆議院面前軟弱無力，使共和派爲所欲爲，并迫使西蒙辭職；次日，麥克馬洪委任布羅伊公爵再次組成君主派内閣；6 月 19 日，衆議院通過投票，决議拒絶承認布羅伊内閣；6 月 25 日，麥克馬洪悍然解散衆議院。此即“5・16 危機”。危機發生後，以甘必大爲首的共和派發起了廣泛的共和宣傳運動，包括利用梯也爾葬禮，揭露君主派的陰謀。終於，在同年 10 月舉行的新一届衆議院選舉中，共和派獲得絶對多數席位。11 月，甘必大任衆議院議長，布羅伊内閣倒臺。從此，總統權力得以削弱，法國的共和制從議會和總統共同主導的二元制轉向了以議會爲中心的一元制。

此等事實。以之爲一九〇六年總選舉之不利於右黨之例證。雖若有所不足。然要可想見利便於左黨之特別事情。固已伏在於其間也。夫所謂特別之事情者何哉。試畧舉之。如右黨諸派。標榜政教非分離之事。是等諸派之間。乏互通氣脈之組織。毫不能爲統一之運動。又其政綱之概失於理論的批評的消極的。而不聞其講求積極的經綸之方針等。要莫不可以爲其戰敗之原因。更遠而遡[①]之。則又不得不屈指於時代之變遷矣。夫自一九〇二至一九〇六年之間。新加入有選舉權者之列。至一九〇六年。始達其選舉權行使之時期之百餘萬之壯丁。非皆生於第三共和制之治世。而成長於革新的教育之感化中者乎。彼身經拿坡崙三世[②]帝政時代。而追想愛慕之之老者。與夫飽歷一八七〇年及一八七一年巴里之Commune[③]之内亂時代。而嫌忌極端論者之半老者。次第已登鬼籙。因之法國塵界。選舉場中。保守的分子。漸次歸於减少矣。甚矣、時代變遷之勢力。其作用也甚徐。其力量實不可不謂之强大也。就瞬時間以觀之。其影響雖若甚微。迨積日累月。亘數十年之久。則其效果之偉大。有不期然而然者矣。故曰法國政界近時之趨勢。或曰下院政派消長之傾向。就歷時稍久而觀察之。雖欲不歸之於此偉大的時代變遷之勢力。而有所不得也。

第三　法國下院之左進的傾向與共和國體之確立

觀於法國下院左進的傾向。可想見法國政界革新的風潮。此傾向之成也。其由來固已久矣。然自十九世紀之末葉以後。微特屢次維持其優勢已也。且益以增長其勢力焉。試一孜察一九〇六年之總選舉。及其前後之政況。其徵候固歷然可覩也。此傾向。一面既可作法國人民政治思想之反映

① “遡”，同“溯”。

② “拿坡崙三世”，即拿破侖三世。

③ “巴里之 Commune”，即巴黎公社，1871 年 3—5 月法國無産階級在巴黎建立的工人革命政權。

觀。從他之方面測之。即目之爲影響於法國人民政治思想之原動力。亦無不可。如外交之平和的政策。政教分離之進行。對於產業之官權之膨脹[①]。及社會政策之實施等。皆無不與此左進的傾向。有密切之關係也。惟本論文以縮寫略論法國政界近時之趨勢爲宗旨。若一切內政外交之具體的問題。一一而詳述之。恐連篇累牘。不勝其煩。故僅就左進的趨向之一般政治的關係中最重要之點。略叙之而已。所叙之事惟何。曰法國共和國體之確立。曰法國社會黨之運命。茲請先論其第一點。

古今東西。立國盖甚多矣。然欲求一變化無極之國體。如近世之法國者。殆不數數覯也。專政王制。立憲王制。各種之共和制。拿坡崙一世之帝制[②]。舊王統之復古的立憲王制[③]。新王統之中級民的立憲王制[④]。第二共和制[⑤]。拿坡崙三世之帝制[⑥]。第三共和制[⑦]等。非皆十八世末以降。法國國體

① “產業之官權之膨脹”，指政府加大了對產業特別是對工業生產的管理或干預。

② “拿坡崙一世之帝制”，指法蘭西第一帝國（1804—1814、1815）是拿破侖一世建立的資產階級帝制國家。1804年憲法規定，國家一切大權由皇帝拿破侖執掌，帝位實行世襲制。

③ “舊王統之復古的立憲王制”，指波旁復辟王朝（1814—1815、1815—1830）實行君權極爲廣泛的君主立憲制。1815年3—6月拿破侖一世建立“百日王朝”時，復辟王朝一度中斷。

④ “新王統之中級民的立憲王制”，“新王統”，指波旁家族的旁支奥爾良家族。“中級民”，指資產階級。1830年7月，波旁復辟王朝的國王查理十世頒布《七月敕令》，宣布解散衆議院、限制選舉權、取締反政府報刊等，引發巴黎人民起義并占領王宫，查理十世被迫逃亡國外。波旁王朝被推翻後，奥爾良公爵路易・菲力浦（1773—1850）即位，建立起奥爾良王朝，亦稱七月王朝（1830—1848）。奥爾良王朝實行君主立憲制，但同波旁復辟王朝相比，王權受到一定限制，如取消了國王有權授予貴族世襲稱號等權利，同時擴大了兩院議員的權利等。

⑤ “第二共和制”，指法蘭西第二共和國（1848—1852），1848年二月革命推翻七月王朝後，由以拉馬丁（1790—1869）爲首的臨時政府宣布成立，同年5月召開立憲會議，11月公布共和國憲法，規定國家最高立法機關爲直接普選產生的一院制議會，行使立法、宣戰、媾和、訂立商約和宣告大赦諸權；由選舉產生的總統爲國家行政元首，任期4年，不對議會負責，掌握行政、軍事、警察、司法、同外國締約等大權，馬克思稱這樣的總統爲“具有王權的一切特性的總統”（馬克思，恩格斯. 馬克思恩格斯選集：第1卷[M]. 北京：人民出版社，2012：683.）。1851年12月路易・波拿巴發動政變建立軍事獨裁後，共和國名存實亡。

⑥ “拿坡崙三世之帝制”，指法蘭西第二帝國（1852—1870），是拿破侖三世建立的資產階級帝制國家。根據1870年4月頒布的憲法，國家的立法權由皇帝、元老院和立法院行使；皇帝可任命元老院成員、各部大臣；形式上宣布出版自由，取消了審查制度和特別法庭；降低了選舉納税額和選舉年齡等。

⑦ “第三共和制”，指法蘭西第三共和國（1870—1940）。

之變遷乎。且接續此變遷之連鎖者。何也。其將歸之於革命乎。否則爲 Coup detat①。要之皆違法違憲之處置也。不問其動機之出於元首。出於下民。其減少國法之尊崇心。與攪亂政治之秩序的進步則一也。夫關於國體之議論。在政治學説中。固早已占其大部分。至今日尚爲政界之活問題而現出最激烈之紛争者也。政治上之沿革。以專制君主與少數豪族之競争而點綴之之時代。姑置勿論。就近世而概言之。以傳來之君主專制。適合應化於多數人民崛起之衆民的潮流之新境遇。而善爲調和之者。尚可以被立憲政體之新服。而維持其君主國體。若其不然。不知所以處新境遇之道。徒欲固執其專制政體者。勢不至並君主國體而放棄之不止。Treitschke ②氏有言。法國者求君主而無從見之之君主國也。斯言也。以之形容現今之法國。雖未可謂之爲適當。然以之評論一八七〇年之法國政況。則固極巧妙之語也。君主國體建立之要素。雖曰包含箇人的卓絶。然君主國體繼續之條件。則在於君主之歷史的存在也。即與國家共爲發展。與國民共享繁榮。恒久不變之君主系統是也。法國之君主國體。因大革命而負重創。大革命以後。幾多之君主及君主候補者。雖現出於法國歷史上。然鞏固之君主國體之基礎。則固已喪失之矣。況自拿坡崙三世帝國蹉跌之後。君主候補者及其擁護者。成爲三派③。而互相軋轢乎。是實使占君主國體論者之多數之國民議會。卒不得不創設第三共和制之主因也。向使無此主因。則雖有思慮周至。眼光遠大。富於經世之略之政

① “Coup detat”，有誤，應爲“Coup d'Etat”，法語，謂政變。

② “Treitschke ”，即亨利希・馮・特賴奇克（Heinrich von Treitschke，1834—1896），德國歷史學家和政論家，普魯士主義、沙文主義和種族主義的思想家和宣傳者。德意志帝國國會議員（1871—1888），支持俾斯麥的内外政策，擁護 1878 年頒布的反社會黨人非常法。1886 年起爲普魯士國家歷史編纂官，1895 年當選柏林科學院院士，被列寧譏刺爲“德國警察的御用歷史學家”（列寧. 列寧全集：第 16 卷[M]. 北京：人民出版社，2017：6.）。著有《政治學》《普魯士主義的起源》和 5 卷本的《19 世紀德國史》等。

③ “自拿坡崙三世帝國蹉跌之後。君主候補者及其擁護者。成爲三派”，參見前文對“王黨”的注釋。

治家。高出於法國近世史之沈静者。抑或才氣縱横。議論風發。久負斯人不出如蒼生何之輿望之熱中者。亦安能左右國論。而立共和制之基礎乎。

當第三共和制之始。國民議會。既設大統領。而又不敢輕用共和國之語。恰與拿坡崙一世。當其未敢儼然建設自家之帝國以前。姑自稱爲法蘭西共和國之皇帝者[①]。爲一絶妙之對偶也。一則欲由帝國而轉爲共和國。一則欲由共和國而化爲帝國。其間雖不無差異。要之同在過渡時代。暫於表面上襲用多少之舊套耳。特大勢既已定矣。決非人力所輕易變轉者也。Broglie 内閣[②]所謀。欲藉教會與保守派之連結。以壓伏共和黨之計畫。亦不過使教會之權力。膨脹於一時而已。王政、復古之希望。則仍成畫餅也。自一八七六年總選舉[③]以來。下院入於共和黨之掌中。至一八七七年上院議員三分之一之改選後。同院之過半數。亦歸於共和黨。一八七九年 Mcmahon[④]之退職。

① “拿坡崙一世。當其未敢儼然建設自家之帝國以前。姑自稱爲法蘭西共和國之皇帝者”，法國大革命中，英國一直積極支持被推翻的波旁王朝勢力。“1803 年對英重開戰争和王黨恢復活動加速了執政府向帝國轉變的步伐。”1804 年 3 月，在嚴厲鎮壓一批王黨分子後，“波拿巴周圍人士利用這個時機，宣揚建立波拿巴王朝，以打破波旁王朝的復辟幻想，使第一執政‘完成其不朽大業’。保民院中有人建議向元老院反映全民要求：宣布拿破侖・波拿巴爲法蘭西共和國皇帝，今後由其家族繼承皇位”。（張芝聯. 法國通史[M]. 瀋陽：遼寧大學出版社，2000：277-278.）

② “Broglie 内閣”，“Broglie”，即第四代布羅伊公爵雅克・維克托・阿爾貝（Jacques Victor Albert，1821—1901），奥爾良派領袖。初從事外交活動，1848 年革命後一度退出政界從事歷史研究，1862 年當選法蘭西學院院士。第三共和國成立初期被麥克馬洪總統任命爲首任内閣總理（1873—1874），企圖復辟君主制，擁立尚博爾伯爵即位，遭共和派反對而失敗。1877 年再次組閣，不久即遭共和派反對下臺。1885 年後脱離政治活動。著有《四世紀時的教會和羅馬帝國》《國王的秘密》《亞琛和約》等。

③ “一八七六年總選舉”，指根據 1875 年第三共和國憲法的規定，在 1876 年 1—3 月先後舉行的參議院和衆議院選舉。1873 年 5 月麥克馬洪任總統後，同年 11 月國民會議任命了 30 人組成的憲法起草委員會，至 1875 年 7 月，國民議會先後通過三個法律文件，形成了《法蘭西第三共和國憲法》。1875 年 12 月 31 日，國民會議自行解散。根據憲法規定的參議院選舉於 1876 年 1 月 30 日揭曉，在總共 300 個席位中，保王派得 154 席，共和派得 146 席；衆議院選舉於 3 月 5 日揭曉，共和派得 340 席，保王派僅得 155 席（其中正統派 25 席，奥爾良派 55 席，波拿巴派 75 席）。

④ “Mcmahon”，有誤，應爲“Mac-Mahon”，即麥克馬洪。

與 grevy①之就職。同時遂使大統領一席。亦不得不屬於純然之共和主義者矣。比年以來。共和黨之勢力。一進一退。雖不免多少之波瀾。然其爲波瀾也。非起伏於落下的傾斜之途中也。不過於向上之道程而高下之已耳。一八九三年以後。約十年間。法國下院之一團體 Ralliés②一派之運命。雖謂之爲法國共和國體之運命焉可也。所謂 Ralliés 者。初爲君主國體論者。後乃承認共和國體之代議士之總稱也。蓋脱於復舊的君主黨之列而與共和黨中之温和派相提携者也。一八九二年二月十六日。羅馬法王 Leo 十三世。對於法國舊教徒所發之教書③中有云。舊教徒爲法國國民。當承認法國已成之事實之共和國體。同心協力以匡助之。是言也。實足以爲復舊者當頭之痛擊也。其後於一八九三年之總選舉④時。Ralliés 始現於下院之一隅。經一八九八年及一九〇二年之總選舉⑤。雖稍增加其人數。迨至一九〇六年之總選舉後。則下院中蓋已絶其跡矣。蓋 Ralliés 之增加。雖足以見共和國體贊成議員之

① “grevy”，有誤，應爲“Grévy”，即弗朗索瓦·保羅·格雷維。

② “Ralliés”，即“歸順者”。1892 年 2 月 16 日，羅馬教皇利奥十三世發表通諭《在關懷之中》。此後，法國大量正統派分子和圍繞在《教士之友報》周圍的天主教徒開始承認共和制，歸順共和國，并號召包括君主派和共和派在内的所有天主教徒團結起來，爲把法國建立成基督教共和國而鬥争，由此形成“歸順運動”。“歸順運動”中還出現了基督教社會主義運動，同工人階級政黨影響下的社會主義運動争奪群衆。

③ “一八九二年二月十六日。羅馬法王 Leo 十三世。對於法國舊教徒所發之教書”，“Leo 十三世”，即羅馬教皇利奥十三世（1810—1903，1878—1903 年在位），原名焦阿基諾·佩契（Gioacchino Pecci），意大利人。1892 年 2 月 16 日，利奥十三世用法文寫成通諭《在關懷之中》，表示教會并不一定和某種特定的政府形式（指君主制）捆綁在一起，敦促法國天主教徒接受憲法，歸順共和國；同時指出“歸順”只是一種策略，目的是讓教徒在共和制下開展有利於教會的鬥争，如要求政府修改敵視教會的法律，減少對教會的迫害。

④ “一八九三年之總選舉”，指 1893 年 8 月 20 日至 9 月 3 日舉行的衆議院選舉。選舉結果是，在總共 566 個席位中，共和派與歸順者得 490 席，君主派和“憲法修正派”得 76 席。其中，社會黨人也取得了較大成功，得 40 餘席，組成了議會黨團。

⑤ “一八九八年及一九〇二年之總選舉”，1898 年 5 月的衆議院選舉是在德雷福斯事件的高潮中進行的，温和共和派得 254 席，激進共和派和社會主義者得 235 席，君主派得 80 席，民族沙文主義者約得 20 席。雖然議會中没有形成一個占多數席位的政黨，但權力中心開始左轉，阻撓調查德雷福斯案件的勢力在衰退。1902 年 4—5 月舉行的衆議院選舉，結果是左翼集團（左翼温和派、激進黨人和社會主義者等）得 336 席，右翼集團（保守派、民族主義者和温和共和派等）得 220 席。

增加。然其消滅。則決不因是而形共和國體贊成者之減少也。合他之政況而觀察之。所謂 Ralliés 之過渡的産物。其獨立存在之必要。固已早經消滅。且適足以爲共和國體確立之一例證也。

國民黨 Nationalistes 之榮枯。與共和國體。亦非無關輕重者也。其所主張。在往昔雖不無可以得多少輿望之機會。然時至晚近。則其勢頗衰。一九〇六年之總選舉。該黨之首領。久爲法國政界之彗星之 Deroulede[①]者。竟至落選。於是所屬代議士數。遽形其減。至今日而其議會的勢力。殆已有瀕於消滅之狀態矣。是固無足深訝者也。彼等之勃興也。非由於經世的政綱。而實由於適投時尚耳。盖當時之人心。正激昂於急進的非國家論者之極端論故也。特愛國之心。無人不有。法國人民。非忍久於國民黨也。且彼等之行爲。往往連結於騷擾之運動。此實爲招致多數選舉民之嫌忌之原因。盖彼等雖曰國民黨。實則表同情於專制主義。動輒藉革命的舉動以爲名。而冀得以把握政權者也。故彼等今日之沈淪於失意之深淵者。亦共和政體之確立之一保證也。要之一九〇六年下院議員之總選舉。乃繼承法國政界從來之趨勢。而益使之顯著者也。Le Jemps 記者之言曰。

二十五年來。每總選舉一次。則法國共和制。愈形鞏固。吾觀於此次之總選舉。而益信其然也。蓋今日法國共和之國體。固已得國民一般之同情矣。

倫敦泰晤士通信員之言曰。

> 共和國體。今已超脱於凡百之疑惑。而確立於法國。從此法國政界之研究者。第講求共和制焉可也。

二人之斷定也如是。至足以左右此斷定之事實。在今日法國政界中。尚未聞之。

---

① “Deroulede”，即保爾·戴魯萊德（Paul Déroulède，1846—1914），法國詩人、劇作家，民族主義者和沙文主義者，1882 年創立了“愛國者聯盟”。

第四　法國下院之左進的傾向與社會黨之運命

共和國體之確立。法國政界之一重要事也。大革命以來。國體變遷上之趨勢之歸著點也。過去之政治的沿革之一大段落也。夫法國下院左進的傾向之事實。非僅足以爲此推定之一大根據已也。法國社會黨運命。將來歸納之何如。吾人苟欲研究之。其亦惟藉此以爲攷察之資料乎。是亦一重要而有興味之政治的問題也。徒恃研究者之理想或嗜好。以獨斷的而決論將來之事者。非誠實之學問的研究方法也。吾人非徒坐於既往之事實之上。以其事實所暗示之將來之運命。依稀髣髴①而認識之。而遂以爲滿足也。法國下院之左進的傾向。殆以暗示將來極左黨之社會黨之膨脹。政治的經濟的大革命之到著。社會黨所主張之共同産業組織之實現乎。抑法國政界之左進的傾向。將使黨派之勢力上及主義上。初不見一毫之限界。滔滔乎一瀉千里。不至達於極端社會黨萬歲之日而不止乎。於此疑問而欲解答之。非僅以注意於下院議席之變化爲已足也。必更進而攷求政府之政策。及對於此之各派之關係。各派所主張之内容。國民之意向等。乃可謂之爲有成耳。雖然。以一人之識力。而欲爲種種複襍②事項之完全調查。究非易期之事也。余今亦惟就此問題之解決上。最有密切關係之要點。而畧述之。聊以試余之假定的決論而已。

社會黨本爲漠然之名稱。包含各種相異之分子。而非可以一概而論之者也。以其蔓延於近世文化國者而觀之。其發生之原因。要不僅在於偶然的特發的國別的也。近世文化國中。共通之産業革新。與衆民的産業之隆盛。莫非共通於社會黨所在各國之素因。有此共通之素因。而更加以各國各時代固有之要素。及箇人之要素。夫而後始得以辨各國社會黨之異同矣。法德兩

① “髣髴”，同“仿佛”。
② “複襍”，同“複雜”。

國。社會黨隆盛之點。甲於天下。且以此二國而比較之。社會黨所屬之下院議員候補者之選舉得票數。機關報紙及其購讀者之數。皆臻於極盛。以及資力之豊富[①]等。雖不得不讓德國出一頭地。若社會黨於政治上有現實的勢力。積極的於政治之方針有大影響者。則又不得不推之於法國也。一八九九年六月二十三日成立於首相 Waldack-Rousseaw[②]之下之新内閣。以商工部大臣之位。屬於社會黨員 Millerand[③]。以社會黨員而爲内閣大臣之世界的新例。實自此而肇其端。該内閣者。所謂連合内閣是也。既使 Millerand 入閣。同時又登用保守派之陸軍大臣 Gallifet[④]。於是社會黨中之非難 Millerand 入閣者。實繁有徒。雖然。自有此新内閣以來。社會黨之實行的政綱中。實際措施之事。盖不乏矣。厥後如 Combes[⑤]内閣。致蒙屈從於社會黨員之議。至

---

① "豊富"，有誤，應爲"豐富"。

② "Waldack-Rousseaw"，有誤，應爲"Waldeck-Rousseau"，即皮埃爾・馬里・勒内・瓦爾德克-盧梭（Pierre Marie René Waldeck-Rousseau，1846—1904），法國政治家。在德雷福斯案件引起的政局動蕩中於 1899 年 6 月受命組閣，成立"保衛共和政府"，延攬米勒蘭、加利費等左右派代表人士入閣，受到温和派、激進派和獨立社會主義者等議會左翼多數的支持。瓦爾德克-盧梭内閣的成立標志着法國所謂"激進共和國"時期的開始。1900 年，瓦爾德克-盧梭政府派軍隊參加八國聯軍，鎮壓義和團運動。1902 年，瓦爾德克-盧梭因病辭職。

③ "Millerand"，即亞歷山大・埃蒂耶納・米勒蘭（Alexandre Etienne Millerand，1859—1943），法國政治家，法國社會黨和第二國際機會主義代表人物。1885 年起多次當選議員。1899 年未徵得社會黨同意，參加瓦爾德克-盧梭内閣，任商業部長，這是有史以來社會黨人第一次參加資産階級政府，史稱"米勒蘭入閣事件"，其導致了法國社會主義運動的分裂。1904 年米勒蘭被開除出法國社會黨，此後他同白里安等前社會黨人組成獨立社會黨人集團（1911 年取名"共和社會黨"）。1909—1915 年先後任公共工程部長、陸軍部長。1920 年 1 —9 月任法國總理兼外交部長，1920 年 9 月當選法國總統。1924 年 6 月因資産階級左翼政黨在大選中獲勝，被迫辭去總統職務。著有《改良的社會主義》等。

④ "Gallifet"，即加斯東・亞歷山大・奥古斯特・加利費（Gaston Alexandre Auguste Galliffet，1830—1909），法國將軍。先後參加過多次戰争，普法戰争期間爲准將，在色當戰役中被俘。1871 年被釋放回國後受命指揮凡爾賽政府軍騎兵旅，殘酷鎮壓巴黎公社革命。1872 年鎮壓阿爾及利亞的阿拉伯人起義。瓦爾德克-盧梭内閣成立後任陸軍部長（1899—1900）。"Gallifet"，有誤，應爲"Galliffet"。

⑤ "Combes"，即朱斯坦・路易・孔布（Justin Louis Combes，1835—1921），法國政治家。激進的共和黨人，1894—1895 年任參議院副議長，1895—1896 年任教育部長。1902 年 6 月至 1905 年 1 月任内閣總理，任内采取若干反教權主義措施，取締了某些天主教僧團。著有《反教會運動》《我的内閣》等。

Clemenceau首相之爲現内閣。遂於一九〇六年十月二十五日。有勞動省Le ministere dutravail[①]之創設。而以社會黨員Wiviani[②]爲該省大臣。勞働者之利害其影響之及於政府之政策者。盖至是而益形其大矣。

勞働省設置之先例。僅得於白耳義及New Zealand[③]見之。大國中之倣而行之者。當以法國爲嚆矢[④]。自有此一舉可以表見法國政府。於近時所採用之社會政策。更欲擴大其發展力之決心矣。雖然。以此而遽謂法國政府。爲能汲汲於實行社會主義之準備。共同産業之組織。將不遠而達於完成焉。則猶不免有杞憂耳。Panl Leroy-Beanlien[⑤]一派之放任主義論者。對於官權之膨脹。與政費之增加。常不憚苦口言之者。固有相當之理由在也。熱中於社會政策之進行者。殆如逐鹿之獵人。有不自知其將陷於深溪之危險者。然箇人主義者之反抗。實足以爲社會政策家之警鐘也。彼習慣於中央集權

① "Le ministere dutravail",法語,勞動(勞工)部長。

② "Wiviani",即勒奈·維維安尼(René Viviani,1863—1925),法國政治家。1893年起多次當選議員。1898年加入法國獨立社會黨人聯盟。1902年參加改良主義的法國社會黨(饒勒斯派)。1906年退出社會黨,同米勒蘭、白里安等人一起組成獨立社會黨人集團。1906—1910年先後在克列孟梭内閣和白里安内閣任勞工部長。1914年6月任總理兼外交部長,1914—1915年與德爾卡塞、白里安、米勒蘭等組成"神聖同盟"内閣。1920—1921年爲法國駐國際聯盟代表。

③ "New Zealand",即新西蘭。

④ "大國中之倣而行之者。當以法國爲嚆矢",1906年10月25日,法國政府向共和國總統呈報關於設立勞動部的草案,其中説,設立勞動部是"在某些國家已經完成的而法國民主力量半個多世紀來也一再要求實行的一項改革。應該指出,在比利時和新西蘭已經設立了勞動部,但發起成立勞動部(至少是在理論上)的却是1848年的共和國,這是不應忘記的。正是路易·勃朗曾向立憲會議提議設立一個發展和勞動部。由於1849年政治上的反動派占優勢,這個提案没有加以討論。1886年卡米耶·拉斯拜爾先生再次提出這個建議,但没有取得成功。瓦揚先生和他的幾位議員同事於1894、1898、1903年多次重新提出,并且列舉了新的理由。隨後,雷米爾神甫表示支持這一提案。最後是參議院財政委員會在内政部1903年度專門報告中表示明確贊成設立勞動部"。(亞歷山大·澤瓦埃斯. 一八七一年後的法國社會主義[M]. 中共中央馬克思恩格斯列寧斯大林著作編譯局國際共運史研究室,譯. 北京:生活·讀書·新知三聯書店,1983:268.)

⑤ "Panl Leroy-Beanlien",有誤,應爲"Paul Leroy-Beaulieu",即保羅·勒魯瓦-博略(1843—1916),法國自由主義經濟學家。曾任法蘭西學院政治經濟學教授、法國政治經濟學會聯合主席。著有《現代人民的殖民化》《法國和英國的行政管理》《農業及其經濟後果》《當代戰爭的經濟、歷史和統計研究》等。

之官治。而不甚以箇人活動範圍之縮小爲憂。如法國人民尤當以此爲良警鐘也。雖然。以社會政策主義[①]。與社會主義同視。覩社會政策之進步。而信其爲社會主義的社會之接近者。在現今思想界中。恒不免失於大膽之概括也。不甯唯是。社會政策。往往可以博保守家之賛成。與招極端社會黨之反對。即此二事實。固已足以破此信念而有餘矣。夫德國。實行社會政策之元祖也。至所以使德國政府出此方針之大動機。乃在於豫防社會黨之勃興。非社會黨直接而强迫政府。使之採用社會政策也。法國社會政策之發生。雖較後於德國。然其發展之速。實足令德國退避三舍。其所以致此之由。無他。社會黨之協同。盖與有力焉。德國之社會黨。常屬於在野者。而以反抗政府爲原則。肆其表面之批評。與竣嚴之態度。雖足以監督政府。使之間接而受其影響。然社會黨自身。既政權之不屬。即不能直接而左右政府之政策也。法國近時之政況則不然。社會黨常爲政府黨内閣大臣又往往爲社會黨員。故法國之社會政策與社會黨之關係。較諸德國尤爲直接也。由是觀之。雖謂德國之社會政策。去社會主義也遠。法國之社會政策。則接近於社會主義焉。可也。第進而攷察法國社會主義者之分派之狀態。與其所主張之内容。以及對於政府之方針等。則可知法國之社會政策。决非以是爲社會主義所主張之共同産業組織之楷梯[②]。而實行之者也。乃鑑於現今社會之缺陷。而爲補充之計。矯正之策。以對於革命之改良之意義。而採用之耳。玆請進而

① “社會政策主義”，一種認爲政府應該重視社會問題并積極制定社會政策的主張，目的是維護資本主義制度和資産階級的統治，最初出現在德國。1873年，德國新歷史學派的經濟學教授們爲緩解伴隨資本主義市場經濟發展而來的社會矛盾，解决德國當時最迫切的勞資衝突，組織了“德國社會政策學會”。1891年，新歷史學派代表人物、協助俾斯麥政府制定社會保險制度的阿道夫·瓦格納（1835—1917）提出，社會政策就是“運用立法和行政的手段，以争取公平爲目的，清除分配過程中的各種弊害的國家政策”。

② “楷梯”，有誤，應爲“階梯”。

説明之。

當今法國政界代議士之有社會黨之名稱者。都爲三種。（可參照上揭之第一表）（一）急進社會黨所屬員（二）獨立社會黨所屬員（三）合同社會黨所屬員是也。其第一種。在政界上雖頗有大勢力。然因欲收攬下等人民之心。故以社會黨爲名。至其議論與行動。固與急進黨無大異也。其第二種。在下院之議員數。雖屢甚少。而其勢力則較大。前大臣 Milleramd[①]及現大臣 Briand[②]等。皆此派中之錚錚者。雖非必於其旗幟中。加入共同産業組織之理想。然此派之特色。要在注重於社會政策。而以改良爲其方針。若革命派之欲以一擧而齎黄金世界於地上之夢想。固非彼等所樂爲也。至第三種之合同社會黨。常自稱爲真社會黨。而譏獨立社會黨爲似是而非者也。此派恒倡下等人民之信賴。不足輕重之説。且其間更分爲數小派。各挾相異之意見。而競争其勢力。Janrés[③]之見解。較爲平和。法國政界中差有信用之人也。

① “Milleramd”，有誤，應爲“Millerand”，即亞歷山大・埃蒂耶納・米勒蘭。

② “Briand”，即阿里斯蒂德・白里安（Aristide Briand，1862—1932），法國政治家、外交家，律師。19 世紀 80 年代參加社會主義運動，1898 年加入法國獨立社會黨人聯盟。1902 年參加改良主義的法國社會黨（饒勒斯派），同年被選入議會。1906 年因參加資産階級政府任教育部長，被開除出社會黨，後同米勒蘭、維維安尼等人一起組成獨立社會黨人集團。1909—1911 年任“三叛徒（白里安、米勒蘭、維維安尼）内閣”總理。1913 年任總理。1915—1917、1921—1922 年任總理兼外交部長，1924 年任法國駐國際聯盟代表，1925—1931 年任外交部長。1925 年參與簽訂“洛迦諾公約”。1931 年競選總統失敗後退出政界。

③ “Janrés”，即讓・饒勒斯（Jean Jaurès，1859—1914），法國和國際社會主義運動活動家，歷史學家和哲學家。原屬資産階級共和派，19 世紀 90 年代初開始轉向社會主義。1898 年同米勒蘭等人組成法國獨立社會黨人聯盟，1899 年爲米勒蘭參加資産階級政府辯護。1901 年起爲社會黨國際局成員。1902 年與可能派、阿列曼派等組成改良主義的法國社會黨，爲該黨領袖。1903 年當選爲議會副議長。1904 年創辦《人道報》。1905 年法國統一社會黨成立後，成爲該黨主要領導人。因反對即將爆發的帝國主義戰争，於 1914 年 7 月被法國沙文主義者刺殺。著有 8 卷本的《社會主義的法國革命史》等。

Gnesde①雖主持極端論者。絶對的與内閣相反抗。然猶不若Herve②之愚弄愛國心。唱導對於兵役之同盟罷工之甚者也。

合同社會黨中。雖有若是之區别。然社會主義之理想。則皆以共同産業之組織爲標幟③。而文飾之以華麗之語句。此其常例也。且其理想的社會之具體的説明。及達此目的之方法。則未曾道及。至推理上足以妨害共同産業組織之辯論。反屢出於社會黨員之口。如小商業家之保護論。小地主維持論等。尤其彰明較著者也。盖社會主義者。當其放言高論。抽象而作政治經濟之談。恒易流於大膽之極端説。至關於實際問題之解决。往往第求目前結果之便宜。而不顧其所主張之理論之貫澈與否者多矣。在法國則尤甚。盖法國國民之財産。及所得之分配。比較的爲屬於下等人民之經濟事情。遂使社會主義者。生與其忠實而行其主義。不若臨機應變之辯論之轉足以收攬人望之

① “Gnesde”，有誤，應爲“Guesde”，即茹爾・蓋德（Jules Guesde，1845—1922），法國和國際工人運動活動家。原爲資産階級共和主義者。擁護巴黎公社，公社失敗後流亡瑞士和意大利，一度追隨無政府主義。1876 年回國後開始接受和宣傳馬克思主義。1879 年領導創建法國工人黨，1880 年和拉法格一起在馬克思和恩格斯的指導下起草了法國工人黨綱領，同無政府主義者和可能主義者進行堅决鬥争，成爲“蓋得派”領袖。1889 年參與創建第二國際。1893 年當選衆議員。1899 年反對米勒蘭入閣。1901 年同拉法格、瓦揚等成立法蘭西社會黨，1905 年該黨同法國社會黨等合并爲法國統一社會黨後，仍爲領導人之一。20 世紀初轉向中派立場。第一次世界大戰中采取社會沙文主義立場。1920 年在法國統一社會黨分裂後支持少數派，反對加入共産國際。著有《集體主義與社會主義》等。

② “Herve”，即古斯塔夫・愛爾威（Gustave Hervé，1871—1944），法國社會黨人，無政府主義者。1906 年創辦《社會戰争報》宣傳半無政府主義的反軍國主義綱領，提出用罷工和起義來反對一切戰争，其主張被稱爲“愛爾威主義”。第一次世界大戰時成爲狂熱的社會沙文主義者；十月革命後反對蘇維埃政權和布爾什維克；20 世紀 30 年代擁護民族社會主義，主張法國同納粹德國接近。

③ “合同社會黨中。雖有若是之區别。然社會主義之理想。則皆以共同産業之組織爲標幟”，1905 年 1 月 13 日通過的法國統一社會黨（即各社會主義組織）的《聯合聲明》第一條指出，“社會黨是一個階級政黨，它的宗旨是實現生産資料和交换資料的社會化，就是説，通過從政治上和經濟上把無産階級組織起來，將資本主義社會改造成集體主義或共産主義社會。社會黨雖然致力於實現工人階級要求的各項直接改良，但就其宗旨、理想和使用的手段來説，它不是一個改良黨，而是一個階級鬥争的黨，一個革命黨”。（亞歷山大・澤瓦埃斯. 一八七一年後的法國社會主義[M]. 中共中央馬克思恩格斯列寧斯大林著作編譯局國際共運史研究室，譯. 北京：生活・讀書・新知三聯書店，1983：200.）

感。又法國社會黨。於政治上有積極的勢力者。亦足以驅彼等而使之切實以行。其所言也。當一九〇六年五月總選舉時。合同社會黨本部所發表之宣言書中。陳述該黨之政綱。而明示其立脚地。實足以爲法國全國該黨候補者三百四十六人之金科玉律者也。此宣言書之大意。謂非破壞私有財産現今經濟之組織。而設立共同經濟之組織。則下級社會所受之壓制。决無排除之一日。云云。此實該黨之根本的主旨也。至其後段。乃該黨最小派之政綱。而載有如下所列之改良方策焉。

（一）設爲一日八時間勞働之規定。

（二）凡政府之吏員。亦認其爲有設立同業組合之權利。

（三）設勞働者保險法以便失業者及疾病者。

（四）以專占的事業。屬於政府之經營。

（五）採用連記式[①]及比例式[②]之選舉法。

一九〇六年六月中旬。法國下院 Tanrés 與 Clemencean 二人之論戰[③]。亘數日而始竟。高談雄辯。各逞其得意之舌鋒。微特爲議會演壇上之奇事已也。即以之爲法國政府對於社會黨之關係之説明。亦足以喚起歐洲列國國民之注意矣。Clemencean 氏、於其演説中。揭出前記之社會黨政綱。對於其改良方策。而加以批評。謂是爲可驚之中級的政綱。又云。“此方策。吾人

① “連記式”，即連記式投票，是選舉制度中的一種投票方式，這種方式規定選民在選票上可圈定數位候選人。相反，如果規定選民在選票上只能圈定一位候選人，則稱單記式投票。後者通常適用於小選區制，而前者通常適用於大選區制。按照單記式投票，所有選區選民的權利是平等的，按照連記式投票則不一定。

② “比例式”，即選舉制度中的比例選舉制。實行比例選舉制的國家所劃分的選區，通常是大選區。

③ “一九〇六年六月中旬。法國下院 Tanrés 與 Clemencean 二人之論戰”，“Tanrés”，有誤，應爲“Janrès”，即饒勒斯。“Clemencean”，有誤，應爲“Clemenceau”，即克列孟梭，下同。1906 年 3 月，法國庫里耶公司所屬礦井發生爆炸，1200 人慘死，全區礦工宣布罷工，内政部長克列孟梭派軍隊進行了鎮壓。5 月 1 日，全國各行業工人組織聯合行動，利用報刊、集會、罷工等手段要求實行每天 8 小時工作制和每周 6 天工作制。克列孟梭藉口工人反對共和制，下令逮捕了工會領導人。在同年 6 月的衆議院辯論中，饒勒斯指責克列孟梭鎮壓工人罷工。

亦賛成之。今已着手於其實行方法之採用矣。惟以十一時間之勞働。匆遽間忽減爲八時間。不免致經濟上之恐慌。雖社會黨員。恐亦有不能急切行之者矣。”

此二氏之論戰。實足以表示保守派之勢力。在法國政界内已歸於消滅。而毫不在左黨目中之事實也。左黨中之急進黨。漸以包含社會黨於大同團結中。爲不必要之事。向之在野而操觚者。以激論爲事。屢次窘迫内閣之 Clemencean 氏。一旦親握樞機[①]。以毅然之態度。對於極左黨以斷然之處置。而維持其秩序。當時在表面上不過一内相[②]耳。至一九〇六年十月二十二日。遂進秩於首相。仍繼續其方針而行之。氏之所以能始終維持其方針者。盖恃極左黨以外左席諸派之優勢。而且有後援也。試觀第一表中。急進社會黨、急進黨、左席共和黨、等之左席諸派議員。皆有增加。非僅極左黨之合同社會黨。特別激增已也。即由此數字的計算而推之。下院之左進的傾向。固足以見下院勢力之中心點。舍右席而漸移於左席之徵兆。然左席中之重心點。非轉而趨於極左端也。合同社會黨之政綱。竟有見諸實行者。其故非因其爲社會主義的政綱也。盖以之爲社會政策。經他黨之主持或賛成之故耳。雖曰社會政策。或因財政上之理由。或因經濟上之故障。又或因人民之便宜及慣習等。而受種種之制限。法律之規定。有不能施措咸宜者。觀於老者恩給法[③]。日曜休暇法[④]等之實施。固已可以證明之矣。同盟罷工。爲晚近法

① “屢次窘迫内閣之 Clemencean 氏。一旦親握樞機”，克列孟梭於 1876 年進入衆議院後，曾多次利用議會講壇推翻了一届又一届温和共和派政府。但在 1906 年 3 月之前，他一直未能進入政府。1906 年 3 月，克列孟梭成爲薩里昂内閣的内政部長；1906 年 10 月薩里昂因健康原因辭職後，克列孟梭受命組閣。

② “内相”，即内政部長。

③ “老者恩給法”，指 1905 年 7 月法國衆議院通過的關於援助老年人和貧困者的法案。

④ “日曜休暇法”，指 1906 年 7 月法國衆議院通過的關於每周星期日爲勞動者休息日的法案。

國所最流行之事[①]。罷工者。非徒以是爲要求關於切己利害之事之武器已也。又欲以之爲表示勞働者之團結力。並威嚇資本家之要具也。且罷工之徒。往往好爲暴行。而極端社會黨員之煽動。又適以助其氣燄。而促其騷擾。故良民之對於此之反抗。亦日以衆。從來市町村會之屬於社會黨之地方。今日而形勢爲之一變者。正復不少矣。

合以上所叙之政况而攷察之。可以窺見法國下院左進的傾向。在法國政界之真相矣。此傾向若更繼長增高。則右席方面。益形寂寞。固屬意中事。然因此傾向之增進。而致極左黨之激增。則可決其爲必無之事也。盖極左黨於法國國民之間。所占之地位。非能立於根本主義之確信之上者也。第存於不平分子極端急進分子所收容之點耳。社會黨之對於是等分子之吸收力。實有緩和之抑制之之作用。此余對於將來法國政界之豫言也。以余之假定的決論言之。法國下院之左進的傾向。制限的者也。條件的者也。若外交上有大事件之發生。而出於余所豫想以外者。則隨其事件之性質與勢力。而影響於此決論者。固不待言之事也。然法國政治的變化之經歷。無論若何之多。法國國民所有革新的氣運之先鋒。無論若何之夥。又法國近時之政治的權力。雖屬於由生産問題。而趨於分配問題。由箇人的發達。而移於社會的組織之南方法人之手[②]。欲使社會主義之根本的主持之共同産業組織之社會。一

① “同盟罷工。爲晚近法國所最流行之事”，指當時在法國盛行的無政府工團主義運動。

② “由箇人的發達。而移於社會的組織之南方法人之手”，這裏的意思是説，在法國南部地區，生産資料的社會化、集體化或者合作化的程度相對較高，因而社會主義的色彩也比較濃厚。法國社會黨和第二國際領袖之一的讓·龍格（1876—1938）在1902年所寫的《法國社會主義運動的形勢》一文中曾説：“在最近的選舉中，除了巴黎和諾爾省，大多數社會黨選票是由法國南部各聯合會提供的”，“但是它們的組織用社會主義的觀點來看還有許多不足之處，它們的運動基本上是民主主義的，純政治的，并且没有任何無産階級特有的東西”。（中共中央馬克思恩格斯列寧斯大林著作編譯局國際共運史研究室. 米勒蘭事件[M]. 北京：生活·讀書·新知三聯書店，1980：235.）

朝一夕之間。而即實現之於法國者。究非吾人之所能豫想及之者也。今之論評法國政界者。其毋徒眩惑於極端社會黨之活動。勞働聯合之優勢。同盟罷工之迭興等。而漠視法國國民所固有之政治的經濟的之維持力保守力也可。

《法國政界近時之趨勢》編者説明

《法國政界近時之趨勢》一文，最初刊載於光緒三十三年十月十五日（1907 年 11 月 20 日）出版的《新民叢報》第四年第 24 號（總第 96 號）的“譯述”欄，標題後注明“（日本法學博士小野塚喜平次①講演）”，署名“孟揚”，即由孟揚根據小野塚喜平次的演講編譯或譯述而成。孟揚，生平不詳。

1. 小野塚喜平次

參見本卷“《政治學大綱》編者説明”中的“1.小野塚喜平次”。

2. 《新民叢報》

參見本卷“《最近世界大勢論》編者説明”中的“3.《新民叢報》”。

3. 内容簡介

該文包括四節内容。

第一節題爲“法國下院政界上之勢力”。該節指出法國“最近二三十年間”，亦即自第三共和國成立以來，尤其是 1875 年通過共和國憲法以來的政治發展趨勢，是總統的權力愈來愈受到限制，議會在國家權力架構中的地位和作用愈來愈重要。其表現是：1875 年的第三共和國憲法“對於大統領專

① “小野塚喜平次”，亦作“小野塚喜平次”“小野冢喜平次”，以下統一作“小野塚喜平次”。

横之危險，加以緻密之注意”，雖然“其制定之初，王黨之氣焰，尚極隆盛”，而且前兩任總統梯也爾和麥克馬洪的權力確實較大，從而使“共和國體之半君主制之勢”“頓呈極有根據之觀”，但從第三任總統格雷維開始，“大統領超然於政界紛争之外，而安固其地位，同時即縮小其政治的權力”，“其價值固有限也”。

就議會上、下兩院在國家權力架構中的地位和作用來説，下院（即衆議院）的地位和作用更爲重要，其表現是：“關於國家之大問題，兩院意見相反之時，結局勝利歸於下院；内閣人員對於議院之責任，亦係對於下院之多數而負擔者……内閣員之多數，恒以下院議員爲之之實況”；“大體上，上院内政争之傾向，恒以追隨於下院内政争之跡者爲多”。

作者由此認爲，“欲研究法國政界近時之趨勢，必以下院爲中心”。

第二節題爲“法國下院政派消長之傾向”。在定性分析和定量分析兩種方法相結合的基礎上，該節主要通過對 1906 年衆議院選舉結果的多層面分析，指出當時法國政治發展的傾向是“保守派之衰退也，革新派之勃興也，革新派中急進派之隆起也”。文章揭示了法國政治生活中左、右翼區分的來源，指出左翼化是“左席方面諸黨之膨脹，而致右席方面諸黨縮小之傾向而言也”。作者認爲，左翼得勢是因爲其在選民中有“不能顛覆之勢”；右派失勢，則是因爲其既缺乏組織建設、難以形成統一運動，又有綱領失之“理論的、批評的、消極的”等因素，而更根本的，則是“時代之變遷之勢力”的結果。作者特别强調，雖然這種時代變遷之力量的“作用也甚徐”，但“其力量實不可不謂之强大也”，也就是説，左翼力量戰勝右翼力量，革新派戰勝保守派，是歷史發展的必然。

第三節題爲“法國下院之左進的傾向與共和國體之確立”。該節指出從 19 世紀末以來，左翼力量“微特屢次維持其優勢已也，且益以增長其勢力焉”；左翼政黨的“外交平和”“政教分離”“産業之官權之膨脹”“社會政策之實施”等主張和措施，既反映了法國人民的政治思想，也是生成這種思想的“原動力”。文章在梳理了 18 世紀末以來法國政體演變的歷史後指出，“大革命以後，幾多之君主及君主候補者，雖現出於法國歷史上，然鞏固之君主國體之基礎，則固已喪失之矣”。也就是説，自大革命以來，左翼力量所高揚的共和制思想已越來越深入人心，共和制已經成爲歷史的潮流，是不可逆轉的。文章還以“歸順者”和“國民黨”（即民族主義者）的勢力消長爲例，進一步佐證了這一歷史趨勢：“二十五年來，每總選舉一次，則法國共和制，愈形鞏固。”

第四節題爲“法國下院之左進的傾向與社會黨之運命”。該節進一步分析了各派社會主義政黨在法國左翼力量發展中的地位、作用和“運命”。文章指出，法國左翼力量的發展，不僅表現在共和制的確立和鞏固方面，而且表現在“極左黨”即各派“名曰”社會主義政黨的出現和發展方面。作者將當時在法國衆議院占有一定席位的“有社會黨之名稱”的政黨分爲三派，即激進社會黨（文中爲“急進社會黨”）、獨立社會黨和統一社會黨（文中爲“合同社會黨”），并具體介紹和分析了各派的經濟、政治主張。作者認爲，在當時的法國，雖然左翼力量的增長是一個不争的事實，但如果“因此傾向之增進”，而認爲“極左黨”即社會主義政黨的力量也在“激增”，則是錯誤的：“盖極左黨於法國國民之間，所占之地位，非能立於根本主義之確信之上者也，第存於不平分子、極端急進分子所收容之點耳；社會黨之對於是等分子之吸收力，實有緩和之、抑制之之作用”；亦因此，“法國下院之左進的傾向，制限的者也，條件的者也”。作者還指出，統一社會黨“之政綱，竟有見諸實行者，其故非因其爲社會主義的政綱也，盖以之爲社會政策，經他黨之主持或贊成之故耳”。

總之，該文較爲詳細地介紹了 19 世紀 70 年代至 20 世紀初法國各主要政治派別發展變化的歷史，肯定了自大革命以來君主制在法國愈來愈不得人心，而共和制則由弱變强、不斷得以鞏固這一歷史潮流。作者反對君主制、支持共和制，反對保守的右翼勢力、支持進步的左翼勢力的政治態度，是顯而易見的。該文的譯介，對於在國民中普及民主常識，提高人們的民主政治意識，從而推動近代中國的政治民主化進程，是具有積極意義的，值得肯定的。但也應該指出，無論是作者還是編譯者，他們都没有看到資產階級民主共和制的歷史局限性，更看不到"'財富'的無限權力在民主共和制下更可靠"，"民主共和制是資本主義所能采用的最好的政治外殼，所以資本一掌握這個最好的外殼，就能十分鞏固十分可靠地確立自己的權力，以致在資產階級民主共和國中，無論人員、無論機構、無論政黨的任何更换，都不會使這個權力動摇"[①]。該文個别地方雖然也提到某些資產階級激進派政治家如克列孟梭入閣前後的態度變化，這對人們認識和思考資產階級政治民主的本質具有一定的啓發性，但作者畢竟没有，也無法指出這正是資產階級本性的體現。作者預言，在將來一段時期内，"必無"法國各社會主義政黨力量"激增"之事，這在今天看來，也是符合歷史事實的；但從該文把法國各社會主義政黨一律視作"極左翼"這一情況來看，作者對社會主義的看法又是比較模糊和籠統的，他没有看到各種改良的、"極左"的社會主義與科學社會主義的根本區别，而且似乎也不想在這方面作進一步的研究。

4. 該文對法國各種"社會主義政黨"和社會主義運動的介紹和分析

該文第四節具體介紹和分析了當時法國"名曰"社會主義政黨的各主要

① 列寧. 列寧選集：第 3 卷[M]. 北京：人民出版社，2012：120.

派别的經濟和政治主張，并預測了各自的發展趨勢。

作者認爲，社會主義政黨是近世“文化國”“産業革新，與衆民的産業之隆盛”的結果，也就是説，社會主義政黨是近代資本主義“文明”，特别是工業革命的産物。但各國社會主義政黨之間也存在“異同”，如法、德兩國的社會黨在歐洲的影響頗爲“隆盛”，甚至可以説“甲於天下”。不過相較而言，德國社會黨在議會選舉中取得的成績、機關報的發行數量和讀者數量等，“皆臻於極盛”；而法國社會黨對現實政治的影響，則更爲積極，是强於德國社會黨的，其主要根據，是法國社會黨人米勒蘭進入了1899年6月成立的瓦爾德克-盧梭内閣，擔任商業部長一職。文章指出，作爲社會黨人的米勒蘭入閣，開創了世界政治史上的一個“新例”；社會黨人入閣後，政府在制定政策時，在一定程度上體現了社會黨的某些主張和要求，“勞働者之利害，其影響之及於政府之政策者，蓋至是而益形其大矣”，如設立了勞動部，還促使衆議院先後通過了對老年人和貧困者的援助法，以及關於每周星期日爲勞動者休息日的法案等。但作者同時指出，“以此而遽謂法國政府，爲能汲汲於實行社會主義之準備，共同産業之組織，將不遠而達於完成焉，則猶不免有杞憂耳”。

作者認爲，在法國，以保羅·勒魯瓦-博略爲代表的“放任主義論者”，經常批評“官權之膨脹，與政費之增加”，是不無道理的，那些“熱中於社會政策之進行者，殆如逐鹿之獵人，有不自知其將陷於深溪之危險者”，“法國人民尤當以此爲良警鐘”。作者由此對“社會政策主義”和“社會主義”進行了區分，認爲“社會政策主義”雖然最早出現在德國，但在法國的進展却是比較迅速的。其原因主要是：“德國政府出此方針之大動機，乃在於豫防社會黨之勃興”；“德國之社會黨，常屬於在野者，而以反抗政府爲原則。肆其表面之批評，與竣嚴之態度，雖足以監督政府，使之間接而受其影響，然社會黨自身，既政權之不屬，即不能直接而左右政府之政策也”；而“法國近時之政况則不然，社會黨常爲政府黨，内閣大臣又往往爲社會黨員，故法國之社會政策與社會黨之關係，較諸德國尤爲直接”。但是，法國政府采取的社會政策，并不是通向社會主義的階梯，而是對“現今社會之缺陷”的“補充之計”和“矯正之策”，即是一種社會改良。

該文將當時在法國衆議院占有一定席位的“有社會黨之名稱”的政黨分爲三派，即激進社會黨、獨立社會黨和統一社會黨。

在作者看來，激進社會黨“在政界上雖頗有大勢力”，但它只是出於“欲收攬下等人民之心”的目的，才稱爲社會黨的，至於“其議論與行動，固與急進黨無大異也”。也就是説，激進社會黨是名不副實的社會主義政黨，其性質無異於資産階級的激進共和黨。作者稍後還以該黨領袖克列孟梭和統一社會黨領袖饒勒斯在衆議院 1906 年的一次辯論爲例給予説明：“向之在野而操觚者，以激論爲事，屢次窘迫内閣之 Clemenceau 氏一旦親握樞機，以毅然之態度，對於極左黨以斷然之處置，而維持其秩序。當時在表面上不過一内相耳，至一九〇六年十月二十二日，遂進秩於首相，仍繼續其方針而行之。”——意思是説，克列孟梭在没有進入内閣之前持激進態度[①]，主張對社會進行全面改革，并爲此經常批評政府，甚至使多届政府被迫倒臺，但是

① 1880 年 10 月 29 日，克列孟梭在馬賽發表的演説中曾提出了進行某些民主的社會改革的綱領，比如，以收入累進税和遺産税代替間接税；取消工資計算簿；工人參與調整工廠内部的規章；把工人儲蓄會交給工人自己管理；禁止雇用童工；縮短工作日；等等。這一綱領中的幾項内容，是克列孟梭取自蓋得、拉法格同馬克思、恩格斯在 1880 年 5 月共同制定的《法國工人黨綱領》中的。因此，1880 年 11 月 5 日，馬克思在致弗里德里希·阿道夫·左爾格的信中説：“就在敵人的陣營裏——即在激進派的陣營裏——過去和現在都有擁護我們思想的戰士。……那位在今年 4 月還公開反對社會主義，擁護美國的民主共和觀點的克列孟梭，最近在馬賽所作的反對甘必大的演説中，就不僅在總的傾向方面，而且在最低綱領的最重要的幾點上，都轉到我們這邊來了。克列孟梭是否會履行諾言，這根本不重要。無論如何，他已把我們的思想傳播到激進黨裏去；説來好笑，僅僅作爲‘工人黨’的口號出現的東西，激進黨的機關報總是要加以輕視或嘲笑，而現在當他們從克列孟梭嘴裏聽到時，却當作奇妙的啓示爲之驚歎不已。”（馬克思，恩格斯. 馬克思恩格斯全集：第 34 卷[M]. 北京：人民出版社，1972：451-452.）

在進入内閣特别是成爲内閣總理後，他就愈來愈走向保守了。事實正是如此，克列孟梭在1906年10月出任内閣總理後，對内殘酷鎮壓工農運動，對外積極擴張備戰，其反動政策受到社會黨人和廣大工農群衆的强烈反對，也最終導致了在1902年春季衆議院選舉中激進社會黨、共和民主聯盟和社會黨人結成的“左翼聯盟”的徹底瓦解。這正如作者在該部分一開始就指出的，社會黨“本爲漠然之名稱，包含各種相異之分子，而非可以一概而論之者”。應該説，文章中提到的這一事例是非常生動的，它充分暴露了資産階級的本性，但遺憾的是，作者并没有意識到這一點，或者説，即使意識到了，也不願意揭穿。

關於獨立社會黨，作者認爲它雖然在衆議院的議員人數甚少，但“其勢力則較大”，并説“此派中之錚錚者”如米勒蘭、白里安等人，“注重於社會政策，而以改良爲其方針”，是不同於革命派那樣，“欲以一舉而齎黄金世界於地上之夢想”的。的確，米勒蘭入閣之初，曾在解决勞資糾紛、改善社會福利及勞動立法等方面采取過某些措施，《政教分離法》草案也是由白里安主持制定的，不少工人、職員也曾把改變處境的希望寄托在米勒蘭、白里安等人身上，但當他們進行的微小改革滿足不了工農群衆的要求，當廣大工農群衆起來鬥争時，資産階級政府便會義無反顧地對工農群衆的反抗鬥争實施嚴厲的鎮壓。作者指出米勒蘭、白里安等獨立社會黨人的主張與“革命派”有所不同，這一點是準確的，但他顯然不瞭解或不認可科學社會主義關於無産階級革命和無産階級專政的基本原理，從而在社會主義問題上，缺乏明確的是非觀念。他看不到米勒蘭、白里安等人當權後很快就背叛了社會主義，成爲資産階級政客這一事實，也看不到社會黨人入閣給法國社會主義和工人運動帶來的不良後果。

關於統一社會黨，作者説它“常自稱爲真社會黨，而譏獨立社會黨爲似是而非者”，“此派恒倡下等人民之信賴”，但其實内部“分爲數小派，各挾相異之意見，而競争其勢力”；認爲其中饒勒斯派“之見解，較爲平和”，而蓋得派則是“主持極端論者，絶對的與内閣相反抗”。在介紹和分析統一社會黨的情况時，作者還提到了當時法國社會主義運動中“最流行”的“同盟罷工”，亦即無政府工團主義運動，認爲在這一運動中，“罷工之徒，往往好爲暴行；而極端社會黨員之煽動，又適以助其氣燄，而促其騷擾”，因此，它便遭到了“良民”的反抗，而“良民”的反抗則降低了“極端社會黨”在廣大選民中的聲譽。愛爾威主義是法國無政府工團主義的變種，主張用罷工和起義來反對一切戰争。作者認爲，統一社會黨中的蓋得派，其影響“猶不若 Herve 之愚弄愛國心，唱導對於兵役之同盟罷工之甚者也”。20 世紀初，若爾日•索雷爾（1847—1922）倡導的以破壞和總罷工等激烈手段獲得社會解放的無政府工團主義理論在法國工人運動中産生了很大影響。1906 年，法國總工會在亞眠召開代表大會，大會通過的綱領性文件（史稱《亞眠憲章》）雖然承認階級鬥争和消滅資本主義雇傭制度的必要性，但從無政府工團主義出發，反對政治鬥争，反對無産階級政黨對工會的領導，認爲經濟總罷工是實現工人階級徹底解放的主要途徑；聲稱工會今天是抵抗性的團體，未來則是組織生産和分配的團體。同年，剛合并不久的法國統一社會黨在利摩日舉行第三次代表大會，會上對《亞眠憲章》形成了三種意見。第一種意見以愛爾威爲代表，主張堅定地維護《亞眠憲章》的决議，承認總工會獨立於一切政黨之外，鼓吹社會主義者應尊重并承認工團組織的自治；第二種意見以饒勒斯爲代表，對《亞眠憲章》采取了較温和的調和態度，認爲總工會與社會黨有相同的階級支持和相同的目的（即無産階級的解放），又各有其合法存在的領域和活動範圍，因此，兩個工人階級組織應該是獨立的，但不應彼此回避，而應當尋求可接近的基礎，協調關係，自由合作；第三種是蓋得派的主張，其反對前兩種意見，反對總工會自治，認爲總工會應與社會黨統一行動。蓋得派抨擊對《亞眠憲章》采取政治中立立場，認爲工會不應只滿足於保護工人目前既得的日常經濟利益，而應準備更重要的政治鬥争，必須堅持政治鬥争是實現無産階級解放絶對必要的手段，在社會黨領導下的無産階級政治組織和工會組織的團結是實現工人階級利益的保證。最後，統一社會黨内部的這場争論以通過饒勒斯的提案而告終。饒勒斯的提案表示："工人階級只有通過政治活動和工會活動結合在一起的力量，通過工會運動（直至舉行總罷工），通過奪取全部政權以對資本主義實行總剥奪，才能獲得徹底解放"；"亞眠代表大會通過的决議確認了工會運動對於一切政黨的獨立性，同時爲工會運動指明了只有社會主義政黨才承認和追求的目的"；"鑒於無産階級的政治活動和經濟活動之間在根本上的一致將必然導致政治組織和經濟組織之間的自由合作關係，而不會造成混合、依附關係或相互不信任；因此，代表大會要求所有的活動分子盡力去消除總工會和社會黨之間的一切誤會"①。無政府工團主義拒絶支持任何政府和任何政黨，事實上，它正是對第三共和國制度下政府不斷更迭，但在改善無産階級生活狀况方面却没有根本作爲的一種反動。

應該説，雖然該文的作者和編譯者對當時的各種社會主義學説和社會主義政黨的看法是比較模糊和籠統的，更没有分清各種社會主義與科學社會主義的根本區别，但該文介紹的有關巴黎公社後法國各社會主義政黨、社會主義運動的若干歷史材料，却是比較豐富的；絶大多數事實，也是準確的。這對開闊當時國人的視野，瞭解世界社會主義運動情况，并爲後人在此基礎上認識和接受科學社會主義理論，提供了一定的知識儲備，是值

① 亞歷山大•澤瓦埃斯. 一八七一年後的法國社會主義[M]. 中共中央馬克思恩格斯列寧斯大林著作編譯局國際共運史研究室，譯. 北京：生活•讀書•新知三聯書店，1983：254-255.

得肯定的。

5. 研究綜述

學界對該文關注較少。就編者目前所見，石烈娟曾在 2003 年的碩士學位論文《〈新民叢報〉的立憲宣傳》中指出，《新民叢報》當年進行了較大規模的立憲宣傳活動，其宣傳的主要内容包括“民權、立憲救國、政黨理論與活動、地方自治、法治和立法改革、西方立憲史等”，就對國外政黨活動的介紹而言，對美國、日本兩國的介紹“較爲詳細”，同時“還對英、意、奧匈、法、俄等國”的政黨活動“進行了一般性介紹”，而對法國政黨活動進行介紹的主要文章則是《法國政界近時之趨勢》。該學位論文認爲，《新民叢報》的“憲政宣傳深刻地揭露了封建專制主義，積極地宣傳了資産階級民權思想，對於提高國民的政治意識，推進近代中國政治民主化進程，有着重要的啓蒙意義，客觀上促進了革命意識的覺醒和革命運動的發展”。[①]

該文作者小野塚喜平次是日本近現代著名的政治學家和法理學家，其《政治學大綱》在清末民初的中國知識界有着較大影響。有學者指出，1899 年 4 月，《清議報》刊載的伯倫知理的《國家論》譯著是西方政治學作爲一門獨立學科在近代中國引入的濫觴。在此之後，各類政治學著述便開始在中國廣泛傳播，其中最主要的代表性著作即是小野塚喜平次的《政治學大綱》。伯倫知理與小野塚喜平次的相關著述，代表了這一時期引入的兩種不同類型的政治學學術體系。前者建構的學術體系是以“國家”“憲法”爲基礎，圍繞與國家相關的諸問題形成的“國家學”學術框架；而在小野塚喜平次的《政治學大綱》一書傳入中國後，“西方政治學的研究視野從理論層面拓展到了公民社會，并特別强調對政治現象的研究，提倡引入社會學、統計學、經

① 石烈娟.《新民叢報》的立憲宣傳[D]. 長沙：湖南師範大學，2003.

濟學等多種學科手段對政治學進行研究。這種變動與調整體現了政治學研究視野的擴展、研究體系的擴大與研究方法的擴充”。[①]

該文編譯者孟揚的生平不詳。我們在研究中發現，商務印書館在 1912 年曾出版過中國民主革命的先驅、黄花崗烈士之一的林覺民（1887—1911）譯述的小野塚喜平次所著的《各國近時政況》一書（該書共十四章。事實上，第九至第十四章由蔡文森、盧尚同翻譯[②]），其中的第二章即“法國政界近時之趨勢”，但文字與該文有若干出入，我們亦未見林覺民用過“孟揚”的化名或別號。商務印書館出版的《各國近時政況》一書中的第二章“法國政界近時之趨勢”與《新民叢報》上刊載的《法國政界近時之趨勢》有何關係，待考。

（編校者：孫虹玉、王保賢）

① 王昆. 晚清時期西方政治學引入的兩種學術體系——以伯倫知理與小野塚喜平次爲中心的討論[J]. 湖南師範大學社會科學學報，2016（2）.

② 見該書弁言。

虛無黨[①]小史

淵實

此篇爲日本文學士煙山專太郎[②]先生所著“近世無政府主義”之第三章。（自七七頁迄一九六頁）原名爲“革命運動之歷史”。譯者易爲今名。求符實也。煙山先生爲早稻田大學講師。以熟悉近世史聞。爲外交時報[③]俄事記者。研究有素。篇首羅列著名參考書三十餘種。序例自言語必有所本。又經法學博士有賀長雄[④]先生所校閱。頗有指正。有賀先生爲日俄戰役[⑤]時。日軍中戰時國際法一等外交官。詳知俄羅斯政黨及社會之內容。所言均確爲徵實。東邦之虛無黨信史。當以此書爲第一。

篇中有言。“淑性移情。莫善於詞。”譯者性喜長言曼吟。然才短。不能多作。愛讀小說。於故國所有。已得讀者。約二百餘種。其中有名如（某某）者。自謂似作境中人。今此一篇。其言文學。均注重於小說。所下案語。亦語語似自譯者肺腑中流出。譯者頗別具感情。深恨緣慳。未嘗得讀一册。故於譯諸案語時。細心體會。必祈無負作者苦心。求免搪突西施之誚。

譯者得讀虛無黨信史。實自斯篇始。然每譯一小段落成。似覺此節已於

① “虛無黨”，清末革命黨人將俄國無政府主義者及俄國民粹派統稱爲“虛無黨”。

② “煙山專太郎”，煙山專太郎（1877—1954），日本岩手縣柴波郡人。1898 年考入東京帝國大學文科大學哲學科，1902 年畢業後，在有賀長雄的舉薦下擔任東京專門學校（早稻田大學前身）講師，1911 年升任教授，1951 年從早稻田大學退休。

③ “外交時報”，《外交時報》，1892 年 2 月由有賀長雄創辦於日本東京專門學校的半月刊，內容以介紹列强瓜分中國的動態爲主。

④ “有賀長雄”，有賀長雄（1860—1921），日本法學家、社會學家。

⑤ “日俄戰役”，即日俄戰爭，指 1904 年日本與俄國爲爭奪朝鮮半島和中國東北而爆發的戰爭。

何處見過。此節似非專論俄羅斯事者。雜感旁午。如懸旌然。每多提筆而案語即奔集者。自知佛頭著糞。亦甚無謂。書而又削。然此心確信在今日若能研究斯篇者。則必可得多大福利。詩云。"迨天之未陰雨。徹彼桑土。綢繆牖户。"讀而歎之。人同此情也。故勉强復留一二。雖似附贅。然自信確有堪解頤者。有堪噴飯者。亦未必非使徒讀鄰貓産子之乾燥記事者得一消遣法耳。

此篇原文所有人名地名。專用日本假名。未嘗附注歐文原字。由譯者一一抄出。直接受教於煙山先生。故誌一言。以表謝忱。及譯音於華文時。於前已通行者。決不敢另倡。前未有者。則勉强求近於華人通用名字。以便記憶。未知有牽强者否。

虛無黨之進步。非一朝一夕之事。今將分三期以述之。

第一期　文學革命時代

自十九世①初迄一八六三年

俄羅斯之有文學。殆自十九世紀始也。亞歷山大一世 Alexander Ⅰ②於十九世紀之初元。聘法蘭西渣哥賓 Takobine③黨人賴夏甫 La Haipe④而師事之。頗行仁政。赦城旦者柏書卿 Pusshkin⑤（一七九九…一八三七）而召之還。

---

① "十九世"，即十九世紀。

② "亞歷山大一世 Alexander Ⅰ"，亞歷山大一世（Александр Ⅰ，1777—1825），俄羅斯帝國皇帝（1801—1825）。

③ "渣哥賓 Takobine"，即雅各賓派，法國大革命時期的激進派政治團體。主要領導人有羅伯斯比爾、丹東、馬拉、聖茹斯特等。

④ "賴夏甫 La Haipe"，"La Haipe"，有誤，應爲" La Harpe"。"賴夏甫"，即弗雷德里克-塞薩爾·德·拉阿爾普（Frédéric-César de La Harpe，1754—1838），瑞士裔法國政治家、社會活動家、學者，共和主義者和自由主義者。早年擔任沙皇亞歷山大一世的私人教師，使沙皇深受法國啓蒙思想的影響。

⑤ "柏書卿 Pusshkin"，即亞歷山大·謝爾蓋耶維奇·普希金（Александр Сергеевич Пушкин，1799—1837），俄國詩人、浪漫主義文學的代表人物，俄國現代文學的奠基人。

民報目次

《民報》第 11 號目次

來稿

虛無黨小史

淵實

此篇爲日本文學士煙山專太郎先生所著「近世無政府主義」之第三章。(自七七頁迄一九六頁)原名爲「革命運動之歷史」譯者易爲今名。求符實也。煙山先生爲早稻田大學講師。以熟悉近世史聞。爲外交時報俄事記者。研究有素。篇首羅列著名參考書三十餘種。序例自言語必有所本。又經法學博士有賀長雄先生所校閱。頗有指正。有賀先生爲日俄戰役時日軍中戰時國際法一等外交官。詳知俄羅斯政黨及社會之內容。所言均確爲徵實。東邦之虛無黨信史。當以此書爲第一。

篇中有言。「淑性移情。莫善於詞。」譯者性喜長言曼吟。然才短。不能多作。愛讀小說。於故國所有已得讀者。約二百餘種。其中有名如(某某)者。自謂似作境中人。今此一篇。其言文學。均注重於小說。所下案語。亦語語似自譯者肺腑中嘗問之曰。“當十二月十四日之變。（指一八二五年台卡孛利斯坦 Dekabristen[①]之暴動而言）卿若在首都。果取如何手段乎。願無隱乎爾。以告寡人。”詩人應聲而對曰。“然！陛下！臣決可加入於彼等之陰謀。”帝亦嘉其率直。不之罪也。自彼御宇二十年間。拿破崙[②]方得志北伐。彼欲自固其國基。以當此大敵。不得不有以收民望。故思想界稍稍得自由。詩人柏書卿所著風詩[③]。極饒理想。描當境之失意。勉未來之希望。一時波流。解及老嫗。且也一八一五年。遠征軍士。久駐巴黎。Paris 忽親覩西歐之自由文物。讀其書。接其人。不覺心醉。惓懷宗國。朝露未晞。自此始有創立文學會者。名曰夏薩謨德士。Arsamatus[④]以研究西歐文學。於是英吉利文學。則擺倫 Byron[⑤]蘇考德。Scott[⑥]日耳曼文學。則漢尼 Heine Klest[⑦]邱鼐。Korner[⑧]一時均不脛而走。有譯爲俄文者。有加註疏証解於原文下者。陸續出版。以貢獻於讀者前。夫淑性移情。莫善於詞。况彼俄人。固素處慘淡窮漠之鄉者。一旦忽覩此慷慨纏綿之美文。正如天半彩雲。狂喜相告。革命風流。漸膾炙於人口。凡受其感化力者。乃始薰風南來。山意衝寒矣。

---

① “台卡孛利斯坦 Dekabristen”，即十二月黨人。1825 年 12 月 26 日，受歐洲啓蒙思想和自由主義思潮影響的俄國軍官，率領三千士兵，發起針對沙皇政府的起義。由於這場革命發生在 12 月，因此起義者被稱爲“十二月黨人”。

② “拿破崙”，即拿破侖一世（Napoléon Ⅰ，1769—1821），法國政治家、軍事家，法蘭西第一共和國第一執政（1799—1804）、法蘭西第一帝國皇帝（1804—1814、1815）。

③ “風詩”，指普希金以俄國民間故事和農民起義爲題材創作的詩歌。

④ “夏薩謨德士。Arsamatus”，“Arsamatus”，有誤，應爲“Arzamas”。“夏薩謨德士”，即阿爾扎馬斯社，1815—1818 年俄國聖彼得堡的進步文學團體，以創建者德米特里·尼古拉耶維奇·布盧多夫的滑稽作品《關於阿爾扎馬斯小酒館幽靈被學會公布於衆》而得名。

⑤ “擺倫 Byron”，即喬治·戈登·拜倫（George Gordon Byron，1788—1824），英國浪漫派詩人、諷刺作家，著有《恰爾德·哈羅德游記》《唐璜》等。

⑥ “蘇考德。Scott”，即沃爾特·司各特（Walter Scott，1771—1832），英國歷史小説家、詩人。

⑦ “漢尼 Heine Klest”，“Klest”，有誤，應爲“Christian”。“漢尼”，即克里斯蒂安·約翰·海因里希·海涅（Christian Johann Heinrich Heine，1797—1856），德國詩人，著有《詩歌集》《德國——一個冬天的童話》等。

⑧ “邱鼐。 Korner”，即卡爾·西奥多·科爾納（Carl Theodor Körner，1791—1813），德國詩人。因參加普魯士反對拿破侖的起義而遇害。

及尼古拉一世 Nicholai Ⅰ[①]即位。匆匆而行台卡孛利斯坦之大壓抑。力謀所以束縳[②]政治的文學者。夫俄羅斯之國體。固歐亞合半者也。其行政也亦然。彼乃採東方之專制。以莊嚴其君權。採西方之利器。以鈐制其民黨。鐵沙 Iron Tzar[③]威名。使民戰栗。特彼尚有嗜愛文學之天然公性。故文豪若柏書卿。若高巧爾。Gogol[④]均爲所保護。不作焚琴煑鶴之舉。凡諸所刊行者。亦特寬其檢閱焉。(有名之 Revisor[⑤]出版於此時)僅得留此一線微陽。遂大喚起國民之反動。記當時之最爲有力者。則郭禮波 Griboyedoff[⑥]所著小説。名"理解爲不幸之基"[⑦]。大喚醒當時一般熱心功名之士。而促其反省。高巧爾所著多數之社會小説。以温柔敦厚之風旨。發爲婦人孺子之口吻。刺諷當時社會。揭其黑幕。使明眼人不忍卒讀。年少詩人藍孟踆。Lermontoff[⑧]多作俗謡短詩。以披瀝社會之痛患。語句平易。便於口吟。而當時一般失望之國民。均受其支配矣。斯時也。説者謂爲神怪主義 Romanticism[⑨]文學之風靡時代云。

革命文學之時期。又可得而三分之。其一爲神怪主義風靡時代。思想

① "尼古拉一世 Nicholai Ⅰ",即尼古拉一世(Николай Ⅰ,1796—1855),俄羅斯帝國皇帝(1825—1855)。

② "束縳",有誤,應爲"束縛"。下同。

③ "鐵沙 Iron Tzar",即"鐵沙皇",指尼古拉一世。他爲鎮壓十二月黨人起義,加强對自由思想和革命運動的管控,設立秘密警察機關第三廳,派軍隊鎮壓波蘭 1830 年起義,因而被稱爲"鐵沙皇"。

④ "高巧爾。Gogol",即尼古拉·瓦西里耶維奇·果戈理(Николай Васильевич Гоголь,1809—1852),俄國作家,俄國現實主義文學的奠基人。

⑤ "Revisor",即果戈理的諷刺喜劇《欽差大臣》。

⑥ "郭禮波 Griboyedoff",即亞歷山大·謝爾蓋耶維奇·格里鮑耶陀夫(Александр Сергеевич Грибоедов,1795—1829),俄國劇作家、詩人,俄國現實主義的奠基人之一。

⑦ "理解爲不幸之基",指格里鮑耶陀夫的喜劇作品《智慧的痛苦》(又譯《聰明誤》)。

⑧ "藍孟踆。Lermontoff",即米哈伊爾·尤列維奇·萊蒙托夫(Михаил Юрьевич Лермонтов,1814—1841),俄國作家、詩人。著有《商人卡拉希尼科夫之歌》。

⑨ "神怪主義 Romanticism",即浪漫主義。

界既猛受其影響。其次則薜林 Schelling[①]（德人一七七五——八五四）及海格爾 Hegel[②]（德人一譯黑智兒一七七〇——八三一）之哲學入來是也。迄於一八五〇年。則日耳曼之唯物論。如廣陵怒濤。一瀉千里。全歐社會。無不辟易。俄人紙上呻吟者。時已三十年。乃始着手於實行。是爲第三期。

夫此等外國思潮。最先被其侵染者。實爲舊都莫斯科。大學學生及教授等。讀薜林之哲學。其神秘的想像。其圓妙的福音。伹[③]覺天花爛熳。奪目賞心。乃相率而研究其自然哲學積極哲學。於是異想天開。神遊華胥矣。文人章泰咢 Peter Tsehadaikoff[④]及奈台琴。 Nicholai Nadeidjin[⑤]皆崇信薜林之學説。而又新發明種種之妄想者也。

既而有海格爾之幽元哲學。以其論理[⑥]的基礎。足以補前者之所缺。故於一八三〇年。遂爲世論之所歸。當是時。舊都莫斯科。忽有一富豪少年。名唐啓微 Stankievitch[⑦]者出。彼弱不勝衣。然氣質温雅。早歲多病。而理想極高。雖無大治事材。但通徹日耳曼哲學。極富於愛他心。於其別墅。招同志者。共研究形而上者之學。凡其所已知者。所及憶者。莫不真切親摯。罄情相告。在諸人苟有所思。忽有所悟。亦必互相快談。切磋求是。秋雨聯牀。春風散步。口講手寫。相視而笑。桃源中人。夫何遠耶。未幾彼不幸夭死。同人多散處四方。亦各行其所志。以自利利人。於是海格爾之深邃靈妙之哲

① “薜林 Schelling”，“薜林”，有誤，應爲“薛林”。下同。“Schelling”，即弗里德里希・威廉・約瑟夫・馮・謝林（Friedrich Wilhelm Joseph von Schelling，1775—1854），德國哲學家。

② “海格爾 Hegel”，即格奥爾格・威廉・弗里德里希・黑格爾（Georg Wilhelm Friedrich Hegel，1770—1831），德國哲學家。

③ “伹”，有誤，應爲“但”。下同。

④ “章泰咢 Peter Tsehadaikoff”，即彼得・雅科夫列維奇・恰達也夫（Пётр Яковлевич Чаадаев，1794—1856），俄國哲學家、作家。著有《哲學書簡》。

⑤ “奈台琴。Nicholai Nadeidjin”，疑爲尼古拉・伊萬諾維奇・納傑日金（Николай Иванович Надеждин，1804—1856），俄國哲學家、文學家、歷史學家。

⑥ “論理”，指邏輯。

⑦ “唐啓微 Stankievitch”，即尼古拉・斯坦科維奇（Константин Николаевич，1813—1840），俄國哲學家、詩人。

學。忽繁殖於學生之間。彼等心醉卓論。即聽講於教室。或散策於公園。凡觸於目。接於耳者。聲聲色色。莫不反求諸己。加以觀念論的説明。互相証解辯論。進而愈上。以求探夫潛處於森羅萬象之後者。果有何物。而何者果爲人生究極之目的乎。於是懷疑心起。而大動風幡矣。

彼時負盛名。握思想界之牛耳。爲黨人之先導者。則皆出於唐啓微之門者也。濟濟多士中。有國粹黨[①]。有西歐黨[②]。如歷史家有郭涵腦。Granovskii[③]擁大學皐比。而鼓吹自由主義。批評家有畢令區。Bielinskii[④]抗擊文學從來之弊竇。即所稱爲俄羅斯之馬拉 Marat[⑤]者也。是爲西歐黨首領。其國粹黨中。最有名者。則伊萬 Jvan[⑥]及亞素高 Constantme Aksakoff[⑦]兄弟並夏科甫 Katkoff[⑧]等是也。更有虛無黨之鼓吹者。巴枯甯 Bakunin[⑨]（一譯柏格年一八一四——一八七六）郝震 Herzen[⑩]（一譯吼神一八一三[⑪]——一八七〇）鄂家

① “國粹黨”，指俄羅斯思想界中的“斯拉夫派”。1836年，恰達也夫發表《哲學書簡》，認爲俄國既不屬於西方也不屬於東方，是没有未來的。由此引發俄國思想界激烈討論，并逐漸形成斯拉夫派和西歐派兩個對立的陣營。

② “西歐黨”，即西歐派。

③ “郭涵腦。Granovskii”，即季莫菲·尼古拉耶維奇·格拉諾夫斯基（Тимофей Николаевич Грановский，1813—1855），俄國歷史學家、思想家、教育家，俄國中世紀研究的奠基人。

④ “畢令區。Bielinskii”，即維薩里昂·格里戈里耶維奇·別林斯基（Виссарион Григорьевич Белинский，1811—1848），俄國思想家、文學評論家。

⑤ “馬拉 Marat”，即讓-保爾·馬拉（Jean-Paul Marat，1743—1793），法國大革命時期的政治理論家、科學家。

⑥ “伊萬 Jvan”，即伊萬·謝爾蓋耶維奇·阿克薩科夫（Иван Сергеевич Аксаков，1823—1886），俄國作家，斯拉夫主義者。

⑦ “亞素高 Constantme Aksakoff”，“Constantme Aksakoff”，有誤，應爲“Constantine Aksakoff”。“亞素高”，即康斯坦丁·謝爾蓋耶維奇·阿克薩科夫（Константин Сергеевич Аксаков，1817—1860），俄國評論家和作家，斯拉夫派創始人之一。伊萬·謝爾蓋耶維奇·阿克薩科夫的哥哥。

⑧ “夏科甫 Katkoff”，即亞歷山大·伊萬諾維奇·科舍列夫（Александр Иванович Гучков，1806—1883），俄國記者、出版商和官員，斯拉夫主義者。

⑨ “巴枯甯 Bakunin”，即米哈伊爾·亞歷山德羅維奇·巴枯寧（Михаил Александрович Бакунин，1814—1876），俄國無政府主義、民粹主義的創始人和理論家。

⑩ “郝震 Herzen”，即亞歷山大·伊萬諾維奇·赫爾岑（Александр Иванович Герцен，1812—1870），俄國思想家、革命活動家，民粹主義的創始人。

⑪ “一八一三”，有誤，應爲“一八一二”。赫爾岑1812年4月6日（俄曆3月25日）出生於莫斯科。

雷 Ogareff[①]等。均匹夫而爲百世師。亦一言而足爲天下法者也。彼唐啓微一介書生。壽不中身。如曇花一現。色相皆定。而業識變現。乃普及大千。講學之功。誠不可思議哉。

其後海格爾學派。復分爲左右二黨。説者以唐啓微及畢令區。代表右黨。郝震及鄂家雷。代表左黨云。

然尼古拉一世。以梟雄之姿。大反對於哲學。若夫各種抽象的思想。更爲其所痛恨。比之天魔。彼其意。蓋以推哲學者。每易於一世界中。另造出别一世界。復取彼一世界。以印証此一世界。使讀者易作逍遥游。眼高心曠。必有懷疑於聖人與天子者。則皇帝與名教之大權。恐自此失墮。故於此種著述。禁其出版。然國中曠觀高論之士。每多出於大學諸生。故大學講義。更宜注意。非先檢閲。則不許講習。今記其一事。其時郭涵腦講歐洲近世史。帝面諭其删去宗教改革及法蘭西大革命二章記事。郭涵腦奏曰。臣所講近世史。以宗教改革爲發端。而以法蘭西革命爲歸結。此二事。不啻爲近世史之大綱。一切變態幻相。莫非自此而生。若删去此二節。則其餘均零星鎖事[②]。不數日。即堪卒業矣。帝曰試取來。朕當卒讀之。郭涵腦乃辭去大學教授。招學生中有志者數人於野。使記誦其口説以傳之云。

當此時也。有描寫俄羅斯下層社會之情形。明農奴與地主之關係。發其悲辛困苦顛連無告之實況。大喚起政府及學界商界之注意者。則小説有二。一爲高巧爾（一八〇九—一八五二）之“死人”[③]。一爲都蓋尼 Turgenieff[④]

---

① “鄂家雷 Ogareff”，即尼古拉·普拉東諾維奇·奥加遼夫（Николай Платонович Огарёв，1813—1877），俄國詩人、歷史學家及政治活動家。

② “鎖事”，同“瑣事”。

③ “死人”，即果戈理的小説《死魂靈》。

④ “都蓋尼 Turgenieff”，即伊萬·謝爾蓋耶維奇·屠格涅夫（Иван Сергеевич Тургенев，1818—1883），俄國現實主義小説家、詩人、劇作家。

（一八一八——一八八三）之“獵人日記”[①]是也。前者以一千八百四十五年出版。其中活寫一貪婪之大地主鐵剛夫。Titconiff[②]善於居積。多買奴隸。頤指氣使。甚於牛馬。凡諸童僕。現世地獄慘不及言之窮境。詡詡如生。其甚者。乃有農奴一人。欲求得最廉賣價二戈比 two Kopeiks（一戈比爲一盧布百分之一一盧布重八錢零七約墨銀圓二角二戈比約制錢二十五文）而不可得。寫生妙筆。直刺心目。使閱者鬱鬱無生氣。後者於“死人”後二年發行。爲二十餘日之游歷紀行。目擊中俄農民之氣質風習。與其境遇之屯邅。而不自知。亦不自憐。其外毫不加以批評案語。使閱者如親歷其境。得之言外。故有比之於 Uncle Tome Cabin[③]者。非無故也。同時郝震之社會小説“誰之罪”[④]出版。詩人南拉蘇 Niekrasof[⑤]（一八二二[⑥]——一八七七）叠出其巧妙之叙情詩。大鼓吹奴隸廢止論。文學運動之一方面。正如曉日芙蓉。其盛可想。西歐一方面。同時又有聖西孟 Saint Simon[⑦]（一七六〇——一八二五）佛禮兒 Fourier[⑧]羅伯阿文 Robert Owen[⑨]等之社會主義。流行於諸國間。亦輸入俄羅斯。大聳動一時耳目。於是社會革新思想。不惟學生已也。漸蔓延及官吏軍人焉。其中秘密聚會研究真相者不少。尼古拉一世。覺其有異。乃行

① “獵人日記”，即屠格涅夫的隨筆集《獵人筆記》。

② “鐵剛夫。Titconiff”，果戈理的小説《死魂靈》中的人物乞乞科夫。

③ “Uncle Tome Cabin”，即《湯姆叔叔的小屋》，美國作家哈里特·比徹·斯托（Harriet Beecher Stowe，1811—1896）於 1852 年發表的一部反對奴隸制的小説。

④ “誰之罪”，赫爾岑創作的小説。

⑤ “南拉蘇 Niekrasof”，即尼古拉·阿列克謝耶維奇·涅克拉索夫（Николай Алексеевич Некрасов，1821—1878），俄國詩人、作家、批評家及出版商。

⑥ “一八二二”，有誤，應爲“一八二一”。涅克拉索夫 1821 年 12 月 10 日（俄曆 11 月 28 日）出生於俄羅斯波多爾斯基省涅米羅夫。

⑦ “聖西孟 Saint Simon”，即昂利·聖西門（Henri Saint-Simon，1760—1825），法國空想社會主義者。

⑧ “佛禮兒 Fourier”，即沙爾·傅立葉（Charles Fourier，1772—1837），法國空想社會主義者。

⑨ “羅伯阿文 Robert Owen”，即羅伯特·歐文（Robert Owen，1771—1858），英國空想社會主義者。

嚴密偵探。一八四九年四月。遂捕畢勒艱 Mikhail Petraschevskii[①]等青年三十三人於首都彼得堡。Peterberg[②]自九月末日。迄於十一月十六日。此四十六日間。開軍法會議。以公判之。命侍從武官南波哥 Nabokoff[③]將軍爲裁判長。解來廷 Galeitzin[④]公爲副裁判長。三十三人供言。每金曜[⑤]夜。羣集於畢勒艱之宅。開一文學會。自外國密行輸入禁書。羣相抄讀。討論。甚有批評研究及於布隆東 Prondhon[⑥]者。裁判長乃宣言彼等三十三人。被惑於無政府主義。輕視皇帝。污蔑法令。菲薄官長。宜以大逆不道論。自提倡者畢勒艱始。官吏八人。宮内官吏二人。近衛士官四人。文人二人。學生二人。語學教師一人。平民一人。罪皆棄市。千八百五十年一月。初吉清晨。驅至塞米奴。Semenovs[⑦]命著白衣。以示洗心知過。命接吻十字架。以祈懺悔於上帝。方擬行刑。怱[⑧]一騎銜皇命來。諭以皇帝不忍爾輩無知。罹于大辟。仰體上天好生之法[⑨]。特與寬典。减死一等。汝輩其自新。於是二十二人幸慶再生。雖然。活罪尚未可逃也。時定十人鑛山徵役[⑩]。二人輪爲城旦。八人罰充軍徒。二人處以永禁。

---

① “畢勒艱 Mikhail Petraschevskii”，即米哈伊爾・瓦西里耶維奇・彼得拉舍夫斯基（Михаил Васильевич Петрашевский，1821—1866），俄國烏托邦理論家，傅立葉的追隨者。

② “Peterberg”，有誤，應爲“Petersburg”。

③ “南波哥 Nabokoff”，即伊萬・亞歷山德羅維奇・納博科夫（Владимир Владимирович Набоков，1787—1852），拿破侖戰争時期的俄軍步兵統帥。

④ “解來廷 Galeitzin”，即亞歷山大・尼古拉耶維奇・戈利岑（Николай Дмитриевич Голицын，1773—1884），俄國政治家，曾擔任沙皇亞歷山大一世的顧問。

⑤ “金曜”，即星期五。

⑥ “布隆東 Prondhon”，即皮埃爾-約瑟夫・蒲魯東（Pierre-Joseph Proudhon，1809—1865），法國政論家、經濟學家和社會學家，小資産階級思想家，無政府主義理論的創始人。“Prondhon”，有誤，應爲“Proudhon”。

⑦ “塞米奴。Semenovs”，即謝苗諾夫校場。

⑧ “怱”，有誤，應爲“忽”。

⑨ “之法”，有誤，應爲“之德”。

⑩ “徵役”，有誤，應爲“懲役”。

其中有工兵中尉陶德全 Dostoyevskii[①]者。即其後負文學之大名者也。

淵實案尼古拉赦此三十三人者。亦爲千慮一失。吾計宜利用其貪生怖死之公性。言者必殺。則聞者自足戒。而實行者日希矣。蠢爾貉子。煦煦何爲。不然。則宜官之。以銷磨其怨望心。使知深仁厚澤。激發天良。奈何計不出此。錯此一着。徒貽子孫憂。惜哉。豈其真有不忍人之心。行不忍人之政乎。然吾聞俄人呼之爲鐵沙矣。苟其不忍也。則正宜呼之爲老佛爺。或曰。人亦有言。叱咤辟易之英雄。固仁於念佛吃菜之老媪也。

尼古拉一世。深恨西歐文學。足以煽惑其國民也。乃實行壓制手段。嚴禁學生游學外邦。致電於瑞士比利時等國。促留學者速歸。且特設游歷券局。凡欲出國門一步者。必到局領取護照。否則以闌出論罪。定價護照一張。納官税五百盧布。（約墨洋六百圓）此外局員之花紅。胥吏之漏規。均聽其便。使非貴爵鉅商。决不得稍有假借。又恐其民智之日開也。乃定京師大學堂學額爲三百名。及招考時。則請托遞條。去取早有成見。使非國家勳戚故舊之子弟。則不得入學。於學科中。則廢止哲學法律等課焉。提倡實用科學。以期銷阻理想。并擴充新聞檢閱所。不問論説記事。其意旨。議論。果爲何如。但字句問[②]。有自由　平等　共和　憲法等字者。閲即付火。猶記其一節。最爲可笑者。則其時有一愛國大家。熱心希望國家實行立憲。乃指名其所愛獵犬爲“立憲”。以爲紀念。其後於旅行中。失去此犬。急赴附近報舘。倩登廣告。叩至三家。均不能許。其人窘極。易以他名。始得

① “陶德全 Dostoyevskii”，“陶德全”，有誤，應爲“陶德金”，即費奥多爾·米哈伊洛維奇·陀思妥耶夫斯基（Фёдор Михайлович Достоевский，1821—1881），俄國小説家。

② “字句問”，有誤，應爲“字句間”。

登告白云。

淵實案偶則駭。習則忘。人之公性也。吾計尼古拉正宜利用此公性。毫不有事。使人望之如天。高不可階。則習焉忘之矣。吾自五年前。見有言新學者。不論賢不肖。均能行其所好。今則黄口駘背。均滿口新名詞。而實行者卒鮮。老子[①]曰。“取天下當以無事。”信哉。不然。則宜行卒業考試。以招入英雄於彀中。給以進士舉人。彼沐皇恩浩蕩。自當盡終身犬馬之報矣。又何爲“庸人自擾之”耶。或曰。請觀其後。

其後十餘年。果也。國内日進治安。衆庶熙熙。狀益富强。尼古拉一世知後顧之莫予毒也。於是思用其實力。以雄飛於世界。及其晚年。實行“斯拉夫統一主義。Ponstlavrsm”[②]欲擴張版圖。以臨地中海。乃先振翼於巴爾堪 Balkan 半島[③]。無端而招英法二國之大反對。遂釀成克利美 Crimea 半島大戰争[④]。受大敗之結果。帝憤甚。崩於軍中。(其事著者不詳亦仍畧之譯者現譯松村介石[⑤]所著萬國最近史上卷已完不日可供參考)

亞歷山大二世 Alexandar Ⅱ[⑥]即位。其性質與父全異。彼年少閲歷淺。

---

① “老子”,《老子》,又稱《道德經》,道家經典著作。

② “斯拉夫統一主義。Ponstlavrsm”,“Ponstlavrsm”,有誤,應爲“Pan-Slavism”。“斯拉夫統一主義”,即泛斯拉夫主義,該主義産生於 19 世紀初西斯拉夫人和南斯拉夫人的民族意識形成過程中。巴爾幹半島上的斯拉夫民族希望在俄國的領導下對抗奥斯曼帝國,而俄國以斯拉夫民族的領頭人自居,希望控制在奥匈帝國和巴爾幹半島的斯拉夫人居住區,并且在巴爾幹半島擴張其勢力,從而形成泛斯拉夫主義。

③ “巴爾堪 Balkan 半島”,即巴爾幹半島。

④ “克利美 Crimea 半島大戰争”,“克利美 Crimea 半島”,即克里米亞半島。“克利美半島大戰争”,指 1853—1856 年俄國與奥斯曼帝國、英國、法國、撒丁王國爲争奪小亞細亞地區的權利而爆發的克里米亞戰争。

⑤ “松村介石”,松村介石(1859—1939),日本傳教士、“道會”的主持者。16 歲時任神户傳教士,1882 年任日本組合教會高梁教會牧師。曾任大阪《福音新報》、東京《基督教新聞》編輯。著有《萬國興亡史》,1903 年覺民社將其譯爲中文出版。

⑥ “亞歷山大二世 Alexandar Ⅱ”,即亞歷山大二世(Александр Ⅱ,1818—1881),俄羅斯帝國皇帝(1855—1881)。在位期間實行改革,頒布解放農奴的法令。“Alexandar”,有誤,應爲“Alexander”。

喜功名。全棄先代列祖所行之政策。漸實行自由主義。欲一掃國中之宿弊。其着手行政也。先釋大學學生員額之定律。（其後以經費不足改從前所定學費五十盧布[①]爲一百五十八盧布）不限人數。減小游歷護照之官税。復寬新聞檢閲之條例。一八五六年。巴黎條約[②]告成之後數日。彼曾諭侍臣曰。“農奴制度。早晚終不可不廢。”其後三月。果派“農民事情調查大臣”。攷核其事。於是長日嚴寒蜷伏於鐵沙專制之下諸百姓。恍如天空霹靂。久雨新晴。萬衆雀躍。慶祝集會者遍國中。人人心目。期其新帝之改革成就。氣象一新。爲千載難逢之一大幸運。其時有一自名標榜自由主義之一日報記之曰。“今日！吾人之心情。以喜氣充塞。致不能言其狀。但覺時溢於眉宇而已。於是！吾深望上下之精神一致。吾輩可安坐而待一大改革之前途。”又一週報記之曰。“在昔我國政府與人民。其間之感情。本調和合一者也。今也其復見昔時景運乎。排階級之習氣。融全國一家之觀念。使大俄羅斯諸族。渾然合於一爐而冶之在斯時也。彼西歐諸國。自詡文明。然革命者數起。流血者時告。進步舒緩。不能達其最終之目的。吾國今日。上下一心。於靄然平和之中。不費一兵之勞。一矢之力。竟能實行此大改革。吾俄羅斯民族之力量之名譽。果何如乎。亦足使彼輩素輕視吾黨。自號先進諸國。瞠目相視也。”云云。

當亞歷山大二世之行新政也。正俄人沈醉於淒風苦雨之暗夜。忽而鷄鳴不已。起視東方。明星燦燦。於是彼等乃向陽激進。自一八五六年始。學生之稍有資力者。多入日耳曼大學。復新輸入二方面之思潮。一爲趙賓谷 Schopenhaver[③]（德人一七八八—一八六〇）之厭世教。一爲蒲處訥

① “盧布”，同“盧布”。

② “巴黎條約”，指1856年3月30日，爲結束克里米亞戰争，俄國、英國、法國、奥斯曼帝國、撒丁王國、奥地利、普魯士等國在巴黎簽訂的和約。俄國自此喪失歐洲霸主地位。

③ “趙賓谷 Schopenhaver”，“Schopenhaver”，有誤，應爲“Schopenhauer”。“趙賓谷”，即亞瑟•叔本華（Arthur Schopenhauer，1788—1860），德國哲學家，唯意志論的創始人。

Biichner[①]傅愛白 Feuerbach[②]等之唯物論無神論。剛德 Comte[③]（一譯孔德法人一七九五[④]——八五七本報第八號畧有學説[⑤]）之實驗哲學。及達爾文 Darwin[⑥]（一八〇九——八八三[⑦]）斯賓塞 Spencer[⑧]（一八二〇——八九〇[⑨]）之進化論是也。前日之超絶哲學。唯心哲學。亦死灰復燃。然思想界則一變而糜集[⑩]於唯物主義之旗下。同時出版事業盛興。新聞雜誌。發行日多。彼等羣倡唯物論無神論。一般之講壇文社。其格調風流。莫不陰鬱沈悶絶望厭世之態。形於詞色矣。

其時有一雜誌。名“現代人”[⑪]者。實承文學革命第二期之餘波。而別開第三期新紀元之先鋒者也。其創者爲有名詩人南拉蘇[⑫]。抱悲憫之襟懷。所作詩歌。行間字裏。讀之黯然。其後被放。則詩人錢内選 Tscherneschewsku[⑬]

① “蒲處訥 Biichner”，“Biichner”，有誤，應爲“Büchner”。“蒲處訥”，即卡爾·格奥爾格·畢希納（Karl Georg Büchner，1813—1837），德國作家、革命家，著有《丹東之死》。

② “傅愛白 Feuerbach”，即路德維希·費爾巴哈（Ludwig Feuerbach，1804—1872），德國哲學家，無神論者。

③ “剛德 Comte”，即奥古斯特·孔德（Auguste Comte，1798—1857），法國哲學家，社會學和實證主義的創始人。

④ “一七九五”，有誤，應爲“一七九八”。孔德 1798 年 1 月 19 日出生於法國的蒙彼利埃。

⑤ “本報第八號畧有學説”，指 1906 年《民報》第 8 號所載孤嶋的《剛德之學説》。

⑥ “達爾文 Darwin”，即查爾斯·羅伯特·達爾文（Charles Robert Darwin，1809—1882），英國博物學家，進化論的奠基人。

⑦ “一八八三”，有誤，應爲“一八八二”。

⑧ “斯賓塞 Spencer”，即赫伯特·斯賓塞（Herbert Spencer，1820—1903），英國哲學家、社會學家、教育家，被稱爲“社會達爾文主義之父”。

⑨ “一八九〇”，有誤，應爲“一九〇三”。斯賓塞於 1903 年 12 月 8 日去世。

⑩ “糜集”，有誤，應爲“麇集”。

⑪ “現代人”，《現代人》，俄國詩人普希金於 1836 年在聖彼得堡創辦的文學與政治綜合刊物，1866 年停刊。

⑫ “其創者爲有名詩人南拉蘇”，此説有誤。《現代人》爲普希金所創辦，1847 年後，在涅克拉索夫的領導下，成爲俄國進步文學的中心。

⑬ “錢内選 Tscherneschewsku”，即尼古拉·加夫里諾維奇·車爾尼雪夫斯基（Николай Гаврилович Чернышевский，1828—1889），俄國哲學家、文學評論家、作家，民主主義者。

（一八三六——八六一[①]）及陶伯洛。Dobroyuboff[②]並入爲記者。前者所著小說。名曰“如之何。What is to be done？”[③]以求世人之懸解。後者所著。名曰“長嘯一聲。Whestle”[④]用其嚴格論理的批評。以逞其銳利之諷剌[⑤]。推倒一時。以求人下一轉語。同時有自然派小說家。畢森崎。Pissemskii[⑥]（一八二〇——八八二[⑦]）倣都蓋尼所著小說“父子”。Father And Cheldren[⑧]而著“荒海”。The Hewy Sea[⑨]其自序云。“吾尚自然。吾因實寫。吾一毫不參以私見。後世史家。若不嫌鄙細隱曲。平心具眼。以讀此書。則今日社會裏面之活現象。當必有所發見。”云云。其內容。則比“俄羅斯之社會。爲一混濁荒海。其表面塵埃汚穢。望之作嘔。其裏面腐臃腥羶。不容生物。秩序紊亂。奸盜並作之中。描出一秀卓青年。白苦樂。Bockranoff[⑩]是實抱實利主義。行虛無主義者也。爲一書之主人翁。彼乏耐久精神。然思想極超。其性喜實行。苟一度遇衝突。則必望望然去之。故一生不能從事於真面目真意氣之事業。終亦一無所成。只一意送其生涯於快樂無爲中而已。”此其大畧也。其足爲消極的虛無主義一好模型者。實爲畢散萊。Pissareff[⑪]（一

---

① “一八三六——八六一”，有誤，應爲“一八二八——八八九”。

② “陶伯洛。Dobroyuboff”，即尼古拉・亞歷山大羅維奇・杜勃羅留波夫（Николай Александрович Добролюбов，1836—1861），俄國文學評論家、記者、詩人，社會革命者。

③ “如之何。What is to be done？”，即車爾尼雪夫斯基的長篇小說《怎麼辦》。

④ “長嘯一聲。Whestle”，疑即杜勃羅留波夫參與編輯的《現代人》的副刊《口哨》。

⑤ “諷剌”，有誤，應爲“諷刺”。

⑥ “畢森崎。Pissemskii”，即阿列克謝・費奧菲特拉克托維奇・皮謝姆斯基（Алексей Феофилактович Писемский，1821—1881），俄國作家。

⑦ “一八二〇——八八二”，有誤，應爲“一八二一——八八一”。

⑧ “‘父子’。Father And Cheldren”，“Father And Cheldren”，有誤，應爲“Father and Children”。“父子”，即屠格涅夫的小說《父與子》。

⑨ “‘荒海’。The Hewy Sea”，“The Hewy Sea”，有誤，應爲“The Heavy Sea”。“荒海”，即皮謝姆斯基的長篇小說《渾濁的海》。

⑩ “白苦樂。Bockranoff”，屠格涅夫的小說《父與子》中的主人公巴扎羅夫。此處誤爲皮謝姆斯基的小說《渾濁的海》中的主人公。

⑪ “畢散萊。Pissareff”，即德米特里・伊萬諾維奇・皮薩列夫（Дмитрий Иванович Писарев，1840—1868），19 世紀俄國文學評論家，是屠格涅夫的《父與子》中“巴扎羅夫”的原型。

八四〇—一八六八）彼惟觀人生之背面。而時下一解頤之批評。使人不堪回首。此外事亦不爲。名亦不傳。與齊宣夫 Zaitseff[①]等共發行一苛酷之新聞。題“露語”。Busskol Slovo[②]大鼓吹虛無主義。每發一言。必厄人使入絶地。而又狂喜不禁。實個人主義的虛無主義也。説者謂其後之實行青年。受其感化力最多。

當時承西歐風潮。别樹赤幟。專研究生計上生活。代表農民之利害者。有一派之社會黨[③]。之自負三大論鋒。鼎足運動。一曰身體宜自由也。二曰土地宜均分也。三曰財産宜共有也。各向一方面。擴張勢力。借亞歷山大二世維新之大毒[④]。以爲護符。陽示歡迎。陰肆突飛。一八五二[⑤]年。初設“自修俱樂部”[⑥]於首都彼得堡及舊都莫斯科。主其事者。爲兩京大學生。以醫科農科爲最有力。其後漸蔓延及於宗教學校中學校等。其終則其勢力及於賓寨Penza[⑦]卡山 Kasan[⑧]等。原自修俱樂部之始。其目的本爲研究學術。凡得爲會員者。例限於大學生。會員每月集金若干。分爲二部。以一部購求書藉[⑨]。置備器械。爲研究之材料。以一部均給同學貧苦學生。勉其成學。苟有所餘。則貯蓄以備不虞。其後自外國輸入書籍日多。學問愈進。眼界愈擴。

① “齊宣夫 Zaitseff”，即瓦爾福洛梅・亞歷山德羅維奇・扎伊采夫（Варфоломей Александрович Зайцев，1842—1882），俄國政論家、民主主義啓蒙者。曾積極參加《俄羅斯言論》同《現代人》的論戰，和皮薩列夫一起反對“貴族文學”。後參加第一國際，在第一國際意大利支部工作。

② “‘露語’。Busskol Slovo”，指《俄羅斯言論》(«Русское слово»)。

③ “有一派之社會黨”，指第一個“土地與自由社”，由俄國平民知識分子與波蘭民主派革命小組結成的秘密革命團體，1861 年成立，其綱領受赫爾岑、車爾尼雪夫斯基的影響，旨在組織和領導農民革命。代表人物有尼古拉・尼古拉耶維奇・奧布魯切夫、亞歷山大・亞歷山德羅維奇・斯列普佐夫等。波蘭起義被鎮壓後，於 1864 年自行瓦解。

④ “大毒”，有誤，應爲“大纛”。

⑤ “一八五二”，有誤，應爲“一八六〇”。

⑥ “自修俱樂部”，1860 年“土地與自由社”學生在聖彼得堡和莫斯科組織的秘密團體。

⑦ “賓寨 Penza”，即奔薩（Пенза），俄國西部城市，今俄羅斯奔薩州的首府。

⑧ “卡山 Kasan”，即喀山（Казань），位於俄國歐洲部分，今俄聯邦韃靼斯坦共和國的首都。

⑨ “書藉”，同“書籍”。

知個人事業。非限於學術研究已也。知學術研究亦非限於大學學生已也。春風風人。夏雨雨人。舍我輩其伊誰。乃擴充事業。普及於一般學生。一八六一年二月十九日。將豫備實行解放農奴之諭。而大地主及貴族世家等。均囂囂梗命。一般學生。始知天下事每多出於意料之外。坐而言者多不能起而行。東鱗西爪。紛紛訴其不平。於是平民暴動。學生示威。所在見告。是年五月。學部尚書某大臣①。發令閉圖書館。禁學生爲二十人以上之集會。復申大學學生員額之律。加徵學費。各地學校。乃羣集而舉反對。學生之同時就縛者。常以數百人聞。時穆開洛 Mikhail Mikharloff ②被判爲煽動者。罰爲鬼薪。流西伯利亞 Siberia 六年。

自由主義之運動猶未已也。同時有一秘密團體③。爲陸軍士官所組織者。設秘密出版部於參謀本部中。月出雜誌“大俄羅斯。Great Russia”④自一八六一年八月迄十一月。續刊三號。然彼等所持宗旨。甚爲蕪雜。益⑤以西歐革命黨各派所持主義。諸士官尚未明瞭。每有混立憲思想民族主義社會主義爲一談者。觀其三號所標希望曰。“一、從來爲各農民所耕之地。自今以始。不納代價。當平均分配之於彼等。一、度支、司法、巡警諸部。當一掃從來宿弊。一、速行召集立憲議會。一、波蘭人可許其獨立。”

---

① “學部尚書某大臣”，指葉菲姆 • 瓦西里耶維奇 • 普提雅廷（Евфимий Васильевич Путятин，1803—1883），1858 年被授予海軍上將軍銜，1858—1861 年任駐倫敦海軍武官。1861 年任俄國國民教育大臣。因處理學潮不力而辭職，同年底由亞歷山大 • 戈洛夫寧接替其職務。

② “穆開洛 Mikhail Mikharloff”，即米哈伊爾 •伊拉里奧諾維奇 •米哈伊洛夫（Михаил Илларионович Михайлов，1829—1865），俄國翻譯家、詩人，《現代人》雜誌的撰稿人，因起草印刷革命傳單《致年輕一代》（«Кмолодому поколению»）1861 年 9 月 14 日被捕，判處 6 年苦役，終身流放西伯利亞。

③ “秘密團體”，指革命團體“年輕的俄羅斯”。

④ “大俄羅斯。Great Russia”，指雜誌形式的秘密傳單《大俄羅斯人》（«Великорус»），共出三期。

⑤ “益”，有誤，應爲“蓋”。

是年冬。莫斯科 Moscow 司馬陵 Smolensk[①]土限耳 Tmer[②]等處貴族相集。開大會議。議決“現政府利用農奴解放之問題。以買收下級國民之歡心。求膨脹其逆施之權力。有傷故家喬木之觀念。宜要求其欽定憲法。以限制一時之野心”。云云。

此時也。革命文學之景運。昌明極矣。一般運動者。有虛無黨。有社會黨。有立憲黨。皆下筆千言。倚馬可待。一八六二年四月。有自署“中央革命委員”[③]者。傳檄全國青年。促其棄絶希望。一志向前。而郝震所刊新聞曰“鐘。Kolokol”[④]亦云敬告我國人。“求彼沙 Tzar[⑤]能與我等以自由。則與鼠在貓口之得自由。夫復何擇。彼輩持上下一心者。非自欺則欺人耳。吾黨今日！已不能不絶望。已不得不絶望。吾黨最後所持之進步手段無他。一赤物 Redness[⑥]而已。當以火以血。莊嚴羅馬諸夫 Remanoff[⑦]之家與其黨與者”云云。

五月。莫斯科大火[⑧]。各部官衙及貴族府邸。延燒者不少。唱極端論者。後[⑨]藉口於天災之見告。於是政府當路諸公。頗疑革命黨所爲。乃斷行嚴酷手段。禁同學會。封俱樂部。停止日曜[⑩]學校。凡新聞雜誌。持反對言論者。如現代人鐘等。在國中者則直接封禁。在國外者則百計查阻其輸入。凡欲出

① “司馬陵 Smolensk”，即斯摩棱斯克，位於俄國西部第聶伯河河畔，斯摩棱斯克州的首府。

② “土限耳 Tmer”，“Tmer”，有誤，應爲“Tuer”。“土限耳”，即沙俄時期的特維爾省（Тверская губерния）。

③ “中央革命委員”，指“年輕的俄羅斯”的“中央革命委員會”。

④ “鐘。Kolokol”，即《鐘聲》，赫爾岑與奥加遼夫於 1857 年創辦的俄文報紙，1857—1867 年用俄文出版，1868—1869 年用法文出版，有俄文附刊。

⑤ “沙 Tzar”，即沙皇。

⑥ “赤物 Redness”，意爲流血革命。

⑦ “羅馬諸夫 Remanoff”，指俄國羅曼諾夫王朝（1613—1917）。

⑧ “莫斯科大火”，有誤。1862 年夏季大火，發生於聖彼得堡。這場大火實爲沙皇政府的陰謀，沙皇政府將縱火責任推到進步知識分子的身上，由此展開反動宣傳，大肆逮捕革命者。1862 年 6 月，《現代人》雜誌被勒令停刊 8 個月；7 月 7 日，沙皇政府逮捕車爾尼雪夫斯基等人。

⑨ “後”，有誤，應爲“復”。

⑩ “日曜”，即星期日。

版者。先納保證金二千盧布以困之。逮捕錢内選等讜論者數十人。

其時莫斯科大學諸教授等所刊日報有二。一、“俄羅斯之天使”[①]。一、“莫斯科”[②]。其最有力者一記者。則夏科甫 Mihbail Katkoff[③]（一八二〇[④]—一八八七）是也。本出唐啓微門下。抱極端自由主義。前日所著論説。有“進步”“自治”“地方分論”“告虐政家”等篇。其後静觀時局。忽知其同志。郝震　鄂家雷　巴枯寧等所持言論。終無以達其最後目的之一日。徒眩惑世人。而惹起猛進。甚非所以愛國也。乃一轉而唱反動主義。振其健腕。大鼓吹國粹論。獨立以對抗一時之趨勢。彼思想鋭越。久負時望。而舌辯翻瀾。更足動聽。又時以美人芳草之句。寫山高水長之情。淒然動人。故革命黨一時大失勢力。雖内黨人分裂。外由苛政厲行。然有大力者實爲彼一人。

是後諸秘密結社。知目前趨勢。國粹黨人排吾輩以空言。政府則排吾輩以實力。如背水陣。與其退而自相踐踏。無寧競進。一八六三年三月三日。有布“國民所必要者何在”[⑤]一篇。傳檄全國。以求各小黨派之反答。而聯合其希望土地與自由者。爲一大黨[⑥]。共同進行。復刊一機關日報。名曰“自由。Wolja”[⑦]在彼得堡如此。在卡山者。亦同時協學生與士官下級官吏等。設一支部。忽事洩。被捕者數十人。其年波蘭有起兵者[⑧]。巴枯寧奔走四方。募義勇兵以應之。然卒不果。郝震亦爲其同志所强。載論於新聞鐘。以表同情。兩京大學生。同時行示威運動。波蘭駐防之士官官吏中。亦多通聲氣於

---

① “俄羅斯之天使”，即《俄羅斯導報》。

② “莫斯科”，即米哈伊爾·尼基福羅維奇·卡特科夫編輯的《莫斯科新聞》報。

③ “夏科甫 Mihbail Katkoff”，即米哈伊爾·尼基福羅維奇·卡特科夫（Михаил Никифорович Катков，1818—1887），沙皇亞歷山大三世統治時期的俄國著名記者，《莫斯科新聞》報的主編。

④ “一八二〇”，有誤，應爲“一八一八”。

⑤ “國民所必要者何在”，即奥加遼夫所作的《人民需要什麼》，是“土地與自由社”的綱領性文獻。

⑥ “聯合其希望土地與自由者。爲一大黨”，指 1861—1864 年的第一個“土地與自由社”。

⑦ “自由。Wolja”，《自由》，“土地與自由社”出版的小報。

⑧ “其年波蘭有起兵者”，指 1863 年 1 月 22 日紅黨領導的波蘭起義，1864 年秋起義被鎮壓。

叛黨者。風聲鶴唳。洶湧一時。未幾忽定。若無一毫能力者然。其故爲何。則夏科甫之力也。當時波蘭亂萌。本爲英法諸國所煽動。俄人久渴不擇漿。亦因其所。夏科甫奮其燃犀吹毛於筆。大唤起愛國心。一時士民皆回面内向。波蘭軍力。遂至披靡。而政府後[①]毅然實行最後不兩立手段。不日即告昇平云。

（第一期已完第二期續出）[②]

第二期　遊説煽動時代

（一）一八六三——一八七一

自波蘭革命至南濺夫[③]陰謀

夏科甫以筆力。中央政府以兵力。文武並進。一飛冲天。革命黨之氣勢。頓然墮地。此數年中。喪亂頗稀。可謂比較的泰平時代。尚矣。雖然。天地之間。其猶橐籥乎。夫冬至一陽來復。生機始萌。乃一之日觱發。二之日溧烈[④]。天地閉塞。動植潛藏。人但見木落山瘦。草枯鷹疾。噫。甚矣憊。而不知天演公例。蓄彌久者則茁彌長。壓愈重者則發愈烈。彼其嚴於休息者。正其善於生長者也。故東風解凍。而百卉怒生。萬紫千紅。燦爛大地。盍反觀於虛無黨。當此數年。拔胡疐尾[⑤]。有死之榮。無生之氣。由其外而觀之。似不爲天之所擇者然。若一究其内容。則劫灰遺孑。久誓喪元。而

---

① “後”，有誤，應爲“復”。

② 以上載 1907 年 1 月 30 日《民報》第 11 號，“來稿”欄。

③ “南濺夫”，即謝爾蓋・根納季耶維奇・涅恰耶夫（Сергей Геннадиевич Нечаев，1847—1882），俄國無政府主義者、陰謀家。

④ “一之日觱發。二之日溧烈”，語出《詩經・豳風・七月》：“七月流火，九月授衣。一之日觱發，二之日栗烈。無衣無褐，何以卒歲。”

⑤ “拔胡疐尾”，“拔胡”，有誤，應爲“跋胡”。“跋胡疐尾”，語本《詩經・豳風・狼跋》：“狼跋其胡，載疐其尾。”

同病於憐。感情更摯。秘密餘黨。更有險於團結者。其中有力者。如一八六五年莫斯科始有苦則克會。Nulschok[①]或曰愛德俱樂部。Ad club以易取清 Iscklchin[②]爲中心。而Iermaloff[③]，yelassoff[④]，Nikolayejj，Strandin[⑤]，等俱爲大學學生。黨員中如苻德古 Fudekoff[⑥]，（一八四二年生——一八七六年死於西比亞[⑦]）者。人指爲有急性精神病者。竭力擴張裳勢[⑧]。先糾合莫斯科各小黨。更進而與彼得堡通。欲合諸黨爲一爐而治之[⑨]。更計畫進而與西歐"國際黨 Internatinal"[⑩]結合。思善用其勢。欲以左右全世界。事雖不成。彼其理想。彼其魄力。誠非目光如豆者。所可語也。如嚴麥洛。Iermaloff，擲其小己鉅萬家産。設立國民學校。養成游説人員。設立勞働者總會館。以爲游説機關。其慷慨好義。誠不多得。當時彼等於謂曰。"吾人之生命。由沙視之。實爲無一毫價值者然。况彼財物。更在身外。吾人今日攝緘滕固扃鑰。苟一旦不測。生命如草芥。有不爲大盜積者乎。何如今日得自由而用之。嗚呼沙！彼！大盜乎。其辱吾人至矣。吾寇讐乎。寇讐之生命。由吾人視之。

① "苦則克會。Nulschok"，即"伊舒京協會"，由俄國空想主義者尼古拉·安德烈耶維奇·伊舒京於1863年在莫斯科大學成立的民粹派學生革命團體。

② "易取清 Iscklchin"，"Iscklchin"，有誤，應爲"Ishutin"。"易取清"，即尼古拉·安德烈耶維奇·伊舒京（Николай Андреевич Ишутин，1840—1879），俄國民主革命家，民粹派組織"地獄"的創建者。因卡拉科佐夫案被捕，被判處無期苦役，死於流放地。

③ "Iermaloff"，即德米特里·安德列耶維奇·利佐古布（Дмитрий Андреевич Лизогуб，1849—1879），俄國民粹派革命家，貴族出身。聖彼得堡大學畢業，先後參加"柴可夫小組"以及"到民間去"運動，是第二個"土地與自由社"的創建人之一。1879年被判處死刑，在敖德薩被絞死。

④ "yelassoff"，即瓦爾福洛梅·亞歷山德羅維奇·扎伊采夫。

⑤ "Nikolayejj，Strandin"，均不詳。

⑥ "苻德古 Fudekoff"，即伊凡·亞歷山大羅維奇·胡佳科夫（Иван Александрович Худяков，1842—1876），俄國革命家、民族學家。曾拜訪過赫爾岑和奥加遼夫等僑居國外的"土地與自由社"成員，瞭解第一國際的情况。

⑦ "西比亞"，即西伯利亞。

⑧ "裳勢"，有誤，應爲"黨勢"。

⑨ "治之"，有誤，應爲"冶之"。

⑩ "國際黨 Internatinal"，"Internatinal"，有誤，應爲"International"。"國際黨"，指國際工人協會（International Workingmen's Association），1864年成立的國際工人聯合組織。後稱第一國際。

其價值又何如乎。吾人！寇讐不可不由吾人而推倒。公理不可不由吾人而昌明。新政不可不由吾人而興起。此志此任。千百年如一日。”

既自黨中選出一員。謀暗殺皇帝。一八六六年春。赴彼得堡。事不成。彼名葛辣哥。Domitrie vladlmir Karakosoff①，貴族也。爲莫斯科大學學生。一八六五年始加入苦則克會。鼓吹激烈的革命。密行煽動學生。留心秘密運動。每至荒廢學校功課。遂被斥退。及自其黨中選爲實行委員。潛入京師也。伺隙多時。四月四日。午後。沙逍遥於夏園。gard inde E'eté②日將暮。乘馬車歸。竊喜得間。直取出懷中短銃。狙擊馬車中之皇帝。方謂一發命中。擒賊擒王。不知天未厭亂。助紂有人。忽自其傍躍出一縱觀之農夫③。遽扼葛辣奇④之腕。遂逮捕。沙大喜。勅此農夫。列爲貴族。賜爵關内侯。食邑二萬户。

於是風聲鶴唳。警蹕大張。且特設最高裁判所。以審問國事犯。招麻拉威 Muravieff⑤於威里南⑥。Wilna 爲裁判長。彼盖以波蘭之屠。伯有名者。密訊葛辣哥。備極三木。務祈究出同黨姓名。爲一勞永逸之計。株連者三十四人。九月三日。葛辣哥處絞。明正典刑者十五人。其餘輕重處罪。惟易取清已定棄市。特以沙之恩典。減死一等。充極邊烟障。

一八四九年四月。訊畢勒艱文學會也。特命裁判所。一八六六年四月訊

① “葛辣哥。Domitrie vladlmir Karakosoff”，即德米特里·弗拉基米羅維奇·卡拉科佐夫（Дмитрий Владимирович Каракозов，1840—1866），莫斯科伊舒京協會的成員，伊舒京的表兄。1866 年 9 月 3 日，因暗殺沙皇亞歷山大二世而被處決。

② “夏園。gard inde E'eté”，即俄國夏宮，又稱彼得大帝夏宮，位於芬蘭灣南岸。

③ “農夫”，指奥西普·科米薩羅夫（Осип Комиссаров，1838—1892），農民出身的制帽工人。在卡拉科佐夫暗殺沙皇亞歷山大二世一事中，他原是等着看沙皇出園，因事發時正好推了一下卡拉科佐夫被沙皇封爲貴族。官方還利用這一事情蠱惑人心，稱貴族卡拉科佐夫弑君是爲了報復沙皇解放農奴，而農民科米薩羅夫挺身救駕，則是爲了報答沙皇給農民賜予土地和自由。

④ “葛辣奇”，即德米特里·弗拉基米羅維奇·卡拉科佐夫。

⑤ “麻拉威 Muravieff”，即米哈伊爾·尼古拉耶維奇·穆拉維約夫（Михаил Николаевич Муравьёв，1796—1866），貴族出身，曾參加 1812 年衛國戰爭，同十二月黨人有聯繫，但後來轉向反動立場。1863 年波蘭起義時被任命爲駐波蘭的特命全權總督，由於殘酷鎮壓起義被社會輿論痛斥爲“劊子手”，是審判 1866 年卡拉科佐夫案件的最高委員會主席。

⑥ “威里南”，德語“Wilna”的音譯，即維爾紐斯（Vilnius），今立陶宛的首都。

葛辣哥暗殺案也。又特設裁判所。豈俄羅斯制度。乃無法部大理院等等乎。非也。著者於此。不得不少借餘白。聊述俄羅斯之司法制度。

原俄羅斯之司法制度。極不完全者也。其司法官不受行政官之指揮者。益[①]不數見。其蔽害於民生國福誠爲不少。初亦熟祖[②]無覩也。亞歷山大二世。有鑑及此。一八六四年。大加改革。倣西歐諸國三權分立之制度。編制法典。規定無論何等罪人。若未經法廷之審定。不得濫受有罪之宣告。司法權始爲成文的獨立。此實亞歷山大二世所熱心改革中之最重要者也。若一究其實際。則此次之改革。確與專制政體如冰炭之不能相容。故雖令典昭垂。而視爲具文。毫無效力有員[③]虛名者多矣。未其汛[④]文學會也。在改革之前。玆無論矣。訊葛辣哥則此新法會頒行。已及年餘。正宜依其所規定。受正式之裁判。又何必特設臨時裁判所。派遣非常委員。顯與前日之所規定者。爲正反對乎。且裁判公事也。公事宜公訊。夫其特招一屠伯任之。其用心更非所知矣。

自後總所有國事犯案。皆以最高裁判所裁判之。彼自大改革時。新法令所發布之獨立司法權。其重要部分。久已褫奪無餘。甚有自司法裁判所。已定無罪免釋。而非常委員。得隨意出令。不時拘錮。又有忽然處以流刑者。豈雷霆萬鈞之力。果以生殺不時爲貴乎。

案煙山先生所言俄羅斯之司法制度。如此尚矣。雖然。較之以就地正法者則何如。請下一轉語來。

更有可危者。則辯護士是也。俄羅斯之成文法典。不適用既如上述。若有辯護士爲被告之辯護。反覆申明法典之條文。以辯護被告之罪者。則必及

① “益”，有誤，應爲“蓋”。
② “熟祖”，有誤，應爲“熟視”。
③ “有員”，有誤，應爲“有負”。
④ “未其汛”，有誤，應爲“本其訊”。

其身。有發配極邊者矣。如一八七一年南溭夫案件六辯護士吳魯叔公爵 Wrussoff[①]流於西伯利亞是也。孟德斯鳩[②]曰。"專制政府之習慣。惟以鞭朴從事而已。法律之有無。固可不論也。"

案煙山先生言俄羅斯之待辯護士也如此。尚矣。然較之禁出入公門拿辦訟棍者何如。請下一轉語來。

葛辣哥之皇帝謀殺。是實使俄羅斯。加非常警戒之動機也。其年五月二十三日。中央政府奉上諭。"(上略)皇帝天性仁孝。視民如傷。霄旰[③]勤勞。舉行新政。使元元赤子。咸登衽席。乃有蠢扇革命黨。狂暴無知。不思激發天良。洗心向善。以副聖天子胞與之懷。却糾合黨與。潛圖不軌。凡人權 財産 宗教等。咸欲脅以腕力。强行簒奪。破壞秩序。妨害治安。正神人所共憤。人人得而誅之。(下略)"云云。

自是大行中央集權之制。凡中央政府及地方長官。稍有關係者。均任以宗盟中最熱心排革命主義者。又欲多殺以示威也。舉醜猬虜伯爵 Schwaloff[④]爲民政部第三司(國民警察部)長。斥學部尚書高樂任。Golownin[⑤]以其喜自由教育。任浮華言論也。以弢爾兑 Tolstoi 伯爵[⑥]代之。極力束縛大學堂學

① "吳魯叔公爵 Wrussoff",不詳。

② "孟德斯鳩",即沙爾・孟德斯鳩(Charles Montesquieu,1689—1755),法國哲學家、社會學家、法學家、經濟學家,18 世紀資産階級啓蒙運動的主要代表。曾經在著作中尖鋭地批評俄國的專制制度。

③ "霄旰",同"宵旰"。

④ "醜猬虜伯爵 Schwaloff",即彼得・舒瓦洛夫(Pyotr Shuvalov,1827—1889),俄國秘密警察機關第三廳廳長,兼憲兵隊隊長。

⑤ "高樂任。Golownin",即亞歷山大・戈洛夫寧(Alexander Golovnin,1821—1886),1861 年 12 月就任國民教育大臣後在文教方面作了一些改革,1866 年卡拉科佐夫謀刺亞歷山大二世案發不久後被迫離職,由德米特里・安德烈耶維奇・托爾斯泰接任。

⑥ "弢爾兑 Tolstoi 伯爵",即德米特里・安德烈耶維奇・托爾斯泰(Дмитрий Андреевич Толстой,1823—1889),長期擔任俄國東正教事務總局的總檢察長(1865—1880),1866 年起兼任國民教育大臣,1882 年起任俄國科學院院長。亞歷山大三世在位初期,任内務大臣和憲兵總監(1882—1889)。

生之言論集會。既又斥弢爾兑。以其稍流寬緩也。以普泰博夫 Potapoff[①]代之。彼又一層伯[②]也。

當是時也。西歐諸國。有麥喀[③]氏巴枯甯者。喝導[④]社會主義無政府主義。風動一時。而俄羅斯之革命黨。逃于西歐者。羣集附和。發行種種出版牧[⑤]。鼓吹革命論無神論。其勢頗猖獗。青年學生大受其影響。一八六七年。有錢愷肅 Tcherkesoff[⑥]俱樂部。以錢慎肅[⑦]公爵爲中心。自此而一八六九年始有有力者耐先覺 Netchakoff 俱樂部[⑧]之成立。而耐先覺之事業。亦小史上有一記之價值者也。

耐先覺賤者之子也。一八四六年。生於彼得堡。年十六。始志於學。入莫斯科大學。弱冠時。觀平民之疾苦。貴族之暴横。深惡而痛惜之。卒業後。入彼得堡各宗教學校教習。一八六九年三月。見京師大學堂[⑨]學生大行示威運動也。以爲革命之時至矣。辭赴西歐。訪巴枯甯及鄂家雷於日内瓦。Geneva 告以宗國事機已熟。自二人之介紹。得二萬五千佛郎之運動費於赫震[⑩]之手。自巴枯寧派决議。任耐先覺爲萬國無政府黨俄羅斯支部[⑪]之長。

初。一八六八年。巴枯寧别組織“社會民主黨萬國同盟會。Internationlle

---

① “普泰博夫 Potapoff”，不詳。

② “層伯”，有誤，應爲“屠伯”。

③ “麥喀”，即卡爾·馬克思（Karl Marx，1818—1883）。

④ “喝導”，有誤，應爲“倡導”。

⑤ “出版牧”，有誤，應爲“出版物”。

⑥ “錢愷肅 Tcherkesoff”，即瓦爾拉姆·切爾克什維利（Varlan Cherkesof，1845—1925），格魯吉亞貴族，記者，參與格魯吉亞無政府主義運動和民族解放運動。

⑦ “錢慎肅”，有誤，應爲“錢愷肅”。

⑧ “耐先覺 Netchakoff 俱樂部”，即謝爾蓋·根納季耶維奇·涅恰耶夫於 1869 年建立的“人民懲治會”（Общество народной расправы），主張采取恐怖方式進行革命。

⑨ “京師大學堂”，指莫斯科大學。

⑩ “赫震”，即亞歷山大·伊萬諾維奇·赫爾岑。

⑪ “萬國無政府黨俄羅斯支部”，1868 年 10 月，巴枯寧背着第一國際，在瑞士日内瓦建立秘密組織“國際社會主義民主同盟”。由於該組織不爲俄羅斯人所知，巴枯寧又捏造“歐洲革命聯盟”，於 1869 年 5 月 12 日爲涅恰耶夫簽發委托書。涅恰耶夫得此委托書後，并未立即回國，而是以“第一國際代表”的身份繼續在歐洲活動。

Bund de So-ciaademokraten”[①]以八十四會員連署。發行撒文[②]。主張無神論。禁禮拜。代宗教信仰以學問研究。黜神意之賞罰。崇人權之正義。廢結婚。破壞政治上宗教上司法上一切之制度。宣言曰。“吾黨！於科學。美術。哲學。法律。均不認有何等之聖權。吾黨持絶對的懷疑。論以冷眼縱觀人生之裏面。而得其從吾所好者。所謂精神生活。物質主義。吾人均可不用何等之區別”云云。（巴枯寧傳參照）

耐先覺全受其感化。一八六九年九月。還莫斯科。從事縛播[③]此主義。與同志吳秉奇 Vspenskii[④]等。集農學校及宗教學校某某學校之學生等。各各組織小黨。彼精神弘壯。材器偉大。連合各小黨而總制其大成。一少年也。而多數之先輩。咸走集其麾下。如文人卜壘仇。Plcschoff[⑤]年四十二歲。入參其幕中。彼名其本黨爲“國民之判定”[⑥]。秘密結合。集運動費。設活版所。刊行撒文。僞造通券。繙刻禁書。歃血同盟。誓廢從來之平和的革命主義。而採用陰謀暗殺之鐵血主義。定期於一八七〇年二月十九日舉行大事。

---

① “社會民主黨萬國同盟會。Internationlle Bund de So-ciaademokraten”，“Internationlle Bund de So-ciaademokraten”，有誤，應爲“Internationale Bund der Socialdemokraten”。“社會民主黨萬國同盟會”，即“國際社會主義民主同盟”，1868 年 10 月在日内瓦建立，其核心是巴枯寧控制的秘密團體“國際兄弟會”，同盟宣布將無神論、階級平等和取消國家作爲綱領，得到了意大利、瑞士和其他當時工業不發達國家的部分工人的支持。

② “以八十四會員連署。發行撒文”，“撒文”，有誤，應爲“檄文”。下同。“以八十四會員連署。發行檄文”，此處叙述有誤。所謂“檄文”，指包括《革命問答》在内的《國際革命協會的原則和組織》，國際社會主義民主同盟成立前，巴枯寧於 1866 年初起草而成。後來涅恰耶夫帶回俄國的《革命者教義問答》(«Катехизис революционера»)，爲其與巴枯寧共同編寫的，共 26 條，并無會員連署之事。所謂“八十四會員”，則是指涅恰耶夫於 1869 年 11 月 20 日夜槍殺伊丹諾夫後，當局審問了 84 名“涅恰耶夫的手下”。

③ “縛播”，有誤，應爲“傳播”。

④ “吳秉奇 Vspenskii”，即彼得·加甫里洛維奇·烏斯賓斯基（Пётр Гаврилович Успенский，約 1847—1881），1871 年被判處 15 年苦役，流放西伯利亞。

⑤ “卜壘仇。Plcschoff”，“Plcschoff”，有誤，應爲“Pleschoff”。“卜壘仇”，即伊萬·加夫里洛維奇·普里佐夫（Иван Гаврилович Прыжов，1827—1885），俄羅斯歷史學家，研究莫斯科貧困及被邊緣化群體問題，1850 年被莫斯科大學開除。因貧窮與失望，加入涅恰耶夫的“人民懲治會”，參與謀殺伊萬·伊萬諾維奇·伊萬諾夫事件，被判 12 年苦役和永久流放西伯利亞。

⑥ “國民之判定”，指涅恰耶夫創立的組織“人民懲治會”。

既而耐先覺布一宣言書曰。“無實行之言論。無何等之價值。固矣。若有抱實行之美心。以爲羽毛未豐。一遲遲吾行者。由吾人視之。君等秀才。不值一啞[①]者也。吾人之所謂實行者。蓋指手段之及於外界者云。蓋指打破世界中。物質文明的事事物物。其妨害於人生之自由者云。吾黨大心之士。發念救人。須擲身命。敢爲決死。侵入民間。喚醒青年。使知下級國民。少年學生。爲一般社會之基礎。勢力不可侮也。責任尤非輕也。指揮之。訓練之。自度度人。必獲大福利。”云云。

其時耐先覺之役。有學生伊花奴 Iwanoff[②]者。舉止瞬昧[③]。若通警吏。耐先覺懼事發。與吳秉奇、卜壘仇、Rugnetyoff[④] Nkolayeff[⑤]等謀。一八六九年十一月二十一日。殺伊花奴於莫斯科農學校。出奔瑞士。俄羅斯以殺人犯請之於瑞士。瑞士得而與之。同志被嫌疑者都三百人。受高等被判所[⑥]（大理院）公判。宣告有罪者八十七人。一八七一年七月一日定罪有差。

耐先覺髡爲鬼薪。永禁二十年。

（二）一八七一——一八七七

地方大游説——露土戰爭[⑦]

耐先覺所志未成。此身先死。傷矣。然記虛無黨史者。則認彼爲一過渡

① “一啞”，有誤，應爲“一哂”。

② “伊花奴 Iwanoff”，即伊萬・伊萬諾維奇・伊萬諾夫（Иван Иванович Иванов，？—1869），大學生。因不願受涅恰耶夫的領導與欺騙，公開反對其權威，1869 年 11 月 21 日被涅恰耶夫等人槍殺。

③ “瞬昧”，有誤，應爲“曖昧”。

④ “Rugnetyoff”，即庫兹涅佐夫（Кузнецовым），參與謀殺伊萬諾夫的人民懲治會的成員。

⑤ “Nkolayeff”，即尼古拉耶夫（Николаевым），參與謀殺伊萬諾夫的人民懲治會的成員。

⑥ “高等被判所”，即俄羅斯參議院（Правительствующийсенат），沙俄時期最高司法機構之一，由沙皇任命成員。它不僅是帝國的最高法庭，還負責審理政治犯案件，并對帝國所有機關的争議擁有裁判權。

⑦ “露土戰争”，指 1877—1878 年奥斯曼帝國與俄羅斯及其盟友之間爆發的戰爭。

時代。所謂爆竹聲中。挑符[①]換舊者非歟。自此一轉。乃離比較的平和時代。入於大游説時代。此時代中。顯者頗多。有開府大學 Kieff Vnivercity[②]斤退[③]之學生。傳尼國府 Tschernigoff[④]之平和判官長柯華萊 Sergii Rowalek[⑤]者。先游歷外國。交通社會黨。輸入最新革命書籍。自稱“人民之友政府之敵善美真之輸入敷教者”。游歷九省。新組織會黨十有三。氣象煥然。其最顯者也。同時異軍並起。捷足争先。正如萬花齊放。蕩漾春風。一彼得堡中。其知名者。柯華萊黨之外。有勞夢會。Ldrmoutoff[⑥]砲兵團。何倫胞會。Olenburg[⑦]美麗家會。Marskoff[⑧]等。七十年中。於斯爲盛。其目的。其手段雖不無少異。然其源流於民生主義民權主義者。則固同其濫觴也。彼等互發飛檄。述啓蒙運動之切要。 革命行爲之準備。 土地之分配。 兵備及常備兵之解放。 租税及通行制度之廢滅。 普及教育方法之研究。 財政之

---

① “挑符”，有誤，應爲“桃符”。

② “開府大學 Kieff Vnivercity”，“Vnivercity”，有誤，應爲“University”。“開府大學”，即基輔大學。

③ “斤退”，有誤，應爲“斥退”。

④ “傳尼國府 Tschernigoff”，即烏克蘭北部城市切爾尼戈夫。

⑤ “柯華萊 Sergii Rowalek”，“Sergii Rowalek”，有誤，應爲“Sergei Kowalek”。“柯華萊”，即謝爾蓋·菲利波維奇·科瓦利克（Сергей Филиппович Ковалик，1846—1926），俄國民粹派革命家。1869 年畢業於基輔大學，1873 年在國外結識巴枯寧、拉甫羅夫和特卡喬夫等，回國後倡導“到民間去”運動。1874 年 7 月被捕，在“193 人案”中被判處 10 年苦役。

⑥ “勞夢會。Ldrmoutoff”，“Ldrmoutoff”，有誤，應爲“Lermoutoff”。“勞夢”，即費奧凡·尼坎德羅維奇·萊蒙托夫（Феофан Никандрович Лермонтов，1847—1878），農奴出身，俄國民粹派革命家。1872 年參加了“柴可夫小組”中的“大宣傳協會”，1873—1874 年領導了“反抗者小組”，還曾在工人中進行宣傳活動，參與籌備了“到民間去”運動，1874 年 1 月在聖彼得堡被捕。在“193 人案”中被判流放，流放前死於立陶宛監獄。“勞夢會”，即萊蒙托夫小組。此文將“到民間去”運動的各小組譯爲“會”。

⑦ “何倫胞會。Olenburg”，即奥布諾爾斯基小組“何倫胞”，奥布諾爾斯基即維克托·巴甫洛維奇·奥布諾爾斯基（Виктор Павлович Обнорский，1851—1919），俄國民粹派革命家、“俄國北方工人協會”的組織者之一。1872 年參加“柴可夫小組”活動，先後在莫斯科、敖德薩的工人中進行宣傳活動，1873 年轉入地下。1876 年後數次流亡國外，與拉甫羅夫、特卡喬夫、阿克雪里羅德等均有往來。1878 年 1—8 月，在莫斯科和聖彼得堡從事“俄國北方工人協會”的組織工作。1879 年 1 月在聖彼得堡被捕，1880 年 6 月被判處 10 年苦役，1884 年 6 月改爲永久流放。

⑧ “美麗家會。Marskoff”，不詳。

整理等等。而美麗家會之運動最力。美麗家會者。以美麗爲中心。而猶太人古烈哥 Kuletchko[①]奚倒夫 Aitoff[②]助之。持博愛獻之身[③]大義。以撫育下賤煢獨之人民爲宗旨。驅其狂熱的迷信。以建設一種理想的社會。爲唯一之目的。一八七三年黨中同志於率[④]赴北亞美利加[⑤]。欲造成一共產的殖民地。終以經濟枯實[⑥]。德性缺憾。且四圍社會。均非其儔。挑源[⑦]樂土。殊未可得。亦不免蹈羅伯阿文 Roleert Owin[⑧]之覆轍。辛苦三年。空歸故國。此外此道揚鑣[⑨]。利益同歸者。則有痕痕黨。N.N.[⑩]又名樂利圖[⑪]。Ldvlistii 本爲自修俱樂部之化身。以大學學生修學之餘。教化農工平民爲目的。持溫和主義。故被革者極少。且以黨員中皆精於學業。充於素養。行動平和。胸襟瀟洒。大得衆心。其有益於游説。亦不少云。

莫斯科著者。有盜國清俱樂部。Dolgnhcrin[⑫]一八七一年盜國清所倡也。此派採激烈的無政府主義。實於南俄羅所有根抵[⑬]。黨員尚不多。未及實行。一八七四年被捕失勢。此外秘密政黨。則 Warschawa[⑭]有 Gmiaa 黨[⑮]。被

① “古烈哥 Kuletchko”，不詳。
② “奚倒夫 Aitoff”，不詳。
③ “獻之身”，有誤，應爲“獻身之”。
④ “於率”，有誤，應爲“相率”。
⑤ “北亞美利加”，即北美洲。
⑥ “枯實”，疑當作“枯澀”。
⑦ “挑源”，有誤，應爲“桃源”。
⑧ “Roleert Owin”，有誤，應爲“Robert Owen”。
⑨ “揚鑣”，有誤，應爲“揚鑣”。
⑩ “痕痕黨。N. N.”，不詳。
⑪ “樂利圖”，疑當作“樂利團”。
⑫ “盜國清俱樂部。Dolgnhcrin”，即多爾古申小組。“盜國清”，即亞歷山大・瓦西里耶維奇・多爾古申（Александр Васильевич Долгушин，1848—1885），俄國民粹派革命家。多爾古申小組領袖，1873 年 9 月被捕，1874 年被判處 10 年苦役。
⑬ “根抵”，有誤，應爲“根柢”。
⑭ “Warschawa”，即華沙（Warsaw）。
⑮ “Gmiaa 黨”，不詳。

蘭[①]有大俄羅斯俱樂部[②]。其著者也。小黨尚多。人微力弱。則等自鄶矣。其有偶於此時代。而最得勢力。實爲第三時期之主動者。則戚古德團Tchaikowtoyy[③]是也。一八七二年學生戚古思Nikoli Tchaikowski[④]所倡。彼實一精神家也。一八七三年[⑤]與美麗家共赴北亞美利加。明年。遄歸倫敦。遂定居焉。遥爲内國聲援。彼實亡命客中錚錚者也。俄羅斯之有虛無黨。實自此團始。彼時宣言之大綱領。

一　國家之撲滅。

二　文明之破壞。

三　聯合自由民團遂組成全世界自由民國。

嗚呼。何其志大而言遠也。彼等設出版部。印刷布告文。分配小册子。密輸入麥喀氏之資本論之。Kapital[⑥]柏樂廬 Prolewskii[⑦]勞力者階級[⑧]。蒲處訥 Biichver[⑨]之質力。Krabt and Stvff[⑩]卜飛錫 Pfeiffer[⑪]之勞力黨。

---

① “被蘭”，有誤，應爲“波蘭”。

② “大俄羅斯俱樂部”，不詳。

③ “戚古德團 Tchaikowtoyy”，即柴可夫小組（1869—1874），以聖彼得堡農業專科學校、内外科醫學院學生爲主，後吸納其他團體，并在莫斯科、基輔、敖德薩等地設有分部。在 1873—1874 年的“193 人案”中，遭受嚴重破壞。

④ “戚古思 Nikoli Tchaikowski”，即尼古拉・瓦西里耶維奇・柴可夫斯基（Николай Васильевич Чайковский，1850—1926），俄國民粹主義者、社會活動家。1872 年成立民粹派團體，該團體被稱爲柴可夫小組（或柴可夫團、柴可夫派）。小組遭破壞後，於 1874 年流亡歐洲，1875 年赴美國，試圖建立農業公社，未成。1880 年移居倫敦，1904 年加入社會革命黨，後成爲合作社運動活動家。

⑤ “一八七三年”，有誤，應爲“一八七五年”。

⑥ “Kapital”，指馬克思所著的《資本論》。

⑦ “柏樂廬 Prolewskii”，即瓦西里・瓦西里耶維奇・别爾維-弗列羅夫斯基（Василий Васильевич Берви-Флеровский，1829—1918），俄國經濟學家和社會學家，民粹派空想社會主義的代表人物。

⑧ “勞力者階級”，指弗列羅夫斯基 1869 年發表的《俄國工人階級狀况》一書，主要介紹俄國農民的生活狀况。有人認爲這是報道俄國經濟真實情况的第一部著作。

⑨ “Biichver”，有誤，應爲“Büchner”，即卡爾・格奥爾格・畢希納。

⑩ “質力。Krabt and Stvff”，即畢希納所著《力與物質》一書，1855 年初出版於法蘭克福，一度被稱爲“唯物主義的聖經”。

⑪ “卜飛錫 Pfeiffer”，即路易・勃朗（Louis Blanc，1811—1882），法國小資産階級社會主義者，新聞工作者和歷史學家。1848 年二月革命後爲臨時政府成員和盧森堡宫委員會主席；1848 年 8 月流亡英國，後爲倫敦的法國布朗基派流亡者協會的領導人；1871 年時爲國民議會議員，反對巴黎公社。

Arbeitorbind[①]等。賤價出售。黨員中不録[②]疾苦。改形變相。或爲織工。或爲泥匠。或爲靴匠。或爲馬具匠。或爲小學校教師。或有一男一女。僞爲夫婦營小商店。張小客棧者。百方用其手段。親與無智無識之小民交遊。告以"身世之不足戀。階級之不平等。政府之不公道。權族之不天良。一般道德如是如是。吾輩最後之得救。惟有自殺。不則被殺耳。與鬼爲鄰傷心哉。切膚之痛。汝其與"。受其喚醒者不少。

此團知名者甚多。男員如 Akvelrod[③]，Nathanson[④]，樂波輕公勺[⑤] Schelyafoff[⑥]，Klemens[⑦]，女員如蘇菲亞[⑧]劉翠林[⑨]Sofia Lnschcln，郝武德 Von

① "勞力黨。Arbeitorbind"，指路易·勃朗所著的《勞動組織》。

② "不録"，有誤，應爲"不緣"。

③ "Akvelrod"，即帕維爾·鮑里索維奇·阿克雪里羅德（Павел Борисович Аксельрод，1850—1928），俄國民粹主義和社會民主主義者。1874 年出國，1879 年回國後加入"重分黑土黨"。1883 年在國外參與"勞動解放社"的創建活動，後成爲孟什維克領袖之一。1917 年二月革命後任彼得格勒蘇維埃執行委員會委員，支持資産階級臨時政府。十月革命後僑居國外。

④ "Nathanson"，即馬克·安德列耶維奇·納坦松（Марк Андреевич Натансон，1850—1919），柴可夫小組、第二個"土地與自由社"以及後來的民權黨、社會革命黨等多個組織的主要創始人，多次被捕并被流放。第一次世界大戰期間持國際主義立場，先後參加 1915 年、1916 年召開的齊美爾瓦爾德會議和昆塔爾會議。十月革命後爲左派社會革命黨領導人之一，就合作問題與布爾什維克進行過談判。

⑤ "樂波輕公勺"，"公勺"，有誤，應爲"公爵"。"樂波輕"，即彼得·阿列克謝耶維奇·克魯泡特金（Пётр Алексеевич Кропоткин，1842—1921），俄國民粹主義革命家，無政府主義的理論家和活動家，地理學家。

⑥ "Schelyafoff"，即安德列·伊萬諾維奇·熱利亞博夫（Андрей Иванович Желябов，1851—1881），俄國民粹派革命家，民意黨執行委員會委員。

⑦ "Klemens"，即德米特里·亞歷山德羅維奇·克列緬茨（Дмитрий Александрович Клеменц，1848—1914），俄國民粹派革命家。1871 年參加柴可夫小組，是"到民間去"運動的倡導者和積極參與者，也是第二個"土地與自由社"的重要成員。1879 年被捕，1881 年被流放到西伯利亞，在那裏開始科學研究，後來在地理學、地質學及人種學和考古學方面取得不少成就。有回憶録《往事點滴》。

⑧ "蘇菲亞"，即蘇菲亞·利沃芙娜·佩羅夫斯卡婭（Софья Львовна Перовская，1853—1881），俄國民粹派女革命家，民意黨執行委員會委員。1881 年 3 月 13 日組織謀刺沙皇亞歷山大二世，4 月 15 日被處死。

⑨ "劉翠林"，不詳。

Hergfeld[①]葛衣緑 Kolniloff[②]，立本部於彼得堡及莫斯科。先擴之於 Nischnii，Novgred[③]，賓寨 Penga[④]，Samara[⑤]，Saratoff[⑥]又擴之於開府 Kieff，Kharikoff[⑦]，Odessa[⑧]，Taganlock[⑨]，等均入於勢力範圍。雖一八七三年十一月。發彼得堡者爲政府所偵探。其有力者。半被捕虜。南儻孫 Natanson[⑩]蘇菲亞、樂波輕、皆被逐遠遁。五年間不得回國。但其潛勢力。則如春雪消寒。怒生益廣。至於翌年。歐羅巴之俄羅斯三十七州中。革命黨倶樂部之設。無處無之。今記其各地運動之大畧如左。

一　彼得堡　游説機關。有 Stakhovskii[⑪]及休職砲兵大尉 Klautchiuskii[⑫]等建立學校。Pogmolff[⑬]建立木工場及靴工場。又有士官 Schuschko[⑭]自爲織工。入市立一大工場。樂波輕及 Klemens 又密行游説工民。

---

① “郝武德 Von Hergfeld”，即索菲婭・亞歷山德羅芙娜・萊森・馮・赫茨費爾特（Софья Александровна Лешерн фон Герцфельд，約 1842—1898），俄國民粹派革命家。1873 年在伏爾加河沿岸各省農民中進行宣傳，1874 年被捕；在“193 人案”中受審。1879 年 1 月再次被捕時曾進行武力反抗。她是第一位被判死刑（後改判終身苦役）的俄國女革命家。

② “葛衣緑 Kolniloff”，即亞歷山卓・伊萬諾芙娜・科爾尼洛娃（Александра Ивановна Корнилова，1853—約 1938），俄國民粹派革命家，商人家庭出身。因“193 人案”被流放。十月革命後，在政治流亡者協會博物館工作。

③ “Nischnii，Novgred”，有誤，應爲“Nizhni Novgorod”，即下諾夫哥羅德，西距莫斯科約 400 千米。

④ “賓寨 Penga”，“Penga”，有誤，應爲“Penza”。“賓寨”，即奔薩。

⑤ “Samara”，即薩馬拉省（Самарская губерния）。

⑥ “Saratoff”，即薩拉托夫省（Саратовская губерния）。

⑦ “Kharikoff”，即哈爾科夫省（Харьковская губерния）。

⑧ “Odessa”，即敖德薩。

⑨ “Taganlock”，即塔甘羅格（Таганрог），俄羅斯西南部亞速海岸的一座港口城市。

⑩ “南儻孫 Natanson”，即馬克・安德列耶維奇・納坦松。

⑪ “Stakhovskii”，不詳。

⑫ “Klautchiuskii”，有誤，應爲“Klautchinskii”，即謝爾蓋・米哈伊洛維奇・克拉夫欽斯基（Сергей Михайлович Кравчинский，1851—1895），又名斯捷普尼亞克（Степняк-Кравчинский），俄國民粹主義革命家、作家。1872 年參加民粹派柴可夫小組，1878 年 8 月 18 日在首都聖彼得堡的米哈伊洛夫廣場刺死當時的憲兵總監梅津措夫後從容逃脱，此後長期流亡國外，主要從事寫作。

⑬ “Pogmolff”，地名，其他不詳。

⑭ “Schuschko”，人名，其他不詳。

二　莫斯科　有 Tlolanko[①] Voinaldlskii[②]等設立木工場。貴族 Botenskii[③]等設立靴工場。Meschin[④]設立印刷工場。

三　Novgarad[⑤]　一將軍之女劉翠林及郝武德。自立小學校。教訓農民。

四　Tuer[⑥]　士官 Klauchinskii[⑦]及 Logatcheff[⑧]設立鑄鐵工場。

五　yaloslav[⑨]　有豪農 Iwantin，Pissareff[⑩]設立木匠工場。大有勢力。

六　Tamboff[⑪]　有平民 aleff[⑫]者。爲其地游説者之代表。私立兵器製造所。

七　賓寨　休職陸軍大尉 Logatheff[⑬]及學生 Voinaralskii[⑭]爲謀主。借其

① “Tlolanko”，有誤，應爲“Flolanko”，即米哈伊爾·費奥多羅維奇·弗羅連科（Михаил Фёдорович Фроленко，1848—1938），俄國民粹派革命家，民意黨執行委員會委員。參加利佩茨克會議和沃羅涅日會議以及1879年11月炸毀沙皇專列的準備工作，是1881年3月13日刺殺沙皇的主要組織者之一。1881年3月29日被捕，被判處死刑，後改爲終身苦役。1936年加入全聯盟共産黨（布爾什維克）。

② “Voinaldlskii”，有誤，應爲“Voinaralskii”，即波爾菲里·伊萬諾維奇·沃伊納拉利斯基（Порфирий Иванович Войноральский，1844—1898），俄國民粹派革命家。1861年因參加學生運動被莫斯科大學開除，後被流放。他出資在莫斯科建立了製靴作坊和傢具作坊，是1874年春“到民間去”運動的主要組織者之一，同年被捕，在“193人案”中被判處10年苦役。

③ “Botenskii”，即列夫·阿道爾福維奇·德莫霍夫斯基（Лев Адольфович Дмоховский，約1850—1881），俄國民粹派革命家。畢業於聖彼得堡工藝學院，是多爾古申小組的積極活動者，印刷過秘密傳單。1873年被捕後被判流放，在中央監獄長期被監禁，後死於去卡拉的途中。

④ “Meschin”，即伊波利特·尼基季奇·梅什金（Ипполит Никитич Мышкин，1848—1885），俄國民粹派革命家。他曾經試圖營救車爾尼雪夫斯基，是“193人案”的主要被告人之一，并在法庭上發表演説。1885年被槍决。

⑤ “Novgarad”，即諾夫哥羅德（Новгород），位於俄國西北部。

⑥ “Tuer”，即特維爾省。

⑦ “Klauchinskii”，有誤，應爲“Klautchinskii”，即謝爾蓋·米哈伊洛維奇·克拉夫欽斯基。

⑧ “Logatcheff”，不詳。

⑨ “yaloslav”，即雅羅斯拉夫爾省（Ярославская губерния），現爲雅羅斯拉夫爾州，在莫斯科東北部，伏爾加河上游。

⑩ “Iwantin，Pissareff”，當爲“Iwantin Pissareff”，即德米特里·伊萬諾維奇·皮薩列夫。

⑪ “Tamboff”，即坦波夫省（Тамбовская губерния），在莫斯科東南部。

⑫ “aleff”，有誤，應爲“Alekseieff”，即彼得·阿列克謝耶維奇·阿列克謝耶夫（Пётр Алексеевич Алексеев，1849—1891），俄國民粹派革命家。1873年加入聖彼得堡的革命工人小組，1874年11月起成爲莫斯科“全俄社會革命組織”成員。他在“50人案”法庭上發表的演説中表示，深信革命的知識分子必將與人民群衆相結合，沙皇專制制度必然覆滅。列寧稱贊這是“俄國工人革命家的偉大預言”。

⑬ “Logatheff”，有誤，應爲“Logatcheff”。

⑭ “Voinaralskii”，即波爾菲里·伊萬諾維奇·沃伊納拉利斯基。

地大地主 Endoaloff[①]之宅爲本部。且得其資助。設革命俱樂部。集中學學生。平民 yerschoff[②]又別設木匠工場。

八　Samara　以 Betheleff，Ponomaleff[③]等之私宅。及 Tominskii[④]之客棧爲運動。所以集會演説。

九　Saraloff[⑤]　有黨員 Meyer，Sophinskii[⑥]等建設工場。女黨員 Tchetkoff[⑦]之宅。爲武器及革命書籍之貯藏所。

十　卡山置本部於其地學生 Ovathinnikoff[⑧]之宅。分設支部於各所。

十一　uda[⑨]

十二　Olenburg[⑩]

此二處爲 Goluscheff 俱樂部[⑪]員之所運動。

十三　Nischnii，Novgarod[⑫]有多數之俱樂部。特以 Pavlovo 村[⑬]爲最盛。

十四　Wolonesch[⑭]　執其地牛耳者。爲 Tchebenko[⑮]。

十五　Kursk[⑯]　女富豪　Subbotina[⑰]爲首領。

---

① "Endoaloff"，不詳。
② "yerschoff"，不詳。
③ "Betheleff，Ponomaleff"，均不詳。
④ "Tominskii"，不詳。
⑤ "Saraloff"，有誤，應爲"Saratoff"，即薩拉托夫省。
⑥ "Meyer，Sophinskii"，均不詳。
⑦ "Tchetkoff"，不詳。
⑧ "Ovathinnikoff"，不詳。
⑨ "uda"，有誤，應爲"Ufa"，即烏法省（Уфимская губерния）。
⑩ "Olenburg"，即奧倫堡省（Оренбургская губерния）。
⑪ "Goluscheff 俱樂部"，不詳。
⑫ "Nischnii，Novgarod"，有誤，應爲"Nizhni Novgorod"，即下諾夫哥羅德。
⑬ "Pavlovo 村"，不詳。
⑭ "Wolonesch"，即沃羅涅日省（Воронежская губерния）。
⑮ "Tchebenko"，不詳。
⑯ "Kursk"，即庫爾斯克省（Курская губерния）。
⑰ "Subbotina"，不詳。

十六　Kharikoff 有名之游説員 Kovalok[①] 親立倶樂部三處。獸醫學校學生及女黨員 Cndreiff[②]大行運動。

十七　Eruterinoslav[③]，Odgassa[④]之革命黨設桶工場於此處有 Taganlok[⑤]者。設一 Pavlovskii 圖書館[⑥]。蒐集寶藏革命黨之書籍文墨。

十八　Poltava[⑦]，女富豪 Kolesgnikoua[⑧]爲其巨首。而 Kharikoff 之黨員密爲布置。

十九　Odessa，有其地大地主 Makalevitsch[⑨]及 Wolkhowskii[⑩]及 Schebnoff[⑪]三人爲主動。Schebnoff 建鍛冶工場。其餘二人。密設文庫。以革命書籍教導農傭。得良好成績。

二十　開府 開府倶樂部設立最早。且有力。Akselrod[⑫]來遊説之。

廿一　Tschernigoff，Shebnoff[⑬]努力建設。有倶樂部學校及工場等。

廿二　Kovno[⑭]　女富豪 Filippova[⑮]捨其花園爲基址。始設革命黨倶樂

① “Kovalok”，即謝爾蓋・菲利波維奇・科瓦利克。
② “Cndreiff”，不詳。
③ “Eruterinoslav”，即葉卡捷琳諾斯拉夫省（Екатеринославская губерния），在烏克蘭東南部。
④ “Odgassa”，有誤，應爲“Odessa”，即敖德薩。
⑤ “Taganlok”，即塔甘羅格。
⑥ “Pavlovskii 圖書館”，不詳。
⑦ “Poltava”，即波爾塔瓦省（Полтавская губерния）。
⑧ “Kolesgnikoua”，有誤，應爲“Kolesgnikona”，即瑪麗婭・亞歷山德羅芙娜・科連金娜（Мария Александровна Коленкина，1850—1926），俄國民粹派革命家。1873 年加入“基輔公社”，1874 年參加“到民間去”運動，1875 年在南俄積極活動，1876 年參加“土地與自由社”。1878 年被捕時曾武力反抗。1880 年被軍事法庭判處 10 年苦役。19 世紀 80 年代末起從事教育活動，後在伊爾庫茨克博物館工作。
⑨ “Makalevitsch”，不詳。
⑩ “Wolkhowskii”，不詳。
⑪ “Schebnoff”，不詳。
⑫ “Akselrod”，不詳。
⑬ “Shebnoff”，有誤，應爲上文的“Schebnoff”。
⑭ “Kovno”，即科夫諾省（Ковенская губерния）。
⑮ “Filippova”，不詳。

部。主其事者爲開府俱樂部之一黨員。曰 Ratharina Blesch Rowskoya[①]女學生也。

廿三　Ramenyetz-Podolsk[②]，有男員 Dontchayevskii[③]及女學生 Alixender，Okhlemenko[④]等所建學校。

以上二十三省之外。更有 Rkerson Orel，Ralga，Arkhangelsk Rostoroma，Vlactimer，Viatka，Perm Mokhileff，TomsK，Tiblis[⑤].等等。無不有虛無黨之同志。

初。一八七三年。俄羅斯政府發令禁學生留學於瑞士蘇黎庶 Ziirich[⑥]，大學速行遄歸。凡諸學生。均不得已。歸國者多。多有在莫斯科。每日曜日。（禮拜日）集勞働者演説。而鼓吹革命論者。秋八月。此等秘密運動。亦爲政府所偵知。極力壓制。一八七四年五月。有刺殺第三局[⑦]長官醜猾虜伯爵於 Saratoff 者。秋七月。乃有所謂盗國清事件[⑧]。以革命黨員被嫌拘引者七百七十人。其中以二百六十五人服辟。

一八七五年。奔走於革命運動者。有二千餘人。一年中被捕者。男員六百十二人。女員一百五十八人。羣放之於西比利亞[⑨]。而革命黨之健者。有一時頓挫之觀。然其一方面。亦原因於國粹的反動之勃興。所謂國粹黨

① "Ratharina Blesch Rowskoya"，不詳。

② "Ramenyetz-Podolsk"，即卡緬涅茨-波多利斯基（Каменец-Подольский），在烏克蘭西部。

③ "Dontchayevskii"，不詳。

④ "Alixender，Okhlemenko"，均不詳。

⑤ "Rkerson Orel，Ralga，Arkhangelsk Rostoroma，Vlactimer，Viatka，Perm Mokhileff，TomsK，Tiblis"，均不詳。

⑥ "蘇黎庶 Ziirich"，"Ziirich"，有誤，應爲"Zürich"。"蘇黎庶"，即蘇黎世。

⑦ "第三局"，即御前辦公廳第三局，又稱"第三廳"，1826 年 7 月由尼古拉一世建立的分管政治偵查的秘密警察機關。1880 年第三廳被撤銷，職能歸入内部警察廳。

⑧ "盗國清事件"，指 1873 年 11 月至 1874 年 3 月，在俄國聖彼得堡、莫斯科、基輔、敖德薩和其他城市，對具有民粹主義傾向的知識分子和大學生進行的大逮捕。這次行動摧毀了柴可夫小組。

⑨ "西比利亞"，即西伯利亞。

者。有北嘉定 Pogodin①霍彌賢 Khomigeloff②伊萬康斯坦頓兄弟 Konstantin AKsaffoff③等。莫斯科之愛國者也。彼等所謂“自多惱河④畔巴爾幹山脈之南北。以至於亞德利亞海 Adriatic Sea⑤均爲斯拉夫民族之所居。吾輩志願。當合同胞爲一國。當使吾同胞所立之國。如塞爾維亞。Servia 如勃牙利。Bulgaria（不格里亞）⑥均得亨⑦自由。夫吾祖國歷代之沙。所潛心企畫之政畧。無他。欲使鷲章旗飜於君士坦丁堡⑧城上耳。吾輩挺生大國。欲爲同胞謀公益。亦即爲大酋振雄圖。固有不當以此爲唯一之目的者乎”。是論也。忠讜之聲。震撼一時。遂足動皇帝。惹起俄土戰争⑨。其究也。柏林會議⑩。徒成俾斯麥⑪之名。僨矣。

此反動也。其勢猛甚。其機烈甚。得使革命黨受一大激剌⑫。始自知彼等從來失敗之原因。由於訓練之欠乏。組織之粗畧。運動之輕躁。鑑往知來。

---

① “北嘉定 Pogodin”，即米哈伊爾·彼得羅維奇·波戈丁（Михаил Петрович Погодин，1800—1875），俄國歷史學家、語言學家，泛斯拉夫主義理論家。1823 年畢業於莫斯科大學，并在該校任教。1841 年起爲俄羅斯科學院通訊院士。1844 年放弃教職，從事文學與學術活動。曾出版《莫斯科時報》（«Московский вестник»）、《莫斯科人》（«Москвитянин»）和《俄羅斯報》（«Русский»）。

② “霍彌賢 Khomigeloff”，不詳。

③ “伊萬康斯坦頓兄弟 Konstantin AKsaffoff”，“Konstantin AKsaffoff”，有誤，應爲“Constantine Aksakoff”。“伊萬康斯坦頓兄弟”，即伊萬·謝爾蓋耶維奇·阿克薩科夫和康斯坦丁·謝爾蓋耶維奇·阿克薩科夫。

④ “多惱河”，即多瑙河（Danube）。

⑤ “亞德利亞海 Adriatic Sea”，即亞得里亞海（Adriatic Sea）。

⑥ “勃牙利。 Bulgaria（不格里亞）”，即保加利亞。

⑦ “得亨”，有誤，應爲“得享”。

⑧ “君士坦丁堡”，即今伊斯坦布爾（Istanbul）。

⑨ “俄土戰争”，指 1877—1878 年俄羅斯與奧斯曼帝國之間爲争奪勢力範圍而進行的第十次俄土戰争。1878 年 3 月 3 日，雙方在聖斯特法諾簽訂條約，承認羅馬尼亞、塞爾維亞獨立，保加利亞成爲俄羅斯管轄下的自治國家。

⑩ “柏林會議”，指 1884 年 11 月 15 日，由德國首相俾斯麥主持，在德國柏林舉行的列强瓜分非洲的會議，德、英、法、俄、比等 15 國參加。

⑪ “俾斯麥”，即奧托·馮·俾斯麥（Otto von Bismarck，1815—1898），普魯士和德國國務活動家、外交家。曾任駐聖彼得堡大使（1859—1862）和駐巴黎大使（1862）；普魯士王國首相（1862—1872、1873—1890），北德意志聯邦首相（1867—1871）和德意志帝國宰相（1871—1890）。

⑫ “激剌”，有誤，應爲“激刺”。

一變其方針。棄緩漫[①]之遊説。以其遠且弱也。更直進而取煽動人民及時蜂起之手段。

於是有普拉哈諾夫 Gaorg PleKhanoff[②]者。慨黨衆之衰頽。甚非所以圖功也。一八六七年。集戚古思團之殘黨。另起爐竈。專持武器。反抗政府。爲其目的。蓋欲使人民聘[③]其風者。有所觀感也。當時人稱之曰 NarodncKi Buntali[④]者。蓋謀反之意也。其後該黨發行一機關新聞。名曰“土地及自由。Zemlya Volya”[⑤]遂相傳以土地自由黨知名。南儻孫爲首領。當時經濟實迫。而南儻孫凌寒忍飢。游歷各地。從事教養。一八七七年被捕。而米喜路 Mihailoff[⑥]代之。

米喜路。測量師之子也。一八五五年。生於南俄羅斯。弱冠卒業於中學校。一八七五年秋。赴彼得堡。入工業學校。已抱革命思想。加盟於自修俱樂部。冬。爲某學監所知。斥其退學。放歸田里。翌年春。至開府。與其地之同志交。察革命團黨。精神散漫。形體分離。慨然者久之。自思必有以整之。夏。復至彼得堡。入土地自由黨。翌年。遂爲首領。是時土地自由黨發宣言書[⑦]。表彰綱領。欲乘國家争戰之餘。下民逃亡財政紊亂之日。以一傾

① “緩漫”，有誤，應爲“緩慢”。

② “普拉哈諾夫 Gaorg PleKhanoff”，即格奥爾基·瓦連廷諾維奇·普列漢諾夫（Георгий Валентинович Плеханов，1856—1918），俄國革命家、馬克思主義理論家。

③ “聘”，有誤，應爲“騁”。

④ “NarodncKi Buntali”，意爲“革命家組織”，初名“北方革命民粹主義小組”，1878 年爲紀念第一個“土地與自由社”，改爲同樣的名字，史稱第二個“土地與自由社”。

⑤ “土地及自由。Zemlya Volya”，即《土地與自由》，是第二個“土地與自由社”於 1878 年 10 月在聖彼得堡創辦的刊物，1879 年 4 月 8 日出版第 5 期後停刊。

⑥ “米喜路 Mihailoff”，即亞歷山大·德米特里耶維奇·米哈伊洛夫（Александр Дмитриевич Михайлов，1855—1884），俄國民粹派革命家。出身貴族家庭。參加了第二個“土地與自由社”的許多重要活動。1879 年參加利佩茨克會議和沃羅涅日會議，是民意黨執行委員會委員，并經管組織的財務。1880 年 11 月被捕，死於彼得保羅要塞的牢房中。

⑦ “宣言書”，指 1879 年 11 月由普列漢諾夫起草的第二個“土地與自由社”的《宣言書》，由民意黨印刷所印刷。

政府。組織戰鬬隊。期與政府決戰。以實行霹靂手段。

如斯猛烈虛無主義之暗雲。已捲入俄羅斯之版圖而來。然南北方面。對於實行之手段。則少異其趣。北俄多斯[①]。以彼得堡莫斯科爲中心。尚思游説教養。使一般民心。咸知革命。若行舉大事。則爲最終之目的。南俄羅斯均熱心於巴枯甯之革命論。已走極端。直取暗殺手段。要之。舉大事者。决不能容我婉曲教養。計出萬全。况反對者之爲君主及權族者乎。彼北人夫亦太遠慮矣。故其時北俄羅斯學生。暴動亦頻頻之起。一八七六年三月三十日。學生索訥索夫 Tscherneschef[②]。舉葬儀也。京師學生行示威運動。荷報至裁判所之前。千百爲羣。聚而祈禱。冬十二月六日。於卡山行第二示威運動。土地自由黨首領普拉哈諾夫大演説。高擎赤旗。大書土地及自由。編定隊伍。步伐整齊。警察禁之。不可。捕之。與之鬥。憲兵出陣。虜二百六十八人。其中服辜者。男子一百三十一人。女子三十四人。多放之於西比利亞。

一八七七年學生鮑多累 Podolevskii[③]之葬也。亦有小小運動。多數平民。闖入教會。奪其棺去。羣抬至裁判所前。警察制之。不可。斫之。死數人。傷數人。此蓋對於前年。二月裁判所處置不平而發也。

一八七七年二三月間。在莫斯科亦有所謂“五十人事件”[④]者。其公開審判也。一黨員訴其滿腔之不平於公衆前曰。“何謂公判？直私室而已。問

① “北俄多斯”，有誤，應爲“北俄羅斯”。

② “索訥索夫 Tscherneschef”，即巴維爾·切爾内舍夫（Павел Чернышев，？—1876），聖彼得堡大學醫學院的學生，因反對沙皇專制制度被捕，在彼得保羅要塞的監獄中被囚禁而死。

③ “鮑多累 Podolevskii”，不詳。

④ “五十人事件”，即“50 人案”。因《莫斯科人》雜誌社案，1877 年 3 月，參政院（元老院）對 50 人進行了審訊，結果 10 人被判處 3—10 年的苦役，26 人被流放西伯利亞，10 人被判處監禁。這些人大多爲 18—23 歲的青年。當時恩格斯在德國發表了有關這一審判案的資料和照片。

被告之辯護士。曰無也。聞[①]旁聽之新聞記者。曰無也。吾即懷抱正義。主張革命之不可已。社會主義之不可已。此其理由。固欲發表於當世。以一促世人之反省。然詰駁者無其人。出版者無其人。以吾之高尚理想。純正學説。對爾輩蠢然者言之。能無自傷不類乎。吾願懺悔。吾欲無言。”云云。其時指摘政府秕政。官吏腐敗。最爲有力者。則斯泰諾威 Sdanowick[②]及女學生白蝶娜 Baldina[③]農夫亞萊塞夫 Piotor Alekseieff[④]是也。按察司聽之不忍。急命憲兵拉而去之。

冬十月彼得堡亦有所謂“一百九十三人事件”[⑤]者。十一月十五日公開審案。被告者亦多不平之鳴。梅粹卿 Mechkin[⑥]盛倡抗議。曰。“代表新聞記者則無一人。陪席公審者。亦無一人。惟一以少數官吏一時之喜怒。行其賞罸。古今中外。有是者乎。是所斷不能服也。”判官止之。不可。彼聲調愈高。嘲罵愈冷。曰。“惡？何其腥羶也。是非公廷？抑屠豕塲乎。抑春戲塲乎。當世女子。固多苦於貧而淫賣者。爾輩以堂堂七尺。各具天良。乃亦爲升斗廩禄。紅緑期銜。自賣其身爲奴爲隸爲不足。尚欲售我等之生命。以爲

① “聞”，有誤，應爲“問”。

② “斯泰諾威 Sdanowick”，即格里戈里·彼得羅維奇·悉多拉茨基（Григорий Петрович Сидорацкий，1859—1878），俄國民粹派革命家，貴族出身。曾是聖彼得堡大學醫學院的學生，1878 年因牽涉“50 人案”被判處六周拘禁，於同年死亡，死因不詳。

③ “白蝶娜 Baldina”，即索菲婭·伊拉里奥諾芙娜·巴爾季娜（Софья Илларионовна Бардина，1853—1883），俄國民粹派革命家，貴族家庭出身。先後就讀於蘇黎世和日内瓦，在那裏組織了革命婦女小組“弗里奇”，并在《前進》報做過排字工。在“50 人案”的法庭上發表了革命演説，被判處 9 年苦役，後改判流放。1880 年逃出流放地後去瑞士，後來在瑞士因重病纏身而自盡。

④ “亞萊塞夫 Piotor Alekseieff”，即彼得·阿列克謝耶維奇·阿列克謝耶夫。

⑤ “一百九十三人事件”，即“193 人案”。因民粹派開展“到民間去”運動，從 1877 年 10 月 18 日至 1878 年 1 月 23 日，參政院（元老院）對 193 人進行了審訊，其中 177 人被指控圖謀組織政變。在此前三四年的時間裏，各地被捕者達四千多人，他們來自 30 個不同的小組，在關押期間，有 97 人死亡或精神失常。

⑥ “梅粹卿 Mechkin”，“Mechkin”，有誤，應爲“Meschin”。“梅粹卿”，即伊波利特·尼基季奇·梅什金。

指日高陞計乎。吾輩爲正義爲人道。擲其身命。奔走轉戰。所謂憂國志士。爾欲肆其買賣狼藉乎。伊何人。吾羞與爾言。爾氣觸吾。吾鼻其如割矣。吾不耐久。汝其殺速！”一廷被告聞之。咸拍手喝采。聲如雷動。彼忽遁出。憲兵急掣之。下之獄。一八七八年一月二十三日判決各服其辜。

凡與此事件有關係者。除證人外。總數三千八百餘人。指名被告者七百七十人。公判於京師者即一百九十三人。其中貴族八十二人。僧侶三十三人。市民二十三人。軍兵八人。職工十九人。農夫十七人。判定放免者九十四人。輸於西伯利亞者三十六人。梅粹卿罪最重。髡爲鬼薪十年。其餘拘留而瘦死[①]於獄中者居其多云。要之俄羅斯人民處此。實爲重繭而立。倒目而視者。夫彼獄囚固常滿者。然其大多數。均以莫須有之風聞。永沈苦海。例如葛布爾節。Kipoltchitsch[②]與一革命小册更於一農夫。發覺。被拘。在囚三年。始行正式秋決。及其宣告定罪也。僅爲二個月之輕禁錮。則其三年之久。實可謂無辜矣。司法制度紊亂。有如此者。

案烟山先生論俄國司法紊亂當矣。然吾聞西儒其言曰。惡法律猶善於無法律。彼善於此。更有甚焉。

在南俄羅斯。其活動之激烈。到底非北俄羅斯所能及。彼等乃組織敢死隊。直用掠奪欺詐殺人之方法。開府之土地自由黨。有 Debaolio，Makhlievitsk，Flolenko，Drobrasgin[③]等。煽動農民。擴其勢力。及於特尺

---

① “瘦死”，有誤，應爲“瘐死”。

② “葛布爾節。Kipoltchitsch”，即尼古拉·伊凡諾維奇·基巴利契奇（Николай Иванович Кибальчич，1853—1881），俄國民粹派革命家、發明家，民意黨執行委員會委員。以“總技師”的身份參與了謀刺亞歷山大二世的準備工作。1881年4月3日被絞死。

③ “Debaolio，Makhlievitsk，Flolenko，Drobrasgin”，均不詳。

坡 Dniepre①烏爾格河 Vrga②地方。烏拉山③加維卡塞 Kavkasas④地方。遥與彼得堡之本部相通。奈拉都 Naratoff⑤者。實爲南俄羅斯虛無黨之要地也。米喜路及南儻孫之徒。設種種工場於此。米喜路自學聖書。裝宗教家。大運動於勞力者之間。一八七七年冬。政府聞其風。大索之。且經濟不繼。彼乃以一八七八年春赴彼得堡。

一八七六年九月。有殺間渫⑥Tavleyeff⑦於 Odessa 以爲出陣之血祭者。

一八七七年六月。又有同盟罷工。被捕者六十人。其中十五人服辟。

要之革命黨之運動。漸以增加。而政府對之。亦漸極酷烈。當政府百方羅織之秋。而革命黨之數亦日增。術亦日巧。二者固。兩於製造。兩於進步者也。自一八七六年四月以迄於八月。僅此四月中。於彼得堡。開府。阿突塞 Odessa⑧三處。就地正法者。計十三人。其中往往有無罪跡可尋者。若李叔穀 Lizogul⑨者。更爲慘中之最慘者也。彼有鉅萬資産。素守本分。不過偶有施食於革命黨之疑案。即行正法。并籍其家云。

案此或是宰肥鴨之意。

其時有司徒發諾⑩者。牧師之子也。一八七三年入開府大學。以談革命

---

① “特尺坡 Dniepre”，即第聶伯河。

② “烏爾格河 Vrga”，即烏格河。

③ “烏拉山”，即烏拉爾山脉。

④ “加維卡塞 Kavkasas”，即哈薩克斯坦。

⑤ “奈拉都 Naratoff”，不詳。

⑥ “間渫”，有誤，應爲“間諜”。

⑦ “Tavleyeff”，不詳。

⑧ “阿突塞 Odessa”，即敖德薩。

⑨ “李叔穀 Lizogul”，即德米特里・安德列耶維奇・利佐古布。

⑩ “司徒發諾”，即雅科夫・瓦西里耶維奇・斯特凡諾維奇（Яков Васильевич Стефанович，1854—1915），基輔柴可夫小組成員，1877 年 9 月因“奇吉林密謀”（Чигиринского заговора）被捕，1878 年 5 月逃亡國外。1879 年回國，加入第二個“土地與自由社”，并在其分裂後成爲“重分黑土黨”（Черного передела）領導人之一。1881 年 11 月加入民意黨，爲執行委員會成員。1882 年 2 月，再次被捕，被判處 8 年苦役，1890 年起被永久流放到雅庫特，1905 年起住在切爾尼戈夫省，從此脱離政治活動。

斥退。歸而集地方人士。組織腕力的國體①。欲以明抗政府。一八七五年開府省某縣②農民等。信當時革命黨之流言。以爲皇帝亦贊成土地之分配。多有與地主争者。每爲縣吏所捉去。然而農民中亦分二派。其一則家族小而田業多者。欲行從來之私有制度。其一則家族多而田業小者。希望行大俄羅斯風之共有制度。均一縣之人數。以分配土地。時贊成後説者居其多數。乃選舉運動員七名。持請願出以叩閽③。中途爲警吏所拘。農民坂專。以爲皇帝既有意均分土地。乃爾官吏不惟不奉行聖旨。且反從中爲梗。可惡孰甚。一八七五年。遂起暴動抗不納糧。麕集主張自有制度反對均分土地者之門。虐殺其家族。收取其田産。恣行賣買分領。逃亡死傷者頗多。警察制之。不服。一八七六年兵隊出陣。捕百餘人。投之獄。然而農民等增惡④官吏之念益益高。咸謂囚我輩者官吏之意。皇帝不知也。苟其知之。必有恩賜。特彼輩壅塞要途。使吾徒忠悃。不得上聞耳。時敏慧之司徒發諾 Yakob Stofanovisch 聞之曰。是奇貨可居也。與其官雷伯圖 Rarbatovisch⑤及巴哈諾夫 Bokhandvskii⑥謀。僞爲農夫。而被拘於開府也者。與其地之人士交。漸得信用。自任爲農民代表者。赴都叩閽。呈請願書於皇帝。羣喜諾之。一八七六年二月。自其地發。上京。迄十二月。歸來。齎勅書二封。以諭農民。此蓋司徒發諾等所僞造也。

---

① "國體"，有誤，應爲"團體"。

② "某縣"，指基輔省奇吉林縣（Чигиринском уезде）。

③ "叩閽"，有誤，應爲"叩閽"。

④ "增惡"，有誤，應爲"憎惡"。

⑤ "雷伯圖 Rarbatovisch"，即列夫·格里戈里耶維奇·捷伊奇（Лев Григорьевич Деич，1855—1941），俄國民粹主義和社會民主主義者、社會活動家。1883 年，與普列漢諾夫、阿克雪里羅德、查蘇利奇等人一起建立了勞動解放社。1884 年在德國被捕并被引渡回俄國，後被敖德薩軍事法庭判處 13 年苦役，流放到東西伯利亞。1901 年逃到國外，參加了《火星報》和《曙光》的編輯發行工作。1903 年參加了俄國社會民主黨的"二大"，加入了孟什維克。

⑥ "巴哈諾夫 Bokhandvskii"，"Bokhandvskii"，有誤，應爲"Bakhanovskii"。"巴哈諾夫"，即伊萬·瓦西里耶維奇·博哈諾夫斯基（Иван Васильевич Бохановский，1848—1917），俄國民粹主義革命者，貴族家庭出身。民粹派組織"基輔公社"的重要成員，1875 年被捕。1877 年因幫助斯特凡諾維奇製造"奇吉林密謀"被捕，1878 年 5 月逃出基輔監獄流亡國外。19 世紀 80 年代初在日内瓦主持民意黨的印刷所，後來加入社會革命黨。

其略曰。“朕親諭爾農民。分配土地者。朕之意也。惟予一人。不克親行畎畝。而百僚有司。背朕作奸。以致朕欲行新政而不致其效。使爾輩有流離瑣尾之嘆。罪在予一人。汝輩農民。茲親承朕意旨。須組織秘密團體。勵原[①]武器。奮爾腕力。速打破爾輩積年之動敵若貴族官吏僧侶大地主等。”云云。其下附以組織秘密團體之規約數十條。如每人每月納會費五可伯。（約中國六十文）滿二十五人爲一小隊。選其中一人爲長老。滿二十五長老。更選其中一人爲大長。與皇帝委員（即司徒發諾）協議統率命令云云。其後親署御名。親鈐[②]御璽。誠熵煌偉麗[③]之文告也。

開府農民聞之。深信用司徒民[④]。一八七七年二月。運動員之免歸鄉村者。遊説大家。得同志三百人。每來復夜[⑤]密會一處。説明皇帝勅令之旨趣。既而司徒發諾來。同志日增。得六百人。四月。公選一退職少尉爲大長。與長老二十八人。及帝室委員。告天立會。然長老二十八人中。能讀勅語者。不過二三人耳。其時恰邁[⑥]舊穀既没。新穀未登。青黄不接之交。農民皆苦於飢餓。而司徒氏携有厚資。巧爲散布。收攬群氓。練習武器。七月。已有一千餘人。而風聲鶴唳。日益危險。益[⑦]自五月以來。已早有流言也。農民被捕者。日有二三。均堅守秘密。死不白狀。其愚不可及也。八月。事洩。下獄者九百餘人。九月四四[⑧]。司徒發諾正法。一八七九年六月六日。開高等裁判以決囚。定罪有差。

當瑞士蘇梨庶大學學生之歸國也。均致身游説社會。煽動農民。其

① “勵原”，有誤，應爲“厲爾”。
② “親鈐”，有誤，應爲“親鈐”。
③ “偉麗”，有誤，應爲“瑋麗”。
④ “司徒民”，有誤，應爲“司徒氏”。下同。
⑤ “來復夜”，指星期日的晚上。
⑥ “恰邁”，有誤，應爲“恰遇”。
⑦ “益”，有誤，應爲“蓋”。
⑧ “四四”，有誤，應爲“四日”。

時有一口諺曰。“去與人民爲伍。To go to amang the peaple”[①]特以俄國人民程度太低。視沙甚貴。自視甚卑。與之言。或疾足逸去。或掉首不顧。此實佛入地獄。而嘆爲無法者也。故學生用力多。而成功卒鮮。其中計劃以巧妙聞者。惟有此次一事。傷矣。然此亦司徒民有非常統卒[②]之材能。每以兵法從事。故部署整齊。號令明密。尚以失敗終。則運動之難可知矣。

革命黨一面又利用工民之不平。而慫慂之。各地多有同盟罷工者。彼得堡莫斯科　開府　阿突塞　塞盤谷 Serpekhoff[③]　戴家浦 Taikoff[④]等處。頻有所聞。

而苦拔 Kuban[⑤]　烏拉爾 Vlar[⑥]等處。又有哥薩克之亂。

游説煽動之期間。自一八六三年至一八七七年總結俄羅斯國事犯案件之數。則六三年六件。六四年四件。六五年三件。六六年五件。六七年一件。六八六九七十年三年中無事。七一年二年[⑦]。七二年一件。七三年無事。七四年一件。七五年二件。七六年五件。七七年忽增爲十一件。此實一大飛躍大猛進也。要之革俞[⑧]運動。與俄土戰争相終始。同時一轉。自游説時代。而入於暗殺時代。北極風露。腥聞在天矣。著者誠有不忍記之者。

---

① “去與人民爲伍。To go to amang the peaple”，“To go to amang the peaple”，有誤，應爲“To go among people”。“去與人民爲伍”，指民粹派在 1873—1874 年發動的“到民間去”運動。

② “統卒”，有誤，應爲“統率”。

③ “塞盤谷 Serpekhoff”，即謝爾普霍夫市，俄國莫斯科州的一個城市。

④ “戴家浦 Taikoff”，不詳。

⑤ “苦拔 Kuban”，即庫班，俄國南部北高加索的一個區域。

⑥ “烏拉爾 Vlar”，即俄國烏拉爾地區。

⑦ “二年”，有誤，應爲“二件”。

⑧ “革俞”，有誤，應爲“革命”。

譯此篇時。其中地名人名太多。每有一見不復再見。實屬無關緊要。故從便利起見。僅書原字。不加譯語。以免拖沓。

此期與第一期本相蟬聯。其所以分爲二期者。蓋第一期則以筆力。筆者身外之物也。第二期則以舌力。舌者身内之物也。外内有別。此其所以爲進化歟。至第三期則以腕力矣。夫舌力只可以煽動人。腕力則可以擊殺人。舌力祇可以駡其無禮。腕力更可以制其死命。適者生存。愈演愈奇。讀者當尋其進步之所以然。

第二期當注意者有三事。一　俄羅斯司法制度之改革。有名無實。且紊亂異常。二　自是大行中央集權之制。以宗盟任長官。三　有國粹的反動。激成俄土戰爭。而革命黨宗旨一變。手段一進。詩[①]曰。殷鑑不遠。在夏后之世[②]。至哉言乎。

第二期之主動者。在於蘇黎庶大學學生。其口諺不過去與人民爲伍一語耳。然以司徒氏才能。不免以失敗終。則豈蚩蚩者。誠難與圖始耶。抑俄國之農民。有特質歟。語曰。前事不忘。後事之師[③]。讀者當考究虚無黨所以必取暗殺手段之所以然。

譯者自去年十一月譯成第一期出版。後臥病數月。不克執筆。及於今日。始成第二期。疏懶奚似。然小窓曉起。獨坐校勘。忽發一奇想。自念第一期出版時。恰有國粹黨之反抗。論辯每數萬言。而政府亦出其最後不兩立之手段。以壓制波蘭革命黨。何以譯篇與時事。恰兩兩相映好看煞人也。今日第二期出版時。曠觀今日時事。又與第二期所當注意

① “詩”，即《詩經》，儒家經典文獻之一。
② “殷鑑不遠。在夏后之世”，語出《詩經・大雅・蕩》。
③ “前事不忘。後事之師”，語出《戰國策・趙策一》“張孟談既固趙宗”章。

者三事。若合符節。譯者亦不自知其所以然。豈譯者爲一雞。而此篇爲雞聲小史乎。由此推之。則他日第三期出版時。必有蘇菲亞其人者出焉。讀者諸君。幸有以見告。

頃日於友人處。見有自由血[①]一書。爲金一所著。其內容事跡。與此頗相類。然語句條段。迴不[②]相同。譯者本不欲重災棗梨。然私念彼爲著者。而此爲譯篇。正如南北楞嚴經[③]不妨並存也。故出之。[④]

① "自由血",《自由血》,署"金一著",甲辰(1904)三月十五日鏡今書局發行,東大陸圖書譯印局印刷。已收入《馬藏》第一部第七卷。"金一",即金天翮。其書取材於煙山專太郎的《近世無政府主義》一書。

② "迴不",有誤,應爲"迥不"。

③ "楞嚴經",有誤,應爲"楞嚴經"。

④ 以上續載於《民報》第17號,"附録",標題作"虛無黨小史(續十一號)"。

《虛無黨小史》編者説明

《虛無黨小史》一文，連載於“中國開國紀元四千六百零五年一月二十五日”（1907 年 1 月 25 日）和“中國開國紀元四千六百零五年十月二十五日”（1907 年 10 月 25 日）發行的《民報》第 11、17 號上，作者署名“淵實”，即廖仲愷，實爲譯者。該文節譯自日本學者煙山專太郎的《近世無政府主義》一書。

1. 煙山專太郎

煙山專太郎（1877—1954），出生於日本岩手縣柴波郡烟山村的一個小學教員家庭，少年時代先後在南岩手高等小學、岩手縣尋常中學讀書。中學畢業後赴仙臺第二高等學校學習，1898 年考入東京帝國大學文科大學哲學科。1902 年大學畢業後，在有賀長雄的舉薦下擔任東京專門學校講師，在政治經濟學部和文學部史學科講授歷史課程。煙山專太郎 1911 年升任教授，1951 年從早稻田大學退休。

煙山專太郎自幼接受了比較深厚的漢學教育，後來又掌握了英語、德語、法語、俄語四門外語，還可閱讀希臘、羅馬、意大利、西班牙以及朝鮮文。他的主要研究方向是世界史，尤其是世界近現代史，他也是日本俄羅斯史和猶太史研究領域的開拓者之一。從大學一年級起，煙山專太郎就開始發表文章，一生著述甚豐。1952 年 2 月，早稻田大學文學部史學會出版了《煙山教授古稀頌壽紀念號》，其中所列其著作目録長達 15 頁，記載了他自 1898 年至 1948 年的“著書”30 種，“論文及其他”381 篇。煙山專太郎去世後，弟子小林正之（1907—2004）在回憶文章之後亦附有煙山專太郎主要著作表，又增補專著目録 4 種。煙山專太郎一生博學睿智，淡泊名利，始終堅守學術獨立，與當時帝國大學的學閥主義保持距離，終生拒絶博士學位。①

煙山專太郎在日本被稱爲“用俄語研究俄羅斯歷史的創始人”，他曾兼任《外交時報》的俄事記者，在該報上發表了許多有關俄國政治問題的文章。《近世無政府主義》一書出版後，在國内外都産生了不小的影響。在日本，愛知縣龜崎工廠的一個叫宮下太吉的機械工人讀後深受感動，計劃暗殺天皇，此事爲“大逆事件”埋下了禍根。②

20 世紀初，除《近世無政府主義》一書外，煙山專太郎的其他有關論著也曾被我國譯介。如光緒二十九年（1903），湖北學報館譯印了《俄國侵略黑龍江地方史》；湖南學報館譯印了《俄國侵略西藏略述》；《征韓論實相》1907 年由早稻田大學出版部出版後，1909 年楚南拾遺社就譯印出了中文本。在我國讀者中産生了重要影響的煙山專太郎著作還有《德意志膨脹史論》（1918）、《西洋最近世史》（1922）、《英國現代史》（1930）、《現今猶太人問題》（1930）、《世界大勢史》（1944）等。

20 世紀初，早稻田大學曾專門設立清國留學生部，不少日本教師受到中國留學生的敬重，其中就包括煙山專太郎。一位中國留學生在畢業留言題詞簿（《鴻迹帖》）上，寫過一首贊頌九位老師的詩，其中有一句是“煙山山

① 李冬木認爲，作爲東京帝國大學的畢業生，煙山專太郎畢業後到私立學校就職，這在當時日本“官尊民卑”的時代，是一個“極端異類”的現象，而一個學哲學出身的人去私立學校教非本專業的歷史，“這在帝國大學史學科方面看來，就更顯得是今天所説的另類了”。以上及後文對煙山專太郎的介紹，主要取材於：李冬木. 留學生周樹人“個人”語境中的“斯契納爾”——兼談“蚊學士”、煙山專太郎[J]. 東岳論叢，2015（6）.

② 鄭彭年. 日本西方文化攝取史[M]. 杭州：杭州大學出版社，1996：343.

上兩學士，千古全球羅心胸”，意思是説當時的歷史教師煙山專太郎和地理教師山上萬次郎知識淵博，胸襟開闊。①1908 年 8 月，魯迅（1881—1936）在《河南》雜誌上發表《文化偏至論》②，其中有關德國施蒂納（魯迅文中作“斯契納爾”）“極端之個人主義”的材料，也來自煙山專太郎 1902 年 2 月在《日本人》雜誌第 157 期上發表的《論無政府主義》一文。③

2. 廖仲愷

廖仲愷（1877—1925），原名恩煦，又名夷白，字仲愷，以字行，筆名有“屠富”“淵實”等。廣東歸善（今廣東惠陽）人。中國近代著名的民主革命家，國民黨左派領袖。

廖仲愷出生於美國舊金山市，1893 年隨母返國。1896 年赴香港學習。1902 年留學日本，先後入早稻田大學、中央大學學習政治經濟，曾當選中國留日學生會會長。在日期間，與胡漢民、汪精衛、朱執信、蘇曼殊、秋瑾等交往密切。1903 年 9 月孫中山從越南抵達日本後，與何香凝（1897 年與廖仲愷結婚）等前往拜訪，從此參加民主革命。1904 年受孫中山派遣至天津發展革命勢力。1905 年加入中國同盟會，主持執行部外務科工作，擔任《民報》撰述。除節譯煙山專太郎的《近世無政府主義》外，還以“屠富”爲筆名譯介亨利·喬治的《進步與貧困》，爲民生主義進行理論宣傳；又翻譯了《社會主義史大綱》《無政府主義之二派》等文，廣泛宣傳各種社會主義學説。廖仲愷表示，他研究和宣傳各種社會主義學説，重在探索社會主義

---

① 王曉秋，大庭修. 中日文化交流史大系：歷史卷[M]. 杭州：浙江人民出版社，1996：335.

② 該文最初收入 1927 年 3 月北京未名社出版的《墳》；人民文學出版社 1981 年、2005 年版的《魯迅全集》均將其收入第 1 卷。

③ 李冬木. 留學生周樹人“個人”語境中的“斯契納爾”——兼談“蚊學士”、煙山專太郎[J]. 東岳論叢，2015（6）：56.

的源流，目的是尋找社會主義應用於中國的實際途徑，因而，這些文章常用“淵實”的筆名發表。“淵實”，即“淵源求實”之意。

1909 年，廖仲愷學成回國。爲在清政府中發展革命勢力，經科考中法政科舉人，被派遣充當吉林巡撫陳昭常的幕僚，辦理“間島”交涉事宜。1911 年辛亥革命後廣東光復，任廣東軍政府總參議，兼理財政，旋任南北議和南方代表。1913 年宋教仁被刺後，潛赴北京運動國會議員反袁，險遭捕殺。後回廣東參與討袁活動，失敗後亡命日本。1914 年在東京參與組織中華革命黨，後一直追隨孫中山左右。1917 年參與護法運動。1919 年與朱執信、胡漢民等在上海創辦《星期評論》和《建設》雜誌，積極宣傳孫中山的學説，倡導“繼續革命”。1921 年任廣東省財政廳廳長，協助孫中山北伐。1922 年陳炯明叛變後，被囚禁，旋被營救脱險。1922 年 9 月奉孫中山命秘密赴日本與蘇聯特使越飛會談，磋商中蘇合作。1923 年後任孫中山大元帥府財政部部長、廣東省省長，支持孫中山的“聯俄、聯共、扶助農工”三大政策，主持國民黨改組事務。1924 年初在中國國民黨第一次全國代表大會上被選爲中央執行委員會常務委員，兼任法制、政治、軍事三委員會委員，以及工人部部長、農民部部長。1924 年 2 月，兼任黄埔軍校籌備委員會委員長，主持經費籌措、校舍布置、教材編寫諸事宜，同年 5 月任黄埔軍校國民黨黨代表、軍需總監等要職。任内，仿蘇聯經驗，創立政治教育制度，主持開設三民主義、國民黨史、各國革命史、社會進化史、帝國主義侵略史、中國土地與勞動問題等課程，親授帝國主義侵略史，并邀周恩來等共産黨人來校任教。同年主持平定商團叛亂。1925 年孫中山逝世後，堅决貫徹孫中山遺囑，實行三大政策，反對右派勢力。同年，主持討伐陳炯明的東征戰争和鎮壓楊希閔、劉震寰叛亂事件；支持省港大罷工，積極協助罷工委員會建立罷工工人組織，熱心解决罷工工人的生活問題。8 月 20 日在廣州被國民黨右派暗殺。

著作編爲《廖仲愷集》和《雙清文集》(爲廖仲愷、何香凝的合集)。

3.《民報》

參見本卷"《土地復權同志會主意書》編者説明"的"3.《民報》"。

4. 内容簡介

煙山專太郎的《近世無政府主義》原著初版於明治三十五年四月(1902年4月),出版者爲東京專門學校出版部。該書正文共411頁,分前編和後編兩部分。其中前編爲"俄國虛無主義"(共7章,第1—272頁),後編爲"歐美諸國的無政府主義"(共3章,第273—411頁)。1902年1月1日—3月20日,該書曾分五次連載於《日本人》雜誌上。

《虛無黨小史》譯自《近世無政府主義》前編的第三章"革命運動之歷史"中的"其一"和"其二"部分,即"革命文學時期"和"游説煽動時期"部分。譯文細緻梳理了俄羅斯虛無主義的來龍去脉。首先,叙述了拿破侖戰争結束後,亞歷山大一世、尼古拉一世、亞歷山大二世三任沙皇時期俄國的文學史和思想史,同時呈現了19世紀俄羅斯"以文學作革命"的歷史。從西歐、中歐傳來的德國唯心主義哲學、空想社會主義思想,經過俄國詩人和小説家作品的加工、再創造與傳播,點燃了俄國貴族知識分子、大學生與軍官頭腦中的革命火種。通過介紹19世紀俄羅斯文學的發展,煙山專太郎梳理出一條俄羅斯激進主義的發展道路,即從西化派(自由主義)到民粹派,再從民粹派中分化出俄國民意黨人。

其次,重點介紹了俄國的民粹派即所謂虛無黨的革命事迹,論述了俄國虛無黨、民粹派、無政府主義的由來。俄國的虛無黨運動或謂無政府主義運動是由俄國知識分子（主要是詩人、劇作家、小説家、大學生、軍官等具有貴族出身的人士）主導的一場持久的反對沙皇制度和農奴制的思想運動。虛無主義者缺乏一個有凝聚力的政治行動綱領，但在思想上受到歐洲浪漫主義、德國黑格爾哲學以及唯物論思想的影響，不論是俄國極端的自由主義者還是民粹派成員，他們均具備一種反對傳統和現存社會秩序的精神。

最後，介紹了尼古拉一世和亞歷山大二世時期俄國無政府主義、社會主義的團體和雜誌，如由赫爾岑、奥加遼夫主編的《鐘聲》雜誌，這份雜誌在列寧看來是無産階級民主主義或社會民主主義報刊的先驅，促進了平民知識分子的覺醒。再如彼得拉舍夫斯基小組，成員包括作家、教師、學生、底層公務員和軍官（其中包括工兵中尉、後來的文豪陀思妥耶夫斯基），他們反對沙皇專制統治和俄國農奴制，秘密閲讀蒲魯東的著作。又如《現代人》雜誌，該雜誌由普希金創辦，1847 年後在涅克拉索夫的領導下成爲俄羅斯革命文學的中心，積極宣傳唯物主義和農民革命思想，猛烈抨擊農奴制。此外，還有如亞歷山大二世時期聖彼得堡、莫斯科的大學生組織的自修俱樂部，以及民粹派團體“土地與自由社”、民意黨等。上述雜誌和團體爲宣傳無政府主義和社會主義思想作出了很大貢獻，可謂日後俄國馬克思主義團體建立和進行活動的先聲。

5. 對該文進步思想的評述

儘管《虛無黨小史》只是廖仲愷節譯煙山專太郎的《近世無政府主義》中的一部分内容而成，但這篇文章在當時中國留日學生群體乃至中國知識界中都産生了相當的影響。

該文促使中國知識分子開始注意研究俄羅斯的虛無主義——民粹主義者（民粹派）。當時中國進步知識分子對無政府主義知之甚少，他們把民粹主義者稱爲虛無黨人，看作一群以倡導暴力和恐怖主義爲特徵的革命者，尚不能區分虛無黨與無政府主義的差異。該文系統介紹了俄國革命的歷史沿革，介紹了虛無黨的來龍去脉以及在俄國革命中扮演的角色，這對於澄清中國知識界的激進思想觀念有積極作用，一定程度上幫助中國知識分子塑造了對無政府主義的認知。

儘管民粹主義者幾乎没有確定的行動綱領或意識形態，但無政府主義、社會主義甚至是馬克思主義都是其倚重的思想資源。該文在考察俄國民粹主義發展歷史時，提到了歐洲社會主義思潮，提到了第一國際和普列漢諾夫，還簡單介紹了馬克思所倡導的社會主義以及《資本論》在俄國傳播的歷史軌迹，間接地爲中國知識界認識馬克思的社會主義思想和經濟學說，提供了有價值的思想資源。

6. 研究綜述

《虛無黨小史》一文節譯自《近世無政府主義》，因此學界對該文的研究主要體現爲對《近世無政府主義》的研究。

《近世無政府主義》被學術界視作晚清民初中國進步知識分子關於無政府主義的主要知識來源。狹間直樹認爲，這本著作在整個辛亥革命時期，一直吸引着部分革命家的注意。廖仲愷在《民報》上發表的譯介無政府主義的文章，主要向讀者提供了無政府主義的思想素材。中國的革命者按照自己的“見解”最大限度地運用了煙山專太郎所提供的知識和素材，把煙山專太郎爲批評虛無黨的暴力恐怖行爲而寫的書，轉而用於推進中國的革命運動[①]。嵯峨隆認爲，《近世無政府主義》一經出版，在日的中國留學生幾乎馬上就進行了各種各樣的翻譯，并以各種形態反映在文章和著作當中[②]。曹世鉉認

① 狹間直樹. 中國社會主義的黎明[M]. 東京：岩波書店，1979：115.
② 嵯峨隆. 近代中國無政府主義研究[M]. 東京：研文出版，1994：48.

爲，該書和此前出版的相關書籍相比，在無政府主義的介紹方面，不論是質還是量都遠遠優於前作[①]。談敏的研究認爲，《近世無政府主義》在考察俄國虛無黨的發展歷史過程中，爲中國知識界間接地認識馬克思的思想，提供了一個新的資料來源[②]。

李冬木的研究梳理了煙山專太郎在日本和中國近代無政府主義思潮中的影響，進而探討了煙山專太郎與留學生周樹人的思想關聯[③]。馬筱璐認爲，煙山專太郎的《近世無政府主義》是東亞世界最早對 19 世紀俄國革命運動進行全面且系統梳理的著作，在中國知識界産生了重要的影響，并促使中國人翻譯有關俄國虛無黨的軼事。與狹間直樹的觀點類似，馬筱璐認爲，煙山專太郎的作品成爲 20 世紀初期中國革命活動的助推劑。此外，她强調《近世無政府主義》引導中國讀者在革命與文學間建立起聯繫，從而加深了中國對俄羅斯文學的理解[④]。

（編校者：馬楠）

① 曹世鉉. 清末民初無政府派的文化思想[M]. 北京：社會科學文獻出版社，2003：143.

② 談敏. 回溯歷史——馬克思主義經濟學在中國的傳播前史：上册[M]. 上海：上海財經大學出版社，2008：522-523.

③ 李冬木. 留學生周樹人“個人”語境中的“斯契納爾”——兼談“蚊學士”、煙山專太郎[J]. 東岳論叢，2015（6）.

④ 馬筱璐. 俄羅斯精神的嬗變：以煙山專太郎著作在中國的翻譯及其跨文化影響爲中心[J]. 國際比較文學，2022（3）.